DE L'IMPRIMERIE DE BEAU,
à Saint-Germain-en-Laye.

HISTOIRE

DE

L'ADMINISTRATION

EN FRANCE

ET DES PROGRÈS DU POUVOIR ROYAL,

DEPUIS LE RÈGNE DE PHILIPPE-AUGUSTE JUSQU'A LA MORT DE LOUIS XIV;

Ouvrage couronné par l'Académie des sciences morales et politiques,
dans sa séance du 5 juin 1847;

PAR

M. C. DARESTE DE LA CHAVANNE,

PROFESSEUR D'HISTOIRE A LA FACULTÉ DES LETTRES DE GRENOBLE.

TOME PREMIER.

PARIS,
CHEZ GUILLAUMIN ET Cⁱᵉ, LIBRAIRES,
Éditeurs du *Journal des Économistes*, de la *Collection des principaux économistes*,
du *Dictionnaire du Commerce et des Marchandises*, etc.
Rue Richelieu, 14.
—
1848

PRÉFACE.

On peut dire que l'administration est l'action du pouvoir, en tant qu'il gère les intérêts d'un pays. Ainsi définie, elle comprend l'ensemble de tous les grands services publics.

Cela posé, j'avais, pour traiter le sujet offert par l'Académie, le choix de deux méthodes : l'une consistait à étudier l'administration monarchique dans son ensemble, en la prenant à ses débuts et en suivant ses progrès règne par règne, en présentant, enfin, dans l'ordre des temps, l'accroissement simultané de toutes ses branches ; c'était la marche la plus naturelle et la plus conforme à la vérité. Mais dans un travail qui touchait à tant de matières, je ne pouvais l'adopter sous peine de confusion ; j'ai dû lui en préférer une autre, à la fois plus facile et plus sûre ; j'ai dû distinguer les principales branches de l'administration et faire l'histoire de chacune d'elles en autant de chapitres séparés. J'y gagnais, outre le mérite de la clarté, celui de rapprocher et de grouper ensemble les faits du même ordre, qu'il est toujours difficile de bien comprendre, lorsqu'ils sont placés à leur distance chronologique.

Toutefois, en adoptant ce système, j'ai fait précéder mon ouvrage d'une Introduction historique qui en est comme le résumé, et où la formation générale de l'administration monarchique est exposée suivant l'ordre des temps.

Dans les chapitres qui suivent cette introduction, j'ai recherché quelle dut être l'action administrative du conseil du roi, des assemblées et des grands corps de l'État, des grands officiers de la Couronne.

J'ai passé ensuite en revue les vicissitudes éprouvées par chacun des services publics, en les classant à peu près comme ils le sont aujourd'hui, d'après la division des ministères, et suivant les intérêts auxquels ils se rattachent.

En effet, les intérêts communs et généraux d'un pays, si nombreux et si complexes qu'ils paraissent, peuvent être aisément ramenés aux trois catégories suivantes : intérêt de l'ordre intérieur, intérêt de la richesse publique, intérêt de la défense et de la sûreté extérieure.

J'examine donc successivement :

1° L'administration de surveillance exercée sur la Noblesse ;

2° L'administration de surveillance exercée sur le Clergé (administration actuelle des Cultes) ;

3° L'administration de surveillance exercée sur les Universités (administration de l'Instruction publique) ;

4° L'administration de surveillance exercée sur les villes (administration municipale);

5° L'administration de la Police (administration actuelle de l'Intérieur);

6° L'administration de la Justice ;

Tous ces services répondant à l'intérêt de l'ordre intérieur.

7° L'administration des Finances.

8° L'administration des Travaux publics, de l'Agriculture, de l'Industrie et du Commerce ;

Services répondant à l'intérêt de la richesse publique.

9° Enfin l'administration militaire ;

10° L'administration de la Marine.

Ces deux derniers services répondant à l'intérêt de la défense et de la sûreté extérieure du pays.

Tel est le plan que je me suis proposé, plan trop vaste assurément pour qu'un travail assidu de dix-huit mois ait pu le remplir. Si j'ai pris la liberté d'offrir ce livre à l'Académie, c'est qu'en comprenant plus de cinq siècles dans son programme, elle m'a paru demander bien moins une étude approfondie de détails parfois secondaires, qu'une exposition, qu'une appréciation exacte, à défaut d'autre mérite, des faits généraux de l'histoire administrative, ainsi que des traditions et des doctrines qui les ont tour à tour préparés ou accompagnés.

J'ai recueilli tout ce qui m'a paru utile à connaître, même aujourd'hui, dans cette partie de notre histoire, tous les éléments qui ont concouru d'une manière quelconque à la formation du gouvernement royal; j'ai cru pouvoir négliger le reste sans danger. Après avoir recueilli et classé les faits d'un même ordre, je me suis efforcé de les présenter dans leur enchaînement successif, et j'ai voulu montrer comment chaque branche de l'administration s'était séparée par degré du tronc commun pour se développer et se perfectionner à mesure. Sans doute quelques inexactitudes de détail étaient inévitables dans un travail de cette étendue ; je n'ai eu en l'entreprenant qu'un seul désir et qu'une seule pensée ; c'était que l'Académie en regardât l'ensemble comme vrai et les résultats comme positifs.

Janvier 1848.

J'offre aujourd'hui au public le livre que je présentais, il y a quinze mois, au jugement de l'Académie des sciences morales et politiques ; je serais heureux d'obtenir de sa part le même suffrage. Avant de soumettre ce travail à une épreuve définitive, je l'ai revu dans son entier, et j'ai profité des sages conseils que m'a donnés la section d'histoire par l'organe de son bienveillant rapporteur, M. Mignet, à qui je dois beaucoup en cette circonstance.

L'Académie, en mettant au concours, il y a cinq ans, la question que j'ai traitée, me dispense de prouver quelle en est l'importance et l'intérêt. Je ferai seulement remarquer que, dans l'état des connaissances historiques actuelles, on éprouve sans cesse le besoin de savoir comment étaient résolues, surtout dans les temps assez rapprochés du nôtre, les principales questions d'administration et d'économie politique, et qu'il n'est rien de si difficile que de trouver cette solution. J'ai quelque espoir que mon livre pourra mettre sur la voie, et offrir à ce sujet une utilité réelle par les faits et les observations qu'il renferme; je ne me suis pas proposé d'autre but.

C'est d'ailleurs la première fois, si je ne me trompe, que le progrès de l'administration monarchique a été présenté dans un tableau d'ensemble. Or, ce qui faisait l'intérêt d'un sujet pareil, faisait aussi sa difficulté. Si j'ai été puissamment aidé dans certaines parties de mon travail par des publications récentes qui ont facilité et dirigé mes recherches, il en est d'autres où je n'ai rencontré aucun secours de ce genre. Je n'avais alors pour me guider que l'examen des pièces originales, auquel j'ai dû me livrer parfois exclusivement : je citerai, parmi celles qui m'ont été plus utiles, les pièces manuscrites du xviie siècle que renferme la Bibliothèque du Roi, mine toujours féconde, quoique déjà souvent explorée. J'ai dû consulter aussi beaucoup d'anciens livres dont l'intérêt a péri pour nous, parce que l'administration, dont ils traitaient comme d'une chose vivante, est aujourd'hui une chose morte; ce qui n'empêche pas que l'historien n'ait beaucoup à y recueillir. Puissent l'étendue du plan qui m'était tracé, et les difficultés que j'ai éprouvées pour le remplir, servir d'excuse aux imperfections inévitables de cet ouvrage!

EXTRAIT DU RAPPORT

LU A L'ACADÉMIE DES SCIENCES MORALES ET POLITIQUES DANS SA SÉANCE DU 5 JUIN 1847, PAR M. TROPLONG, PRÉSIDENT.

« Nous arrivons au concours proposé par votre section d'histoire nationale, concours éclatant, qui annonce un très-heureux mouvement dans les études historiques, et dont les brillants résultats ont été pour nous un sujet de satisfaction.

» Voici la question :

« Faire connaître la formation de l'administration mo-
» narchique depuis Philippe-Auguste jusqu'à Louis XIV in-
» clusivement, marquer ses progrès, montrer ce qu'elle a
» emprunté au régime féodal, en quoi elle s'en est séparée,
» et comment elle l'a remplacé. »

» Ce sujet est un épisode de l'histoire de la centralisation française, de cette centralisation qui a été le fait le plus important et le plus magnifique de notre histoire. Rome avait ébauché la centralisation ; la France seule a su la réaliser dans toute sa puissance. La royauté des Mérovingiens, ayant trouvé dans les Gaules les restes vigoureux de l'administration impériale, essaya de les faire servir à sa nouvelle situation. Mais l'instrument ne tarda pas à périr. Il était trop savant pour des mains inhabiles, et trop romain pour les mœurs germaniques. Charlemagne conçut hardiment la pensée de le reprendre ; mais c'était là l'idée d'un homme et non pas l'idée d'une époque. A sa mort, la décomposition du vieux monde reprit sa marche et aboutit à la féodalité, c'est-à-dire à la décentralisation organisée, au morcellement du territoire et du pouvoir, à l'érection des petites souverainetés locales prenant la place de la grande souveraineté telle que Rome l'avait conçue.

« Au commencement de la troisième race, le dissolvant avait atteint ses dernières conséquences. Il y avait des duchés et des comtés; il n'y avait pas une France. Il y avait un suzerain nominal; il n'y avait pas une royauté. Il y avait des Bretons, des Aquitains, des Provençaux, etc.; il n'y avait pas un peuple. Il y avait mille coutumes diverses, bizarres, grossières; il n'y avait pas une loi. Le fractionnement féodal avait brisé toute idée générale, tout lien commun, toute unité.

« Maintenant, par quel prodige de création ces éléments hétérogènes vont-ils se rapprocher et se fondre? Comment, avec cette poussière, se formera ce tout compacte qu'on appelle la France; corps puissant, dont le cœur bat d'un même mouvement, dont le bras obéit à une même pensée? C'est là, Messieurs, le chef-d'œuvre de notre patriotique constance. Tous les siècles y ont travaillé depuis Louis le Gros jusqu'à Richelieu, Louis XIV, l'Assemblée constituante et Napoléon. Chaque règne a porté une pierre à l'édifice. Rois, peuple, clergé, magistrats, légistes, tout le monde est venu faire sa tâche dans cet admirable travail. On a bien des fois raillé le caractère français de sa légèreté; Messieurs, je ne voudrais pas nous faire plus graves que nous ne sommes dans les choses peu sérieuses; mais j'oserai le demander aux critiques : chez quel peuple, ancien ou nouveau, ont-ils trouvé un autre exemple d'un dessein conduit avec plus de persévérance? où y a-t-il eu une succession plus continue de moyens et de temps, un enchaînement plus suivi de traditions et de souvenirs, une politique plus fidèle à elle-même, une marche en avant plus patiente et plus infatigable? L'opiniâtreté romaine est justement vantée. Dans la question de la centralisation nous sommes les égaux des Romains. Voilà pourquoi cette centralisation est invincible; voilà pourquoi elle est si profondément enracinée dans nos mœurs. Et l'on peut dire qu'en construisant cette glorieuse unité, nous avons obéi à une mission providentielle.

« Le Mémoire numéro 3, écrit sous l'influence de ces idées, a traité, je ne dirai pas seulement avec distinction, mais encore avec supériorité, la formation de l'administration monarchique. Rien n'a échappé à l'attention de l'auteur. Prenant dans la royauté le point de départ de l'action du pouvoir, il suit la couronne depuis ses faibles commencements jusqu'au plein et entier épanouissement de sa puissance ; il la montre dans ses rapports avec la noblesse, le clergé, les Universités, les villes; s'immisçant partout, gagnant du terrain partout ; poursuivant sans relâche le même but, soit qu'elle s'appelle Saint-Louis, soit qu'elle s'appelle Louis XI ; nivelant, transformant, civilisant, et faisant servir à ses fins, à travers toutes les difficultés qu'on peut concevoir, les grands officiers de la couronne, le conseil du roi, les États généraux, les légistes et les Parlements. L'auteur a passé en revue tous les services publics : armée, marine, police, justice, finances; et, dans ce tableau varié, l'Académie a constamment remarqué un esprit ingénieux et observateur, un style précis, correct, simple, sévère, un plan sage, une appréciation philosophique pleine de sens et de justesse, le sentiment raisonné du progrès national, et, enfin (ce qui était plus difficile chez un homme de lettres qui n'est qu'historien), une connaissance du développement de la richesse publique, qui atteste le tact d'un économiste exercé. Cet ouvrage est donc un travail complet ; il a rempli les vœux de votre section d'histoire et les vôtres. L'Académie lui donne ses applaudissements ; elle lui décerne le prix.

HISTOIRE

DE

L'ADMINISTRATION EN FRANCE.

INTRODUCTION HISTORIQUE[1].

Le système de nos institutions administratives ne s'est formé que lentement, laborieusement, par la main des rois et sur les ruines de la féodalité vaincue. C'est au XIIe siècle que Louis le Gros, Louis le Jeune, Philippe-Auguste, en ont posé les premières pierres, et préparé la grandeur à venir.

Avant eux, la France était divisée en un certain nombre de grands fiefs, correspondant à peu près à nos anciennes provinces, tous souverains, indépendants et isolés, quoique relevant de la même couronne et rapprochés par la communauté des intérêts, des souvenirs. Dans chacun de ces grands fiefs on trouvait encore un certain nombre de fiefs inférieurs, appartenant aux vassaux et aux arrière-vassaux, nobles, avec une part réelle, mais plus ou moins complète, de la souveraineté.

Cette organisation politique, oppressive, vicieuse, incompatible avec les progrès nécessaires de la société française, fut

---

[1] Les preuves de toutes les assertions contenues dans ce chapitre se trouvent dans les chapitres suivants, dont il n'est que le résumé. C'est pourquoi je n'ai pas cru nécessaire de le charger de notes et de renvois.

pourtant difficile à renverser. Le droit héréditaire des dynasties provinciales, fondé sur une longue possession, sur d'anciens services rendus au pays, consacré par les idées religieuses, était accepté sans peine par les sujets de ces dynasties dans un temps où l'hérédité des professions était la règle. D'ailleurs l'arbitraire, inséparable des pouvoirs féodaux à leur début, avait trouvé de bonne heure sa limite dans ces mêmes idées religieuses et dans les usages qui se formèrent, qui se conservèrent par la tradition, qui, plus ou moins respectés, finirent tôt ou tard par lier les seigneurs. La féodalité politique avait donc pour elle la force morale, le droit dans les idées des peuples, et cela explique la résistance que les rois éprouvèrent quand ils travaillèrent à reconstituer la monarchie.

Avec un morcellement semblable, on ne connaissait guère que des intérêts locaux, et l'administration était locale à son tour comme les intérêts. Elle était de plus très-simple, parce que les rapports de toute espèce entre les hommes étaient bornés et rares, parce que l'ignorance était générale, qu'il n'y avait point d'activité intellectuelle, si ce n'est au sein de l'Église, et que les besoins matériels, qui sont devenus depuis d'une nécessité absolue, étaient ignorés pour la plupart. C'est à peine si le domaine royal lui-même se distinguait à cet égard d'un fief ordinaire.

Le souverain d'un fief n'exerçait directement son pouvoir administratif que sur ses sujets roturiers. Il le déléguait presque toujours à des prévôts qu'il chargeait de rendre la justice en s'entourant d'assesseurs choisis parmi les hommes libres; de maintenir la police et le bon ordre au moyen de sergents armés; d'affermer ses biens; de percevoir ses revenus consistant en cens et en rentes; d'exiger les corvées dues suivant d'anciens usages pour les services publics; de convoquer les milices et les hommes du guet; de veiller en un mot à la satisfaction de tous les intérêts communs. Il administrait son domaine comme un grand propriétaire régit son bien, par des agents qui avaient chacun des attributions multipliées, et dont il augmentait le nombre au besoin, suivant l'étendue de son territoire. L'autorité de ces agents, arbitraire dans le principe, était limitée en fait par les usages.

Tout vassal noble ayant souveraineté exerçait dans sa terre les mêmes pouvoirs que son suzerain dans la sienne. Seulement il avait fallu qu'une chaîne d'obligations réciproques, liant entre eux les membres de la hiérarchie féodale à ses divers degrés, assurât l'exercice régulier de ces pouvoirs. Si le suzerain devait reconnaître et garantir les droits de son vassal, le vassal à son tour était responsable devant son suzerain de la justice qu'il ne rendait pas, ou de la police qu'il ne savait pas maintenir : il était même tenu de lui payer des aides pécuniaires dans des cas prévus, et de lui amener ses propres vassaux en armes, lorsque le pays était attaqué. Ainsi, dans chaque grand fief, le suzerain supérieur, placé à la tête de la hiérarchie, veillait soit par lui-même, soit par l'entremise plus ordinaire de son sénéchal et de ses grands officiers, à ce que toutes les obligations des vassaux fussent remplies.

Le clergé avait le pouvoir administratif dans ses terres, comme les vassaux nobles. Il jouissait seulement d'une indépendance plus grande, à raison de son caractère, et ne remplissait pas de la même manière les obligations féodales. Toutes les Églises de France avaient d'ailleurs un gouvernement central régulier, celui des conciles nationaux auxquels elles envoyaient leurs représentants : ces conciles, quoique simples dépositaires de l'autorité spirituelle, ne contribuèrent pas peu à affranchir le clergé de sa subordination temporelle aux seigneurs laïques.

Tel est le tableau que présentait la France au xiie siècle ; l'organisation politique avait assuré tant bien que mal la satisfaction plus ou moins réelle des intérêts immédiats du pays, mais rien ne ressemblait à nos institutions administratives modernes.

Cependant plusieurs tentatives avaient été déjà faites et se renouvelaient encore pour établir un ordre meilleur, pour rendre l'action du pouvoir plus uniforme et plus régulière, pour donner des garanties aux administrés.

L'Église avait conservé avec une organisation plus savante le dépôt de toutes les traditions. Elle profita de cette supériorité pour exercer sur toutes les parties de l'administration une influence salutaire, quoique excessive, et elle y réussit d'autant mieux, qu'on séparait alors très-mal le spirituel du temporel. Elle améliora surtout l'ordre intérieur ; elle fit des réglements pour la paix publique et sut les rendre obligatoires. Elle attira devant ses tribunaux, sous prétexte de connexité, toutes les causes qui n'étaient pas purement féodales, et en montrant comment on appliquait les idées de justice et de droit, elle donna le premier exemple des progrès qu'on devait se proposer d'atteindre.

Partout aussi des communautés, des associations, des villes même, acquirent des libertés et les firent reconnaître par leurs suzerains, dans des conventions amiables ou des traités de paix. Tantôt ces libertés consistaient en garanties écrites contre l'arbitraire ; tantôt elles comprenaient la jouissance de pouvoirs administratifs semblables à ceux dont jouissaient les vassaux nobles : dans ce dernier cas, les prévôts des seigneurs veillaient à ce que les conditions de ces traités fussent remplies. Les chartes de priviléges, déjà très-nombreuses au xiie siècle, assurèrent le libre exercice des droits civils, la fixité des redevances, et comprirent des règles raisonnées d'administration.

C'étaient là des faits nouveaux, étrangers à la féodalité, qui modifièrent son caractère. Les besoins d'une civilisation progressive ajoutaient des rouages nécessaires à un mécanisme trop simple, et le rendaient plus régulier en le compliquant davantage. Enfin il vint un jour où les intérêts locaux cessèrent d'être exclusifs, où quelques intérêts généraux s'élevèrent, où la France réclama des institutions centrales que deux pouvoirs seuls étaient en mesure de lui donner, le Saint-Siége et la royauté.

Le Saint-Siége aspirait à gouverner monarchiquement toutes les Églises nationales, et comme ces Églises étaient déjà maîtresses de pouvoirs administratifs étendus, les gouverner c'était presque gouverner la chrétienté tout entière. Grégoire VII fit du Pape le souverain juge de l'Europe chrétienne ; Urbain II commença à lever des armées auxquelles il confia la défense de l'intérêt religieux ; Innocent III, à établir sur les Églises des impôts dont il rendit même le paiement obligatoire pour tous les fidèles. Ainsi furent jetées les bases d'institutions administratives centrales destinées à s'étendre sur toute l'Europe ; mais l'édifice resta incomplet. Ce que le Saint-Siége n'avait pu faire pour l'Europe qu'imparfaitement, la royauté le fit avec succès pour la France seule.

Le roi était suzerain, et comme tel, il tenait les grands feudataires attachés à lui par une chaîne de devoirs et de droits, mais de devoirs surtout. Les grands feudataires étaient obligés de se rendre à sa cour de justice, de lui payer des aides, de répondre à sa convocation militaire. Ces liens existaient dès le principe ; il suffisait de les resserrer pour créer une véritable centralisation : l'ère de cette centralisation fut ouverte sous le règne de Philippe-Auguste. On vit alors la première assemblée des pairs du royaume se réunir pour juger Jean-sans-Terre, en 1203 ; on vit les troupes des grands fiefs, formant toutes une seule armée, combattre sous les ordres du roi à Bouvines, en 1214. Philippe-Auguste déclara aussi que la suzeraineté attachée à la couronne de France était exclusive, que le roi ne pouvait être le vassal de personne à aucun titre, et il racheta les services féodaux que ses prédécesseurs avaient rendus à quelques Églises.

Les rois ne se contentèrent pas de replacer ainsi la royauté au sommet de l'établissement féodal ; ils agirent encore en qualité de souverains, comme ayant mission, par le droit originaire de leur office [1], de tout réformer, de tout réorganiser. Louis le Gros, Louis le Jeune, furent d'abord les instruments de l'Église qui les appelait ses fils aînés, et qui avait entrepris la première ce travail de régénération. Philippe-Auguste suivit leur exemple, mais il ne fut pour l'Église qu'un allié, et un allié indépendant qui se préparait à recueillir un jour les fruits des victoires remportées en commun.

Ce double caractère de la royauté devait servir la cause de la centralisation administrative en France. Toutefois elle a été surtout préparée par un autre fait, l'agrandissement du domaine royal. Des circonstances habilement prévues ou exploitées, trop souvent racontées d'ailleurs pour qu'il soit nécessaire de les rappeler ici, firent passer peu à peu les différentes provinces entre les mains des rois, et leur permirent d'exercer leur action administrative directement, dès le XIIIe siècle, dans une moitié du royaume. Les rapports des sujets entre eux devinrent plus nombreux et plus complexes à mesure que les barrières s'abaissèrent entre les provinces ; bientôt la classe qui ne s'administrait pas elle-même, le Tiers-État, s'éleva par le travail, travail des mains ou de l'intelligence, se montra plus exigeante et manifesta des besoins nouveaux. Les institutions administratives se développèrent forcément, et se perfectionnèrent plus vite dans le domaine royal que dans les autres grands fiefs. La royauté y prit l'initiative d'une révolution pacifique

---

[1] Expression de Suger.

destinée à gagner de proche en proche, pour s'étendre un jour à toutes les parties du territoire.

Ce sont donc les actes du roi, en tant que chef seigneur dans ses domaines, qui doivent tenir la première place dans une revue rapide des faits généraux de l'histoire administrative.

Le domaine royal comprenait, en 1180, à l'avénement de Philippe-Auguste, le duché ou l'Ile-de-France, composé de cinq comtés, Paris, Orléans, Meulan, Clermont-en-Beauvoisis, et Soissons; ainsi que de plusieurs seigneuries ou baronnies, le Vexin Français, les comtés de Sens et de Bourges, une grande partie du Berry. Philippe-Auguste l'augmenta de plus du double; il y ajouta l'Amiénois, le Vermandois et le Valois en 1185, l'Artois en 1199, le comté d'Évreux en 1200; il confisqua sur Jean-sans-Terre, entre les années 1203 et 1206, l'Anjou, la Touraine, le Maine, la Normandie, le Poitou et la partie du Berry qui était encore hors du domaine. Cette confiscation, dont les avantages furent confirmés par la bataille de Bouvines, frappa dans sa base la plus grande et la plus dangereuse des puissances féodales, celle des rois Anglo-Normands, et assura au roi de France la souveraineté d'un territoire dont aucun des grands vassaux ne put désormais prétendre égaler l'étendue. Le nombre des prévôtés royales fut sous ce règne de quarante-cinq en 1200, et de soixante-treize en 1223 [1].

Les offices de prévôts ou de vicomtes, quoique vendus ou affermés ordinairement, étaient conférés à vie et non à titre héréditaire : ils ne pouvaient donc, comme ceux des ducs et des comtes de la première dynastie, échapper à la surveillance royale, et le rétablissement d'une féodalité nou-

---

[1] Ces chiffres sont donnés par Brussel, *Traité des Fiefs*.

velle n'était pas à craindre. Plus ils devinrent nombreux, plus la surveillance et la direction centrale durent être actives; cette surveillance, cette direction, étaient confiées au premier des grands officiers de la couronne, au grand sénéchal, qui recevait les comptes des prévôtés.

Philippe-Auguste créa un nouvel office, celui des baillis, sorte d'inspecteurs qui rappelèrent les *Missi dominici* de Charlemagne, et qui occupèrent bientôt un rang intermédiaire entre le sénéchal et les prévôts. En 1190, le domaine comprenait quatre bailliages auxquels on en ajouta de nouveaux successivement. Chaque bailli fit une tournée annuelle pour recevoir les plaintes des administrés, surtout contre les agents inférieurs, et tint des assises mensuelles où furent portés les appels des cours prévôtales. Les baillis eurent encore d'autres attributions plus importantes : choisis invariablement dans l'ordre des chevaliers, ils furent chargés de veiller à l'accomplissement des devoirs féodaux des seigneurs; ils devinrent les juges des vassaux nobles pour toutes les causes que les rois se réservèrent ; ils devinrent aussi les chefs militaires de la noblesse et perçurent quelques parties du revenu, probablement les aides qu'elle payait : ils furent obligés, pour ce maniement de fonds, de rendre leurs comptes au sénéchal, comme les prévôts. L'institution des baillis eut donc pour principal effet d'assurer l'intervention active de la puissance royale dans l'administration des terres vassales du domaine; la noblesse de ces terres ne perdit pas ses pouvoirs, mais elle devint responsable en fait, comme elle l'était en droit, de la manière dont elle les exerçait. Philippe-Auguste put faire à son égard des réglements généraux d'ordre public, tels que celui de la *Quarantaine-le-roi*, qui remplaça l'ancienne trêve de Dieu, établie cent cinquante ans avant par l'Église.

Saint Louis ajouta définitivement au domaine, par le

traité de Paris signé en 1229 avec l'héritier des comtes de Toulouse, les sénéchaussées de Beaucaire et de Carcassonne, déjà occupées par Louis VIII; la division en sénéchaussées, introduite dans le midi de la France, correspondit à la division en bailliages établie dans le nord : tel fut le résultat de la guerre des Albigeois. Saint Louis acquit encore à divers titres les comtés de Blois, de Chartres et de Sancerre avec la vicomté de Châteaudun en 1234, celui de Mâcon en 1239, plus tard celui du Perche, et plusieurs villes isolées comme Nîmes. A sa mort en 1270, le nombre des prévôtés royales s'élevait à cent trente-neuf.

L'abandon de l'Artois, de l'Anjou et du Poitou, donnés en apanage, en 1226, à ses trois frères, ne fut pas par ses résultats aussi funeste à la centralisation qu'on l'aurait pu croire. Ces princes firent à leur tour des acquisitions importantes, et préparèrent la réunion de nouvelles provinces au domaine. Alphonse de Poitiers devint comte d'Auvergne et de Toulouse; Charles d'Anjou recueillit la Provence comme héritage de sa femme; et la famille Capétienne se trouva avoir fait entrer dans son patrimoine, en moins d'un siècle et demi, la plus grande partie du royaume. Non seulement les provinces acquises par les princes apanagés furent entraînées dans le mouvement politique de la France centrale, mais ces princes y firent encore exécuter une partie des ordonnances administratives des rois.

Comme l'extension plus grande du territoire rendait plus nécessaire l'application des règles communes, saint Louis détermina les attributions des sénéchaux ou des baillis, et celles des prévôts. Il leur retira toute initiative, et les réduisit pour toujours à l'état de simples délégués d'une autorité supérieure. Il remit en vigueur à leur égard les obligations que le droit public de Rome avait imposées aux gouverneurs de province et aux proconsuls. Il comprit aussi que, s'il n'y avait plus de danger politique à confier le soin des différents services à une même personne, il y avait du moins des inconvénients administratifs graves. Il donna le premier exemple de les diviser, en enlevant au prévôt de Paris, chargé d'attributions nombreuses et incompatibles, la recette du domaine, qu'il confia à un agent spécial.

On peut dire que la plupart des innovations administratives eurent lieu à Paris avant d'être appliquées au reste du domaine, comme elles eurent lieu dans le reste du domaine avant d'être appliquées au territoire des grands vassaux. C'est ainsi que, dès 1260, le tribunal du prévôt de Paris, ou le Châtelet, cessa d'être composé de simples assesseurs, eut des juges permanents, et une organisation régulière qui devait peu à peu servir de modèle pour celle des tribunaux des autres villes. La police fut mieux faite à Paris qu'ailleurs, grâce au guet royal que saint Louis constitua, et aux corporations dont il fit rédiger les statuts. Ces corporations, résultats d'associations nécessaires, et formées pour protéger à sa naissance le travail des populations urbaines, devinrent, d'abord à Paris et bientôt dans toutes les villes du domaine, un moyen administratif. Les chefs de métier, qui avaient la police de leur corps, un certain maniement de fonds et même un pouvoir judiciaire, furent déclarés responsables devant les prévôts, et chargés de faire exécuter les ordonnances que les rois rendirent sur leur avis.

Saint Louis fit mettre par écrit, après les constitutions des métiers, les usages, tant ceux qui régissaient les roturiers que ceux des nobles, et comme on ne rédige guère des usages sans les réformer, il y introduisit, avec l'aide des légistes, des dispositions nouvelles, distinctes des règles féodales et plus conformes à l'esprit du temps. Ses établissements et ses ordonnances trahissent une grande préoccupation pour le maintien de l'ordre et de la paix publique. Il eut soin de régulariser l'exercice des droits régaliens qu'il continuait de reconnaître aux vassaux nobles. Il ne craignit pas de faire acte de souveraineté dans un grand but d'utilité générale, en privant les seigneurs d'un des plus considérables de ces droits ; il leur défendit de frapper d'autre monnaie que le billon, et donna cours à la monnaie royale dans la France entière.

Il se conduisit vis-à-vis de l'Église comme vis-à-vis des nobles ; il reconnut ses droits, ses attributions. Il aida même le clergé de France à défendre ses libertés contre les prétentions du Saint-Siége : tel fut l'effet de la Pragmatique-sanction de 1268 ; mais il refusa de favoriser les empiétements du clergé sur le pouvoir laïque : il ne comprenait pas que le clergé pût être plus affranchi de la surveillance royale que tout autre corps de l'État. C'est à son nom qu'il faut rattacher tous les grands principes de droit public qui devaient longtemps régir l'Église de France.

Sa mort, en 1270, laisse le triomphe de la royauté assuré, non-seulement dans l'ordre politique, mais aussi dans l'ordre administratif. L'esprit des croisades et le goût des conquêtes lointaines viennent de s'éteindre ; la noblesse, lasse des guerres étrangères, commence à se conformer aux ordonnances qui lui interdisent les guerres privées. La sainteté de Louis IX a donné à la puissance royale une force morale toute nouvelle : les grands vassaux, frappés successivement dans leurs principaux chefs, tels que le roi d'Angleterre ou le comte de Toulouse, acceptent la situation qui leur est faite ; la lutte qui va se renouveler entre les rois d'Angleterre et de France ne sera plus celle d'un vassal en guerre contre un suzerain, mais celle de deux princes rivaux soutenus par deux peuples qui se combattent avec les armes du patriotisme et les jalousies de la nationalité.

Les successeurs de saint Louis, fidèles à la tradition qui leur est léguée, incorporent au domaine de nouvelles terres, et, mettant à profit les forces que la royauté vient d'acquérir, créent pour les siècles suivants de puissants instruments de centralisation. Le résultat naturel de ce progrès intérieur est de faire aussitôt grandir à l'étranger la puissance française.

Philippe le Hardi hérite de son oncle Alphonse de Poitiers le Poitou et la dernière moitié du comté de Toulouse, en 1271. Philippe le Bel réunit à la couronne en 1284 la Brie, la Champagne et la Navarre par son mariage avec Jeanne de Navarre, le comté de la Marche en 1303, Angoulême et le Bigorre en 1307, le Lyonnais en 1310. Il acquit même une partie de la Flandre et de la Guyenne, mais il fut forcé peu d'années après de les rendre à leurs premiers possesseurs.

Les rois, maîtres d'un domaine étendu, firent alors triompher ce principe, déjà établi par les légistes du temps de saint Louis, que la royauté en tant que souveraine était absolue. Philippe le Bel, despote par caractère et avide de pouvoir, obtint cet important résultat : le développement nécessaire des institutions administratives fut un des principaux moyens dont il se servit. Mais, tandis que saint Louis avait étendu l'intervention royale en respectant, en augmentant les garanties, Philippe le Bel ne l'étendit guère que dans un sens arbitraire, tyrannique ; ce qui souleva après sa mort une violente protestation contre les actes de son règne.

Il constitua d'abord, au sommet de l'administration monarchique deux corps, l'un judiciaire, le Parlement, et l'autre financier, la Chambre des Comptes.

L'ancien conseil des rois Capétiens, composé des principaux vassaux et des grands officiers de la couronne, était obligé de consacrer annuellement plusieurs séances à juger les appels des bailliages et quelques grandes affaires qui lui étaient réservées. Philippe le Bel tira la cour de justice du sein du conseil, et lui donna une existence distincte. Il rendit le Parlement, car ce nom lui fut spécialement réservé, sédentaire à Paris, et il lui confirma le dernier ressort sur toutes les justices du domaine, royales ou seigneuriales. Si quelque province incorporée, comme la Normandie, la Champagne ou le Languedoc, avait gardé sa cour souveraine, il fit présider cette cour par des commissaires royaux pris au sein du Parlement. Le Parlement eût même bientôt la prétention d'être cour souveraine du royaume entier ; il fonda cette prétention sur son droit de juger les pairs qui siégeaient dans son sein et au nombre desquels se trouvaient les derniers grands feudataires indépendants; il essaya donc avec des succès divers d'étendre sa juridiction jusque sur les provinces encore étrangères au domaine. La centralisation judiciaire de la France se trouva ainsi préparée, tandis que la nouvelle institution avait pour effet immédiat de séparer la justice des autres pouvoirs, d'améliorer toutes ses parties, et d'établir une surveillance plus active sur les tribunaux inférieurs.

La Chambre des Comptes, également confondue dans l'origine avec le conseil, en fut séparée à son tour à la même époque que le Parlement ; mais il fallut du temps pour qu'elle devînt tout à fait distincte de ce dernier corps, dont on la considérait comme un membre. L'administration financière ne devait arriver à l'indépendance que par degrés. Toutefois cette indépendance devait être hâtée par le développement rapide que des besoins nouveaux faisaient prendre au système des finances.

Déjà l'administration du domaine était confiée à des agents de divers ordres : sous Philippe le Bel, pour la première fois peut-être, paraissent à côté des administrateurs ordinaires des agents spéciaux pour les eaux et forêts. Un autre fait plus grave fut la création d'un revenu distinct des revenus domaniaux, celui des impositions, appelées indifféremment aides, tailles ou gabelles. Ce nouveau revenu, temporaire dans l'origine et borné à quelques circonstances déterminées, devint à peu près permanent sous Philippe le Bel, par suite de la continuité des guerres; et comme c'était une des règles de la féodalité que les impôts fussent consentis par les contribuables, force fut de réunir en diverses assemblées les ecclésiastiques, les nobles, les principaux membres du tiers état, soit d'une prévôté, soit d'un bailliage, quelquefois du domaine entier, ou plutôt de chacune des deux grandes parties du domaine, Languedoïl et Languedoc: Telle fut l'origine commune des États provinciaux et des États généraux qui, votant l'impôt et consultés sur quelques mesures, demandèrent bientôt à présenter les griefs de leurs membres, et prétendirent un jour exercer un contrôle réel sur le gouvernement. Philippe le Bel chercha encore d'autres ressources d'un emploi plus arbitraire et plus facile; il étendit dans un but fiscal d'anciennes défenses d'exportation, et se réserva d'accorder à prix d'argent l'autorisation nécessaire aux marchands qui portaient les produits de la France chez les étrangers; il créa ainsi les douanes des frontières. Enfin, il spécula sur la fabrication de la monnaie dont il altéra le titre sans cesse, et il fit par ce moyen, malgré les représentations des États de provinces, malgré les soulèvements populaires, des bénéfices considérables qu'il regardait comme une partie essentielle de son budget de recettes. Nous assistons à la naissance de la science financière, téméraire et empirique à ses débuts avec le premier surintendant des finances, Enguerrand de Marigny, mais destinée à devenir, par des transformations successives et par les résultats de l'expérience, une science raisonnée.

A peine le gouvernement avait-il jeté les bases de cette organisation puissante et féconde, quoique vicieuse dans son mode d'action, qu'il trouva des intérêts nouveaux à satisfaire. Saint Louis avait assuré l'exercice régulier de l'industrie naissante. Sous Philippe le Bel, au moment où la France reconstituait son unité, le commerce étranger y entrait, et venait, sous la protection de garanties stipulées par le roi, étaler ses produits aux foires de Champagne qui ne tardèrent pas à devenir aussi le marché des produits indigènes. Troyes fut pour le nord le centre d'un grand mouvement d'affaires, comme Beaucaire pour le midi, et des devoirs d'un ordre spécial furent imposés à l'administration.

Une autre révolution tout aussi importante s'accomplit à la même époque : la royauté parvint à restreindre l'indépendance administrative dont les villes jouissaient en vertu de leurs chartes et de leurs priviléges. Saint Louis les avait déjà obligées de rendre compte de leur gestion financière ; Philippe le Bel ôta le droit de dernier ressort à leurs juges; Louis le Hutin attribua le commandement des milices communales à des capitaines royaux. Les anciennes communes jurées renoncèrent elles-mêmes peu à peu à des libertés impuissantes, dont la conséquence était l'isolement, et préférèrent se soumettre à des prévôts nommés par le roi, pourvu qu'on leur conservât des garanties. L'administration municipale perdit ainsi une partie de son indépendance : en retour, elle acquit plus de régularité ; elle devint à peu près uniforme, sous l'action d'un pouvoir supérieur, et put faire oublier la diversité de ses origines. Elle cessa d'être un des obstacles de la centralisation, et prit place parmi les rouages de l'organisation monarchique.

Philippe le Bel enleva encore à ses vassaux nobles un grand nombre de leurs sujets, en autorisant les bourgeois des seigneurs à devenir bourgeois du roi par un simple aveu et sans autre formalité. En effet, depuis le règne de Louis le Gros, toutes les villes, qui traitaient de leurs libertés avec leurs suzerains immédiats, recherchaient la sauvegarde royale; plusieurs d'entre elles devinrent de cette manière directement sujettes de la couronne. Il arrivait aussi que des seigneurs offrissent d'eux-mêmes, à telle ou telle condition, le partage de leurs droits de souveraineté avec le roi. On pouvait déjà prévoir le jour où il n'y aurait plus que des sujets royaux dans toute l'étendue du domaine, où la noblesse et l'Église auraient perdu les leurs.

L'Église fut la dernière puissance que Philippe le Bel essaya de rendre plus dépendante, et il y réussit en imposant aux papes la résidence d'Avignon. Les papes d'Avignon, nommés par son influence et par celle de ses successeurs, devinrent un instrument dont ces rois se servirent pour imposer l'Église de France, pour régler sa juridiction, sauf plus tard à briser l'instrument et à garder les pouvoirs qu'ils auraient conquis. Les Universités elles-mêmes, qui faisaient partie de l'Église, furent soumises à l'action du gouvernement royal. De nombreuses fondations de colléges et des droits de patronage ouvrirent aux rois les portes de leur administration, purement ecclésiastique jusqu'alors.

Tous les règnes importants de notre histoire ont été suivis d'une réaction : ainsi l'extension du domaine et les progrès de la puissance royale, sous Philippe-Auguste, avaient amené les révoltes des grands feudataires pendant la minorité de saint Louis. Il devait en être de même de la centralisation des pouvoirs administratifs, sous Philippe le Bel. Elle fut attaquée aussitôt après sa mort par le clergé et la noblesse. Déjà, du vivant de ce prince, les Églises de beaucoup de diocèses avaient cru nécessaire de faire constater leurs droits. Sous Louis le Hutin, les nobles de la Normandie, de la Picardie, de l'Auvergne, du Périgord et de plusieurs autres provinces obtinrent la reconnaissance de leurs priviléges, et protestèrent contre tout empiètement des agents royaux sur leurs attributions originaires, contre tout réglement général fait en vertu de la prétendue souveraineté royale exclusive. La réaction était d'autant plus dangereuse que le pouvoir avait compromis ses conquêtes par l'arbitraire, par la tyrannie : elle se présentait avec une apparence de justice, comme réclamant en faveur de garanties violées. Mais ni les chartes signées par Louis le Hutin, ni les concessions nombreuses de ses successeurs, ni la mort violente des légistes et des surintendants de finance immolés à la haine des nobles, ne compromirent sérieusement les progrès de l'administration monarchique. Il se formait chaque jour une école d'administrateurs, animés du même zèle, fidèles à une tradition commune, et prêts à réparer toutes les brèches de la royauté.

Les trois fils de Philippe le Bel et surtout Philippe le Long, mirent tous leurs soins à régler la justice, les finances. Le code de ces deux grands services publics, rédigé par Philippe le Long, a été modifié sous presque tous les rois qui ont suivi, sans qu'on cesse d'y reconnaître les traces de la rédaction primitive.

On vit alors se développer dans l'ordre judiciaire l'institution du ministère public, qui fut une des armes les plus puissantes de la centralisation ; car, s'il était chargé de défendre les droits de la société, il avait encore pour attribution plus spéciale la défense des droits du roi. Le grand conseil et le tribunal des requêtes du palais furent organisés pour le jugement des causes réservées, c'est-à-dire des causes politiques, et des causes administratives importantes qui devaient, par leur nature, échapper à la compétence des tribunaux civils.

Dans l'ordre financier, Philippe le Long déclara le domaine inaliénable et imprescriptible. Il établit l'incompatibilité des fonctions de comptable et de membre de la Chambre des Comptes, centralisa les recettes à Paris, régla le mode de formation des budgets. Il ôta même aux baillis leurs attributions financières pour les donner à des receveurs spéciaux, mais ce système, auquel on devait plus tard revenir, fut presqu'aussitôt abandonné. On s'occupait déjà de réformer, d'améliorer l'administration en elle-même, abstraction faite de toute vue politique : on voulait des règles spéciales pour chaque service. Elle n'était plus un simple instrument de conquête pour le pouvoir royal ; et cependant la série de ces conquêtes encore inachevée était obstinément poursuivie, puisqu'on rachetait à cette époque même le droit de battre monnaie à ceux des seigneurs qui l'avaient gardé.

Le malheur voulut que le système financier se développât dans un sens essentiellement fiscal. La fiscalité, après avoir rendu la liberté aux serfs sous Louis le Hutin, et augmenté le prix des permis d'exportation sous Charles le Bel, créa l'impôt du sel sous Philippe de Valois, ou plutôt elle confisqua au profit du roi le monopole exclusif d'une denrée monopolisée avant cette époque par quelques seigneurs. Le nouvel impôt, auquel on réserva bientôt le nom de gabelle, établi dans telle province par la simple autorité royale, consenti dans telle autre par les États, perçu tantôt sur les marais salants, tantôt à la vente en détail, varia dans chacune des parties de la France, et prit toutes les formes que la prudence commandait. La fiscalité fit élever aussi le chiffre de toutes les impositions, ce qui eut un résultat fâcheux, parce que leur poids, rendu plus lourd et tombant principalement sur la classe des roturiers, faillit opérer sous le règne suivant le divorce du pouvoir royal et du tiers état. Au reste, il ne tint pas à Philippe de Valois qu'elle ne s'étendît également sur la noblesse et sur l'Église : il s'attribua, par exemple, d'une manière exclusive les droits que percevaient les patrons pour l'administration des bénéfices vacants, droits autrefois partagés entre les rois et les seigneurs, et qui prirent depuis ce temps le nom de *Régales*.

Il étendit encore considérablement la sauvegarde royale, que les Églises, les abbayes, les villes, les corporations invoquaient en foule de toutes les parties de la France. Toutes voulaient arborer à leurs portes son panonceau, signe de la protection qu'il leur assurait; il leur vendit ce droit fort cher, il exigea que ces portes s'ouvrissent à ses agents, soit de justice, soit de finance. Il s'attacha surtout à augmenter la dépendance de l'Église. Grâce aux appels comme d'abus, qui cependant ne reçurent que plus tard leur forme régulière, il acquit le pouvoir de réformer les sentences épiscopales en tout état de cause, et d'arrêter les empiètements du spirituel sur le temporel.

Ainsi les institutions administratives allèrent se développant sous les trois fils de Philippe le Bel et sous Philippe de Valois, et reçurent toutes de nouveaux rouages, bien que cette époque ne soit pas signalée par des innovations aussi considérables que les précédentes. L'accroissement du territoire ne fut pas non plus négligé. Philippe de Valois réunit au domaine, après son avénement, la Champagne, la Brie, le Valois, l'Anjou et le Maine, que ses prédécesseurs en avaient détachés pour les donner en apanage, mais qui furent encore successivement aliénés, et dont l'incorporation définitive n'eut lieu que sous le règne de Louis XI. Il y ajouta aussi, en 1349, Montpellier et le Dauphiné.

La réunion du Dauphiné n'offre pas le même caractère que les incorporations précédentes. Les provinces acquises depuis cette époque se trouvèrent avoir déjà toutes une administration plus ou moins régulière, plus ou moins analogue à celle du domaine royal. Le Dauphiné avait son conseil d'État, sa cour souveraine de justice, sa Chambre des Comptes; des États provinciaux y tenaient des réunions presque périodiques; les usages judiciaires y étaient déjà fixés. Adjoint, plutôt qu'incorporé au domaine, le Dauphiné conserva de son indépendance administrative tout ce qui était compatible avec la centralisation monarchique. Il défendit même la souveraineté de ses cours contre les prétentions supérieures du Parlement, ou de la Chambre des Comptes de Paris. On s'aperçut alors que l'unité administrative de la France serait plus longue, sinon plus difficile à fonder que son unité politique : l'assimilation absolue des nouvelles provinces aux anciennes, quant aux institutions administratives, ne fut guère entreprise avant le xvii° siècle.

De toutes les réactions qui eurent lieu contre les accroissements de la royauté, la plus grave sans contredit, et la plus remarquable par ses caractères, fut celle des États généraux de 1356-1357, amenée par les désordres financiers qui troublèrent les premières années du roi Jean, et par le désastre de Poitiers. Dans ces États, la députation bourgeoise de Paris demanda des garanties contre l'arbitraire, et voulut tracer elle-même les règles du pouvoir administratif. Quoique les principaux réformateurs montrassent une intelligence avancée de la situation et un véritable esprit de gouvernement, leurs efforts échouèrent. Ils ne surent pas déterminer les limites de l'action réciproque du pouvoir royal et d'une assemblée délibérante dans une monarchie mixte. D'ailleurs le tiers état des provinces n'avait pas la même éducation politique que celui de Paris, et les trois ordres, divisés d'intérêts, ne purent agir longtemps de concert. Les États généraux ne firent donc qu'étaler les plaies de l'administration royale et accuser ses violences; ils rendirent du moins le service de lui indiquer un plan de réforme, et la marche que lui commandaient de suivre les intérêts de la bourgeoisie.

Aussi après ces assemblées la fiscalité se montra-t-elle plus discrète. Jean renonça à l'altération des monnaies. Charles V chercha l'augmentation de ses revenus dans des mesures moins onéreuses. Il fit faire avec plus d'exactitude les cadastres périodiques des terres domaniales ; pour empêcher les provinces réunies au territoire royal d'en être séparées par des constitutions d'apanages, comme venait de l'être la Bourgogne (incorporée en 1361, séparée en 1364), il rendit une loi d'après laquelle les apanages ne devaient pas consister en terres, mais en argent. Il déclara formellement, en 1372, droits royaux attachés à la couronne plusieurs droits d'origine féodale, dont les rois s'étaient assuré peu à peu la jouissance exclusive : tels étaient ceux d'amortissement et de franc fief, le droit d'anoblir, celui d'octroyer des chartes municipales, etc., tous considérables, surtout au point de vue financier. On oublia bientôt leur origine historique, pour leur chercher, dans des théories favorables au pouvoir royal, une légitimité que cette origine ne leur donnait plus.

Charles V fit aussi pour l'administration des nouveaux impôts des réglements analogues à ceux que Philippe le Bel et Philippe le Long avaient faits pour l'administration du domaine. Il voulut que leur produit fût centralisé au trésor qui recevait déjà tous les revenus domaniaux. On commença à distinguer, parmi les *impositions*, celles qui furent établies sur les terres à raison des personnes, *fouages, aides par forme de tailles*, et celles qui furent perçues à la vente des objets de consommation, *aides proprement dites*; ce qui équivalait à la distinction des impôts directs et indirects. Les premiers ne pesaient encore que sur les roturiers, les seconds atteignaient déjà le clergé et la noblesse, qui toutefois s'efforcèrent de s'en affranchir par un grand nombre de priviléges spéciaux. Charles V se passa, autant qu'il le put, du concours des États, même provinciaux, pour établir ou plutôt pour renouveler ces taxes ; elles devinrent à peu près permanentes de fait ; et comme autrefois les États choisissaient, pour les administrer, des agents temporaires, les Élus, Charles V s'attribua la nomination directe de ces élus qui devinrent, sans changer de nom, des officiers royaux permanents, excepté dans le Languedoc et le Dauphiné, où les États conservèrent leurs anciennes attributions.

En développant ainsi le système des impôts, l'administration travaillait à étendre sur toutes les classes de sujets son action, bornée aux roturiers seuls dans l'origine; mais en même temps elle détruisait, ou aspirait à détruire, même sous un prince habile et modéré, les garanties préexistantes. Les provinces qui purent échapper à l'établissement des aides arbitraires et sauver leurs garanties, furent en retour *réputées étrangères*, c'est-à-dire placées en dehors des lignes de douanes où l'on percevait les droits de traites, fort augmentés sous le roi Jean: système malheureux qui éleva jusqu'au temps de Colbert une barrière factice entre des pays dont tous les intérêts commandaient l'union.

Tandis qu'au xiie et au xiiie siècle le maintien de l'ordre et l'établissement d'une justice régulière avaient été le premier but de l'administration monarchique, elle éprouvait, au xive, une préoccupation plus exclusive pour le développement du système financier. La royauté avait fait accepter son droit supérieur et plus ou moins absolu: elle était maîtresse d'agir; mais elle ne pouvait le faire qu'à la condition de ressources étendues et régulières. Elle était forcée presque chaque année de subvenir à une dépense nouvelle. La plus considérable de ses dépenses fut celle des guerres contre les Anglais, qui durèrent pendant trois règnes: Charles V, surtout, fut obligé de soudoyer des forces nombreuses afin de chasser les lieutenants d'Édouard III, et de rétablir l'ordre intérieur détruit par l'invasion.

Il saisit cette occasion pour introduire la même régularité dans l'armée que dans les finances; il essaya de discipliner les compagnies, dans lesquelles les nobles eux-mêmes cherchaient du service, et qu'on préférait au ban et à l'arrière-ban, parce qu'elles avaient une organisation militaire supérieure. Il régla le mode d'enrôlement, la collation des grades, les campements et les marches, la solde, les fournitures. Ses ordonnances furent assez complètes, si elles ne furent pas toujours efficaces, et les rois suivants, jusqu'à François Ier, se contentèrent de les renouveler, avec quelques modifications secondaires.

Ce ne furent pas les seuls résultats du règne de Charles V. Il reprit aux Anglais les provinces qui leur avaient été cédées en 1360 par le traité de Bretigny, et il leur enleva par ses généraux le Ponthieu, le Rouergue, le Quercy, le Limousin, le Poitou, l'Angoumois, la Saintonge, une partie de la Guyenne. Tous ces pays furent incorporés au domaine, et la plupart de leurs villes placées sous la sauvegarde royale.

Après l'avénement de Charles VI, il y eut encore une réaction, œuvre de la bourgeoisie, qui voyait en fin de compte croître l'arbitraire, et les impôts indirects se multiplier. Paris, Rouen et quelques grandes villes se révoltèrent, demandèrent la suppression de ces impôts, et forcèrent les oncles du roi mineur à la décréter : mais le pouvoir n'était pas disposé à faire des concessions sincères ; il voulait être absolu, et travaillait à réparer au temps de sa force toutes les pertes qu'il était obligé de subir aux jours de sa faiblesse. Deux ans ne s'étaient pas écoulés que les oncles de Charles VI, profitant d'une victoire remportée en Flandre et de la présence de forces considérables à Paris, rétablissaient les aides, et punissaient les Parisiens en les privant de la juridiction municipale du prévôt des marchands, dont le prévôt royal reçut les attributions. Ce ne fut que vers la fin de ce règne que les portes de l'Hôtel-de-Ville se rouvrirent à la municipalité parisienne, réintégrée dans tous ses droits.

Le règne de Charles VI fut rempli de troubles et de guer

res civiles, pendant lesquelles les ducs d'Anjou, de Berri, de Bourgogne et d'Orléans, tous issus de la maison royale et possesseurs d'apanages, s'allièrent aux héritiers des anciennes dynasties provinciales, et divisèrent la France en deux camps, jusqu'à ce que le pouvoir qu'ils se disputaient tombât aux mains d'un prince étranger. Mais l'administration monarchique, raffermie par les triomphes qu'elle avait remportés au siècle précédent, se trouva dans ces luttes hors de cause; et comme elle était déjà indépendante de la politique, ses progrès, ralentis peut-être, n'en furent pas moins réels sous un règne qui dura plus de quarante ans.

La séparation plus complète du Parlement et de la Chambre des Comptes assura à cette dernière une souveraineté qu'on lui avait jusqu'alors contestée, et dont la prétention avait été la source de conflits et de désordres. On commença à distinguer l'administration et la juridiction, réunies jusqu'alors dans tous les services; on fit du moins cette distinction en établissant deux classes parmi les trésoriers du domaine et parmi les *généraux conseillers* chargés du département des *impositions*. Quelques tentatives eurent lieu au commencement du xve siècle pour faire réunir dans la caisse des mêmes receveurs, assistés de contrôleurs permanents, le revenu du domaine perçu par les prévôts, et le produit des *impositions* dont la recette appartenait aux Élus.

Quoique les ordonnances nombreuses de Charles VI, pour le maintien de l'ordre, n'attestent que les violences par lesquelles il était troublé, il faut rappeler que ce fut l'époque où le prévôt de Paris reçut le pouvoir de faire des réglements exécutoires dans tout le domaine, et où la police fut soumise à une action centrale uniforme. La nécessité d'assurer l'approvisionnement des grandes villes, et celle de faciliter les communications commerciales doivent être rangées parmi les causes de cette importante innovation. C'est alors également qu'on voit le soin des travaux publics et des constructions à faire sur le domaine même, prendre une place spéciale dans les attributions des trésoriers : l'établissement de nouveaux péages est soumis à l'autorisation royale, et les possesseurs de péages, anciens ou nouveaux, sont forcés d'accomplir l'obligation attachée à leur jouissance, celle d'entretenir les routes. Des facilités sont accordées aux étrangers pour séjourner en France, et les Juifs reçoivent des garanties contre les persécutions. Le régime des communautés d'artisans, que Charles V jugeait déjà trop exclusif, et moins favorable aux producteurs que funeste aux consommateurs, se modifie par une révolution lente, mais certaine. Signalons ces progrès, quelque peu apparents qu'ils soient ; ils sont commandés par la bourgeoisie, qui conçoit en 1413 avec l'Université le projet de la grande ordonnance de réforme, et qui, victime de la fiscalité, réclame en dédommagement une protection plus spéciale de tous ses intérêts.

Enfin le grand schisme fournit au roi l'occasion d'intervenir plus souvent et d'une manière plus efficace dans le gouvernement des Églises et des Universités. Charles VI établit des impôts sur le clergé, les lui fit voter lui-même, exerça sur lui, avec l'aide du Parlement qui recevait déjà les appels comme d'abus, une active surveillance ; il s'attribua le jugement des causes relatives à la collation des bénéfices, le maintien de la discipline ecclésiastique, en un mot, toute cette partie de l'administration temporelle supérieure dont les Papes étaient plus ou moins restés les maîtres. Le gouvernement absolu, substitué par les Papes à l'ancien gouvernement libre de l'Église, fut confisqué au profit du roi, insensiblement, il est vrai, et sans que les règles de l'administration nouvelle fussent bien établies. Mais on put comprendre les progrès de cette conquête sous le règne suivant, lorsque Charles VII rédigea la Pragmatique sanction de Bourges, qui affranchissait l'Église de France, au point de vue temporel, de la souveraineté du Saint-Siége, et lorsqu'il ordonna la réforme de l'Université. L'Église parut dès lors rattachée au système monarchique, et destinée, dans la pensée des rois, à en devenir un simple rouage.

Charles VII, rentrant dans Paris après l'expulsion des Anglais, avait à réparer des ruines et à prévenir le retour des malheurs passés. C'était une de ces époques où le rôle des partis s'achève pour laisser commencer le rôle du pouvoir, où de grands changements administratifs, commandés par les circonstances, s'opèrent sans obstacle. Charles VII essaya d'établir la permanence de l'armée et celle de l'impôt direct.

Déjà l'armée avait subi une importante métamorphose. Les nobles, au lieu de servir sans ordre, irrégulièrement, avaient trouvé place dans des corps constitués, et depuis Philippe le Bel ils recevaient une indemnité ou une solde. Les rois, en s'attribuant la nomination des capitaines, étaient devenus les maîtres de cette armée, et Charles V avait réglé par ses ordonnances l'administration militaire dans toutes ses parties. Il avait restreint, et Charles VI restreignit encore les droits dont jouissaient à cet égard les vassaux nobles, entre autres celui de faire faire par leurs sujets le guet et la garde dans leurs châteaux. Restait à rendre l'armée permanente, au moins en partie, afin de garantir le pays contre les attaques des étrangers, même en temps de paix, et de soustraire le roi aux conditions que les chefs de bandes pouvaient lui imposer. Charles VII institua, en 1439, les compagnies d'ordonnance permanentes, composées de gens d'armes, tous nobles et servant à cheval, mais rangés dans des cadres réguliers; et en 1445, il créa l'infanterie régulière des Francs-archers, recrutée parmi les gens des campagnes, et entretenue pendant la paix aux frais des paroisses, entre lesquelles le contingent devait être réparti d'une manière égale. Toutefois ce premier essai de répartition uniforme du service militaire, établi prématurément, n'eut qu'une courte durée, et le succès de ce système fut ajourné pour longtemps encore.

La taille consacrée à la solde des archers fut rendue permanente en 1444 par les États de Languedoïl; ces États consentirent en quelque sorte à s'annuler par cela même; leur convocation cessait d'être périodiquement nécessaire, et ne devait plus avoir lieu que dans les circonstances rares pour des subsides exceptionnels; car on sait que les impôts indirects ordinaires étaient permanents de fait depuis Charles V. Il n'y eut donc plus que le Languedoc, le Dauphiné et les provinces étrangères au domaine, où les délégués des trois ordres continuassent de s'assembler régulièrement pour voter l'impôt. Ces pays conservèrent seuls le nom de *pays d'États*, les autres furent appelés *pays d'Élections*. Charles VII, pour indemniser les pays d'Élections de la garantie qu'il leur enlevait, réforma toutes les ordonnances rendues au sujet des tailles, assura un mode de répartition plus juste, plus uniforme, régla surtout la juridiction de ce service, et conféra la souveraineté au tribunal supérieur des généraux conseillers, qui prit le nom de Cour des Aides.

L'occupation de Paris et d'une moitié de la France par les Anglais avait jeté aussi un grand trouble dans l'administration de la justice, divisé le Parlement dont une partie avait suivi le roi légitime au delà de la Loire, brisé enfin pour quelque temps ces liens de la centralisation qu'il avait fallu si longtemps pour former. Charles VII les rétablit; il crut même les circonstances favorables pour développer, en l'améliorant, le système judiciaire. Il réinstalla à Paris le Parlement dont il étendit l'action par ses ordonnances comme par ses conquêtes. Il conçut l'idée de rédiger les Coutumes, pour faciliter ensuite leur réunion dans une législation commune à tout le pays. Il craignit que la

France ne fût trop grande pour une seule cour, et il pensa fortifier la justice royale en créant plusieurs cours souveraines, égales par le rang, dont les membres feraient partie d'un même corps. Il créa ainsi le Parlement de Toulouse pour le Languedoc, qui était déjà séparé par son administration des autres provinces royales, et il promit d'établir à Grenoble et à Bordeaux pour le Dauphiné et la Guyenne deux autres Parlements qui furent installés par Louis XI. La Guyenne venait en effet d'être occupée par Xaintrailles et Dunois, qui ne s'étaient pas contentés de chasser les Anglais des anciennes terres du domaine, mais lui en avaient acquis de nouvelles. Charles VII et Louis XI saisirent cette occasion de reviser et de confirmer toutes les chartes municipales de ce pays, en ménageant à l'autorité royale, dans l'administration des villes, une part aussi large qu'il fut possible.

Enfin ce règne est celui où des traités, signés avec les puissances étrangères dans le but de fortifier la politique de la France vis-à-vis de l'Europe, commencèrent à étendre graduellement au dehors ses relations commerciales et à leur assurer d'indispensables garanties.

Louis XI, obligé de lutter contre les représentants des dernières dynasties féodales, et contre les princes apanagés dont il acheva de détruire l'indépendance, sacrifia tout à ce but. Son règne fut tout politique. Les concessions administratives ne lui coûtèrent pas lorsqu'elles purent lui servir, et ses premières négociations, qui furent presque constamment malheureuses, l'obligèrent à en faire d'importantes ; mais ces revers furent effacés par les brillants triomphes qu'il obtint dans ses dernières années. Des acquisitions aussi considérables que le Roussillon et Perpignan conquis sur le roi d'Aragon ; l'Armagnac, le Pardiac, le Fezensac et le Rouergue enlevés à des seigneurs indépendants ; la Bourgogne, l'Artois, l'Anjou, le Maine et la Provence repris à des apanagistes, achevèrent à peu près la formation territoriale de la monarchie.

Il rendit aussi à l'administration royale quelques services. Tout en confirmant, dans les intervalles de ses préoccupations politiques, les priviléges des communautés et des villes, il s'efforça d'augmenter leur dépendance; il tâcha de faire prévaloir le système de la nomination des maires par le roi sur celui des élections municipales, et il y réussit en partie. En même temps, de nouveaux intérêts sollicitant une action nouvelle du pouvoir, il créa partout des foires et des marchés dont le nombre s'accrut encore sous Charles VIII. Le mouvement commercial fit naître à son tour les premières manufactures, et à côté de l'industrie des métiers, bornée de sa nature, commença l'industrie des fabriques, destinée à exercer plus tard une si grande influence sur la constitution économique du pays.

Louis XI, en déclarant les offices royaux inamovibles de droit, et en soumettant les destitutions à des formes légales, reconnut qu'il fallait assurer des garanties aux agents mêmes du pouvoir, pour que la marche de l'administration fût régulière. Il voulut assurer aussi une meilleure information, une expédition plus prompte des affaires, et il créa dans ce but le service des postes, dont l'usage fut d'abord réservé au gouvernement seul. Enfin il commença à diviser son conseil, eu égard à la multiplicité croissante des affaires, en trois sections, pour la guerre et la politique, pour les finances, pour la justice, division remaniée souvent, jusqu'à ce qu'elle donnât naissance à nos différents ministères. Le grand conseil, qui partageait avec les requêtes de l'hôtel la plupart des attributions de notre conseil d'État actuel, devait recevoir de Charles VIII son organisation définitive, et, placé au-dessus des Parlements, jouir encore de quelques-unes des attributions supérieures de notre Cour de cassation.

Rien ne fait mieux comprendre les progrès accomplis au xv⁰ siècle par le gouvernement et l'administration de Charles VII et de Louis XI, que les cahiers des États généraux de 1484. Réunis pendant une minorité et consultés par une régence, ces États généraux ne se mettent point à la tête d'une réaction, ils ne songent pas même à se faire les régulateurs du pouvoir; ils se contentent d'exposer les griefs et les besoins les plus urgents du pays. Le pouvoir, satisfait d'avoir obtenu des subsides extraordinaires, accueillit à titre de simples renseignements les vœux particuliers des trois ordres. Ainsi les cahiers des États de 1484, curieux à étudier comme documents contemporains, plus curieux peut-être que ceux des assemblées précédentes, parce que les questions posées y sont plus nombreuses, plus difficiles, plus complexes, n'ont cependant plus le même caractère. Ce n'est plus la bourgeoisie réclamant des garanties au nom d'un droit méconnu : ce ne sont, à quelques velléités près d'indépendance politique, que des plaintes d'intérêts privés ou d'intérêts locaux déposées respectueusement au pied du trône.

Charles VIII devint en 1491, par son mariage, maître de la Bretagne, quoique cette province n'ait été réunie définitivement à la couronne qu'en 1532. Dès lors il n'y eut plus de dynasties provinciales. Les dernières grandes provinces dans l'ordre de leur acquisition, la Bourgogne, la Provence et la Bretagne, eurent des parlements semblables à celui de Paris, furent soumises aux lois générales de la monarchie, et entraînées dans le mouvement qui faisait tout graviter vers l'unité. Elles se trouvèrent cependant, comme le Dauphiné, rattachées à la France par la politique, sans lui être encore entièrement assimilées quant à leur administration. Elles conservèrent à cet égard une partie de leur indépendance, de leurs usages locaux; elles obtinrent même, en réglant les conditions de leur adjonction, des garanties sérieuses. Louis XII avait fait rédiger, conformément au vœu de Charles VII, les principales Coutumes du domaine : François Ier fit rédiger à son tour le style des Parlements provinciaux, entre autres celui du Parlement d'Aix. Les jurisconsultes chargés de ce travail s'efforcèrent de fixer, de réformer partout les législations établies, en attendant le jour où l'on pourrait les rendre uniformes.

La monarchie vit, depuis cette époque, sa formation territoriale achevée, et si l'on excepte le Bourbonnais avec ses deux annexes, le Beaujolais et le Forez, que François Ier confisqua sur le connétable de Bourbon, elle ne fit plus guère de conquêtes que sur les étrangers. Alors le développement des services administratifs fit sentir le besoin de les classer d'une manière plus régulière, et d'effacer les traces de la confusion primitive qui existait entre eux. De même que Louis XI avait séparé son conseil en plusieurs sections, Louis XII eut à diviser les attributions multiples des baillis et des prévôts. Il força les baillis d'avoir des lieutenants ; ces lieutenants demeurèrent chargés, ainsi que les prévôts, de l'administration et de la justice proprement dite, et durent être choisis nécessairement parmi les gens de robe. Les baillis d'épée, choisis parmi les nobles, ne gardèrent plus que l'autorité militaire ; cette autorité elle-même fut bientôt restreinte au commandement du ban et de l'arrière-ban, lorsque la France eut été divisée en gouvernements militaires, à la tête de chacun desquels on plaça un lieutenant général, qui fut presque toujours un prince du sang. La création de ces gouvernements eut pour cause la permanence de l'armée dont les recrues étrangères grossissaient le chiffre ; elle eut pour effet d'imposer à cette armée une police plus rigoureuse que celle de l'ancienne armée féodale, et de la maintenir dans une dépendance plus absolue.

Les guerres d'Italie, guerres offensives entreprises avec tant de suite et de persévérance, et qui parurent longtemps rejeter le pays hors de la voie de son progrès pacifique et rationnel, firent peut-être pour la discipline des troupes plus que les ordonnances royales. Elles substituèrent à l'indépendance des bandes la subordination des corps; elles créèrent les traditions, les mœurs militaires, sans lesquelles les réglements ne pouvaient être qu'une lettre morte. Elles habituèrent surtout la noblesse à ne connaître d'autre drapeau que celui de la France et du roi. Elles la formèrent à l'obéissance, et rendirent plus faciles les atteintes qui furent portées pendant le xvie siècle à ses pouvoirs administratifs.

La continuité de ces guerres eut encore un autre effet. Elle obligea de perfectionner l'administration financière et de chercher des ressources nouvelles, ce qu'entreprit François Ier.

François Ier trouva les attributions des baillis de robe et des prévôts encore trop complexes, et il acheva de les restreindre. Il créa pour percevoir les revenus du domaine des receveurs généraux, dont le nombre, porté à seize en 1543, fut plus tard augmenté; il subordonna des receveurs particuliers, placés dans chaque élection, à ces receveurs généraux, et cette création d'agents spéciaux améliora la comptabilité. Il organisa la surveillance, donna une sanction aux obligations de ces agents, en rédigeant le code pénal de leur service, fixa les délais dans lesquels leurs comptes devaient être rendus et leurs reliquats payés; enfin il facilita la fixation des budgets approximatifs. Depuis lors le système des recettes ne s'est guère modifié que pour correspondre aux divisions nouvelles du territoire : ses bases sont restées les mêmes, et les seuls changements qui y aient été introduits, ont consisté, soit à rendre les rentrées plus régulières, soit à favoriser les opérations, à utiliser le crédit des receveurs.

En attendant ces améliorations, on faisait un continuel

usage des ressources extraordinaires. Tout prouve que le revenu du pays allait croissant, mais les contributions exigées par l'État s'élevaient dans une progression plus rapide que les fortunes particulières, et semblaient d'autant plus lourdes que les dépenses publiques n'étaient pas toutes productives. La fiscalité donna donc lieu à de vives plaintes ; elle s'efforça de les conjurer, et pour y réussir elle dut se montrer ingénieuse au lieu de violente, raisonnée au lieu d'empirique. Plusieurs impôts furent établis au xvi siècle, *en raison*, comme on disait, *du pouvoir des rois pour la police générale du royaume* ; ils eurent un but fiscal et un but administratif tout à la fois. Nous citerons comme exemples le droit de contrôle des actes, et celui *d'insinuation*, qui devaient multiplier le nombre des conventions particulières en assurant leur authenticité et leur publicité.

François Iᵉʳ imagina aussi de créer des rentes garanties par l'Hôtel-de-Ville de Paris, mode d'emprunt très-supérieur à l'ancien : l'achat des rentes fut presque toujours volontaire, tandis que la contribution aux emprunts avait été presque toujours obligatoire. Les rentes furent disséminées sur un plus grand nombre de personnes, dont les fortunes particulières se trouvèrent plus ou moins liées au sort de la fortune publique ; et comme les riches en furent à peu près les seuls acquéreurs, ce furent eux aussi qui supportèrent seuls la charge des réductions ou des banqueroutes partielles. Un autre moyen fiscal, plus dangereux, avait été employé par Louis XII. Il consistait à vendre des offices. François Iᵉʳ y recourut sans cesse, et non content de vendre les offices existants, il en créa de nouveaux tout exprès : dès son règne les progrès de la vénalité passèrent toute mesure. Comme en mainte circonstance les officiers de finance ou de justice se payaient eux-mêmes, l'achat des charges devint une spéculation dont le peuple dut souffrir. La vénalité trouva cependant de nombreux défenseurs, surtout parmi les riches qui en profitaient. Elle fut même suivie de quelques utiles résultats. C'est ainsi que dès le xvi° siècle elle substitua, dans la plupart des justices seigneuriales, des magistrats nommés par le roi à ceux que les seigneurs nommaient auparavant. Ce fut donc une des fautes les plus heureuses de l'administration monarchique.

Une tentative, assurément mieux conçue, n'eut pas le même succès : François Ier voulut rendre l'impôt du sel uniforme. Les mesures prises dans ce but simplifiaient l'administration et la rendaient moins coûteuse, mais aggravaient en fait la contribution de quelques provinces. Elles furent donc très-mal accueillies : des révoltes éclatèrent dans le Midi, et le gouvernement, bien que vainqueur, se vit obligé de consentir, sous Henri II, à ce que la Guyenne et toutes les provinces voisines s'affranchissent de l'impôt par une somme une fois payée. Le seul effet produit fut donc une inégalité plus grande entre les pays appelés depuis lors *pays rédimés*, et ceux qui demeurèrent soumis aux gabelles. Cet exemple est celui qui montre le mieux combien les changements administratifs, lors même qu'ils étaient de véritables améliorations, trouvaient d'obstacles dans les circonstances locales et dans la diversité de condition des provinces.

François Ier fit encore des changements importants dans l'armée, où il renouvela la tentative de Charles VII pour établir le recrutement régulier de l'infanterie, et dans la marine. Les côtes étaient divisées entre les anciennes amirautés provinciales, toutes indépendantes : François Ier fit de l'amiral de France le supérieur hiérarchique des autres amiraux, et centralisa une administration encore très-imparfaite, mais destinée à suivre dans son progrès le développement des intérêts de la France à l'étranger. La marine marchande des ports de l'Océan commença ses premières grandes entreprises. L'État envoya des consuls dans le

Levant, où jusqu'alors quelques villes seules en avaient eu.

La première partie du xvi° siècle est l'époque où tous les intérêts se classent, se centralisent, fait nécessaire qui devait suivre l'achèvement de la formation territoriale de la monarchie, et l'absorption du royaume par le domaine. Dès lors une question nouvelle s'élevait : ne fallait-il pas enlever aux vassaux nobles, à l'Église, ces pouvoirs administratifs que la féodalité leur avait donnés et qui maintenant troublaient l'unité du système ?

Le concordat de 1516 assura au pouvoir royal une plus grande part dans le gouvernement de l'Église de France que celle que les Pragmatiques lui avaient donnée. Le roi devint le maître de nommer aux bénéfices ecclésiastiques, comme aux fonctions d'un des grands services de l'État. Le clergé le reconnut comme son chef, et fut placé par le concordat dans la même dépendance monarchique, que la noblesse par les guerres d'Italie. Mais en intervenant d'une manière active dans l'exercice des pouvoirs administratifs attribués au clergé, ni François I$_{er}$, ni ses successeurs ne distinguèrent le temporel du spirituel, et cette confusion entraîna des conséquences graves. Comme l'Église était dans l'État, les protestants qui s'en séparèrent ne furent pas seulement réputés hérétiques, mais encore rebelles, c'est-à-dire exposés à la persécution du gouvernement. La tolérance, si contraire aux idées alors répandues, trouva un nouvel obstacle : la liberté des religionnaires, paraissant incompatible avec la centralisation religieuse, le parut également avec la centralisation monarchique.

Cela n'empêcha pas la cause de la réforme d'être aussi celle de la liberté de penser, et le même gouvernement qui proscrivait cette liberté dans les matières religieuses se montrait sur toute autre question favorable à l'une des tendances les plus vives, à l'un des intérêts les plus sérieux qu'il y eût alors. François I$_{er}$ fonda en dehors de l'Université, le collége royal (collége de France), qui devait séculariser le haut enseignement : on sait quelle fut la part de sa protection éclairée dans la renaissance des sciences et des lettres.

Son règne, remarquable par une meilleure distribution des services administratifs et par une dépendance plus grande de la noblesse et du clergé, le fut encore par le nouveau rôle que voulut jouer le Parlement de Paris. Le Parlement de Paris, investi depuis longtemps d'attributions politiques, et appelé à intervenir dans un grand nombre de causes qui concernaient la noblesse et le clergé, aspira de bonne heure à régler en souverain l'exercice des pouvoirs administratifs laissés à ces deux corps, comme à diriger certains services publics, celui de la police, par exemple. Ses efforts eurent toujours le même caractère, amenèrent les mêmes résultats que ceux du pouvoir royal, car il travaillait à la même œuvre; mais son action ne fut pas toujours combinée avec celle de ce pouvoir : il en résulta de nombreux conflits qui entravèrent le progrès dont nous étudions la marche. Cependant les rois finirent chaque fois par redevenir, pour un temps plus ou moins long, les maîtres absolus de l'administration comme du gouvernement.

Les faits de l'histoire administrative deviennent plus nombreux à mesure que les temps se rapprochent, et même sous des règnes tels que ceux de Henri II et de ses fils, où des événements d'un autre ordre semblent occuper toute la scène historique. Ni les luttes religieuses, ni les guerres civiles, ni la formation de la Ligue, ni le démembrement du royaume entrepris plusieurs fois avec l'aide des étrangers, ni même les prétentions des anciens pouvoirs féodaux, réveillées à la suite de tous ces troubles, n'empêchèrent l'administration royale de rouler sur la pente où trois siècles d'efforts l'avaient poussée.

La multiplicité croissante des affaires obligea Henri II de régler le département de ses quatre secrétaires d'État. Il les chargea de correspondre chacun avec un quart de la France et un quart des pays étrangers; plus tard la distribution géographique devait être modifiée, le département se régler d'après la nature des services publics, et les secrétaires d'État devenir les ministres.

Henri II augmenta le revenu en créant les droits perçus sur les importations, et en ajoutant aux tailles, dont François Ier avait déjà élevé le chiffre, le *taillon* ou la *grande crue*, destinée à l'entretien et à la solde de la maréchaussée. Il augmenta l'armée, tout en abandonnant le système des légions provinciales et de la répartition d'un contingent proportionnel entre les paroisses d'une province. Il admit le recrutement par le moyen des engagements volontaires, mais il donna aux différents corps la forme et le nom qu'ils ont conservés depuis; il créa les premiers régiments.

Il établit aussi un nouveau degré de juridiction, celui des présidiaux, intermédiaire entre les Parlements et les bailliages, et il assura la tenue régulière des grands-jours dans les provinces où l'éloignement des Parlements rendait la justice moins active. Les tribunaux que les maréchaux de France faisaient présider dans les divers gouvernements par leurs prévôts, reçurent dans leurs attributions, outre la justice militaire dont ils étaient anciennement chargés, la police criminelle. Le chancelier Lhôpital, qui avait entrepris sous Henri II de grandes réformes judiciaires, acheva de les exécuter sous les deux fils aînés de ce prince, François II et Charles IX.

Lhôpital appartient à la grande école des jurisconsultes du XVIe siècle, qui firent servir la science du droit au progrès de la puissance royale et au développement de l'ordre administratif. Cette école eut des savants plus célèbres, mais il fut appelé, par la position qu'il occupait, à en appliquer le premier les théories. Il s'attacha surtout à restreindre les juridictions indépendantes, et il partit de ce principe que le roi, maître en France originairement de toute l'autorité judiciaire, pouvait la déléguer, mais non l'aliéner. En conséquence, il ôta aux villes le droit de justice, et ne leur laissa de tribunaux que pour la police proprement dite. N'osant pas supprimer de la même manière ceux des seigneurs ou des églises, il limita du moins leur compétence, et y introduisit des officiers du ministère public. Comme ces tribunaux étaient tenus de suivre la jurisprudence établie, et que le choix de leurs membres fut souvent attribué soit au roi, soit au Parlement, les seigneurs et les églises ayant justice se trouvèrent à peu près réduits à la simple jouissance d'un droit honorifique et de quelques avantages pécuniaires, tels qu'une part dans le produit des amendes. L'hôpital créa ensuite dans les villes importantes des tribunaux de commerce, institution particulière à la France, qui dut s'étendre plus tard à toutes les villes successivement, sans avoir de changements graves à subir pour parvenir jusqu'à nous. Enfin, il fit entreprendre la réforme des Coutumes qu'on s'était contenté de rédiger sous Louis XII et François Ier. Si l'on excepte les travaux législatifs de Louis XIV, l'organisation judiciaire de la France se trouva fixée telle qu'elle demeura jusqu'à la révolution de 1789.

On voit que les villes perdirent les premières leurs attributions administratives, tandis que le clergé et la noblesse en sauvaient encore quelques débris. En matière de finances, on les obligea de compter aux Chambres des Comptes comme les officiers royaux. Charles IX leur imposa un système uniforme d'octrois municipaux, qui, à défaut d'autre mérite, eut celui de ne pas admettre les priviléges anciennement accordés pour les impôts indirects. Certaines questions, dont la solution avait été plus ou moins abandonnée jusqu'alors à leurs gouvernements particuliers, comme celle de la mendicité, celle des hôpitaux, celle des prisons, commencèrent à intéresser l'État. Henri II et ses fils prirent à ce sujet des mesures générales, et les établissements de police ou de charité cessèrent d'être dirigés uniquement par les pouvoirs locaux. Toutefois le mode d'administration de ces établissements, la part que l'Église, la noblesse, les villes devaient y prendre, soulevèrent de difficiles problèmes qui attendirent encore leur solution positive.

La constitution des tribunaux de police présentait les mêmes difficultés : elle revêtit des formes très-diverses et fut souvent remaniée sous Charles IX et Henri III. L'action contraire du pouvoir royal et des pouvoirs locaux y fit naître de nombreux conflits jusqu'à la centralisation définitive du service par Louis XIV; mais il y eut, bien avant son règne, des progrès accomplis dans ce sens. Depuis Henri III, des commissaires de police furent nommés par le roi dans toutes les villes importantes.

C'est dans l'histoire administrative la gloire du xvie siècle d'avoir déblayé peu à peu le sol de la France monarchique des débris des souverainetés locales, et d'avoir donné place dans la hiérarchie à ceux de ces pouvoirs qu'on ne pouvait détruire encore. Cependant la lutte des rois contre les villes, la noblesse et le clergé, n'était pas près de cesser : elle ne fit que changer d'objet. Après la question de l'indépendance, vint la question des priviléges et surtout celle des priviléges financiers, de l'exemption d'impôts.

Les villes n'avaient guère que des priviléges spéciaux, qui les affranchissaient de telle ou telle taxe, et qu'on respecta d'abord, pour les violer ensuite très-régulièrement dans le courant du xviie siècle. Quant à la noblesse et au clergé, leur exemption était complète, et commençait à se justifier par des théories autrefois inconnues. La noblesse prétendait en jouir comme d'une indemnité pour le service féodal auquel elle demeurait astreinte ; le clergé, pour le service religieux et l'entretien de nombreux établissements d'utilité publique.

La plupart des tentatives qui eurent pour but de faire contribuer la noblesse, même indirectement, demeurèrent sans résultat. Quoiqu'on l'eût affaiblie en lui retirant une partie de ses anciennes attributions, on l'avait fortifiée d'autre part au moyen des anoblissements, qui faisaient entrer dans son sein tous les hommes riches, éclairés ou capables du tiers état.

On réussit mieux vis-à-vis du clergé. Il se décida à payer l'intérêt de la dette publique, de peur de voir les biens ecclésiastiques confisqués comme ils l'avaient été dans une moitié de l'Europe, après la réforme de Luther. Il renouvela ses premiers engagements à cet égard chaque fois qu'ils expirèrent, quoique la dette s'élevât toujours ; il commença en outre à payer presque périodiquement un subside qu'on déguisa sous le nom de don gratuit. Ses contributions devinrent donc régulières par le fait de très-bonne heure. A ce prix il acheta le maintien de ses garanties et la conservation de ses assemblées particulières, qu'il défendit avec succès, même au xviie siècle, contre les entreprises du pouvoir.

Les priviléges financiers des différents ordres de l'État n'étaient pas les seuls que les rois dussent combattre pour achever de fonder le droit commun : il en existait encore beaucoup d'autres qu'il fallait également faire disparaître, et au premier rang desquels étaient ceux des communautés d'artisans. Henri III enleva à ces communautés le droit de conférer la maîtrise ; il se le réserva comme un droit personnel, le vendit à prix d'argent, et obligea tous les maîtres, même ceux des industries où il n'y avait point de corporations, à le lui acheter. Tout fiscal qu'il était, l'édit de 1581 élargissait l'ancien système et ouvrait une porte à la concurrence, puisque le roi pouvait augmenter partout le nombre des maîtres à son gré. Mais tandis que l'industrie des corporations voyait déjà son monopole attaqué, celle des manufactures, plus récente, réclamait à son tour un monopole absolu. Sous Charles IX, des mesures avaient été prises pour favoriser, protéger le travail national. Depuis ce temps, la première des deux industries tendit sans cesse vers la liberté, et la seconde vers la protection, sauf les oscillations qu'amenèrent la force de certains intérêts particuliers, et plus souvent encore celle de l'intérêt fiscal.

Quand l'administration monarchique eut ainsi distribué ses services et renversé les principaux obstacles qu'elle rencontrait, le conseil du roi commença à envoyer régulièrement dans les provinces, comme pour une inspection générale, des *Intendants-commissaires départis*, pris parmi les maîtres des requêtes. Cela arriva sous Henri III. Les rapports envoyés par ces intendants durent s'étendre de préférence sur l'état matériel et les ressources des provinces, et servir à fixer le chiffre de l'impôt direct. La division financière par généralités, qui avait remplacé depuis François Ier la division par bailliages, fut consacrée dès que l'on eut créé, près de chaque recette générale, des bureaux de finance chargés de la répartition de cet impôt. Le *bureau supérieur des finances*, qui n'était autre qu'une section spéciale du conseil du roi, faisait chaque année le *brevet de la taille*, réglait sa quotité, et la répartissait entre les bureaux des généralités, qui la répartissaient à leur tour entre les bureaux d'élections. Tous ces bureaux avaient une juridiction spéciale qui peut faire voir en eux, à certains égards, le germe de nos conseils de préfecture.

Telles sont les principales conquêtes ou institutions administratives léguées par les Valois à la maison de Bourbon : cette époque, loin d'être stérile, est une de celles où nous trouvons le plus de faits remarquables à enregistrer. Il faut ajouter cependant que tout fut mis en péril durant la Ligue, qu'alors le désordre fut jeté dans tous les rapports sociaux, et le trouble dans toutes les institutions ; la France, après une crise de plusieurs années, appelait un règne réparateur.

La rentrée d'Henri IV à Paris, comme autrefois celle de Charles VII, fut l'ère d'une réorganisation générale, réclamée hautement par le vœu de la nation, ou plutôt de la bourgeoisie, qui entraînait les autres ordres, même à leur insu, et menait déjà la France. Les nobles ne songeaient qu'à refaire leurs fortunes ruinées, et Henri IV concevait la royauté telle qu'elle fut depuis, royauté de privilége, appuyée sur une noblesse privilégiée comme elle, mais sans pouvoir politique. Le clergé, satisfait d'avoir conservé de sérieuses garanties, se contentait de protester faiblement contre l'édit de Nantes, qui accordait la tolérance en fait sans l'accorder en droit. Les réformés se trouvaient avoir seuls des libertés dans un État où toutes les classes de la nation n'avaient plus que des priviléges ; mais, comme ces libertés manquaient des garanties nécessaires, et qu'ils étaient d'ailleurs placés en dehors du droit commun ainsi que de l'unité nationale, la guerre pour eux ne fut qu'ajournée.

Sully apporta dans l'administration l'activité d'un soldat, et mit *dans le ménage du prince* la même économie, la même exactitude que dans le sien propre. Devenu surintendant des finances et ayant accaparé la direction absolue de ce service, il y fonda la tradition de l'ordre et celle de la grandeur qui en est inséparable. Il accomplit l'œuvre la moins brillante et la plus difficile peut-être, mais aussi la plus utile : il créa des hommes pour les institutions déjà existantes. Par une surveillance plus active, il rendit la comptabilité régulière et les vols très-rares. Comme la plupart des offices de finances, devenus héréditaires, tendaient à une indépendance que les guerres civiles avaient favorisée, Sully s'efforça de renouer à leur égard les liens anciens de la centralisation, d'assurer l'action du pouvoir supérieur vis-à-vis d'eux. Il voulut aussi avoir des dénombrements et des budgets exacts, se rendre compte de la valeur des divers impôts, régulariser leur perception mécanique; enfin il profita de l'abaissement du taux de l'intérêt pour réduire les rentes que payait l'État; et cette conversion, ajoutée à un mode meilleur d'affermer les impôts et d'en assurer la rentrée, lui permit de laisser, en quittant le ministère, le déficit comblé et plusieurs millions d'économie dans les caves de la Bastille : mesure utile à une époque où l'on ne connaissait guère de meilleur moyen que la thésaurisation pour parer aux éventualités futures. Sully est le premier surintendant de finance dont la mémoire n'ait pas été maudite et soit restée populaire : laissons parler un éloge anonyme, écrit probablement peu après sa mort, et dont l'expression incertaine n'en contient pas moins l'appréciation la plus vraie de son ministère : « Lui seul, jusques aujourd'hui, a découvert la jonction de deux choses au gouvernement des États, que nos pères n'avaient pu non-seulement accorder, mais s'imaginaient incompatibles : l'accroissement des deniers aux coffres du roi avec la décharge et le soulagement de son peuple, l'agrandissement des trésors du prince avec celui-là même des trésors des particuliers. »

Sully appelait le labourage et le pâturage les deux mamelles de la France; il prit à tâche de favoriser l'agriculture, aux intérêts de laquelle le XVIe siècle avait commencé à songer, et il diminua les tailles, mais sans réussir à en rendre le paiement obligatoire pour les nobles dans les pays d'états, où la bourgeoisie avait élevé la prétention de les faire contribuer. Quant au commerce et à l'industrie, il n'en comprenait pas encore la portée : il n'y voyait que les aliments du luxe, comme il ne voyait dans le luxe que la ruine des particuliers et la corruption publique. Heureusement Henri IV, qui ne partageait pas ces préjugés tout militaires, institua une Chambre élective de commerce, accorda force priviléges aux industries qui pouvaient ou paraissaient pouvoir s'acclimater en France, les protégea par des tarifs, commanda aux hommes les plus compétents de rédiger des mémoires sur les intérêts économiques du pays, créa ou plutôt essaya de créer une compagnie des Indes, et s'attribua enfin d'une manière exclusive le droit de faire les réglements de commerce, droit auquel prétendaient les représentants des souverainetés provinciales.

C'est à Sully qu'appartient la création de deux administrations centrales, l'une pour les travaux publics, et aussitôt des entreprises considérables furent commencées, comme le desséchement de marais, l'établissement de canaux ; l'autre pour les mines, dont l'exploitation, abandonnée par Charles VI et Louis XI à des compagnies avec monopole, n'avait pas produit les résultats espérés. Il n'y eut guère de service auquel ses réformes ne s'étendirent. Dans l'armée, la comptabilité, la discipline furent rétablies, le matériel fut augmenté, la condition des troupes rendue meilleure, la retraite des invalides et des vétérans assurée.

Les quinze années de ce ministère furent trop courtes, quoique bien remplies : Sully ne put exécuter tous les projets qu'il avait conçus, et dont le plus considérable évidemment consistait à habituer la noblesse aux affaires, à former près du conseil du roi un noviciat d'administrateurs ; ce qui aurait assuré la perpétuité des traditions et préparé la facilité des réformes. Il se retira « content, disait-il dans sa lettre à Marie de Médicis, d'avoir banni par sa dextérité et son labeur la plus enracinée confusion qui eût été jamais dans les finances de la France. »

Une réaction était inévitable; elle fut l'œuvre de la noblesse, devenue noblesse de cour, à peu près déchue comme telle de toute prétention politique, mais intéressée à troubler l'administration pour profiter de son désordre. Tel fut le caractère des guerres civiles qui éclatèrent pendant la minorité de Louis XIII et celle de Louis XIV.

On oublia les projets de Sully : on abandonna ses traditions. Mais comme il était dans les destinées de la France que ses haltes ne fussent jamais complètes sur la voie de la double centralisation politique et administrative, le règne de Louis XIII, malgré l'incertitude du pouvoir à son début, eut à son tour d'heureux résultats. Les cahiers des États généraux et des assemblées de notables, les registres des Chambres de commerce, les mémoires nombreux adressés aux ministres, continrent l'expression des besoins et des vœux du pays, qui marcha continuant d'obéir à l'impulsion reçue. Un homme enfin se présenta, qui, ayant au plus haut degré le sentiment de l'unité dans le pouvoir, travailla sans relâche à le délivrer des résistances et des obstacles, et qui, plein de l'idée d'assurer à la France la direction des affaires de l'Europe, ne recula pas devant les sacrifices qu'un plan semblable exigeait.

Les secrétaires d'État, membres du conseil, qui avaient agi collectivement jusqu'alors, commencèrent sous Louis XIII à faire entre eux le département des affaires non par provinces, mais par services. La guerre d'abord, puis la marine, les finances, etc., furent confiées successivement à des ministres spéciaux et responsables.

Richelieu força les commissaires départis à une résidence permanente dans chaque généralité. Ces commissaires, chargés de l'exécution des ordonnances royales, eurent aussi dans l'ordre financier un pouvoir de surveillance qui ne peut être mieux comparé qu'à celui du ministère public dans l'ordre judiciaire. Les pays d'états firent une vive résistance à l'institution des intendants permanents, comme à celle d'autres agents de finance qu'on voulut leur imposer. Le Languedoc et le Dauphiné perdirent à la suite de ces luttes une partie de leur indépendance administrative.

Le marquis d'Effiat (1626-1632) remit en vigueur les traditions financières de Sully, abandonnées pendant seize ans, et ses successeurs arrivèrent à perfectionner les budgets par une centralisation plus complète des dépenses.

Le gouvernement ne put réussir à substituer la taille réelle à la taille personnelle, ce qui aurait détruit les priviléges ; mais il réduisit le nombre des privilégiés en mettant une limite aux anoblissements et en obligeant les nouveaux nobles à payer la taille. L'intérêt fiscal fit établir sur le tabac un droit de douane, qui devait être bientôt converti en un monopole public, semblable au monopole du salpêtre, attribué à l'État depuis Charles IX. Il eut le malheur de faire élever aussi, contrairement au vœu des États généraux de 1614, la plupart des droits de douanes intérieures qui empêchaient en France la circulation ou le transit des marchandises étrangères.

La classe pauvre trouva dans les monts-de-piété, organisés sur le modèle de ceux des villes flamandes, des institutions de crédit utiles et nouvelles pour elle. On commençait à songer qu'il fallait prévenir la misère dans les villes, comme Sully l'avait essayé dans les campagnes. L'opinion publique voulait que le gouvernement travaillât à enrichir la nation, et les lois somptuaires furent moins une protestation contre la richesse qu'un frein pour les abus qu'elle entraînait. Les hommes éclairés demandaient que le roi rendît l'industrie plus libre, en s'attribuant les derniers pouvoirs administratifs laissés aux maîtres des métiers. Le gouvernement cessa de se réserver l'usage exclusif des postes, y admit les particuliers, et augmenta le mouvement d'affaires en rendant les correspondances possibles. Bien que le sys tème prohibitif se fortifiât tous les jours et fût érigé en théorie par le gouvernement, les protestations de l'expérience lui imposèrent dans la pratique quelques tempéraments qui favorisèrent l'augmentation du commerce de la France avec l'étranger.

Comme sous le règne d'Henri IV l'administration intérieure s'était trouvée à peu près fondée, et que Sully avait assuré la régularité de sa marche, le principal but de Louis XIII dut être de constituer l'administration dans ses services extérieurs, de garantir à l'intérêt de la défense et de la grandeur du pays un développement normal, une protection efficace. La France avait commencé sous Charles VII à traiter avec les puissances voisines et à entrer dans le système de l'équilibre européen. Sous François Ier, elle avait étendu ses relations de tout genre. A partir des premières années du xviie siècle, ces relations furent compliquées par les intérêts coloniaux. Les compagnies, trop faibles autrefois lorsqu'elles étaient réduites à leurs seules forces, se placèrent sous le patronage du gouvernement. Aidées des priviléges qu'elles en reçurent, elles réunirent les capitaux nécessaires pour doter la France d'établissements coloniaux, et surtout d'une marine marchande que l'État se chargea de protéger contre les corsaires. Des travaux achevés dans les ports, l'institution de facteurs pour les étrangers, de compagnies d'assurances maritimes, l'organisation de consulats dans la plupart des pays que visitaient nos bâtiments, témoignèrent des obligations nouvelles que le pouvoir savait comprendre. Mais ses premiers soins furent réservés aux armées de terre et de mer.

Tandis que l'armée de terre avait eu jusqu'alors le maintien de l'ordre intérieur pour but principal, elle fut chargée plus spécialement, sous Louis XIII, de garantir la sûreté extérieure et la prépondérance de la France en Europe. Elle devint par cela même plus nationale, si l'on peut le dire, en même temps qu'elle devenait plus nombreuse, que les différences d'origine entre les soldats de chaque province s'effaçaient dans ses rangs, et que la permanence établissait les traditions. Le roi remplaça à sa tête le connétable dont on supprima la charge, d'origine féodale, et il substitua dans presque tous les rangs de la hiérarchie des commissions révocables aux charges vénales ou héréditaires. Les progrès de la discipline furent aidés par les changements mêmes de la tactique qui faisait succéder l'action des corps à l'action des hommes. L'État fit les enrôlements en son nom, augmenta la solde pour prévenir les pillages, et se chargea de la nourriture des soldats. L'administration des subsistances militaires fut organisée. Tout régiment eut un magasin pour les fournitures : un intendant de police, justice et finance fut envoyé par le gouvernement dans chaque armée, pour diriger la partie administrative, personnel et matériel, et faire des rapports périodiques.

Ces améliorations dans le régime de l'armée de terre furent accomplies par Letellier et le maréchal de Châtillon, sous l'inspiration de Richelieu qui créait de son côté une marine militaire. Il supprimait la charge indépendante et les priviléges de l'amiral, prenait le titre de *surintendant de la navigation*, et devenait ainsi le chef révocable et responsable d'une administration centralisée en partie au siècle précédent, mais où tout encore était à faire. Les siéges d'amirauté sur les côtes devinrent ce que sont nos préfectures maritimes. Richelieu organisa ensuite un matériel et des magasins ; il établit des écoles de mousses, de pilotes, des régiments de marine : on composa les équipages sur le modèle de ceux des bâtiments hollandais. En un mot tout ce qu'il devait y avoir de grand dans les services extérieurs sous le règne de Louis XIV fut ébauché sous celui de Louis XIII.

Richelieu rencontra dans l'exécution de ses plans de nombreux obstacles ; il les brisa. Il frappa les nobles toutes les fois qu'ils protestèrent; il rasa ou convertit en prisons royales bon nombre des anciens châteaux. Il comprima violemment les huguenots, lorsqu'ils demandèrent d'autres libertés que celles de l'édit de Nantes. Il maintint avec énergie la subordination de l'Église au pouvoir royal, en même temps qu'il essayait d'arrêter ses empiètements et de diminuer son pouvoir administratif.

Il fut encore le précurseur de Louis XIV, en multipliant les institutions scientifiques, en faisant de la Bibliothèque royale le dépôt de tous les livres imprimés, en ordonnant la confection de l'inventaire du Trésor des chartes, en créant le jardin botanique, l'Académie française ; ce qui ne doit pas faire oublier que la sévérité des lois rendues contre la presse commença précisément sous le règne de Louis XIII, lorsque la censure royale eut achevé de prendre la place des anciennes censures ecclésiastiques.

Signalons enfin l'extension plus ou moins régulière, plus ou moins uniforme de l'organisation administrative de la France aux pays de nouvelle conquête : au Béarn réuni sous Henri IV ; au Roussillon réuni en 1642, et plus tard sous Mazarin, après les traités de Westphalie et des Pyrénées ; aux Trois-Évêchés dont la réunion effective datait de 1552; à l'Alsace, à une partie de la Flandre et du Hainaut. Louis XIV devait y ajouter plus tard encore différentes villes dans ces mêmes provinces et dans le Luxembourg, ainsi que Strasbourg et la Franche-Comté.

Si Mazarin sut recueillir au dehors les succès préparés par la politique de Richelieu et achever d'importantes acquisitions, il n'en faudrait pas moins rayer de l'histoire administrative les dix-huit années pendant lesquelles il fut au pouvoir. Ces acquisitions furent compensées par un déficit énorme, par l'emploi des plus mauvaises traditions financières, par le désordre auquel furent livrés la plupart des services publics. Tel fut l'héritage légué à Colbert.

La noblesse se jeta encore une fois au travers de l'action administrative. Elle se disputa les gouvernements militaires, comme elle s'était disputé autrefois les fiefs et les apanages. Les Parlements et les corps provinciaux privilégiés s'efforcèrent d'étendre leur propre autorité à la faveur de la Fronde, et cette fois leurs prétentions furent dirigées dans un sens contraire à la centralisation administrative et à l'arbitraire politique. Cependant la France était encore intéressée au triomphe du pouvoir royal; il sortit plus absolu d'une lutte contre une opposition aveugle qui mêlait les protestations d'un passé impuissant à la demande de garanties plus sérieuses et de réformes mieux comprises.

Émeri, Fouquet, avaient fait de la fiscalité un usage déplorable et mis la France au pillage; on ne rendait plus de comptes; les budgets étaient remplis d'erreurs volontaires, et on laissait le déficit s'accumuler chaque année. Un nouveau réglement des octrois et l'établissement de tontines furent les seules ressources utiles créées alors. Toutefois quelques projets ingénieux parurent, dont Colbert sut profiter plus tard. La doctrine d'après laquelle le clergé était simple usufruitier de biens de l'État, commença à se répandre. Si la fiscalité devenait d'autant plus active, que tout le monde voulait prendre part aux affaires du pays et prétendait régler la fortune publique, elle soulevait aussi moins de troubles et une opposition mieux raisonnée; il fallait compter avec d'habiles contradicteurs; les vices de certains impôts, des douanes, des péages, etc..., parfaitement exposés, appelèrent une prompte réforme.

Le service de l'armée et celui de la marine étaient à peu près les seuls qui continuassent d'obéir à l'impulsion reçue sous le règne précédent. Les colonies fondées sous Louis XIII commencèrent, durant la minorité de Louis XIV, à ne plus dépendre exclusivement des compagnies, et la métropole intervint dans leur régime administratif.

Il s'opéra encore vers cette époque une révolution importante, qui devait contribuer mieux qu'aucun autre fait à rendre l'administration monarchique uniforme et puissante. Les intendants commencèrent à s'emparer de la direction administrative supérieure, dans toutes les provinces de la France. Dans les pays d'élections, ils réglèrent par eux-mêmes les questions autrefois abandonnées aux états particuliers des provinces ou des bailliages; ces états, comme ceux de l'Auvergne, du Rouergue, du Berri, de la Saintonge, cessèrent vers cette époque de se réunir, en sorte que toute participation des représentants des localités au gouvernement provincial cessa par cela même. Dans les pays d'états, les intendants éprouvèrent une résistance très-vive de la part des Parlements, des états, de tous les officiers et de tous les corps dépositaires de l'autorité provinciale. Ils triomphèrent pourtant à la longue; ils assurèrent l'action régulière et à peu près uniforme du pouvoir dans la Bretagne, le Languedoc, la Provence, le Dauphiné, la Bourgogne : ils eurent en général plus de largeur dans les vues, et ils mirent plus de suite dans leurs entreprises que n'avaient pu faire les pouvoirs locaux, agissant dans un cercle borné, et dont les attributions mal définies ne faisaient naître que des conflits perpétuels.

Les intendants accaparèrent peu à peu, chacun dans leur généralité, les attributions actuelles de nos préfets. Ils furent chargés de l'exécution des mesures générales que l'on avait commencé de prendre dès le siècle précédent, au sujet de l'administration intérieure. Assistés de commissions royales ou d'états provinciaux, dans les pays où ces états subsistèrent, ils entreprirent quelques grandes opérations, comme celle de vérifier les dettes des communautés et de faire rentrer ces dernières dans leurs biens aliénés. Tout ce qui regardait l'économie agricole ou industrielle leur fut confié, et les questions de ce genre ne tardèrent pas à se séparer des questions financières et fiscales avec lesquelles on les avait d'abord confondues. Au reste, les intendants devaient trouver bientôt pour ce travail de réforme une auxiliaire indirecte dans la noblesse, qui se voyait réduite de jour en jour à mesurer son indépendance au taux de sa fortune, et qui, ayant reçu de Richelieu et de Colbert le goût des entreprises, ne tarda pas à faire une spéculation des travaux d'utilité publique et des améliorations agricoles. Les intendants finirent même par réunir les pouvoirs les plus divers. A la surveillance de l'agriculture, du commerce, de l'industrie et de la navigation, ils joignirent celle des cultes et celle des écoles; celle de la police militaire et de la police de sûreté, de l'administration des octrois par les communes et de l'administration des colonies : ils furent chargés en quelque sorte de rendre un compte permanent de la manière dont chacun des services publics de leur province était rempli.

Colbert est de tous les anciens ministres celui qui a travaillé le plus pour la gloire de la France. Son nom se présente le premier dès qu'on parle d'administration. Il eut comme Sully le talent de faire marcher tous les services dans un ordre parfait, de leur imprimer une direction éclairée et régulière. Mais il fit plus ; il essaya, tentative à peu près nouvelle, de les faire entrer tous dans un même cadre et de les coordonner. Il conçut le projet de rattacher à une pensée commune et à un système uniforme toutes les institutions administratives, incohérentes avant lui, parce qu'elles avaient été créées ou modifiées isolément, sans règle, suivant les besoins nouveaux du pays ou la facilité des temps. Quoiqu'il eût un esprit éminemment pratique, habile à comprendre et à simplifier les moindres détails, il arriva, par ses réformes journalières, à faire de la gestion des intérêts publics une science dont tous les historiens s'accordent à le regarder comme fondateur, et dont il est encore un des maîtres, malgré les développements qu'elle a reçus, et les changements inévitables que les révolutions économiques lui ont fait subir.

Colbert devint, sous le titre de conseiller intendant, puis de contrôleur général, chef du conseil supérieur des finances. Il organisa à un degré inférieur d'autres conseils qu'on appela les grandes et les petites directions, et entre lesquels il partagea la délibération ainsi que la décision des affaires importantes : c'est ce que nous appellerions aujourd'hui l'administration centrale supérieure.

Il remit les fermes aux enchères, et réunit ensemble les différentes adjudications autant que cela fut possible. Il commença même à substituer le mode des régies à celui des fermes, dans quelques services, comme celui des monnaies. Il revisa toutes les règles de comptabilité, relatives à la formation des budgets, au trésor, aux recettes provinciales. Tout en augmentant les sommes consacrées à la plupart des chapitres de la dépense annuelle, il en maintint le chiffre au-dessous de celui du revenu ; et il obtint cet accroissement du revenu par un ordre plus rigoureux, une meilleure perception, une conversion des rentes analogue à celle de Sully.

Il avait formé le projet de confier à une seule et même administration l'ensemble des droits affermés en France, et il l'exécuta en partie en créant les grandes et les petites directions. Il voulut rendre l'impôt uniforme dans toutes les provinces, entreprise plus difficile à laquelle il fut obligé de renoncer, et il dut se contenter de faire disparaître les plus choquantes anomalies. Enfin il voulut simplifier et fixer partout la jurisprudence administrative, et il fit rédiger dans ce but, sur les données de la législation antérieure, l'ordonnance des eaux et forêts, celle des Aides, celle des Traites, celle des Gabelles.

Toutes les administrations partielles furent réorganisées, débarrassées d'offices inutiles, et quant aux offices que l'on conserva, leurs attributions furent mieux déterminées. Colbert établit pour la confection des baux un nouveau système qui offrait plus de garanties à l'État, et mena à terme une opération difficile, celle du rachat des domaines antérieurement engagés ou aliénés. Il simplifia de même le corps des agents des eaux et forêts; il ôta aux agents inférieurs toute initiative, et surtout le pouvoir de prendre part aux ventes.

Il fit faire des cadastres exacts par les intendants dans les pays de taille réelle, c'est-à-dire, dans ceux où la taille était répartie proportionnellement à l'étendue des fonds. Il nomma une commission pour assurer l'uniformité de cette répartition; il comptait, après avoir achevé les opérations difficiles que cette entreprise exigeait, étendre la taille réelle à toute la France, ce qui aurait présenté entre autres avantages, celui de restreindre le privilége des deux ordres supérieurs.

Colbert s'efforça de supprimer les péages dont le commerce se plaignait avec raison, il revisa leurs titres et en fit disparaître un grand nombre; il revisa aussi les tarifs de douanes, et remplaça les droits divers successivement établis, par un droit unique, soit à l'exportation, soit à l'importation. Il fixa les tarifs de manière à favoriser l'industrie nationale, en défendant la sortie des matières premières, et en repoussant les produits similaires étrangers. Il n'eut point de relâche qu'il n'eût imprimé un mouvement rapide aux manufactures, et nationalisé en France tous les genres de travaux des autres pays. Il créa un contrôle spécial pour l'exécution des réglements qu'il fit à cet égard.

Il rétablit la Chambre de commerce instituée par Henri IV et se réserva d'en choisir les membres sur une liste de candidats présentés par les villes; il institua à son tour, pour éclairer le gouvernement, trois conseils provinciaux électifs que des maitres des requêtes présidèrent. Il fit rédiger l'ordonnance de commerce. Il offrit des primes aux constructeurs de bâtiments, et il autorisa, d'une manière générale, les nobles à faire le trafic sans déroger. On procéda à une distribution nouvelle des consulats : les consuls furent invités à envoyer tous les renseignements économiques et commerciaux qu'ils pourraient recueillir sur les pays de leur résidence, comme on avait enjoint autrefois aux ambassadeurs d'envoyer des renseignements politiques.

Le commerce colonial fut un des principaux objets des soins de Colbert. Comme les compagnies souveraines fondées par Richelieu n'avaient qu'imparfaitement réussi, le gouvernement leur racheta les possessions étrangères, et fonda, en 1664 et dans les années suivantes, plusieurs compagnies nouvelles avec un long monopole, mais avec moins d'indépendance; car le conseil administratif était composé de gouverneurs nommés par le roi, en même temps que de directeurs nommés par les actionnaires. La compagnie des Indes-Occidentales ayant cessé d'exister en 1674, le roi reprit toute l'autorité administrative dans les îles d'Amérique; il y nomma un gouverneur et un intendant avec des conseils souverains pour la justice. Mais l'organisation administrative des colonies n'était encore qu'ébauchée à la mort de Louis XIV. Elles vivaient sous un régime spécial, sans garanties aucunes pour les administrés. Elles commençaient de plus à distinguer leurs intérêts de ceux de la métropole, prêtes à se mettre en opposition avec elle sur une foule de points. Si on leur avait assuré toutes les mesures législatives et tous les priviléges que l'on croyait propres à favoriser leurs progrès, entre autres un monopole exclusif pour leurs denrées sur les marchés de France, elles supportaient une pénible compensation. La France voulait exercer à son tour le monopole sur le marché de ses colonies; prétention funeste dont elle refusa longtemps de se départir.

Colbert, qui remplissait les fonctions de ministre des finances et de ministre du commerce, remplit aussi celles de ministre de la marine, ou les fit remplir à sa place par Seignelay son fils. Il laissa à l'amiral de France, dont il rétablit la dignité, le commandement des forces navales; mais il ne lui rendit pas l'administration proprement dite qui eût à sa tête un secrétaire d'État chargé de l'action, et depuis 1674, une *assemblée de marine* ou conseil chargé de la délibération et de la juridiction supérieure.

Colbert organisa un personnel de marins au moyen de l'inscription et de l'enrôlement par classes. Les côtes furent divisées en départements pour la levée des hommes, et en capitaineries pour le guet. Il créa des régiments spéciaux, développa sur un nouveau plan les écoles d'artillerie et d'hydrographie, établit un collège de marine, nomma des commissaires généraux inspecteurs comme pour les armées de terre. Chaque port eut un conseil de construction, un intendant de justice, police et finances, un munitionnaire pour les magasins. On fonda cinq arsenaux dont les ouvriers furent disciplinés et enrégimentés. Le matériel naval de la France fut augmenté dans une énorme proportion; enfin la comptabilité spéciale de ce service, tant pour le personnel que pour les matières, fut réglée uniformément.

Louvois achevait à la même époque d'organiser l'armée. Il effaçait les dernières traces de sa composition féodale et cessait de réunir le ban et l'arrière-ban; il déterminait la hiérarchie des grades supérieurs; établissait l'inspection, les revues régulières, l'ordre des convois; réorganisait les conseils de guerre et constituait des corps spéciaux pour les armes savantes. Il fondait des haras pour la remonte de la cavalerie, des écoles militaires d'officiers, le dépôt de la guerre, l'Hôtel-des-Invalides. Enfin, non content de fonder ou d'achever la plupart de nos établissements militaires, il créa pour la guerre une administration centrale supérieure, comme avait fait Colbert pour les finances et pour la marine.

Ce ne sont pas là, au reste, les seules grandes innovations de ce temps; il n'y a pas de service public où Colbert n'ait fait quelque chose de semblable. Pour la justice, il nomma un conseil de légistes avec lequel il travailla à la rédaction de l'ordonnance de procédure et de l'ordonnance criminelle, ce qui établit une règle uniforme de plus pour l'administration de la justice en France. Il organisa le service de la police que les Valois n'avaient fait qu'ébaucher; il en confia la direction centrale à un lieutenant général, dont les attributions furent celles d'un véritable ministre, et il détermina les attributions des agents et des tribunaux inférieurs, leur compétence, leur droit de faire des ordonnances ou des réglements. Il organisa aussi, du moins pour les pays d'élections, la direction centrale des ponts et chaussées, avec un corps d'inspecteurs et d'ingénieurs : cela rendit aussitôt possible de grandes entreprises, comme celle du canal du Midi. Enfin, s'il n'établit pas pour l'instruction publique une direction centrale analogue, il augmenta le nombre des académies, des établissements scientifiques, assigna un but à leurs travaux, et intervint d'une manière active dans la formation des réglements d'études pour le haut enseignement.

L'Université et l'Église, soumises chaque jour d'une manière plus efficace à l'action du pouvoir, virent repousser avec énergie toutes les prétentions d'indépendance qu'elles manifestèrent. Toute prétention du Saint-Siége à intervenir dans le gouvernement temporel fut repoussée de même (Déclaration de 1682). Quant aux Églises réformées, comme on jugeait leurs libertés moins compatibles de jour en jour avec le pouvoir absolu, on les leur enleva une à une. La révocation de l'Édit de Nantes et les persécutions qui la suivirent, aspirèrent à rétablir à la fois l'unité politique, et l'unité religieuse. Ces violences, que Colbert avaient prévues et retardées, ouvrirent après sa mort cette longue série de fautes accompagnées de revers plus grands encore qui troublèrent la fin du grand règne.

Dans cette époque malheureuse, l'administration, empreinte de fiscalité, soumise aux exigences de la politique, devint oppressive. La plupart des changements qu'elle eut à subir, commandés par les circonstances, furent passagers, temporaires. Elle n'offrit plus que rarement l'initiative de ces grandes mesures qui avaient fait la gloire de Colbert et de Louvois.

En matière de finances, les successeurs de Colbert au contrôle général, forcés de subvenir aux dépenses d'une guerre européenne, rentrèrent dans le système des expédients, et recoururent aux gens d'affaires, ce qui jeta beaucoup d'irrégularité dans les budgets. Les rentrées devinrent difficiles; le trésor cessa de payer à jour fixe; une crise éclata qui manqua d'amener une banqueroute générale, et aboutit en réalité à la constitution d'une dette de plus de cent millions dont l'État se reconnut débiteur à la mort de Louis XIV. Toutefois cette crise même ne fut pas sans avoir produit quelques améliorations administratives. Desmarets employa avec plus ou moins de bonheur toutes les ressources artificielles du crédit public. Les billets de l'État commencèrent à remplacer avec un avantage réel le numéraire circulant. L'établissement d'une caisse centrale des receveurs généraux facilita les mouvements de fonds, et dispensa de recourir aux traitants pour les affaires extraordinaires. Autre innovation non moins importante: Desmarets rendit compte le premier de son administration ; déjà le contrôle de l'opinion publique allait commencer.

On discuta très-vivement la question de la contribution du clergé et de la noblesse à l'impôt foncier. Vauban osa parler d'établir l'égalité de tous les Français devant l'impôt. De même que Colbert avait voulu ramener à un système uniforme la constitution des services administratifs, Vauban voulut réduire à l'unité les sources très-diverses du revenu public. Ce fut la substitution complète du raisonnement théorique à l'empirisme dans la science financière. Si ces idées ne furent pas immédiatement réalisées, la capitation établie par Chamillard, et l'impôt du dixième du revenu établi par Desmarets, furent du moins des essais de contribution uniforme ou proportionnelle, et demeurèrent tels malgré les ménagements sans lesquels on n'eût pu les faire accepter.

Quelques améliorations partielles furent introduites dans certains services, entre autres dans celui des douanes, où les droits subirent un abaissement sensible, et dans celui des monnaies. Malgré des opérations monétaires qui rappelaient les temps les plus fâcheux de la fiscalité, le ministère de Desmarets vit naître de meilleures doctrines; les vices de l'ancienne législation à cet égard furent attaqués par les protestations les mieux raisonnées. On sentait l'approche d'idées économiques nouvelles; le système de Law allait faire d'une simple révolution financière une révolution politique et presque sociale.

On était alors universellement convaincu de la nécessité de développer, d'accroître la richesse générale, et cela donnait des idées plus justes sur les finances. Tous les écrits du temps en offrent la preuve. Malgré l'expulsion des réformés et la crise financière, le commerce alla se fortifiant, et exigea pour un plus grand mouvement d'affaires des institutions nouvelles. La Chambre de commerce devint, sous Chamillard, un conseil général dont les membres furent nommés directement par les grandes villes. Le bureau des intendants de commerce remplit les fonctions d'une sorte de direction centrale supérieure. Les villes importantes construisirent des bourses pour les réunions des négociants. Le service des postes devint d'une plus grande utilité pour le public, lorsqu'il eut été confié après la mort de Louvois à une administration responsable, dont le gouvernement fixa les tarifs.

Dans l'armée on essaya encore d'établir une conscription, ou une répartition proportionnelle du contingent ; mais on ne put appliquer ce système qu'aux régiments de milice que l'on créa alors, et dont on fit une landwehr permanente. On bâtit les premières casernes, on organisa les hôpitaux militaires. Louis XIV assura aux Invalides de la marine des avantages analogues à ceux dont jouissaient déjà les Invalides de l'armée de terre.

Tels furent les principaux changements introduits durant cette époque dans les différentes parties de l'administration, qui tendait, malgré le malheur des temps, à se développer suivant sa loi, à se distinguer de la politique, chose mobile et variable, et qui montrait enfin le besoin de la fixité avec celui du perfectionnement.

Toutefois la politique fut loin d'être étrangère aux mesures que prit Louis XIV, même pour l'administration intérieure. Il enleva aux villes, par des créations d'offices, le droit que les édits du xvie siècle leur avaient laissé de régler leur police particulière, et il leur donna à toutes une police organisée comme celle de Paris. La nomination des maires, qui appartenait encore dans beaucoup de villes aux habitants, leur fut enlevée pour être attribuée au roi. La plupart des priviléges portant l'exemption ou la modération de quelques impôts cessèrent d'être reconnus.

Les intendants commencèrent à faire d'importants travaux de statistique, quoique l'exécution de ces travaux n'ait pas toujours répondu aux vœux qui les avaient fait entreprendre. Par des empiètements continuels, ils achevèrent presque de détruire l'indépendance administrative des provinces, et celle même des pays d'états. Les villes avaient déjà perdu la leur. Les grands corps politiques conservèrent seuls quelques débris de priviléges, mais sans indépendance. Ces priviléges eux-mêmes furent sans cesse éludés d'une manière plus ou moins directe : on s'efforça d'en restreindre l'exercice à un nombre de personnes déterminé; les titres de noblesse furent continuellement revisés dans cet unique but.

Pourtant tout n'était pas achevé dans ce long et difficile travail de nos institutions administratives. On avait encore à réaliser les réformes définitives qui n'avaient été jusqu'alors qu'entrevues ou prématurément essayées; il fallait établir l'unité des règles pour la France entière; déclarer l'égalité de tous les habitants du territoire devant la justice, devant l'impôt; assurer, soit une juste répartition des charges publiques et des avantages qui les compensent, soit des garanties efficaces, sérieuses, pour les droits des administrés. La monarchie absolue, qui avait présidé pendant six siècles aux destinées de la France, ne devait plus et ne pouvait plus accomplir seule ces nouveaux progrès. Ils devaient recevoir le sceau de la révolution de 1789 et le baptême d'un gouvernement populaire. La reconnaissance formelle de ces grands principes ouvrit une ère nouvelle à l'histoire administrative, comme à l'histoire politique.

CHAPITRE I.

CONSEIL D'ÉTAT. — GRANDS OFFICIERS DE LA COURONNE. — MINISTRES [1].

I. A qui appartenait l'administration centrale supérieure au xiie siècle. — II. Du Conseil d'Etat depuis cette époque. (Pouvoir délibérant.) — III. Des grands officiers de la couronne, et des secrétaires d'Etat. (Pouvoir chargé de l'exécution.) — IV De la maison du Roi.

Avant d'entrer dans l'histoire proprement dite de l'administration et de ses différents services, j'ai besoin d'expliquer comment et par quels intermédiaires l'action royale s'exerçait.

§ Ier. — A qui appartenait l'administration centrale supérieure au xiie siècle.

Les premiers rois capétiens réglaient toutes les affaires politiques ou administratives, dans un conseil qu'ils choisissaient à leur gré, et qui portait le nom de Conseil du roi, de Parlement, ou de Cour plénière. Ils n'y admettaient que des clercs et des barons, qui étaient probablement en nombre égal, comme dans toutes les grandes assemblées du temps. Suivant Du Tillet, les places de ce conseil étaient données par commissions et non à titre d'offices : elles étaient donc temporaires et révocables. Les grands officiers de la couronne étaient ordinairement désignés comme les premiers

---

[1] Voir principalement pour ce chapitre, Guyot, *Traité des Offices*.

conseillers laïques ; les autres conseillers étaient choisis parmi les pairs de France ou les vassaux immédiats du domaine. Tel était le pouvoir délibérant.

L'exécution appartenait au chancelier et aux quatre grands officiers de la couronne, appelés *ministeriales domini regis*. Le chancelier préparait et signait les actes promulgués au nom du roi, et les quatre grands officiers, le sénéchal, le bouteiller, le connétable, le grand chambrier, servaient de témoins[1].

Le chancelier était le plus important personnage de la monarchie. Ses attributions consistaient à présider le conseil, à diriger la haute administration, et surtout à rendre exécutoires par l'apposition de son sceau tous les actes du gouvernement. Il avait un personnel assez nombreux d'officiers de chancellerie ou de notaires (*notarii*).

Le sénéchal présidait au nom du roi la cour de justice composée des vassaux immédiats du domaine. Il recevait le serment de fidélité quand le roi avait reçu l'hommage, et il veillait à ce que toutes les obligations féodales fussent remplies. Comme chef de la justice, il était le supérieur des prévôts que souvent il nommait lui-même.

Le connétable faisait dès le temps de Philippe-Auguste les fonctions de général en chef de l'armée royale : il portait l'épée du roi, et marchait le premier après lui. Tous les jugements militaires étaient rendus en son nom.

Le grand bouteillier avait la principale administration du trésor royal, et quelques attributions relatives à la police des vivres ou des métiers, du moins à Paris.

Le grand chambrier avait comme l'intendance de la maison du roi. Beaucoup de métiers à Paris étaient placés également sous sa dépendance.

---

[1] Les actes de saint Louis sont les derniers dans lesquels se trouve constatée la présence des grands officiers de la couronne. Ducange, verbo *Cancellarius*.

Telles étaient à la fin du xiie siècle les fonctions de ces grands officiers. Autrefois, ils avaient été chargés de simples services domestiques, dont ils avaient tiré leurs noms; mais ils étaient devenus, par une révolution insensible, les chefs de l'administration royale, de véritables *ministres*, et n'avaient gardé de leurs premiers emplois que d'anciens noms qui ne répondaient plus à leur position nouvelle.

Les charges des grands officiers appartenaient en général à des seigneurs vassaux du roi, qui les possédaient féodalement : ainsi les comtes d'Anjou étaient sénéchaux nés de France; les seigneurs de Courtenai, grands bouteillers. Mais Philippe-Auguste combattit un système qui pouvait devenir dangereux pour l'autorité royale; il *remit*, par exemple, *la sénéchaussée en sa main* ; il en fit une commission au lieu d'un office *tenu en seigneurie* : il remplaça l'autorité indépendante du possesseur héréditaire (*jurisdictio propria*) par une autorité déléguée (*jurisdictio mandata*). Il voulut agir de même envers les agents inférieurs subordonnés aux grands officiers, et dont un grand nombre tenaient aussi leur charge en seigneurie; en d'autres termes, il fit le premier quelques efforts pour affranchir les pouvoirs administratifs et les enlever à la noblesse, œuvre dont le succès ne pouvait être qu'éloigné encore.

Les services domestiques, abandonnés peu à peu par les grands officiers de la couronne, passèrent en d'autres mains ; et l'administration de la maison du roi, confiée par cela même à des officiers de second ordre, ne tarda pas à se distinguer de celle de la France. Elle se composa du grand chambellan, du grand panetier, du grand queux, du maréchal de l'écurie, du grand veneur, du fauconnier, du grand aumônier, du grand prévôt de l'hôtel. Sauf la surveillance de quelques métiers, et une certaine juridiction appartenant au grand prévôt de l'hôtel, ces officiers ne prirent qu'une part accidentelle et indirecte à l'administration générale. Au reste leurs charges furent, comme celles des grands officiers de la couronne, avidement briguées par la noblesse, à cause des prérogatives honorifiques et des revenus spéciaux qui leur étaient affectés.

Indépendamment des membres de sa maison, le roi avait des secrétaires particuliers attachés à sa personne, qu'on appelait *clercs du secret*, et qui se distinguaient des notaires attachés au chancelier.

Voilà comment l'administration centrale supérieure était constituée à l'époque qui nous sert de point de départ, sous le règne de Philippe-Auguste.

§ II. — Du Conseil d'État depuis cette époque (pouvoir délibérant).

Un des premiers effets de la centralisation féodale rétablie, fut d'augmenter le nombre des affaires portées au conseil, et quand les affaires furent plus nombreuses, il fallut partager le conseil en différentes sections, entre lesquelles on les répartit suivant leur nature. Ces sections elles-mêmes, de plus en plus occupées, finirent par devenir, sous Philippe le Bel, des corps spéciaux comme le Parlement et la Chambre des Comptes (1302). On sentit alors le besoin de donner une forme régulière à l'institution du conseil originaire, qui porte indifféremment dans les actes les noms de Conseil privé, Conseil secret, Grand-Conseil; et ce fut l'œuvre de Philippe le Long (1318). Sans entrer dans les détails de cette organisation, nous devons observer que les fonctions de conseiller, conférées sous forme de commission, demeurèrent compatibles avec toutes les autres fonctions publiques, et que le conseil, outre les affaires d'État sur lesquelles il devait spécialement délibérer, fut chargé de l'expédition des grâces et des requêtes, ainsi que du jugement de certaines causes évoquées par le roi. Il réunit ainsi à la direction administrative supérieure des attributions contentieuses et judiciaires.

Il cessa bientôt d'être exclusivement composé de nobles et de clercs : on y admit au XIV᷊ siècle des bourgeois de Paris, des membres du Parlement[1]. Ces derniers prétendirent même y entrer de droit, et le roi Jean fut obligé d'établir qu'ils devraient y être nominativement appelés. L'ordonnance de réforme de 1413 réduisit le nombre des membres du conseil en le limitant au chancelier, au connétable, aux princes et aux grands officiers de la couronne, enfin à quinze conseillers simples.

L'augmentation des affaires que le conseil examinait, amena, sous Louis XI, sa division nouvelle en trois sections correspondant à ses trois classes d'attributions. La première comprenait toutes les affaires politiques et la direction administrative supérieure; la seconde, le contentieux des finances; la troisième, les attributions judiciaires. Dans les circonstances importantes, on réunissait toutes les sections, on y appelait même quelquefois tous les membres du Parlement.

Les attributions judiciaires prirent elles-mêmes un très-grand développement. Alors Charles VIII et Louis XII, par deux ordonnances de 1497 et 1498, créèrent un tribunal distinct qui jugea toutes les causes réservées au roi, et porta spécialement le nom de *Grand-Conseil* (*V.* au chapitre de la *Justice*). Cependant le conseil royal originaire conserva une section judiciaire pour décider sur les requêtes et sur quelques autres matières.

François I᷊ᵉʳ réunit, en 1526, les trois sections que Louis XI avait séparées, et cela jeta dans l'expédition des affaires un grand désordre. Une nouvelle division devint donc nécessaire et fut introduite en 1547. Il fut alors décidé que le conseil royal s'assemblerait deux fois par jour, le matin

---

[1] Lefèvre d'Ormesson, *Traité mss. du conseil du roi, Blb. R. Mss. de la Sorbonne*, n. 1080.

pour les affaires d'État et les finances ; le soir, pour les requêtes. Sa composition ne devait pas être la même pour ces deux sortes de séances. On dut y appeler les principaux dignitaires de l'administration, chacun suivant sa spécialité, et le nombre des conseillers alla croissant, malgré une ordonnance de Charles IX qui le fixait à vingt.

Il y eut plusieurs remaniements sous Charles IX et surtout sous Henri III, tant pour la composition du conseil royal que pour la distribution des affaires entre les sections. Ces sections devinrent elles-mêmes des conseils particuliers, que l'on appela Conseil d'État et de finance, Conseil des finances, et Conseil privé ou des parties. Sous Louis XIII, en 1617, on ajouta un quatrième conseil, celui des dépêches[1], qui fut chargé de l'intérieur et de la correspondance avec toutes les personnes et les corps dépositaires de l'autorité dans les provinces. Cette quatrième assemblée ne fut au fond qu'un démembrement du conseil d'État et de finance qui se trouvait surchargé.

Sully avait conçu le plan de faire assister les seigneurs de la cour aux délibérations du premier de ces conseils, qui se trouvait à peu près limité au chancelier, aux quatre secrétaires d'État, au surintendant des finances, aux trésoriers de l'épargne, aux maréchaux et aux amiraux. Il voulait y comprendre en outre huit conseillers ordinaires, dont quatre d'épée et quatre de robe, et vingt conseillers extraordinaires, ces derniers ayant l'entrée libre aux séances à tour de rôle, et cinq pour chaque trimestre, mais avec l'obligation de s'y rendre sous peine d'être rayés des listes. Il espérait préparer une école d'administrateurs. « Je ne nierai point, écrit-il à Henri IV, que je n'aie quelquefois exhorté les princes, ducs, pairs, officiers de la couronne et autres

---

[1] Id. Guyot attribue la formation du conseil des dépêches à Henri IV.

seigneurs de quitter les cajoleries, fainéantises et baguenauderies de cour, de s'appliquer aux choses vertueuses, et par des occupations sérieuses et l'intelligence des affaires se rendre dignes de leur naissance et capables d'être par vous honorablement employés[1]. » Henri IV résista, il craignit que le secret ne fût pas assez bien gardé ; il craignit surtout l'ambition des grands, dont la participation aux affaires de l'État avait été si dangereuse, comme de récents souvenirs le témoignaient encore. Cependant le projet ne fut pas abandonné. On le trouve exécuté sous le règne de Louis XIII. Les conseillers ordinaires faisant leur service toute l'année étaient à cette époque assistés de conseillers extraordinaires servant quatre mois par an[2].

Louis XIV fit à son tour huit règlements qui eurent pour but de diminuer ce qu'il y avait d'arbitraire et d'incertain dans les attributions respectives de ces conseils, et de déterminer leur mode de délibération.

Voici comment la répartition des affaires avait lieu entre eux d'après l'ordonnance de 1644, à peine modifiée par celles de 1657 et de 1661. Les détails du tableau suivant sont indispensables pour faire bien comprendre la division administrative supérieure admise dans l'ancienne monarchie.

« — 1° Le Conseil d'État proprement dit connaissait de trois classes d'affaires. La première comprenait les affaires de la guerre, les secrètes instructions du roi, la nécessité et la consommation des finances, la disposition des hautes charges et gouvernements : le roi, les ministres, le secrétaire et un certain nombre de conseillers d'État, assistaient seuls à ces délibérations, qui roulaient, comme on le voit, sur les matières politiques les plus importantes. A la seconde classe se rapportaient les traités de paix, de mariage, d'alliance, la distribution des emplois pour les armées de terre et de mer, et les entreprises pour siéges de villes et batailles : les maréchaux de France assistaient à ce

---

[1] *Économies royales de Sully*, année 1607.
[2] Lefèvre d'Ormesson, ouvrage cité.

conseil. Enfin, la troisième classe comprenait la décision des différends et les réglements de charges des maréchaux de France, des gouverneurs de provinces, des généraux d'armée, des officiers de la maison du roi ; les prises de vaisseaux, les droits et représailles, les intérêts des trois états, les contentions d'entre les cours. Le chancelier présidait ce conseil, auquel étaient appelés les surintendants.

Les délibérations prises sur ces trois classes d'affaires s'expédiaient par déclarations, ordres du roi, ou arrêts en commandement.

» 2° Le conseil des dépêches traitait les questions relatives aux charges, à la gestion des intendants des finances et des secrétaires d'État, aux fonctions des commissaires départis dans les provinces ; à leurs contestations avec les cours et corps de juridiction et de villes. A ce conseil étaient présentes les personnes qui prenaient part aux travaux du premier, et, en outre, les maîtres des requêtes. Les décisions étaient minutées en forme de dépêches, qu'expédiaient les intendants et les secrétaires d'État.

» 3° Le conseil des finances avait pour attributions toutes les affaires où se trouvait engagé l'intérêt du roi, de son domaine ou de ses finances, les appels des jugements et arrêts rendus par les commissaires établis souverains, l'homologation des ordonnances des maréchaux de France sur le fait des droits contentieux, les différends entre traitants et associés qui pouvaient toucher l'intérêt du roi, toute exécution d'édits, déclarations et arrêts, attribuant quelques droits que l'on contestait. Le caractère de ce conseil était, comme on le voit, essentiellement contentieux, à la différence des deux premiers dont la constitution était exclusivement politique et gouvernementale.

» 4° Le conseil des parties, où se trouvait, au plus haut degré, le caractère judiciaire, connaissait : des évocations de pur mouvement et autorité du roi ; des évocations fondées sur parentés et alliances ; des évocations sur ports et faveurs ; des évocations du consentement avec exception des cours les plus prochaines ; des évocations par privilége avec renvoi ; des réglements de juges sur conflit, ou pour cause de récusation ou suspicion de juges ; des oppositions au titre, ou pour deniers où le roi n'avait aucun intérêt ; des exécutions d'édits, déclarations et arrêts, et contraventions à iceux ; des cassations des arrêts des cours, quand ils étaient contraires aux ordonnances, en contradiction avec eux-mêmes, ou attentatoires à la juridiction du conseil [1].

[1] Extrait de l'article CONSEIL D'ÉTAT, par M. Duchesne, dans la *Nouvelle Encyclopédie du droit*, de MM. Sebire et Carteret.

§ III. — Des grands officiers de la Couronne, et des secrétaires d'État.
(Pouvoir chargé de l'exécution.)

Dans l'origine, lorsque une décision administrative avait été prise, son exécution était confiée au chancelier et aux grands officiers de la couronne.

Le chancelier, qui promulguait les lois, était président du conseil, et quand le Parlement devint un corps distinct, il en reçut la présidence également. Il devint ainsi le chef de la justice et de tous les officiers de paix. Sa charge fut à la nomination royale jusqu'au règne de Charles V qui abandonna son élection au Parlement. Mais l'élection par le Parlement, après avoir été plusieurs fois confirmée[1], fut supprimée de fait par Louis XI qui s'attribua le droit de nomination en 1461, et le transmit à ses successeurs. Le chancelier eut encore des attributions extraordinaires très-variées. Il porta souvent le titre et il reçut les fonctions de garde des sceaux. La surveillance de la presse et la censure des livres lui furent confiées. Sous Henri III, il avait le gouvernement de plusieurs duchés. Ce fut lui qui reçut le serment des vassaux du roi et des hauts fonctionnaires, tels que les gouverneurs de provinces. Il était comme à la tête de tous les dépositaires du pouvoir administratif.

Si l'on excepte le connétable, qui garda son rang et ses attributions jusqu'au règne de Louis XIII, les autres grands officiers de la couronne furent réduits de bonne heure à un rôle subalterne. Le sénéchal perdit, après la formation du Parlement, la direction supérieure de la justice, qui passa entre les mains du chancelier; il dut se contenter de trouver place dans la nouvelle organisation judiciaire comme premier bailli de France et prévôt de Paris. Le grand bouteiller

---

[1] Le droit d'élire le chancelier est reconnu au Parlement par les ordonnances de 1373, 1380, 1413 et 1420.

trouva place également dans la nouvelle organisation financière, et devint l'un des présidents de la Chambre des Comptes : à peine conserva-t-il quelques priviléges spéciaux [1]. Quant au grand chambrier, on ne tarda pas à le ranger parmi les officiers particuliers de la maison du roi.

Le pouvoir administratif supérieur, enlevé aux grands officiers de la couronne, passa entre les mains des secrétaires d'État, et des intendants ou surintendants.

Les rois avaient, dans l'origine, des secrétaires particuliers que l'on appelait clercs du secret. Ces clercs du secret, qui n'étaient que trois au temps de saint Louis, se multiplièrent assez pour être deux cent quarante au temps de Colbert qui réduisit leur nombre. Il est probable que le nom de secrétaires d'État fut réservé à ceux d'entre eux qui furent chargés de la correspondance du roi pour les affaires publiques. Du moins ces derniers étaient appelés, vers la fin du xv⁰ siècle, secrétaires d'État et de finances; sous Louis XII, secrétaires d'État et des commandements. Henri II fixa leur nombre à quatre par ordonnance de 1547 et éleva leurs gages. Henri III établit la condition de trente-cinq ans d'âge pour l'admissibilité à ces quatre charges, décida qu'il n'y serait pourvu que par commission, régla les formes de la lecture des dépêches et de l'envoi des réponses, de l'examen des pétitions et des rapports auxquels elles donneraient lieu.

L'usage voulait que chacun des secrétaires d'État correspondît avec un quart environ des provinces de la France et un quart des pays étrangers, pour toute espèce de services et d'affaires. Nous avons encore le département de 1547 fait de cette manière. On introduisit ensuite les attributions spéciales, d'abord pour la maison du roi, puis,

---

[1] Tels que celui de faire grâce aux coupables, privilége conféré par Charles V, en 1360.

après l'édit de Nantes, pour les affaires ecclésiastiques. Louis XIII, en 1619, chargea un seul secrétaire d'État des affaires générales de la guerre et de la correspondance avec tous les chefs de corps; toutefois il laissait aux autres le soin de correspondre pour ce service avec le gouverneur et les autorités de chaque province. En 1626, il créa une autre spécialité, celle des affaires étrangères. Sous Louis XIV, la maison du roi et le clergé ayant été réunis, le quatrième secrétaire d'État fut chargé de la marine; en sorte qu'ils eurent chacun un service spécial, ce qui ne les empêchait pas de se diviser encore la France géographiquement pour les affaires qui leur restaient communes.

Ces affaires communes étaient peu nombreuses, parce qu'ils n'étaient chargés ni des finances ni de l'intérieur. Quoiqu'il n'y eût pas de secrétaire d'État, de ministre spécial pour les finances, le surintendant depuis 1573 (époque où son office, supprimé en 1315, fut rétabli), le contrôleur général depuis 1661, en remplirent toutes les fonctions et furent les véritables chefs du service; ils eurent le même rang que les secrétaires d'État dans les conseils du roi. D'un autre côté les affaires de l'intérieur, longtemps abandonnées aux pouvoirs locaux, furent les dernières que l'administration supérieure s'occupa de centraliser; on les répartit longtemps entre les autres services, et ce ne fut que beaucoup plus tard qu'elles donnèrent naissance à un ministère distinct. Les intendants, qui créèrent dans les provinces ce que nous appelons l'administration de l'intérieur, correspondaient directement avec le contrôleur des finances : on sait que Colbert avait dans son département, non-seulement les finances, mais encore les communes, l'agriculture, le commerce, l'industrie, les établissements scientifiques, les travaux publics, etc.

Il y avait donc sous Louis XIV en réalité six ministres, le chancelier, les quatre secrétaires d'État et le contrôleur général. J'emploie le mot de ministre dans le sens qu'on lui donne aujourd'hui, car au xviiᵉ siècle ce nom était réservé plus spécialement aux membres du conseil d'État et de finances. Ces six ministres avaient chacun un personnel de bureaux plus ou moins nombreux. Cependant leur pouvoir n'était pas aussi étendu que celui des ministres actuels : ils ne faisaient qu'exécuter les décisions du conseil et les volontés royales. Ils n'exerçaient donc jamais qu'une initiative indirecte. Comme toute leur autorité leur venait du roi et que tout acte ministériel était censé l'acte du roi, ils n'avaient aucune responsabilité, ou plutôt ils n'en avaient que vis-à-vis du roi seul : c'est pour cela que leur charge fut toujours conférée par commission et jamais à titre d'office. Enfin la nomination du personnel ne leur appartenait pas : celle des fonctionnaires supérieurs appartenait aux conseils, et celle des fonctionnaires inférieurs aux chefs spéciaux de chaque service.

Quelque importantes que fussent devenues, par la nature des choses et par le talent de quelques hommes, les fonctions des secrétaires d'État, elles demeurèrent toujours inférieures à celles des conseillers, qui exercèrent seuls en droit la haute direction administrative. Cela explique pourquoi, sous Louis XIV, les pairs de France et les grands seigneurs prirent place de préférence dans les conseils, et abandonnèrent à des nobles d'un rang moins élevé ou à des hommes sortis de la bourgeoisie, les positions ministérielles qui offraient plus de difficultés avec moins d'avantages. Il faut ajouter cependant que les secrétaires d'État devenaient nobles de plein droit; que leur importance s'éleva par degrés en raison de leurs attributions; que ces attributions elles-mêmes s'accrurent et qu'ils en reçurent, comme le chancelier, d'extraordinaires et de très-variées. Ils étaient, par exemple, officiers de l'état civil pour tous les membres de la famille royale.

Comme on le voit, la répartition successive des affaires de l'administration centrale supérieure, soit entre les pouvoirs délibérants, soit entre les pouvoirs chargés de l'exécution, eut lieu sans régularité, suivant les besoins de chaque époque et par une série de tâtonnements. Les grandes améliorations introduites sous Louis XIV ne firent pas disparaître ce vice originel. Colbert conçut le projet, qu'il n'exécuta qu'imparfaitement, de coordonner toutes les parties de l'administration inférieure, mais on ne songeait pas encore de son temps à réorganiser l'administration supérieure d'après un système uniforme et rationnel, et cela ne fut tenté qu'après 1789.

§ IV. — De la maison du roi.

Les officiers de la maison du roi, déjà séparés sous Philippe-Auguste des grands officiers de la couronne, s'en distinguèrent mieux encore après lui. Leur nombre et leur importance allèrent toujours augmentant. Aux charges de cour énumérées plus haut on en ajouta de nouvelles, dont les plus considérables furent celles de chambellan garde du sceau privé, de grand écuyer (cette dernière instituée sous Charles VII), de confesseur. Les ordonnances qui assimilèrent la maison de la reine et la maison des princes à celle du roi [1], portèrent à plus du double le chiffre de ces charges.

La noblesse les brigua toujours, malgré leur caractère essentiellement domestique, parce que les titulaires en faisaient remplir les fonctions par des serviteurs à gages, et jouissaient eux-mêmes de priviléges et de pouvoirs qu'ils s'efforçaient d'étendre. Le plus considérable de ces priviléges, était celui de *committimus*, c'est-à-dire que dans les causes personnelles, où ils étaient défendeurs, ils avaient le droit

---

[1] Voir celles de 1285, de 1323, de 1411.

d'être jugés par le tribunal spécial des maîtres des requêtes de l'hôtel. Charles VII restreignit ce droit aux seuls officiers qui recevaient un traitement, afin qu'on ne pût échapper à la juridiction de l'ordinaire par l'obtention d'un titre de cour honorifique.

Les pouvoirs inhérents aux charges de la maison du roi étaient conférés pour la plupart sur les parties correspondantes de l'administration, mais leur exercice amenait des conflits avec les autorités ordinaires, et on sentit plus d'une fois la nécessité de les restreindre. Ainsi Charles V, sur la réclamation du prévôt de Paris, supprima en 1369 la juridiction criminelle des chambellans des princes dans la ville même. Toutefois, les prévôts de Paris ne furent pas aussi heureux dans leurs tentatives, pour enlever la juridiction d'un grand nombre de métiers aux officiers de la maison du roi. Certains chefs de service faisaient encore partie de la cour dans des temps plus rapprochés ; ainsi le directeur général des postes ne s'en détacha qu'au xviie siècle. La reine et les princes ne se contentèrent pas d'obtenir des priviléges administratifs pour les personnes de leurs maisons : les rois leur déléguèrent souvent le droit de nommer à quelques offices de l'administration ordinaire [1].

L'administration de l'État fut donc en principe indépendante et distincte de celle de la maison du roi, mais l'absence de règles, et la facilité que les habitudes de l'ancienne monarchie présentaient à la corruption entraînèrent de nombreuses dérogations à ce principe.

---

[1] On trouve par exemple en 1547, après l'avénement d'Henri II, une liste des offices auxquels la reine-mère peut nommer.

CHAPITRE II.

ÉTATS GÉNÉRAUX ET PROVINCIAUX.

Les États généraux et provinciaux ont joué un grand rôle dans l'histoire politique de la France. Si l'on néglige les différences introduites, suivant les provinces ou suivant les temps, dans le mode ou l'objet de leurs réunions et de leurs délibérations, pour ne s'en tenir qu'à l'ensemble, on doit leur reconnaître trois classes d'attributions.

En premier lieu, ils votaient les *aides*, et ce mot comprenait dans l'origine les impôts de toute espèce, directs et indirects, qui, d'après les principes féodaux, devaient être consentis par les contribuables.

En second lieu, ils présentaient des cahiers de doléances sur telle ou telle partie de l'administration, sur l'état d'une province ou même du royaume. Le roi ne recevait ces cahiers qu'à titre de simples renseignements. Plusieurs assemblées d'États généraux, entre autres celle de 1484, essayèrent sans succès de les rendre obligatoires. Il n'en existait pas moins comme un contrat tacite entre le roi et les États, et le redressement des griefs était la condition de l'octroi des subsides.

Enfin les États prêtèrent à la royauté un utile appui dans les circonstances diverses où elle eut besoin de faire appel à la nation. Ils combattirent les prétentions du Saint-Siége, rendirent certains traités exécutoires, confirmèrent des réunions de provinces, etc...

Cela posé, j'aurai souvent à parler, dans le cours de ce livre, de l'action particulière des États sur chacune des branches de l'administration monarchique. Mais je dois indiquer d'abord d'une manière générale quelle a été leur action sur l'ensemble de cette administration, soit qu'ils la soumissent à leur contrôle, soit qu'ils exerçassent eux-mêmes des pouvoirs que les rois leur reconnaissaient ou leur déléguaient.

§ 1. — États-généraux.

C'est en 1302 qu'eut lieu la première convocation d'États dans le domaine royal, la première du moins où les députés de la bourgeoisie fussent admis. Le roi, qui réunissait de son plein gré ces assemblées pour s'en faire un moyen de gouvernement, fut d'abord le maître de fixer l'époque des convocations, la durée des séances, le nombre des membres; on peut même croire qu'il désignait directement tout ou partie des députés. Le pouvoir entier des États émanait originairement de sa volonté.

Cependant cette dépendance ne fut pas de longue durée. Sous le roi Jean chacun des trois Ordres élisait déjà ses représentants; le roi se contentait de désigner les villes qui enverraient des députés, et ce droit même lui était contesté : au bout d'un certain temps les prétentions des villes à ce sujet cessèrent d'être réglées par la convocation royale, et se réglèrent presque partout par l'usage. Les États généraux de la Languedoïl demandèrent même, dès 1356, à être réunis périodiquement; mais ce vœu, souvent renouvelé, ne fut jamais accueilli.

Ainsi, dès le milieu du xive siècle, les États généraux, j'emploie ce nom quoiqu'il manque de justesse puisqu'il ne désigne que l'assemblée des représentants d'une partie du domaine royal, les États généraux commençaient à changer de rôle, à contrôler l'action du pouvoir au lieu de la fortifier. Autant de fois ils se réunirent, autant de fois ils protestèrent contre l'absolutisme, contre la fiscalité; et s'ils n'obtinrent la plupart du temps que des garanties inefficaces, temporaires surtout, ils n'en furent pas moins les vrais régulateurs de l'administration monarchique. Ils la remirent dans la droite voie, toutes les fois qu'elle parut s'en écarter. Le malheur voulut que les rois eussent souvent recours aux lits de justice ou aux assemblées de notables, pour éluder des prétentions incommodes.

Après le règne de Charles VII, lorsque les tailles et les aides, c'est-à-dire les taxes directes et indirectes ordinaires, eurent été rendues permanentes, la convocation des États généraux du domaine cessa d'être nécessaire. Les États généraux qui les remplacèrent furent composés de députés de toutes les provinces du royaume et méritèrent mieux leur nom. Cependant ce ne furent guère que des assemblées de parade, réunies à de très-longs intervalles, et ne votant que les subsides extraordinaires. Comme elles délibéraient séparées par provinces ou par ordres, il n'y avait entre leurs membres ni unité d'intérêts ni unité de vues. Enfin elles n'eurent jamais d'attributions bien définies, et le pouvoir leur témoigna par cela même, toutes les fois qu'il les réunit, une grande défiance. En 1614 il défendit aux trois Ordres de délibérer en commun, comme l'avait proposé l'évêque de Beauvais, de peur que le vœu de la majorité, présenté par l'assemblée tout entière et dégagé des contradictions habituelles, n'eût une force presque impérative. On ne fit aux États que des communications incomplètes dont aucun débat régulier ne pouvait naître, et l'on justifia de cette manière le mot du cardinal de Sourdis, qui avait dit au roi dans son discours d'ouverture : « Votre Majesté s'est revêtue de ses États comme d'un manteau royal pour faire paraître l'éminence et la splendeur de son autorité. » Le pouvoir royal sortait chaque fois plus absolu d'une lutte dont le seul résultat était de constater l'impuissance de ses adversaires. Cette impuissance arracha cependant d'éloquents regrets à des hommes qui avaient conçu de meilleures espérances, à Jean Masselin, archidiacre de Rouen, qui nous a conservé le compte rendu des délibérations de 1484, et à Florimond Rapine, conseiller au Châtelet, qui nous a conservé celui des délibérations de 1614.

§ II. — États provinciaux.

Il y eut dans l'intérieur du domaine, et même dans la Languedoïl, à partir du règne de Philippe le Bel, des réunions très-fréquentes d'États provinciaux. Leur origine, leurs attributions étaient les mêmes que celles des États généraux; et s'ils furent convoqués plus souvent, c'est que cela était plus facile, moins coûteux pour les députés ou pour ceux qui les indemnisaient; c'est surtout qu'ils se bornaient à exposer des griefs locaux et ne présentaient pas les inconvénients des grandes assemblées. On ne peut guère faire la liste exacte et complète des États provinciaux; on est du moins fondé à croire que dans l'origine tout pays (*pagus*) ou tout fief souverain devait avoir les siens. Ce n'étaient en effet que les anciens conseils de gouvernement de chaque grand feudataire, conseils composés de prélats et de barons, auxquels on adjoignit quelques représentants de la bourgeoisie dans les premières années du xive siècle. Quand les pouvoirs administratifs passèrent des mains des feudataires libres, entre celles des baillis et des officiers royaux, les États provinciaux durent être convoqués par l'autorité royale, tantôt suivant la circonscription nouvelle des prévôtés et des bailliages, tantôt suivant l'ancienne division des provinces. Les rois exercèrent alors sur eux la plus grande influence, et en firent, tout en respectant d'anciens usages et quelquefois d'anciens droits, de simples instruments d'administration qu'on pourrait comparer à nos conseils de département ou d'arrondissement. Et en effet ces États, à partir du xvᵉ siècle, ne votèrent guère que des subsides locaux.

Comme exemple de ces sortes d'assemblées, citons les États de l'Auvergne réunis en 1355 et 1356 ; ceux de la Picardie en 1357 ; ceux de l'Artois, du Boulonnais et du comté de Saint-Pol en 1381 et dans toutes les années suivantes jusqu'au règne de Charles VII. En 1478 les États du Rouergue, de la Haute et de la Basse-Marche, du comté de Rodez, et de quatre châtellenies voisines demandèrent à se réunir pour une imposition commune, et Louis XI les y autorisa. En 1451, les trois États de Guyenne avaient exprimé le désir que leur province fût incorporée au domaine de la couronne.

Citons surtout la Normandie, dont les États se réunirent au moins cinq fois pendant le xɪᴠᵉ siècle et huit fois pendant le xvᵉ[1]. Quoiqu'elle fût pays d'élection et soumise comme telle aux agents royaux de finance, ses États continuèrent de voter des aides et des subsides, et de présenter des cahiers de doléances jusqu'au temps de Louis XIV[2].

Les États particuliers des provinces du domaine, le Languedoc excepté, cessèrent de se rassembler dans les premières années du règne de Louis XIV, lorsque les intendants s'emparèrent de l'administration provinciale[3]. Ce fut une

[1] On trouve les États de Normandie réunis en 1335, 1350, 1361, 1375, 1393, 1422, 1425, 1426, 1427, 1429, 1458, 1467, 1483, etc. *Rec. des Ord.* passim.

[2] Ils se réunirent encore en 1537, 1543, 1567, 1571, 1614, 1616, 1617, 1643, 1666.

[3] Les États du Rouergue cessèrent de s'assembler en 1651 ; ceux de la Basse et de la Haute Auvergne la même année, et dans les années suivantes ceux du Quercy, du Périgord, de la Marche, du Berry, de l'Aunis, de l'Angoumois, de la Saintonge, de l'Anjou, du Maine, de la Touraine, de l'Orléanais, du Bourbonnais, du Nivernais. — Monteil, *Histoire des Français des divers États.*

chose heureuse que la substitution d'un pouvoir permanent, unique, à des corps intermittents, souvent divisés dans leur action. Cependant il n'était pas bon que ce nouveau pouvoir agît seul et sans prendre l'avis des représentants des intérêts locaux. Les pays d'élections, où les intendants agissaient sans contrôle, offraient au xviii° siècle un aspect généralement moins prospère que les pays d'États, et l'on sentit alors le besoin de réorganiser l'administration provinciale en rétablissant des conseils électifs.

Les pays auxquels le nom de pays d'États fut spécialement réservé depuis le règne de Louis XIV, sont le Languedoc, la Bretagne, la Bourgogne, la Provence, la Flandre, l'Artois, le Hainaut et le Cambrésis, le comté de Pau. Le Dauphiné était aussi compris dans leur nombre; mais ses États avaient cessé de se réunir dès le règne précédent.

Dans tous ces pays, les anciens États provinciaux eurent à peu près la même composition et éprouvèrent les mêmes vicissitudes que les États généraux du royaume. Les députés des villes y furent partout admis vers le commencement du xiv° siècle; ils durent être désignés personnellement dans l'origine par les souverains provinciaux; puis l'usage attacha la députation aux fonctions municipales de certaines villes: quelquefois, mais plus rarement, elle fut le résultat d'une élection directe. Tous ces États conservèrent mieux leur organisation primitive, parce qu'ils appartenaient aux provinces qui furent réunies les dernières à la couronne. Comme ces provinces étaient aussi les plus éloignées du centre du gouvernement, ils demeurèrent plus étrangers aux faits politiques, et défendirent avec plus de succès leurs attributions administratives. Toutefois ils ne furent pas à l'abri des attaques du pouvoir, et ils perdirent au xviii° siècle une grande partie de leur indépendance originaire.

Le Languedoc eut des assemblées d'États dès 1254 [1], et fut peut-être le pays où ces assemblées eurent la constitution la plus régulière [2]. Charles VII leur reconnut le droit de voter tous les impôts et même l'*équivalent* des tailles qu'il établissait de sa propre autorité dans le reste du domaine. Il reçut en 1456 leurs remontrances sur toutes les parties de l'administration, promit d'y faire droit et de respecter tous les priviléges de la province. Une assez large place dans leurs doléances est consacrée aux intérêts matériels, surtout à ceux du commerce et de la navigation, plus développée peut-être dans le Languedoc que dans le Nord de la France. Charles VIII jura en 1484 d'observer les franchises de l'administration languedocienne, et François I*er* promulgua la *grande charte du pays de Languedoc* en 1522. Ces États ne cessèrent pas de se réunir jusqu'au règne de Louis XIII qui voulut leur enlever leurs attributions financières en créant dans le pays vingt deux siéges d'élections, un par diocèse, et en substituant à leurs agents financiers les siens propres. On se plaignait alors que les pays d'états payassent moins d'impôts que les pays d'élection, ce qui était vrai; on se plaignait aussi de leur penchant à emprunter, à s'imposer extraordinairement, pour des dépenses d'utilité locale, sans qu'il en entrât rien dans les coffres du roi ; le roi élevait donc la prétention d'autoriser tous les budgets provinciaux. Les États repoussèrent cette prétention de la manière la plus vive. Le Languedoc se souleva contre la violation de ses priviléges ; il refusa une trans-

---

[1] Les États de Languedoc, qui portaient le titre d'États généraux, s'assemblèrent en 1346, 1356, 1359, 1363, 1436, 1457, 1473. — Dom Vaissette, *Hist. du Languedoc.*

[2] Le Languedoc eut souvent aussi des assemblées qui ne comprenaient que les représentants d'un seul des trois ordres. Dom Vaissette cite des assemblées de communes qui se tinrent en 1361, 1362, 1375, 1378.

action qu'on lui offrait et qui consistait à acheter la propriété des offices royaux, en remboursant aux acquéreurs la somme de près de quatre millions de livres que ceux-ci avaient payée au roi. Le parti de l'indépendance provinciale prit les armes, et associa sa cause à celle du duc de Montmorency; mais le sort du combat de Castelnaudary livré en 1632 lui fut contraire. Si le roi vainqueur consentit à supprimer les élections et à rétablir les choses sur le pied de l'année 1629, il condamna cependant les États à rembourser la finance des offices au moyen d'une taxe spéciale qu'ils s'imposèrent pendant quatre ans; il les soumit à l'obligation de faire autoriser leurs budgets, et ne les laissa se réunir que quinze jours par an au mois d'octobre, sous prétexte d'éviter les frais d'une plus longue session.

Sous Louis XIV, les États du Languedoc n'étaient plus convoqués que tous les deux ans, et quoiqu'ils continuassent de prendre part à tout ce qui intéressait la province, la partie la plus importante de l'action administrative avait passé entre les mains des officiers royaux. Leurs séances étaient toujours présidées par des commissaires du roi, et les gouverneurs étaient désignés d'ordinaire pour remplir cette fonction. Au reste ce droit du roi était ancien, car Louis XI nommait déjà les présidents des États provinciaux [1]. Au XVIII° siècle les États de Languedoc se divisaient en sections pour les affaires ordinaires, l'agriculture, les manufactures, les travaux publics, les impositions des diocèses, les cahiers à présenter au roi, les lignes d'étapes, les comptes, les recrues, la vérification des impositions des communautés, celle des dettes des diocèses. On distinguait alors dans leur sein deux sortes de membres, les membres nés et les membres élus. Enfin le tiers y avait une repré-

---

[1] En 1474, il nomma l'évêque d'Albi président des États du Languedoc.

sentation double, et par conséquent autant de députés que les deux autres ordres réunis.

La Bretagne eut aussi dès les années 1308 et 1315 des assemblées composées des représentants des trois ordres. Cependant les députés des villes n'y siégèrent d'une manière permanente que depuis 1398[1]. Ces États reconnus avec toutes leurs franchises par Louis XII en 1499 et par François Ier lors de l'incorporation définitive en 1532, partagèrent l'administration de la province avec les gouverneurs, et plus tard avec les intendants. Leurs sessions, annuelles jusqu'en 1630, eurent lieu depuis lors tous les deux ans. Ils délibéraient dans une seule chambre, et ne se divisaient pas en comités. Le gouverneur assistait aux séances avec ses lieutenants et plusieurs autres officiers royaux.

Les États de Bretagne défendirent mieux que ceux du Languedoc leurs anciens priviléges ; mais ils devinrent dans le courant du XVIIe siècle aussi dépendants du pouvoir royal, en même temps qu'ils perdaient une partie de leur action administrative.

En 1614 on dressa un rôle des villes qui devaient y être représentées, et aussitôt après, le droit d'éligibilité, qui appartenait d'abord à tous les bourgeois de ces villes, fut restreint aux juges seuls. En 1702 une ordonnance royale désigna les maires et leurs lieutenants, pour partager avec les juges la représentation alternative des villes. Or, comme les maires et leurs lieutenants étaient nommés à cette époque par le roi, et que la plupart des juges l'étaient aussi, les élections pour l'ordre du tiers se trouvèrent supprimées de fait et la députation livrée tout entière à des fonctionnaires royaux. Les États protestèrent, mais sans succès, et n'obtinrent que l'exclusion tout à fait illusoire

---

[1] En 1384, 1386, 1395 et 1398 ils ne siégèrent pas. — Du Breil de Pontbriand. *Histoire mss. des États de Bretagne.* Bib. de Rennes.

des fonctionnaires autres que les précédents. Les députés de la noblesse étaient aussi désignés et convoqués par le roi directement depuis l'an 1630.

Les États de Bretagne, frappés de cette manière dans leur indépendance, perdirent encore le pouvoir de se constituer eux-mêmes, et de régler le mode de leurs délibérations. En 1619, des contestations qui s'élevèrent pour la présidence, furent suivies d'un réglement royal, obligatoire à l'avenir. Le gouverneur, malgré le rôle dressé en 1614, ôtait à une ville le droit de se faire représenter, et l'accordait à une autre. En 1667, le roi fixa le nombre des députés de chaque ville, sans tenir compte des réclamations des États; en 1687, il régla que les députés d'une seule ville n'auraient ensemble qu'une seule voix.

Les priviléges administratifs eux-mêmes furent contestés, puis violés. Toutes les fois que des conflits s'élevèrent entre l'autorité royale et l'autorité provinciale, la première triompha de la seconde, et souvent aux dépens des subordonnés. Les États de Bretagne avaient seuls dans l'origine le droit d'autoriser les villes à établir des octrois; ils proclamèrent ce principe sans cesse, et de la manière la plus formelle à deux reprises, en 1600 et en 1709 : de plus, la vente de ces autorisations, car elles ne s'acquéraient pas autrement, formait leur principal revenu. Le roi s'ingéra de vendre, lui aussi, aux villes l'autorisation d'établir un octroi, ou de s'imposer un subside, sous prétexte de s'indemniser des frais de guerre; les villes durent donc acheter de deux côtés la même faculté : encore furent-elles souvent obligées de se la faire confirmer à prix d'argent [1].

La Bourgogne eut une constitution d'États [2] que Louis XI

---

[1] Du Breil de Pontbriand, id.
[2] Le Charolais, les comtés de Mâcon et de Bar-sur-Seine avaient leurs États particuliers.

lui garantit en 1477, et que Charles VIII confirma en 1483, en exemptant les habitants d'un impôt qui avait été établi par feux et sur le sel dans la province et au mépris de leurs priviléges. Cependant le roi n'était pas sans influence sur l'assemblée. Elle ne pouvait se réunir qu'en vertu de lettres patentes. Quand elle nommait une commission d'élus pour surveiller ses finances, elle n'en désignait que trois, et le quatrième était à la nomination royale.

Les États de Bourgogne paraissent avoir eu une composition plus aristocratique que ceux des autres provinces. Ils comprenaient plus de quatre cents membres, dont soixante-douze seulement appartenaient au tiers. Leurs commissaires désignaient à chaque convocation les députés de la noblesse, et ce système était encore suivi au xviii° siècle. Du reste, ils cessèrent sous Louis XIV, comme ceux des autres provinces, de résister aux progrès du pouvoir royal. Jusqu'en 1674 il y avait dans leur sein un parti d'opposition qui combattait le vote des subsides ; mais depuis cette année l'opposition fut muette, et n'interrompit son silence que rarement vers la fin du règne. Les États reçurent sans contradiction la théorie de l'absolutisme royal, qui leur fut exposée par l'évêque d'Autun leur président né, et par Brulart, premier président au parlement de Dijon [1].

Tous les autres États provinciaux peuvent donner lieu à des observations analogues. La Provence conserva les siens lors de son incorporation définitive en 1486 ; mais depuis 1535 leurs réunions furent soumises à une convocation royale. Il en fut de même du comté de Pau, de l'Artois, de la Flandre, du Hainaut, du Cambrésis. En 1661, Louis XIV, en confirmant aux États de l'Artois le droit de s'assembler tous les ans, s'attribuait celui de désigner les no-

---

[1] Al Thomas. *Une province sous Louis XIV. Situation politique et administrative de la Bourgogne.*

bles qui en feraient partie. Enfin il y avait encore des États provinciaux dans le Bigorre, le comté de Foix, le Marsan, le Nebouzan, les quatre Vallées, le pays de Soulac et de Labour. Tous ces pays votaient un don gratuit qui remplaçait la taille, accordaient les différents subsides, et réglaient ensuite les affaires de l'administration de concert avec les agents royaux.

Telle était l'organisation des États des provinces; telles furent les phases par lesquelles ils passèrent. Louis XIV avait supprimé ceux des pays d'élection; il fit des autres les auxiliaires, sinon les instruments de l'administration monarchique. En accomplissant ainsi un grand progrès dans la centralisation du pouvoir administratif, il détruisit ou affaiblit les garanties qu'on pouvait invoquer contre ses abus, et surtout il diminua la part légitime que les intéressés devaient prendre à la direction des affaires locales. Cependant la révolution qui changea les États provinciaux en un simple rouage administratif, augmenta leur utilité à certains égards. Ils durent mieux se mouvoir dans la sphère plus étroite où on les enfermait. Un autre fait non moins remarquable, c'est que les rois combattirent sans cesse dans ces assemblées l'influence aristocratique, qui y était exclusive dans l'origine. L'Hôpital avait établi par l'ordonnance d'Orléans (1561) que dans toute réunion d'États provinciaux, les trois ordres s'accorderaient ensemble sur la somme que devrait payer chacun d'eux. Il avait pris soin d'ajouter, « ne pourront le clergé et la noblesse seuls comme faisant la plus grande partie [1]. » C'est pour la même raison que le doublement du Tiers fut admis plus tard dans les États du Languedoc, avant de l'être en 1789 dans les États généraux qui changèrent les bases de la monarchie.

[1] Ord. de 1561, art. 135.

CHAPITRE III.

DE LA NOBLESSE.

La noblesse et l'Église s'étaient emparées au moyen âge d'une partie des pouvoirs administratifs. Lorsque la centralisation fut rétablie, elles perdirent successivement ces pouvoirs, ou n'en conservèrent qu'un petit nombre, à titre de délégation et par grâce spéciale; elles passèrent de l'état de corps indépendants empêchant l'unité de l'administration monarchique, à celui de classes privilégiées, ne gênant plus que sa liberté d'action. Elles cessèrent d'être un danger pour devenir simplement un embarras.

Ce chapitre et le suivant ont pour but d'exposer comment la noblesse et l'Église tombèrent dans la dépendance du pouvoir royal.

La noblesse comprenait dans l'origine tous ceux qui possédaient des terres à titre de fiefs, c'est-à-dire avec l'obligation du service militaire à cheval, tandis que les possesseurs de terres censives, astreints au paiement de redevances pécuniaires, étaient roturiers. Dans les temps féodaux, une barrière à peu près insurmontable s'élevait entre ces deux classes de la nation.

Tous les membres de la noblesse exerçaient le pouvoir administratif à quelque degré, plusieurs jouissaient de la souveraineté et des droits régaliens. La souveraineté fut centralisée la première; l'administration ne le fut que plus tard. J'exposerai plus loin comment le droit des nobles fut limité successivement en ce qui concerne la justice, la police, les finances, l'armée. (Voir ces différents chapitres.)

CHAP. III. — DE LA NOBLESSE. 89

Je me contenterai ici de rappeler quelques faits et de présenter quelques considérations préliminaires qui ne trouveraient pas leur place ailleurs.

Section I. — *De la Pairie.*

La noblesse se divisait elle-même en plusieurs classes suivant les degrés de la hiérarchie seigneuriale. Les pairs de France, vassaux immédiats du roi, formaient la première; les pairs du domaine, vassaux immédiats également, mais du duc de France et non du roi, formaient la seconde. Enfin venaient la foule des vassaux inférieurs dont les pouvoirs inégaux variaient soit en raison de leur rang, soit en raison de l'importance de leurs fiefs et de la loi qui les constituait.

La pairie, institution féodale à ses débuts, se transforma par degrés et devint une institution monarchique.

Les pairs de France étaient au nombre de six, savoir : les ducs de Normandie, de Bourgogne et de Guienne, les comtes de Flandre, de Champagne (ce dernier avait remplacé le comte de Vermandois) et de Toulouse. Ils avaient en fait dans l'origine la plus complète indépendance; les services qu'ils devaient au roi furent rarement exigés avant Philippe-Auguste. Leur cour, dont ils étaient exclusivement justiciables suivant les règles féodales, ne paraît pas avoir été réunie avant le règne de ce prince; mais Philippe-Auguste la convoqua deux fois, en 1203, pour le procès de Jean-sans-Terre, et en 1216, pour celui d'Erard de Brienne contre la comtesse de Champagne. Comme l'usage voulait que toutes les grandes assemblées fussent composées d'un nombre égal d'ecclésiastiques et de laïques, il y appela six prélats, qui étaient tous ses vassaux immédiats pour des terres possédées par eux dans le domaine, les archevêques de Rheims et de Sens, les évêques de Beauvais, de Noyon, de Langres et de Meaux : au reste on ne peut guère déterminer l'époque où la pairie avait été attachée à leurs siéges.

La pairie devint alors comme un moyen de gouvernement. La cour des pairs se réunit plusieurs fois dans le courant du xiiie siècle ; les pairs eurent aussi les premières places dans le conseil de la couronne. Ils durent être amenés à faire chez eux des changements administratifs analogues à ceux qui avaient lieu sur la terre du roi, et à rendre exécutoires dans leurs fiefs une partie des ordonnances royales auxquelles ils avaient concouru.

Philippe le Bel, pour compléter le nombre de six pairs laïques, réduit à trois par la réunion successive de plusieurs grands fiefs à la couronne, conféra ce titre aux comtes de Bretagne et d'Artois, et au duc d'Anjou, le premier, descendant indirectement de la famille royale ; et les deux autres, princes du sang. Ce fut le second âge de la pairie, qui, enlevée aux dynasties provinciales indépendantes, passa entre les mains de princes apanagés de la maison Capétienne, et devint d'institution royale. Le nombre originaire de douze fut bientôt dépassé en faveur du comte de Poitou, frère de Louis le Hutin, et l'on ne créa plus d'apanage sans que la pairie y fût attachée. Enfin, on la donna plus tard, à titre de récompense, à des vassaux immédiats du domaine, et même à des princes étrangers, tels que le roi d'Écosse en 1428, le duc de Clèves en 1505, Claude de Lorraine qui devint duc de Guise, en 1527. Les pairies indépendantes, celles des anciens grands feudataires, se trouvèrent former la minorité, puis s'éteignirent à la fin du xve siècle, par des réunions à la couronne. Voilà comment la pairie cessa de tirer son droit d'elle-même pour le recevoir uniquement de la royauté. On trouve même des exemples de titres de pair donnés à vie.

Quand les rois ne virent plus dans la haute aristocratie qu'un pouvoir émané du leur et le premier soutien de leur trône, ils songèrent à prendre les mesures nécessaires pour garantir sa durée. L'édit de 1582 porta qu'une terre devrait valoir au moins huit mille écus de rentes pour être érigée en pairie. L'ordonnance de 1711 établit pour ces terres des règles spéciales de succession, telles que la substitution à un nombre indéterminé de degrés et l'exclusion des femmes, règles formant le droit commun, auquel il ne fut permis de déroger que par des articles exprès dans les titres constitutifs.

La cour des pairs perdit son existence distincte après l'introduction des légistes et de la procédure écrite dans tous les tribunaux, et surtout après la formation du Parlement de Paris, au sein duquel elle vint siéger, toutes les fois qu'un de ses membres fut mis en cause. Depuis lors les pairs ne se distinguèrent plus du reste de la noblesse que par des privilèges spéciaux, comme celui d'être membres nés de ce Parlement, celui de *Committimus*, c'est-à-dire de lui faire juger en première instance leurs causes civiles. Ce dernier droit fut restreint dès le xve siècle aux causes intéressant la pairie; les autres durent être renvoyées aux juridictions ordinaires. Au xviie siècle les Parlements provinciaux élevèrent la prétention de connaître de toutes les causes des pairies sises dans leurs ressorts; ils entrèrent en conflit à cet égard avec celui de Paris, mais leur prétention eut peu de succès.

Les pairs avaient encore des privilèges d'étiquette qu'ils s'efforcèrent de multiplier sous les règnes de Louis XIII et de Louis XIV.

Vers cette époque on les distinguait en deux classes, la première, celle des pairs de naissance ou des princes du sang; la seconde, celle des pairs d'élection, soit ecclésiastiques, soit laïques. Du reste, la qualité de pair ne conférait plus une participation nécessaire au pouvoir administratif supérieur. Saint-Simon, dans les dernières années de Louis XIV, demanda en vain que les conseils du roi et le Parlement fussent exclusivement composés de ducs et pairs: c'eût été rendre la haute aristocratie l'égale de la royauté dont on voulait qu'elle devînt au contraire plus dépendante tous les jours.

Section II. — *De la Noblesse ordinaire.*

§ 1. Attaques portées à sa souveraineté et à ses droits originaires ; xiiie et xive siècles. — § 2. Anoblissements, changements qu'ils amenèrent dans l'état de la noblesse. — § 3. Priviléges de la noblesse. Ce qu'elle fut au xviie siècle.

§ 1. — Attaques portées à sa souveraineté et à ses droits originaires ; xiiie et xive siècle.

Les rois commencèrent par frapper les nobles dans leur indépendance en leur enlevant le droit de guerre. L'interdiction des guerres privées, prononcée plusieurs fois, le fut enfin de la manière la plus formelle par les États généraux réunis sous le roi Jean, et ces guerres, changeant de caractère, furent considérées dès lors comme des guerres civiles. (V. au chap. de la Police.)

Les rois s'efforcèrent aussi de diminuer le nombre des vassaux et des sujets des nobles. Dès 1219 Philippe-Auguste exclut le *parage* dans ses domaines, ou en d'autres termes déclare que lorsqu'un fief immédiat sera partagé entre plusieurs frères, tous deviendront vassaux immédiats, tandis que d'après la règle du parage les puînés, faisant hommage à l'aîné, ne devenaient que les arrière-vassaux du roi. Philippe le Bel déclare en 1311 que les concessions d'héritage qu'il a faites ou qu'il fera ne comprendront jamais la justice haute, la mouvance des fiefs, ni les droits de patronage. Il leur ôte ainsi tout caractère féodal.

L'institution des Communes et celle des bourgeoisies eurent un effet tout semblable ; elles enlevèrent aux seigneurs un grand nombre de leurs sujets qui devinrent sujets du roi. La première ordonnance générale que nous ayons sur les bourgeoisies, celle de 1287, après avoir réglé les conditions que devaient remplir les nouveaux bourgeois d'une ville, ajouta qu'il leur suffisait, pour se soustraire à l'autorité de leur ancien seigneur, de lui notifier l'aveu de bourgeoisie [1]. Ce principe ne put être appliqué dans toute sa rigueur, et subit quelques modifications. Plusieurs ordonnances, à commencer par celle de 1302, stipulèrent que le roi ne pourrait rien acquérir dans les fiefs et arrière-fiefs des barons, et que, s'il acquérait des biens astreints à des devoirs féodaux envers les seigneurs, il indemniserait ces derniers. Mais ces concessions temporaires n'engageaient pas : les usurpations royales, pour avoir lieu avec plus de ménagement, n'en étaient pas moins réelles, et les protestations mêmes qu'elles soulevaient changèrent bientôt de nature. Les nobles et les prélats du Languedoc, représentant à Charles V en 1376 le préjudice que l'ordonnance de 1287 leur faisait éprouver, ne demandèrent pas qu'elle fût retirée; ils se contentèrent de réclamer l'exécution de plusieurs de ses clauses qui mettaient à la jouissance du droit de bourgeoisie des conditions, telles que l'acquisition d'un immeuble, l'habitation pendant un an et un jour, etc.

L'extension de la sauvegarde royale produisit le même résultat que celle des droits de bourgeoisie. Elle souleva les mêmes plaintes, et pour les apaiser Philippe de Valois crut devoir défendre à son conseil en 1338 d'octroyer de sauvegardes nouvelles au préjudice de la juridiction des seigneurs; il révoqua toutes celles qui avaient été établies ainsi. Ordonnance inutile qui demeura sans exécution et n'arrêta pas les empiétemens.

Les seigneurs, attaqués de toute manière par la puissance royale, voulurent du moins obtenir le plus d'avantages possibles, pour s'indemniser des charges qu'ils supportaient

---

[1] Pourvu, toutefois, qu'ils fussent libres ; car les serfs ne pouvaient entrer dans les bourgeoisies.

et qui devenaient plus lourdes tous les jours. Car l'obligation d'assurer la police de leurs domaines avait cessé d'être illusoire; une pénalité sévère lui avait été imposée pour sanction, depuis que la centralisation était rétablie : le service militaire, obligatoire également sous de fortes peines [1], devenait d'autant plus onéreux qu'il était exigé plus souvent. Les seigneurs cherchèrent donc à se dédommager, et ils obtinrent soit la reconnaissance de leurs anciens droits, soit des priviléges.

Dès 1272, ils obligèrent Philippe le Hardi à interdire les nouvelles avoueries, et même à déclarer nulles celles qui avaient eu lieu depuis dix ou douze ans, c'est-à-dire à défendre aux vassaux de changer de seigneurs; cela pouvait passer d'ailleurs pour une mesure de police. Sous Louis le Hutin les nobles de la Normandie [2], de la Bourgogne et du Forez, du bailliage d'Amiens et de la Champagne (1315); sous Philippe le Long, ceux de l'Auvergne et du Périgord (1319), obtinrent des chartes qui leur reconnurent encore l'exercice libre de leurs juridictions, nonobstant les prétentions et les empiétemens des juges royaux, le droit de n'être jugés que par leurs pairs avec les formes voulues et sans que la torture pût leur être appliquée, hors quelques cas très graves, le droit de guerres privées, etc... Ils firent prendre aux rois l'engagement de ne pas lever sur leurs propres sujets d'impôts qui ne seraient pas dus, de ne soumettre à aucune contribution les terres possédées noblement, de ne pas changer en fiefs les alleux des barons sans leur consentement, etc. Le roi Jean s'engagea encore à réprimer partout les abus commis par ses officiers, à les faire inspecter, surveiller. L'ordonnance de 1355 [3] reconnut aux seigneurs hauts-jus-

---

[1] Philippe le Hardi régla, en 1274, le taux de l'amende due par les nobles qui ne répondraient pas à la convocation militaire.
[2] La Charte normande de 1315, fut confirmée en 1381.
[3] Art. 33. Rec. des Ord.

ticiers l'exercice de la juridiction forestière dans leurs domaines. Le droit exclusif de la chasse et celui des guerres privées fut assuré aux nobles du Dauphiné par l'acte constitutif de son administration provinciale en 1367, et confirmé plus tard par des chartes particulières, comme celle que donna Charles VI en 1405 à Raymond de Montauban, seigneur du pays. Les nobles défendirent encore leurs droits de péage, le maintien des cours d'appel qu'ils avaient dans leurs fiefs, etc.

Les droits ne suffisaient plus, la noblesse voulait des priviléges : ces derniers consistèrent surtout à recevoir des gages pour la guerre, des indemnités pour les pertes qu'elle causait, à être exempts de corvées et de tailles [1]. Les nobles du Languedoc stipulèrent en 1408 qu'ils recevraient en cas de guerre eux et leurs sujets un prêt proportionné à leur solde et à la longueur du chemin qu'ils devraient parcourir, qu'ils seraient de droit exempts de subsides : tout fait de commerce, il est vrai, devait entraîner de leur part la contribution à ces subsides.

Les rois accordaient les priviléges demandés, mais en retour ils obligeaient les seigneurs haut-justiciers à faire exécuter sur leurs terres toutes les ordonnances royales, et surtout celles de police [2]. Jamais ils ne perdirent de terrain d'un côté sans en gagner de l'autre.

§ II. — Anoblissements ; changements qu'ils amenèrent dans l'état de la noblesse.

Après avoir enlevé à la noblesse une partie de ses sujets,

---

[1] Voir au *Rec. des ord.* les priviléges de la Bourgogne, en 1361, et ceux du Dauphiné en 1367. — En 1303, Philippe-le-Bel assurait déjà une indemnité aux nobles dont les biens, situés en Flandre, avaient été détruits par la guerre.

[2] Il leur est enjoint de faire exécuter les ordonnances royales sur les ouvriers et les manouvriers. Ordonnance générale de 1355.

et diminué indirectement ses droits et ses priviléges, les rois commencèrent à renverser la barrière qui séparait les nobles des non-nobles, les gentilshommes des roturiers. Les premières lettres d'anoblissement connues furent données en 1270 à l'orfévre Raoul par Philippe le Hardi [1]. De la Roque cite un arrêt du Parlement, rendu en 1281, qui attribue déjà au roi seul le droit d'anoblir, et le dénie à l'un des grands feudataires, le comte de Flandre. Toutefois le droit d'anoblir ne fut déclaré formellement droit royal qu'en 1372, et quelques seigneurs continuèrent d'y prétendre encore, ainsi que les gouverneurs de province [2], auxquels Louis XII le retira en 1498.

Les lettres de noblesse furent données d'abord individuellement, puis conférées collectivement aux membres de certains corps, tels que les cours souveraines, enfin vendues à titre d'expédient financier. Alors on vit s'élever peu à peu une classe distincte, celle des nouveaux nobles, mais son élévation fut lente, parce que l'acquisition des terres nobles était soumise, sauf dispense spéciale, à l'obligation du service militaire, et à celle du paiement des francs-fiefs, cette dernière équivalant à un droit de mutation. Ce n'est guère que sous le règne de Louis XI que le système des anoblissemens prit une assez grande extension; Louis XI assura de préférence le premier rang sur ses listes aux officiers municipaux des grandes villes.

La noblesse fut donc de Charles V à Louis XI augmentée et renouvelée en partie. Les nouveaux nobles furent comme les nouveaux pairs; ils n'eurent aucun droit par eux-mêmes; ils jouirent seulement des priviléges qui leur étaient

---

[1] De la Roque. *Traité de la Noblesse.* Il conteste du moins l'existence de lettres d'anoblissement plus anciennes.
[2] Idem. Tels étaient les seigneurs d'Orange, de Turenne, de Saluces, de Parthenai, de Clermont, de Sassenage, de Clérieu, d'Artaud.

conférés par la loi qui les anoblissait : leur dépendance du pouvoir royal fut absolue.

L'institution de la chevalerie subit une transformation semblable. Jean créa le premier ordre de cour, celui de l'Étoile, en 1351, qui servit de modèle à Philippe-le-Beau, duc de Bourgogne, pour établir, en 1430, celui de la Toison d'Or. Plus tard, Louis XI, dans le but politique de dissoudre la ligue formée par les princes contre lui, institua pour trente-six chevaliers, gentilshommes de nom et d'armes, l'ordre de Saint-Michel, avec un chancelier, un trésorier, un greffier, un héraut roi d'armes, et un prévôt maître des cérémonies (1469 et 1476). La noblesse perdit l'indépendance de ses titres comme elle avait perdu celle de ses droits.

On a remarqué qu'au XV° siècle beaucoup de maisons nobles avaient une origine récente. Les anciennes familles avaient disparu pour la plupart, et d'autres les avaient remplacées, à la faveur surtout de la guerre de cent ans, fondées par l'épée d'un chef de bande ou d'un soldat de fortune. Si la nouvelle noblesse n'eut pas les pouvoirs politiques ou administratifs de l'ancienne, en retour elle fut plus violente, plus oppressive. Le lien moral qui avait existé si longtemps entre le possesseur héréditaire du fief et ses sujets était brisé : l'usage, la coutume, ces faibles garanties qui avaient tempéré pourtant les rigueurs du vieux système, se trouvèrent sans aucune force contre l'arbitraire. En présence des crimes des maisons de Retz, de Foix ou d'Armagnac, les populations sujettes n'eurent plus à invoquer qu'une seule garantie, celle de l'intervention royale[1], et

---

[1] Voir M. Michelet. *Histoire de France*, t. IV. C'est l'existence de ces usages, de ces coutumes des anciens fiefs, qui a pu faire croire à quelques publicistes, comme mademoiselle de Lézardière, qu'il y avait eu dans les temps féodaux une constitution régulière, où le pouvoir et la liberté se trouvaient dans un juste équilibre, constitu-

ce fut encore une circonstance favorable pour les progrès de la royauté.

Le système des anoblissements fut, au reste, comme il devait l'être, l'objet de nombreuses attaques. Les États de Languedoc s'en plaignirent très-vivement dès le règne de Charles VII, en 1456. Les nobles trouvaient mauvais qu'on leur égalât des roturiers; les roturiers trouvaient mauvais à leur tour que chacun des nouveaux anoblis fût rayé de la liste des contribuables, et que ces radiations rendissent le poids de l'impôt plus lourd pour ceux qui le supportaient. Cette protestation n'eut pas plus d'effet que toutes celles qui furent dirigées contre les mesures favorables au pouvoir monarchique. Louis XI ne se contenta pas d'anoblir les officiers municipaux des villes; on le voit donner la noblesse à ses serviteurs, comme Olivier le Dain [1], à une femme même, la dame de Favras, ce qui ne s'était pas encore fait. Charles VIII la donne à un bâtard [2], fait nouveau également, car on ne l'avait donnée jusqu'alors qu'à des bâtards légitimés. Au XVIe siècle, on abuse de la vente des lettres d'anoblissement, comme ressource fiscale. Charles IX les vend par douzaine et par trentaine [3]; Henri III crée mille nouveaux nobles d'une seule fois, en 1576. Les acheteurs devenaient d'autant plus nombreux, que l'on convoquait plus rarement le ban et l'arrière-ban, et que la noblesse se trouvait par là déchargée en partie d'une de ses obligations les plus onéreuses. Non-seulement on achetait la noblesse, mais on l'usurpait. Henri III et Henri IV durent rendre plusieurs ordonnances contre cette usurpation [4]; ils entre-

tion violée plus tard et détruite par les progrès de l'absolutisme royal.

[1] En 1476. *Rec des anciennes Lois franç.* d'Isambert.
[2] En 1485. Idem.
[3] En 1564, en 1568. Idem.
[4] En 1576, 1583, 1591, 1698, 1600.

prirent aussi des réformations partielles que couronna la grande réformation de Louis XIV [1]; mesures sollicitées également par les anciens nobles qui protestaient contre la confusion des rangs, et par les roturiers qui s'élevaient contre l'aggravation de l'impôt. Il est évident que le côté financier de la question était devenu le plus important de tous. Les édits d'Henri IV, de Louis XIII et de Louis XIV sur le droit de francs-fiefs, eurent pour but de faire acheter plus cher aux nouveaux nobles leur exemption d'impôts, et de mettre une restriction aux anoblissements.

Le succès des anoblissements permit depuis le xv siècle de ne plus faire aux nobles de concessions collectives, mais seulement des concessions personnelles et isolées. Cette remarque doit s'appliquer à la réaction qui eut lieu après l'avénement de Louis XI, et dont la haute noblesse sut tirer tant d'avantages. Ce roi, qu'on représente comme si prudent, si habile, fit les concessions les plus nombreuses et viola singulièrement les règles administratives que ses prédécesseurs s'étaient imposées. Il suivit du moins en cette circonstance sa maxime de diviser pour régner, et ne signant que des traités individuels, il ne reconnut que des droits individuels également [2]. Ces reconnaissances elles-mêmes furent,

---

[1] Louis XIV fit reviser les titres des nobles dans le ressort de tous les Parlements. Cette réformation, comme on l'appela, commença par la Bretagne, en 1667 et 1668, et fut très-longue. Elle avait été confiée aux intendants; mais les Parlements provinciaux, surtout dans les pays d'Etats, la revendiquèrent, comme faisant partie de leurs attributions. La charge de *juge d'armes* était alors assez importante pour que l'on crût devoir, en 1696, l'ériger en *maîtrise générale des armes et blasons de France*. Dans beaucoup de villes, on fit payer aux nobles le droit de conserver leurs armoiries. Cela eut lieu à Rennes, en 1696.

[2] Voici les faits à l'appui de cette assertion. En 1462, Louis XI abandonne au comte de Candale, dans plusieurs terres et seigneuries, l'administration de la justice, le produit des impôts et des confiscations; il donne à Charles de Melun la haute justice dans sa seigneurie des Landes; au comte de Tancarville, la haute justice dans son comté,

par le concours de circonstances heureuses, de courte durée; elles se trouvèrent pour la plupart annulées par la réunion de la Bourgogne et de la Bretagne au domaine de la couronne. Quelques vassaux de ces duchés, ayant conservé l'exercice de droits régaliens, sollicitèrent encore auprès de Charles VIII la confirmation royale [1]. Mais les actes de ce genre deviennent extrêmement rares au xvie siècle [2], et la liste en est à peu près fermée par les traités d'Henri IV avec les derniers représentants de la Ligue.

§ III. — Privilèges de la noblesse. Ce qu'elle fut au xviie siècle.

Tout l'effort de la noblesse consista pendant une longue série d'années à remplacer par des privilèges les droits auxquels on l'obligeait de renoncer. La royauté accorda ou confirma ces privilèges aussi longtemps qu'ils furent pour elle le prix d'acquisitions plus importantes. Au xviie siècle elle commença contre eux une guerre persévérante que la Révolution devait seule achever.

avec le droit de tiers et danger des bois, un des droits les plus lucratifs de l'administration forestière; le Parlement se fit répéter l'ordre d'enregistrer cette donation. En 1463, le comte de Foix, et le comte du Maine, en 1464, obtiennent des concessions semblables; le dernier se fait même abandonner en don un péage. En 1465, à la suite, il est vrai, du traité de Conflans, les donations se multiplient. Ce sont les villes de la Somme au duc de Bourgogne, le droit de régale et celui de battre de la monnaie d'or au duc de Bretagne; des droits de justice, de péage et autres, à des seigneurs moins puissants. En 1475, le prince d'Orange ayant cessé de faire hommage au duc de Bourgogne, Louis XI lui accorde le titre de Prince par la grâce de Dieu, le droit de battre monnaie, pourvu que sa monnaie soit de la loi du roi, et divers autres droits régaliens. Louis XI, comme on le voit, ne regardait, en fait de concessions, ni au nombre, ni à l'importance.

[1] Ex. Le duc de Rohan se fit autoriser, en 1496, à lever sur ses vassaux l'impôt appelé *droit de billot*.

[2] On voit encore, en 1549, Henri II faire don des îles d'Hyères au seigneur de Condé et de Benaix. — Isambert. *Rec. des anc. lois franç.*

Un des plus considérables de ces privilèges après l'exemption de l'impôt, le plus impopulaire de tous sans contredit, fut le droit exclusif de la chasse, etc. La chasse avait toujours été réservée dans les forêts royales [1]. Les réglements des eaux et forêts eurent pour effet de l'interdire partout aux roturiers, et cette interdiction fut spécialement renouvelée en 1452 par Charles VII. Des réclamations s'élevèrent, surtout dans les pays d'États, dans le Languedoc (1456), le Dauphiné (1463). Louis XI crut devoir tempérer la rigueur de la défense; il autorisa les gouverneurs à accorder des permis de chasse en faisant payer les droits et les rentes annuelles aux prix desquels on les avait concédés autrefois [2]. Mais les nobles trouvaient moyen de garder leur jouissance exclusive en faisant clore avec l'autorisation royale leurs chasses réservées [3]. François I*er*, qu'ils appelèrent le *père de la vénerie*, fit revivre en 1533 l'ordonnance de Charles VII, sous prétexte que le gibier devenait rare, et que les roturiers abandonnaient le commerce et le labourage; raison sur laquelle tous les légistes se fondèrent pour regarder cette défense comme d'utilité publique. Des mesures conçues dans cet esprit furent encore prises en 1549 et en 1581. L'ordonnance d'Orléans de 1561 mit à peine au droit des nobles quelques restrictions comme l'interdiction de la chasse au temps des blés. Celle de 1669 adoucit le pénalité qui était très-sévère, sans cesser de regarder la chasse comme un *droit domanial, attaché à la seigneurie*.

C'est surtout d'après les cahiers que la noblesse présentait lors des réunions des États généraux, et d'après les vœux exprimés par ces cahiers que l'on peut apprécier sa

---

[1] Ord. de Charles VI, en 1396.
[2] Lettre au gouverneur du Dauphiné, 1463.
[3] Une autorisation semblable fut accordée, en 1418, au comte de Comminges.

véritable situation. En 1484, non contente de demander le maintien de son droit de chasse et de son exemption de l'impôt foncier, elle insistait pour que le ban et l'arrière-ban ne fussent convoqués qu'en cas de nécessité absolue : pour que les hommes d'armes fussent stipendiés et servissent toujours sous les ordres de leurs seigneurs, jamais sous ceux des baillis ; pour qu'on lui réservât, à l'exclusion de tous autres prétendants, et des étrangers surtout, la garde des forteresses ou les offices de la maison du roi. Elle recherchait alors de préférence, et peut-être avait-elle fait toujours ainsi, les priviléges lucratifs : ne pouvant plus songer à l'indépendance, elle travaillait à s'enrichir, parce qu'elle savait que toute sa force à venir était là. Beaucoup de nobles avaient aliéné des terres avec un terme fixé pour le rachat; mais le terme arrivait presque toujours sans que le rachat fût possible; en 1484 ils demandèrent au roi et ils obtinrent la résiliation de tous les contrats de ce genre faits depuis vingt ans; la faculté de rachat fut prolongée en leur faveur de plusieurs années.

Il faut compter, parmi les priviléges que la noblesse conserva, la jouissance d'une compétence privilégiée[1] et de lois particulières pour les successions territoriales; parmi ceux qu'elle demanda et obtint, le droit exclusif d'admissibilité à certaines fonctions. On lui réserva une partie des bénéfices ecclésiastiques, des charges de l'armée et de celles des Parlements. Richelieu proposa de former avec les nobles pauvres des compagnies de chevau-légers qui seraient payées par les provinces, et voulut supprimer la vénalité des gouvernements militaires, afin d'en défendre l'accès aux roturiers. Henri IV avait déjà pris quelques mesures pour l'entretien des gentilshommes ruinés au service. Il

---

[1] Il existait une procédure spéciale pour l'instruction des affaires criminelles où des nobles étaient jugés. Réglement de 1540.

avait conçu le projet d'un ordre de chevalerie d'honneur pour la noblesse, d'une académie, d'un collége public. Richelieu exécuta une partie de ces plans; il fit par exemple, en 1637, un fonds de 21,000 livres de rente pour la fondation d'un collége de vingt jeunes gentilshommes, dans le but d'arracher les nobles à l'isolement, de les rattacher à l'État, de faire de leur ordre une des forces de la France, en développant chez eux le sentiment monarchique, c'est-à-dire le sentiment national.

La noblesse, pour devenir ainsi l'auxiliaire du pouvoir royal et l'un des soutiens du trône, avait surtout besoin d'être riche. Or, elle ne rencontrait pas alors pour s'enrichir les facilités qu'elle a pu trouver depuis, et beaucoup de causes tendaient au contraire à la rendre plus pauvre : par exemple, la réformation des coutumes au XVIe siècle avait porté de graves atteintes à la jouissance des anciens droits seigneuriaux. Un édit royal de 1553, rendu sur les avis d'une assemblée de notables, autorisa donc le rachat de ces droits et celui des rentes foncières dans le plus grand nombre des cas, ces rentes eussent-elles été déclarées non-rachetables à l'époque de leur constitution. L'année suivante, 1554, les rentes emphytéotiques furent à leur tour soumises au rachat. Pour donner à beaucoup de familles nobles les moyens de soutenir leur rang, on leur fit, en maintes et maintes circonstances, des libéralités en argent, prises sur le *comptant* du roi, c'est-à-dire sur les sommes affectées à ses dépenses extraordinaires et dont il ne rendait pas compte. On leur accorda force répits pour les dettes contractées au service[1]. Cela ne suffisant pas encore, Richelieu offrit la noblesse comme appât aux fondateurs de grandes entreprises et aux actionnaires des compagnies formées sous le patronage de

---

[1] Voir le Code Marillac de 1629.

l'État. Il ouvrit ainsi la porte à l'aristocratie d'argent qui vint fortifier l'aristocratie de naissance et l'aider à durer plus longtemps.

Enfin les questions d'étiquette et de priviléges honorifiques prirent une importance nouvelle à la cour de Louis XIV, à raison du rôle nouveau que joua la noblesse. Sa dépendance, commencée par les ordres de chevalerie, fut achevée par les priviléges honorifiques : les uns et les autres la soumirent à une hiérarchie dont le roi fut le maître de régler tous les rangs.

J'expliquerai ailleurs comment les pouvoirs administratifs qui appartenaient aux nobles dans leurs fiefs leur furent enlevés à peu près tous. Quant aux obligations qui leur restèrent imposées, le pouvoir royal se montra de plus en plus sévère. Richelieu frappa de déchéance les nobles qui se refusèrent au service militaire personnel, tel qu'il l'avait réglementé. Tout acte d'indépendance fut traité comme une rébellion. Le Code Marillac (1629) défendit sous peine de lèse-majesté, ce qui entraînait la perte de la vie et la confiscation des biens, de s'associer et de communiquer avec l'étranger, de lever des troupes sans ordre du roi, d'amasser ou d'acheter des armes, de fortifier des places ou des châteaux : défenses importantes à mentionner, quoiqu'elles appartiennent plus à l'histoire politique qu'à l'histoire administrative. La démolition des places fortes de l'intérieur, réclamée par les États de 1614, fut décrétée à Nantes en 1626 par les notables qui demandèrent à chaque Parlement un rapport sur l'état et l'utilité des places fortes de son ressort. La France était encore hérissée, comme aux temps féodaux, de murailles et de fortifications de tout genre : les anciens châteaux servaient de repaires aux brigands, après en avoir servi aux huguenots, et derrière leurs remparts toute rébellion devenait dangereuse. On les mit pour la plupart hors d'état de faire une sérieuse défense : plusieurs d'entre eux perdirent leur destination et furent transformés en prisons.

Sous Louis XIV, quel aspect la noblesse offre-t-elle après la dernière lutte engagée pour le maintien de son influence politique? Une partie de la nation jouit de prérogatives importantes, onéreuses; mais elle est écartée des affaires presque systématiquement : en tant que classe distincte, elle est sans pouvoir, et c'est à peine si quelques-uns de ses membres ont conservé en droit dans leurs domaines des attributions administratives qu'ils n'exercent guère. Cette classe est elle-même très-diversement composée. Elle comprend une noblesse de race ou de naissance, dont les titres se prouvent par cent ans de possession dans la même famille; une noblesse par lettres, et ces lettres se vendent à un prix fixé; une noblesse d'offices, dans laquelle on distingue encore la noblesse militaire et celle de robe, la noblesse d'échevinage ou noblesse de cloche, toutes plus ou moins honorées. Elle comprend même la noblesse de francs-fiefs, c'est-à-dire les bourgeois de certaines provinces comme la Normandie, où le seul fait de l'acquisition d'une terre noble anoblissait un roturier[1]. L'aristocratie a donc cessé d'être homogène : elle ne forme plus une caste; elle se recrute sans cesse de tout ce qui est riche et fort dans le pays. Elle s'est modifiée suivant le temps par la force des choses et par la volonté des rois.

Le malheur voulut qu'elle devînt bientôt un embarras pour le pays par ses priviléges mêmes qu'elle refusa d'abandonner et qui parurent tous les jours plus onéreux. Les défenseurs de ses priviléges s'appuyèrent alors sur la théorie du droit divin, théorie neuve, ce semble, quand on l'appliquait à la noblesse, et qui fut destinée à servir d'auxiliaire à celle

---

[1] Cela avait été établi pour la Normandie, en 1470.

du droit divin de la royauté. Jusqu'au xvie siècle la noblesse étant indépendante de fait, on n'avait guère songé à lui chercher théoriquement une raison d'être. Cent ans plus tard, quand elle fut devenue noblesse de cour et que ses prérogatives soulevèrent de nombreuses questions judiciaires, exigèrent une jurisprudence spéciale, certains légistes la représentèrent comme une institution émanée de Dieu et destinée à défendre les trônes. On fit remonter ses origines à travers l'antiquité romaine et grecque jusqu'aux Juifs [1]. Telle était la croyance du temps, et cette croyance, la noblesse d'épée l'accepta tout entière. Elle crut remplir sa tâche en servant avec dévouement et avec honneur dans les armées françaises pendant les guerres européennes des deux derniers siècles; mais si le courage ne lui faillit pas, ce fut l'intelligence qui lui manqua. Elle ne vit pas que ce n'était pas tout d'ouvrir ses rangs; qu'elle devait se modifier encore; que l'égalité était le vœu du pays, comme l'unité avait été le vœu du gouvernement; qu'elle devait compte de ses privilèges à la nation, comme ses ancêtres avaient dû compte au roi de leurs pouvoirs politiques ou administratifs.

---

[1] De la Roque, dans son *Traité de la Noblesse*, ouvrage fort estimé de ses contemporains, et du reste sans valeur aujourd'hui, rapporte sérieusement l'opinion de quelques auteurs, suivant lesquels Dieu avait donné la terre en fief à Adam. Cette prétendue méthode historique, qui consiste à trouver dans l'antiquité, et surtout dans l'antiquité juive, des preuves à l'appui de tous les systèmes en vigueur, peut être moins ridicule ailleurs que dans le traité de de la Roque, mais n'en est pas moins commune à tous les écrivains de l'école de Louis XIV. On la retrouve dans le grand et judicieux ouvrage de Delamarre sur la police. Elle n'est étrangère ni à Bossuet ni à Saint-Simon.

CHAPITRE IV.

DE L'ÉGLISE.

Section Ire. — *De l'Église catholique.*

§ 1. Constitution temporelle du clergé au moyen âge. — § 2. Essai de centralisation administrative, entrepris par les Papes.

§ Ier. Constitution temporelle du clergé au moyen âge.

L'Église était entrée au moyen âge dans la société féodale; la plupart de ses membres faisaient partie de la hiérarchie des nobles, quoique les fiefs ecclésiastiques ne dussent pas tous le service militaire. Le clergé exerçait donc les mêmes pouvoirs administratifs que la noblesse.

A l'exercice de ces pouvoirs, à la propriété d'immenses domaines, au respect des peuples dans un temps de croyances profondes, il joignait un autre élément de force qui lui assurait le rang de premier corps de l'État. L'Église de France, tout en demeurant partie intégrante de l'Église universelle, avait un gouvernement distinct: ses évêques convoquaient des assemblées nationales, des conciles [1], dont ils publiaient les décisions librement, sans que le pouvoir temporel, sans même que le pouvoir pontifical intervinssent. Si quelques papes, depuis les temps de Grégoire VII, présidèrent ces conciles ou les firent présider par des légats, la

---

[1] On en compte 242 depuis l'avénement des Capétiens jusqu'à la fin du XIIe siècle.

liberté du gouvernement du clergé eut peu à en souffrir jusqu'à l'avénement d'Innocent III sur le trône de saint Pierre.

Ce gouvernement fut assez puissant pour établir quelques règles d'ordre public dans la société féodale, pour faire jurer par exemple aux seigneurs l'observation des trêves de Dieu. Il contribua à sauver l'unité de la France dans une époque de décentralisation. Il fut enfin l'auxiliaire des rois qui travaillèrent dans le même but, et cependant il leur résista plusieurs fois [1]; il garda son indépendance vis à vis de la royauté en tout ce qui n'était pas matière féodale, comme vis à vis de la papauté en tout ce qui n'était pas matière spirituelle.

Doublement indépendante de ce côté, l'Église ne le fut pas de la même manière vis à vis des seigneurs. Comme la plupart de ses membres étaient en même temps princes temporels, elle se trouva soumise à de nombreuses influences laïques, auxquelles les papes essayèrent en vain de l'arracher. Cependant, comme elle réunissait les deux pouvoirs et que l'ignorance générale ne permettait pas alors d'en faire l'exacte distinction, elle devint à son tour, par des usurpations d'un autre genre, maîtresse d'une partie du gouvernement ; elle accapara surtout l'autorité législative et judiciaire.

Les preuves de ces assertions se trouveront dans un simple exposé de la constitution temporelle du clergé au moyen âge, exposé d'ailleurs nécessaire, si l'on veut apprécier les changements que le pouvoir royal apporta dans cette constitution.

Les évêques, restés les maîtres de l'Église comme aux premiers siècles qui suivirent la chute de Rome, étaient encore élus par leurs inférieurs : il en était de même des autres grands dignitaires. La liberté des élections canoniques fut re-

---

[1] Par exemple, dans les synodes de Reims en 1233 et de Saint-Quentin en 1235.

connue dans le Testament de Philippe-Auguste de 1190 ; mais en réalité elle était très-restreinte par l'usage des recommandations, qui avaient fait passer à peu près toutes les élections entre les mains des seigneurs suzerains : ceux-ci dictaient les choix ou les décidaient, avec d'autant plus d'autorité qu'ils devaient donner l'investiture temporelle.

Les seigneurs disposaient également d'un certain nombre de bénéfices, d'abbayes ou de prébendes, fondés ou dotés par leurs ancêtres [1]. Beaucoup de chapelles, appartenant dans l'origine à des particuliers, s'étaient converties en Églises, et n'en étaient pas moins restées sous la dépendance de patrons qui avaient le choix et l'investiture temporelle des titulaires.

Ces deux faits assuraient aux influences laïques une part réelle dans la direction du clergé.

Les seigneurs exigeaient de leurs vassaux ecclésiastiques les mêmes services en général que de leurs vassaux laïques ; ils jouissaient aussi à leur égard de droits analogues, entr'autres d'un droit de gîte, et de la *régale*, somme d'argent qu'ils se faisaient payer à chaque nouvelle élection. La régale était d'abord pour la temporalité d'un évêque ce qu'étaient les droits de relief pour les fiefs, et de lods et ventes pour les terres roturières. Mais l'usage existait déjà sous les premiers Capétiens que le seigneur gérât pendant chaque vacance le spirituel en même temps que le temporel d'un évêché ; ce qui fit distinguer deux sortes de régale, l'une temporelle, l'autre spirituelle. Toutes deux furent souvent payées au même seigneur, et ce fut une nouvelle cause du progrès des influences laïques.

Il existait parmi les vassaux ecclésiastiques une hiérarchie assez semblable à celle des nobles. Au premier rang étaient les évêques-pairs, vassaux immédiats du roi, et

---

[1] Patronum faciunt dos, ædificatio, fundus.

exerçant un pouvoir aussi étendu dans leurs seigneuries que les pairs laïques [1] : ils portaient le titre de ducs ou de comtes. On plaçait au second rang les évêques immédiats qui partageaient dans leurs diocèses le pouvoir temporel avec des seigneurs laïques [2]; au troisième rang venaient les évêques arrières-vassaux du roi [3].

Les princes d'Église, souverains dans leurs domaines, y avaient à la fois le pouvoir militaire, judiciaire et financier. Sans entrer dans l'étude détaillée de chacune de ces branches de l'administration, et ce ne sont que les plus importantes, il faut observer certaines différences qui les distinguaient des administrations analogues dans les seigneuries laïques.

Les évêques ou les abbés eurent d'abord pour l'exercice de leurs pouvoirs temporels des *avoués* ou des *vidames*. (*advocati, vicedomini*).

L'avoué était le seigneur suzerain chargé de la protection et de la défense des églises. Il menait leurs hommes d'armes à la guerre; quelquefois il exerçait sur leurs domaines la justice criminelle que les lois canoniques interdisaient aux clercs; on l'appelait alors avoué judiciaire. On distinguait les avoueries gratiales, lorsque l'obligation était gratuite, et les avoueries non gratiales, lorsqu'elle dérivait d'un contrat synallagmatique, lorsque, par exemple, le seigneur qui en acceptait la charge, recevait comme indemnité un fief ou une rente. Les avoués, qui devaient être les défenseurs des églises, furent quelquefois leurs tyrans, et cette situation plaça le clergé dans une dépendance onéreuse. L'usage s'établit aux XIIIe et XIVe siècles de porter devant le roi toutes les

---

[1] Les archevêques de Reims, de Sens; les évêques de Beauvais, de Noyon, de Langres et de Meaux.

[2] Les évêques de Térouane, d'Arras, de Tournai, de Troyes, d'Autun, d'Auxerre et de Mâcon.

[3] Les évêques de la Normandie, de l'Anjou; celui de Blois, ceux de l'Aquitaine, de la Gascogne, du comté de Toulouse et de la Bretagne.

contestations qui pouvaient s'élever sur ce sujet, et les causes d'avoueries se trouvèrent ainsi comprises au nombre des causes réservées, des cas royaux.

Les vidames remplaçaient les avoués pour quelques évêchés, pour la plupart des abbayes et surtout pour les couvents de femmes; leur titre était ordinairement héréditaire dans une famille noble. Outre l'administration militaire et la justice criminelle, ils avaient encore les attributions de chanceliers de ces maisons. Leurs services étaient payés par la concession d'un fief ou par une part dans les revenus casuels, quelquefois par ces deux avantages réunis. Souvent aussi des droits particuliers, comme le droit de garde pendant la vacance du bénéfice, leur appartenaient [1].

On voit facilement qu'il était de l'intérêt de l'Église et de l'intérêt du roi qu'il n'y eût plus ni avoués, ni vidames, que toute la partie de l'administration des fiefs ecclésiastiques, à laquelle les clercs étaient impropres, fut confiée à des agents royaux.

Si le clergé se trouvait sous la dépendance des laïques pour l'administration militaire ou financière de ses domaines, il en était tout à fait indépendant quant à l'exercice du pouvoir judiciaire. La compétence de ses tribunaux, soit à raison des personnes, soit à raison des matières, était dans les deux cas très-étendue. A raison des personnes, elle s'étendait sur tous les clercs, même ceux des ordres inférieurs, et sur quiconque pouvait se rattacher à l'Église, à quelque titre que ce fût, sur les croisés par exemple, pourvu que les causes ne fussent pas purement féodales [2]. Cette compétence elle-même était à peu près exclusive. Les clercs n'étaient justiciables des tribunaux laïques que dans les trois cas d'homicide, de

---

[1] Dans quelques provinces, les avoués et les vidames existaient sous des noms différents; leurs obligations étaient également très-variables.
[2] Lettres de 1214.

meurtre ou d'incendie, ou pour tout autre crime capital [1]; encore si la justice d'Église les réclamait, devait-elle toujours les juger de préférence. Saint Louis reconnaissait que la compétence des églises à raison des personnes pouvait s'étendre sur les hérétiques et sur les usuriers, quoique cette dernière prétention soulevât des conflits : les barons prétendaient avoir un droit sur les biens des usuriers condamnés, et saint Louis ne leur accorda ce droit que sur les biens meubles [2].

La compétence des tribunaux ecclésiastiques n'était pas moindre à raison des matières. Les causes de testaments et de mariages, c'est-à-dire celles qui concernaient l'état des personnes, étaient exclusivement du ressort de l'Église. L'Église dans certaines provinces, je prends ici la Normandie pour exemple, jugeait encore seule toutes les causes de serment, de foi violée, de dots et de donations quand il s'agissait de meubles, les immeubles étant placés sous la juridiction séculière. Elle jugeait même les questions de propriété soulevées à propos des biens qu'elle possédait depuis vingt ans ou qu'elle avait reçus à titre d'aumônes [3]. Enfin sa compétence à raison des matières cessa d'avoir des limites, lorsqu'on admit le système de la *connexité* des causes et cette doctrine d'Innocent III, que l'Église comme juge du péché pouvait tout évoquer à sa barre. C'était ouvrir la plus large porte aux empiétements.

Les tribunaux ecclésiastiques, par la supériorité de la

---

[1] *Enorme flagitium quod ad placitum gladii pertineat.* — Cete disposition appartient à un accord passé en 1191, entre le sénéchal du duc de Normandie et le clergé de la province, au sujet de la juridiction. Il dut y avoir partout des conventions analogues, sinon entièrement semblables. — *Rec. des Hist. de France*, t. XVIII, p. 438.

[2] Voir les établissements de saint Louis.

[3] Voir l'accord cité plus haut.

procédure et des formes qu'ils employaient, par celle aussi des lois qu'ils appliquèrent, virent leur importance s'accroître de jour en jour, au douzième siècle surtout et dans le commencement du treizième, à l'époque où l'ordre se rétablissait dans le monde féodal par le moyen de l'Église, avant de s'y rétablir par le moyen de la royauté.

Ils n'exécutaient pas eux-mêmes leurs sentences, mais ils avaient recours au bras séculier, et les interdits, les excommunications, qu'ils prononçaient contre toute espèce de délits ou de crimes, étaient toujours accompagnés de peines temporelles. Le recours au bras séculier devient plus fréquent à partir de la guerre contre les Albigeois. Louis VIII, en 1226, ordonne l'exécution des condamnés pour crime d'hérésie, et porte des peines contre ceux qui leur offriront un asile. Saint Louis, en 1228, offre des primes à leur arrestation. Un recez du concile de Toulouse, en 1229, établit dans le Languedoc le tribunal de l'Inquisition qui fut quatre ans plus tard confié aux dominicains.

La noblesse n'entreprit qu'au xiiie siècle de mettre une limite à ces empiétements, et les rois qui les avaient d'abord favorisés, résolurent alors également de les combattre.

Enfin, quant aux pouvoirs financiers, l'Église avait l'administration libre de ses revenus. C'était un principe qu'elle ne devait d'impôt à personne, et ce principe très-ancien, déclaré formellement dans une constitution de l'Empereur Frédéric II, fut encore reconnu en France en 1315. Le clergé dans ses assemblées s'imposait-il lui-même? Cela est tout à fait probable.

A ce tableau très-abrégé des pouvoirs administratifs que l'Église exerçait, il faut ajouter qu'elle seule avait des écoles, un enseignement, des institutions scientifiques. Elle s'était ainsi donné le monopole d'un service public important qui n'existait pas hors de son sein, celui de l'instruction, et c'était là une des causes les plus actives de sa puissance. (Voir la 3° section de ce chapitre.)

§ II. — Essai de centralisation administrative entrepris par les papes.

On sait que la première centralisation administrative a été l'œuvre des papes. Grégoire VII et ses successeurs s'efforcèrent de placer le clergé hors de la dépendance des pouvoirs laïques et de centraliser à Rome l'administration temporelle de toutes les églises, surtout en ce qui touchait la justice et les finances. Ils élevèrent à cet effet la prétention de conférer les bénéfices directement ; ce qui leur aurait assuré un clergé plus libre vis-à-vis des puissances féodales et plus dévoué à la cause de la monarchie pontificale.

Le premier de ces deux projets ne fut accompli qu'imparfaitement, malgré les succès qu'obtinrent les successeurs de Grégoire VII dans la querelle des investitures : le second, poursuivi avec une remarquable constance par Innocent III et les papes du XIII° siècle, n'eut qu'un succès momentané : les papes jetèrent les fondements de la centralisation administrative, et ce furent les rois qui bâtirent plus tard sur ces fondements.

Innocent III fut le principal auteur des empiétements de la justice ecclésiastique sur la justice séculière. Il s'attribua le pouvoir de juger et de condamner les rois, de délier leurs sujets du serment de fidélité, de disposer de leurs royaumes. Les décrets du concile de Latran de 1219 permirent aux évêques d'agir de même vis-à-vis des seigneurs. Toute justice dans le monde devait être considérée comme émanant du Saint-Siège : les tribunaux épiscopaux furent nécessairement placés sous la dépendance de la cour de Rome.

Les papes assujettirent aussi les églises au paiement de contributions exigées pour les croisades, ou pour toute autre entreprise utile à la chrétienté. La dîme saladine fut payée en

1188 par le clergé de France, à la suite d'un accord conclu entre le pape et le roi. Les faits de ce genre abondent dans les années suivantes. En 1200, Innocent III ordonne la levée d'une dîme sur les églises pour une croisade. Il écrit au clergé des diocèses de Vienne et de Rouen, de payer la quarantième de son revenu annuel, pour le secours de la Terre-Sainte. En 1209, il demande aux évêques, aux clercs, et aux *laïques* dans le même but une part de leurs revenus, part qui sera déterminée par les légats, et il menace des censures ecclésiastiques ceux qui en refuseront le paiement[1]. En 1210, il écrit à Simon de Montfort, et lui recommande de percevoir pour lui le cens qui appartient au Saint-Siége sur toute maison d'hérétique. Enfin, le recueil de ses lettres et de celles d'Honorius III, son successeur, rappelle à chaque page les droits pécuniaires qui sont dus par les églises à la cour romaine.

Ce n'était là qu'un essai très-imparfait encore de centralisation administrative. Comme la nouvelle monarchie pontificale annonçait en se formant l'intention de confisquer une grande partie de la puissance temporelle au profit des ecclésiastiques, une réaction assez violente eut lieu. Les rois la dirigèrent afin d'en profiter un jour.

Pour plus de clarté, je diviserai l'histoire des rapports administratifs de la royauté et de l'Église en deux périodes, dont le concordat de 1516 formera la limite.

---

[1] Alioquin noverint datam eisdem legatis potestatem cogendi eos per censuras ecclesiasticas.

PREMIÈRE PÉRIODE. — *Depuis Philippe-Auguste jusqu'au concordat de 1516.*

§ 1. Premières protestations contre les empiétements ecclésiastiques. Le clergé est placé sous la sauvegarde royale. — § 2. Les Rois contestent au Pape le gouvernement de l'Eglise de France. Pragmatique sanction. Concordat. — 3. Ils interviennent dans son administration intérieure, dans les questions de discipline. — § 4. Dans son administration financière ; ils l'obligent à payer des subsides. — § 5. Ils apportent des restrictions à ses attributions judiciaires.

§ I. Premières protestations contre les empiétements ecclésiastiques. Le clergé est placé sous la sauvegarde royale.

La première protestation sérieuse contre les usurpations du pouvoir ecclésiastique vint des principaux barons de France, ayant à leur tête le duc de Bretagne, Pierre Mauclerc. Elle était violente dans la forme, ignorante dans le fond. Leur célèbre décret de 1246 [1], précédé d'un arrange-

---

[1] « Attendu que la superstition des clercs (oubliant que c'est par la guerre et le sang répandu sous Charlemagne et d'autres, que le royaume de France a été converti de l'erreur des gentils à la foi catholique) absorbe tellement la juridiction des princes séculiers, que ces fils de serfs jugent, selon leur loi, les libres et fils de libres, bien que, suivant la loi des premiers conquérants, ce soient eux plutôt que nous devrions juger... Nous tous, grands du royaume, considérant attentivement que ce n'est pas par le droit écrit, ni par l'arrogance cléricale, mais par les sueurs guerrières qu'a été conquis le royaume... nous statuons que personne, clerc ou laïque, ne traîne à l'avenir qui que ce soit devant le juge ordinaire ou délégué, sinon pour hérésie, pour mariage ou pour usure, à peine, pour l'infracteur, de la perte de tous ses biens, et de la mutilation d'un membre : nous avons envoyé à cet effet nos mandataires, afin que notre juridiction revive et respire enfin, et que ces hommes, enrichis de nos dépouilles, soient réduits à l'état de l'Eglise primitive ; qu'ils vivent dans la contemplation, tandis que nous mènerons, comme nous le devons, la vie active, et qu'ils nous fassent voir des miracles que depuis longtemps notre siècle ne connaît plus. » — *Preuves des libertés de l'Eglise gallicane.*

ment que Philippe-Auguste avait déjà fait en 1204 avec ses clercs et ses barons, fut le signal d'une réaction dont les légistes s'emparèrent, et qu'ils surent faire tourner au profit de l'autorité royale.

Les rois voulurent enlever l'Église à la dépendance où elle se trouvait vis-à-vis des pouvoirs féodaux, mais pour la placer sous leur dépendance personnelle, pour en faire un instrument du pouvoir central organisateur. Ils prirent à tâche dans ce but d'arrêter ses empiétements, et ils durent combattre les prétentions rivales du Saint-Siége.

Déjà Philippe-Auguste avait obligé les seigneurs ecclésiastiques à s'acquitter de leurs devoirs féodaux, ou à se racheter du service militaire par le paiement d'une somme d'argent [1].

Ses successeurs s'efforcèrent surtout d'étendre sur un plus grand nombre d'églises la sauvegarde royale, et de s'emparer de la collation des bénéfices, le tout au préjudice des seigneurs. La sauvegarde royale était plus efficace que celle des grands vassaux, et les églises devaient la rechercher de préférence. Celles du domaine avaient commencé à l'obtenir dès le règne de Louis-le Gros; celles du Languedoc et des autres provinces l'obtinrent plus tard, et principalement sous le règne de Philippe de Valois. Dès lors les baillis et les prévôts remplirent auprès d'elles les fonctions exercées autrefois par les avoués ou les vidames, et l'administration des terres ecclésiastiques gagna en régularité autant que le roi en influence. Le roi gagna aussi à ce changement de percevoir seul la rémunération de la sauvegarde, du *mundium*, ce qui constituait un droit pécuniaire important. Philippe de Valois déclara en 1334 que la régale lui appartenait d'une manière exclusive; il l'enleva par conséquent aux derniers seigneurs qui l'avaient conservée.

[1] C'est ce que firent, en 1212, les évêques d'Auxerre et d'Orléans

Le droit d'amortissement passa par les mêmes vicissitudes que celui de régale, et fut déclaré droit royal sous Charles V [1]. Les seigneurs se trouvèrent dépouillés par là d'un de leurs principaux moyens d'influence sur l'Église, et le roi acquit le pouvoir d'empêcher dans certaines limites l'acquisition de nouveaux immeubles par le clergé [2].

Depuis cette époque l'administration des biens ecclésiastiques devint l'objet d'un assez grand nombre d'actes royaux ; on trouve par exemple en 1361 un réglement sur la gestion de ces biens quand les églises sont vacantes en régales [3] ; en 1417 des lettres de Charles VI, qui se plaint que trop de personnes interviennent dans cette administration, qui supprime en conséquence les commissaires, les économes, et confie leurs attributions aux baillis et aux receveurs ordinaires de son domaine.

Les causes de régales et plus tard celles de bénéfices durent être portées exclusivement devant les tribunaux séculiers, comme intéressant le pouvoir temporel. Louis XI l'établit d'une manière formelle en 1463, et il les déclara en 1464 de la compétence du Parlement; plus tard la connaissance d'une partie d'entre elles fut transportée au grand Conseil. Ces deux sortes de causes étaient ordinairement réunies et considérées comme analogues, parce que les rois s'étaient emparés peu à peu d'un grand nombre de droits de collation.

---

[1] Voir le chapitre du domaine.

[2] Saint Louis permettait encore à ceux qui possédaient des dîmes dans ses terres, de les inféoder aux églises, sans être obligés de demander son consentement. Sous Louis XI, l'autorisation royale était devenue nécessaire pour valider toute acquisition faite par les églises. On le voit ratifier un don fait à l'église paroissiale d'Arnay-le-Duc, en 1477. — *Rec. des Ord.*

[3] *Rec. des anc. lois franç.* d'Isambert.

§ II. — Les rois contestent aux papes le gouvernement de l'Église de France. Pragmatique sanction. Concordat.

Saint Louis combattit le premier la prétention des papes de conférer directement les bénéfices de l'Église de France. La pragmatique sanction, qu'il rédigea lui-même dans une assemblée du clergé gallican, confirma le système des élections canoniques, reconnut le droit des patrons pour la collation des bénéfices qui leur appartenaient, et défendit la simonie (1268). C'était d'abord écarter l'intervention du Saint-Siége ; c'était aussi faire à l'intervention royale une part plus large, parce que si le rétablissement de la liberté des élections canoniques n'était qu'un leurre et si ces élections retombaient sous l'influence des seigneurs et des patrons, le roi, qui étendait tous les jours son patronage sur un plus grand nombre d'églises, devait disposer aussi d'un plus grand nombre d'élections.

La pragmatique subsista jusqu'à l'époque du grand schisme; mais pendant les soixante-dix années de séjour du Saint-Siége à Avignon, les rois et les papes se réunirent pour exercer leur influence sur les élections en commun, et les rois s'emparèrent à peu près du pouvoir exclusif de nommer aux bénéfices, en cédant aux papes certains droits, et principalement des droits pécuniaires.

Plus tard, quand la question du grand schisme s'éleva et que la France eut déclaré rester neutre, les assemblées du clergé firent des réglements afin de confirmer les élections canoniques, sans égard pour les *réserves* et les *grâces expectatives* auxquelles les papes prétendaient [1]. Une ordonnance royale de 1410 leur reconnut ce pouvoir, et attribua la connaissance des matières bénéficiales au Parlement. En 1413, on voit le chancelier présider une assemblée composée de

---

[1] Réglement de 1407.

membres du Parlement et du grand Conseil qui délibèrent pour assurer le maintien des élections libres. Remarquons que les assemblées du clergé, autrefois entièrement libres, étaient alors convoquées par le roi. Remarquons aussi que le Parlement commençait à cette même époque à exercer dans les affaires de l'Église, comme auxiliaire de la royauté, une autorité dont il devait se prévaloir un jour.

Les papes protestèrent. Deux bulles de l'année 1413 attribuèrent la connaissance des différends en matière bénéficiale, l'une à l'évêque de Paris, l'autre à un légat. En 1414, le pape essaya de gagner le Parlement, en lui offrant le droit d'*indult*, c'est-à-dire celui d'acquérir des bénéfices ecclésiastiques sans autorisation spéciale du Saint-Siége. Le Parlement refusa la concession.

Les libertés de l'Église gallicane, dont Gerson avait conçu le plan, furent solennellement reconnues après le concile de Constance (1418, 1422). Charles VII défendit d'avoir aucun égard aux bulles, résignations ou procès apostoliques touchant l'élection, la confirmation et la collation des bénéfices. On exigea en outre de ceux qui les briguaient certaines conditions d'admissibilité, et principalement la qualité de Français. Enfin, en 1438, la pragmatique sanction de Bourges, qui renouvelait celle de saint Louis, fut proclamée par une assemblée composée de prélats, de seigneurs laïques et d'envoyés du pape ou du concile de Bâle. Vingt-trois décrets du concile furent confirmés et déclarés applicables à la France, entr'autres ceux qui permettaient d'appeler toujours du pape à un concile général, et qui réglaient la liberté des élections canoniques. L'intervention pontificale était détruite : restait celle des seigneurs. La royauté devait triompher plus facilement des influences aristocratiques, et elle essaya d'y parvenir par deux concordats.

Un des premiers actes de Louis XI fut la révocation de la pragmatique, à la suite d'une négociation embrouillée et obscure dont il n'est pas aisé de suivre le fil. On doit croire qu'il comptait partager tout au moins avec le pape le droit de collation. Le cardinal-évêque d'Arras lui avait promis pour le décider « que le pape enverrait un légat en France qui donnerait les bénéfices »[1]. C'eût été une transaction dans le genre de celles qui avaient eu lieu entre les rois du siècle précédent et les papes d'Avignon. Louis XI aurait voulu jouer Rome et confisquer la plus grande partie de la pragmatique à son profit. Il résista dans ce but au Parlement de Paris qui s'était fait l'organe des remontrances de tous les intéressés, et il fit enregistrer la déclaration *par ordre exprès*, même au Parlement de Toulouse.

L'abolition de la pragmatique n'était au reste qu'un acte incomplet. Elle fit naître des contestations entre le pape et les anciens collateurs, et le nombre de ces contestations rendit nécessaire un réglement qui attribua la collation au pape pendant six mois de l'année et la réserva pendant les six autres mois aux ordinaires (1472). Le pape ne pouvait nommer que des gradués français, et il devait prendre avant chaque nomination l'avis du roi : il devait réserver par an six expectatives aux personnes que le roi, la reine, le dauphin et les Parlemens désigneraient. On lui laissait le jugement de certains appels en matière bénéficiale, et la perception de taxes sur les bénéfices vacants, sauf correction des abus.

Ce premier concordat mécontenta les Gallicans, parce qu'il accordait au pape une grande part dans les élections. Charles VIII céda aux plaintes qui lui venaient de tous cô-

---

[1] M. Michelet, *Hist. de France*, t. v. d'après les manuscrits Legrand. Bibliot. royale.— M. Michelet pense que Louis XI favorisa sous main les remontrances du Parlement, en tant qu'elles eurent pour objet d'atteindre la cour de Rome. On peut ajouter que Louis XI défendit à ses sujets plusieurs fois, en 1464 et 1478, d'aller solliciter à Rome des grâces expectatives.

tés, surtout à celles des États généraux de 1484; il envoya en 1491 des commissaires à Rome pour faire valoir quelques-uns des droits de l'Église gallicane. La question des collations fut l'objet d'actes nombreux sous son règne et sous celui de Louis XII [1]. Les collateurs furent mis dans l'obligation d'observer la condition des grades. On régla le temps d'étude exigé des gradués, et il est à remarquer que sa durée fut abrégée pour les nobles. On régla surtout les circonstances et les formes de la validité des mandats apostoliques, c'est-à-dire des recommandations impératives adressées par le pape à ceux qui disposaient d'un certain nombre de bénéfices (1510).

Enfin François Ier résolut la question par un second concordat, signé à Bologne en 1515 et enregistré l'année suivante à Paris. Les élections canoniques furent tout à fait supprimées: la présentation fut attribuée au roi; le pape demeura libre d'agréer ou de repousser les candidats présentés; du reste les conditions de grades et autres furent déterminées avec soin. Le pape consentit à la suppression des grâces expectatives: il ne garda que le droit de nommer les chanoines et se fit accorder quelques mandats apostoliques. Un indult de l'an 1516, qui attribuait au roi le droit de nommer aux charges ecclésiastiques et aux bénéfices consistoriaux de la Bretagne et de la Provence, acheva l'œuvre du Concordat.

Le clergé de France dont les chefs furent à la nomination du roi se trouva dès lors former à certains égards, et sauf le caractère spécial de ses membres, un corps d'agents de l'État. Et comme l'État avait un caractère religieux avoué, que le temporel et le spirituel n'étaient pas encore suffisamment distincts, cette position nouvelle put être acceptée sans beaucoup de peine. Les nombreuses réclama-

---

[1] V. entre autres, l'ordonnance de Blois de 1499.

tions dont le Parlement fut l'organe en faveur du rétablissement de la pragmatique et de la liberté des élections, n'eurent point d'effet, parce que ces élections étaient tombées pour la plupart aux mains des nobles; on n'y vit qu'une protestation rétrograde du genre de celles que les rois tenaient à honneur de vaincre; le concordat réussit, parce qu'il substituait un clergé monarchique au clergé féodal.

François Ier ordonna par lettres patentes de recevoir une bulle qui le déclarait Protecteur du concordat (1518).

§ III. — Intervention royale dans l'administration ecclésiastique, dans les questions de discipline.

Si les rois, pendant cette période, s'étaient subordonné le clergé, grâce à l'extension de la sauvegarde qu'ils accordaient aux églises, à une intervention plus active dans les élections, et à la conquête de quelques-unes des prérogatives exercées auparavant par le Saint-Siège, ils avaient aussi commencé à diriger son gouvernement, libre dans les temps féodaux; ils revendiquaient ce droit de direction en raison de la police générale du royaume qui leur appartenait, et ils appuyaient leurs prétentions sur les lois romaines.

La question fut posée formellement sous Philippe le Bel, lorsque Boniface VIII convoqua les prélats français à Rome, pour y connaître des désordres du gouvernement du roi. Philippe le Bel défendit aux évêques de sortir du royaume, et menaça de la confiscation du temporel ceux qui enfreindraient sa défense. Ce fait, rapproché de la promulgation de la pragmatique par saint Louis, montre comment put s'établir la doctrine d'après laquelle l'autorisation du roi fut jugée nécessaire pour promulguer en France tout décret de la puissance ecclésiastique. On ne fit même pas de différence entre ces décrets, suivant qu'ils statuaient sur les matières spirituelles ou temporelles, tant on était habitué à craindre les empiétements.

Si cette règle ne fut pas encore érigée en loi fondamentale du royaume, elle n'en fut pas moins appliquée depuis le commencement du séjour des papes à Avignon. On trouve en 1367, en 1426, en 1450, en 1469, des bulles pontificales dont les rois autorisèrent la publication, et ces bulles, que je cite entre beaucoup d'autres, n'avaient rapport qu'au gouvernement intérieur de l'Église. Après la déclaration des libertés gallicanes par Gerson, et les conciles de Constance et de Bâle, l'usage devint une loi, et cette loi fut très-sévèrement exécutée, comme le prouve un certain nombre d'actes de Louis XI. On le voit par exemple en 1476 charger un commissaire, de Gaucourt, de visiter les écritures pontificales qui arrivent dans le diocèse d'Amiens, et de s'assurer qu'elles ne contiennent rien de contraire aux lois du royaume. Il défend aussi à plusieurs reprises les voyages en cour de Rome : il ne veut pas que les religieux passent la frontière sans son autorisation, même pour les affaires de leur ordre (1476). Aucun légat du Saint-Siége ne peut exercer en France ses pouvoirs sans les faire approuver par le roi ; la règle est posée formellement en 1480. Si le pape prononce une sentence dans un litige, il faut que le roi la confirme (1482). Le concile de Constance avait autrefois reconnu au roi de France le droit de demander au pape tous les cinq ans la réunion d'un concile général ; Louis XI usa de ce droit et fit en 1476 une demande de ce genre. Ces actes et ces maximes réalisèrent donc le vœu du gallicanisme qui se développait au sein du clergé et des Parlements. La guerre que Jules II déclara à Louis XII, et contre laquelle le clergé de France protesta, acheva de mettre l'opinion publique tout entière du côté du roi. Dès lors il fut impossible au pape d'avoir des rapports avec le clergé de France sans prendre le roi pour intermédiaire.

Le pouvoir royal qui devenait ainsi le maître d'imprimer au clergé une direction supérieure, intervint encore dans son gouvernement, et entreprit de le soumettre à quelques règles positives. Il l'obligea de se conformer aux ordonnances générales de police; il employa même dans ce but la menace de la confiscation du temporel. Il réforma de la même manière des coutumes abusives [1]. Il s'opposa surtout avec la plus grande énergie aux empiétements de la puissance ecclésiastique. En 1335 Philippe de Valois défendit par une simple ordonnance à tous les prélats et officiaux de mettre les terres de son domaine en interdit : on fit, il est vrai, ratifier cette défense par une bulle du pape, mais cette bulle n'était que de forme, et ne fut publiée qu'en 1367. François Ier se fit reconnaître par Léon X dans un article du concordat de 1515 le droit qu'avaient exercé ses prédécesseurs de s'opposer à tous les empiétemens et à tous les abus semblables : Léon X renouvela les défenses antérieurement faites de prononcer des interdits à la légère et pour des causes purement civiles ou politiques.

Toutes les assemblées du clergé sont convoquées par le roi depuis le grand schisme, et peut-être encore plus anciennement. C'est en vertu de ce droit de convocation qu'en 1407 Charles VI enjoint au duc de Berry, son lieutenant dans plusieurs provinces, de faire saisir le temporel des prélats et des autres ecclésiastiques qui s'abstiendront sans excuse légitime de se rendre à l'assemblée qu'il indique pour traiter de l'union de l'Église; il lui commande même de les punir, comme il le jugera à propos. Depuis cette époque également, tous les possesseurs de bénéfices sont traités en véritables agents du roi. Ils sont soumis aux réglements que les rois et les Parlements leur imposent. Par exemple, en 1476, Louis XI les oblige à la résidence : il ne donne aux absents que cinq jours de répit pour préparer

---

[1] Philippe de Valois ordonna que l'évêque d'Amiens serait contraint par la saisie de son temporel, de ne plus lever d'amendes sur les nouveaux mariés.

leur départ, et il charge le Parlement de faire exécuter cet ordre. J'ai déjà cité l'ordonnance de Blois de 1499 qui détermina les conditions d'aptitude pour l'obtention des bénéfices.

C'est aussi à partir du grand schisme que le pouvoir royal intervient dans les questions de discipline du clergé régulier. On ne rencontre guère auparavant que de simples mesures de police, comme celles qui obligent les Templiers à porter l'habit de leur ordre pour jouir de ses priviléges. En 1401 Charles VI confirme les statuts faits dans le chapitre général de l'ordre des Carmes. En 1407 Charles VII, alors dauphin, limite les priviléges des frères de Saint-Jean-de-Jérusalem, nonobstant toutes les lettres que le pape pourrait leur avoir accordées. En 1410, il veut que les religieux mendiants se conforment dans l'administration des sacrements, aux canons de l'Église : ici, c'est le roi qui empiète sur le spirituel. En 1414, il exclut les mêmes religieux, à cause de leur ambition et de leur turbulence, de l'admissibilité aux bénéfices autres que les évêchés et les archevêchés. Viennent ensuite les réformes de monastères, que les rois ordonnent parce qu'elles sont d'ordre public et que beaucoup de monastères ont été fondés ou dotés par leurs ancêtres. Ce sont en 1462 des lettres de Louis XI publiées sur la demande de l'évêque du Puy pour la réforme de l'ordre de Cluny et contre les excès que commettent nombre de religieux. Tout appel des religieux réformés à un autre pouvoir, aux Universités par exemple, est sévèrement interdit. Louis XI enjoint aux Universités de lui prêter leur appui, et de concourir à l'œuvre de réforme qu'il entreprend. Il règle encore, comme fondateur, la police de plusieurs monastères, tels que celui de Saint-Louis à Poissy (1464). Des lettres royales [1] octroient au chapitre et à l'hô-

---

[1] En 1449, 1461, 1483.

pital du Puy le droit de quêter en faveur des pauvres dans toute la France et même hors de la France. Charles VIII autorise les fondations de couvents et d'églises [1].

Ces faits suffisent pour montrer comment ce que nous appellerions l'administration ecclésiastique proprement dite passait entre les mains du roi. L'intervention royale ne fut pas moins active en ce qui concernait les attributions financières et judiciaires du clergé.

§ IV. — Intervention du pouvoir royal dans l'administration financière du clergé. On l'oblige à payer des subsides.

Dans l'origine le clergé ne payait pas d'impôts : les papes avaient seulement commencé depuis 1188 à l'assujettir à des contributions extraordinaires ; mais comme ces contributions, au lieu d'être soumises à un vote, furent arbitrairement établies, le clergé lui-même protesta. Saint Louis encouragea cette résistance, et déclara dans la pragmatique sanction de 1268 que le consentement royal était nécessaire pour que l'argent de France pût être porté à la cour de Rome. La nécessité de cette autorisation fut dès lors une règle formelle ; en 1274 on voit le Concile général de Lyon lever un dixième pour la Croisade avec le consentement du roi. En 1292 Philippe le Bel écrit au sénéchal de Carcassonne de défendre au clergé de son ressort de payer les subsides que le pape pourrait lui demander à propos des affaires de la Terre-Sainte. En 1326, Charles le Bel défend aussi de laisser lever en France un subside par de prétendus agents pontificaux pour la guerre de Lombardie.

Les rois prirent par là une influence très-réelle sur les affaires financières du clergé : ils ne tardèrent pas non plus à en tirer des ressources pécuniaires. En premier lieu, de-

---

[1] Il permet, en 1488, au comte de Laval, de bâtir un couvent de frères prêcheurs, et aux habitants de Saint-Pierre-le-Moutier, de construire une église.

puis que les services féodaux étaient plus régulièrement exigés, beaucoup de seigneurs ecclésiastiques aimaient mieux s'en libérer à prix d'argent. Philippe le Bel adressa ensuite des demandes de subsides au clergé comme à la noblesse : il eut soin seulement de les lui faire voter et de les lui laisser percevoir. Boniface VIII voulut s'opposer à cette entreprise et, prenant le contre-pied de la pragmatique sanction de saint Louis, il défendit aux ecclésiastiques par la bulle *Clericis laicos* de payer des subsides aux princes séculiers sans l'autorisation du Saint-Siége. Mais la prétention qu'il faisait valoir ne put être admise; il fut obligé de déclarer lui-même, l'année suivante, que sa bulle ne s'appliquait pas à la France. Le clergé et les Universités consultés par le roi, et dont on crut devoir fortifier l'avis en consultant aussi les députés des villes, se prononcèrent formellement contre les doctrines pontificales.

Il n'y eut au reste, pendant longtemps encore, rien de fixé touchant les droits réciproques des rois et des papes, à propos des subsides que payait le clergé de France; tout se régla par les circonstances, par l'intérêt du moment, et les faits que l'on rencontre au xive siècle ou dans la première partie du xve sont contradictoires. On peut seulement se convaincre que l'intervention du pouvoir royal était tous les jours plus active et plus réelle, et que les subventions volontaires du clergé, approuvées ou non par les papes, tendaient à devenir périodiques.

Les successeurs de Philippe le Bel laissèrent les papes d'Avignon lever des dîmes et percevoir certains droits pécuniaires en retour des concessions qu'ils avaient obtenues d'eux : les principaux de ces droits furent les *annates* que le pape Jean XXII établit, et qui attribuèrent à la cour de Rome le revenu d'une année de chaque bénéfice vacant. Mais quelques-unes de ces annates appartenaient au roi par suite de l'exercice du patronage ou de conventions particulières : en 1385, des contestations s'élevèrent entre les collecteurs royaux et les collecteurs pontificaux. Or, comme le Saint-Siége était alors rétabli à Rome depuis huit ans, et que les rois de France n'avaient plus le même intérêt à le ménager, Charles VI ordonna aux prévôts de Paris et à tous ses baillis et sénéchaux, de s'emparer des fruits des bénéfices, et révoqua toutes les lettres qui enjoignaient aux juges laïques de forcer les ecclésiastiques au paiement des redevances exigées par le pape. Le Saint-Siége insista : les églises se plaignirent ; Charles VI fit rendre, en 1407, un arrêt par son conseil et par le Parlement contre les annates que prétendait percevoir la cour de Rome, et protesta contre les exactions indues que levaient sur le clergé de France le pape, les cardinaux et leurs officiers. Ces protestations furent renouvelées au concile de Constance ; elles le furent dans la pragmatique sanction de 1438 ; elles eurent enfin pour effet de remettre en vigueur l'ancienne règle qui rendait l'autorisation royale obligatoire pour toute levée de deniers faite par le Saint-Siége [1]. Encore Charles VII crut-il devoir déclarer que son consentement ne pouvait porter atteinte en aucun cas aux libertés de l'Église gallicane. L'Université et le Parlement de Paris, sentinelles vigilantes préposées à la garde de ces libertés, donnèrent l'éveil à plusieurs reprises, par exemple, lorsque le pape Pie II voulut attribuer à la cour de Rome les déshérences, ou, tout au moins, celles des ecclésiastiques [2]. Les exactions pontificales furent arrêtées ou prévenues par un grand nombre d'édits royaux ou d'arrêts du Parlement. Les papes n'auraient plus tiré

---

[1] On en trouve des exemples en 1411, en 1457.
[2] Pie II attribua à la cour de Rome *spolia defunctorum*. Un édit de Louis XI combattit cette prétention (1463). Une déclaration du même roi, rendue en 1464, semble donner à entendre qu'il ne s'agissait que des gens d'église.

d'argent de France, si Louis XI et François Ier n'avaient fait au Saint-Siége dans leurs deux concordats d'importantes concessions financières.

Le clergé ne paya donc plus guère de subsides aux papes, mais en revanche il en paya aux rois à peu-près périodiquement. Dans ce dernier cas, l'approbation du Saint-Siége tendait à devenir inutile ; on en trouve encore un exemple en 1386, mais c'est le dernier. Depuis Philippe le Bel, les rois croyaient n'avoir besoin que du consentement du clergé lui-même. Ils furent seulement obligés de prendre des mesures pour assurer le paiement de ces subsides, parce que les refus étaient nombreux. L'ordonnance de 1358, rendue pour la Langue d'oil après les États de Compiègne, déclara les contributions obligatoires après le vote ; elle autorisa les évêques à contraindre au paiement le clergé inférieur par le moyen de l'excommunication, et, si elle était inefficace, par un appel au bras séculier. En 1374, Charles V demanda aux évêques des aveux et dénombrements, et Louis XI en demanda plus tard à toutes les églises, à tous les établissements de mainmorte, ce qui équivalait à la confection d'un cadastre, si imparfait qu'il fût d'ailleurs. L'assemblée du clergé ayant voté en 1407 un demi-dixième du revenu de tous les bénéfices pour le rétablissement de l'union dans l'Église, et ce vote ayant été renouvelé l'année suivante, Charles VI menaça de saisir le temporel des prélats qui se refuseraient au paiement.

Sous ce même règne, le Parlement reçut le pouvoir de contraindre les ecclésiastiques à la réparation de leurs églises et de leurs maisons bénéficiales, en vertu du principe de droit *Ubi emolumentum, ibi onus*. Comme le pouvoir royal s'emparait aussi à la même époque de l'administration temporelle dans une grande partie des terres de l'Église, le concile de Constance prit l'alarme et déclara en 1415 que les biens du clergé ne pourraient être aliénés sous aucun prétexte par l'autorité temporelle, même avec le consentement du pape.

C'est encore sous le règne de Charles VI et à l'époque du grand schisme qu'eurent lieu les premières tentatives entreprises dans le but de faire contribuer le clergé sans vote préalable. En 1401, une imposition avait été établie par les États dans la sénéchaussée de Narbonne pour subvenir aux dépenses que le grand schisme rendait nécessaires ; Charles VI obligea le clergé à en porter sa part. Louis XI obligea plus tard le clergé du Languedoc à se conformer à l'une des règles du pays, à payer la taille pour les héritages roturiers dont il se rendait acquéreur. Mais ces tentatives isolées furent sans effet : lorsque Charles VIII, en 1489, voulut sous prétexte d'urgence imposer au clergé un subside sans le convoquer, il céda aux remontrances du Parlement qui faisait du vote préalable pour les subsides de l'Église une condition formelle et une des lois fondamentales du pays.

Le résultat de cette période fut donc, au point de vue financier, de soumettre le clergé à l'impôt, tout en lui conservant la garantie d'un vote ; il fut, au point de vue judiciaire, de restreindre sa compétence, et de donner une arme au pouvoir royal contre les abus de sa juridiction.

§ V. — Restrictions apportées par le pouvoir royal aux attributions judiciaires de l'Église.

Saint Louis refusa d'abord de prêter aveuglément aux excommunications l'appui du bras séculier ; il répondit aux évêques que pour confirmer leurs sentences, il devait en apprécier les motifs. Cela était juste. Dès que l'Église employait les peines temporelles, elle était exposée à voir réformer ses arrêts par le pouvoir qui prononçait ces peines : elle était punie d'un empiétement qu'elle avait commis par un autre empiétement qu'elle souffrait à son tour. Les successeurs de saint Louis paraissent avoir suivi son exemple [1]. Cependant on employa longtemps encore la saisie des biens et la prison, pour forcer les excommuniés de déférer aux censures ecclésiastiques qui les atteignaient. Charles V, pendant sa régence, mande au bailli de Vermandois, sur la réquisition de l'évêque de Laon, qu'il doit contraindre les personnes excommuniées depuis un an à se faire absoudre, 1363.

Plusieurs appels furent portés devant les tribunaux royaux contre les abus de la puissance ecclésiastique, et comme les tribunaux d'église prétendaient que leurs arrêts ne pouvaient être réformés, Philippe de Valois réunit à Paris, en 1329, une assemblée de légistes et de clercs pour leur faire décider cette question. Pierre de Cugnières, avocat du roi, soutint dans un réquisitoire célèbre que les tribunaux royaux étaient compétents pour recevoir les appels comme d'abus, et s'il n'y eut pas encore d'acte formel qui fit de ces appels une loi fondamentale, cette doctrine n'en fut pas moins admise et suivie depuis lors. En 1333, le Parlement de Paris rendit un arrêt sur un appel comme d'abus, interjeté par le comte de Forez contre l'archevêque de Lyon qui avait lancé un interdit sur ses terres. La saisie du temporel de l'archevêque fut ordonnée, jusqu'à ce qu'il eût rapporté ses actes et fait une complète satisfaction. Ce n'était là au fond que la conséquence du principe posé par saint Louis.

Les tribunaux d'église ne perdirent pas seulement leur souveraineté ; ils virent restreindre leur compétence. Ils cessèrent d'être préférés par les parties, dès que les tribunaux royaux furent constitués régulièrement, employèrent la procédure écrite et présentèrent les mêmes garanties. Les officiers royaux repoussèrent toutes les tentatives d'usur-

---

[1] Ainsi, en 1288, Philippe le Bel défend d'emprisonner un Juif par l'ordre d'un religieux, sans que son sénéchal en ait avis.

pation de la juridiction ecclésiastique, et ne cessèrent pas de commettre sur elle des empiétements. La plupart des Églises de France s'en plaignaient déjà sous le règne de Philippe le Bel, et crurent devoir faire confirmer leurs privilèges, celles de la Touraine, du Maine et de la Normandie, en 1299, celles du Languedoc en 1302, du diocèse de Narbonne en 1303, des diocèses de Reims, de Saint-Malo et de Mende en 1304. Entre autres privilèges, elles stipulaient le maintien de leur droit d'asile, qui avait été autrefois une garantie contre la violence, mais qui n'était plus aux yeux des légistes royaux qu'un obstacle au libre accomplissement de la justice.

Philippe le Bel, tout en faisant ces concessions, sut regagner ailleurs le terrain qu'il était forcé de perdre : il restreignit la compétence des tribunaux d'Inquisition ; il ne leur permit de juger les Juifs que pour certaines causes, telles que celles d'usure et de sortilége, et plusieurs ordonnances de ses successeurs eurent pour but de soustraire encore tel ou tel autre genre de causes aux tribunaux d'église ordinaires [1]. Tracer la limite exacte des deux juridictions était le problème que se proposaient la plupart des légistes : un des plus anciens livres français, *le Songe du Verger*, représente un clerc et un chevalier discutant cette importante question devant le roi Charles V (1378). Mais on demeura longtemps sans atteindre de résultats positifs, et la limite resta flottante suivant le succès des prétentions rivales. Les rois s'efforcèrent principalement d'empêcher que les causes jugées devant les tribunaux d'église fussent portées à Rome en appel, surtout lorsqu'elles n'étaient pas purement spiri-

[1] Voir deux ordonnances de 1371 et de 1385. Les faits particuliers sont très-nombreux également. Charles V, par exemple, limita en 1377, sur les plaintes des bourgeois, la compétence du tribunal du chapitre de Lyon.

tuelles [1]. Comme ils voulaient accaparer la collation des bénéfices, ils travaillèrent aussi à s'emparer du jugement des causes qui les concernaient. Enfin le Parlement qui commença sous Charles VI à faire des réglements de discipline et d'administration ecclésiastique, fut chargé de veiller à l'exécution de ces réglements, et, en sa qualité de gardien des libertés gallicanes, il exerça, depuis le xvie siècle surtout, l'influence la plus directe sur le gouvernement de l'Église en France. C'est ainsi que la juridiction ecclésiastique se trouva restreinte de fait, longtemps avant de l'être par des règles écrites et formelles.

SECONDE PÉRIODE. — *Depuis le concordat de 1516 jusqu'à la mort de Louis XIV.*

§ 1. Comment le pape exerça ses droits sur le clergé de France. Libertés gallicanes. — § 2. De l'administration des affaires ecclésiastiques sous le régime des ordonnances royales. — § 3. Contributions du clergé. — § 4. Restrictions nouvelles apportées à la juridiction de l'Église, et améliorations introduites dans ses tribunaux. § 5. Conclusion.

§ 1. Comment le pape exerça ses droits sur le clergé de France. — Libertés gallicanes.

Le concordat de François Ier [2] eut pour principal effet de faire du roi l'intermédiaire obligé entre le Saint-Siége et le clergé de France. Toutes les bulles romaines furent soumises préalablement à l'acceptation royale, et l'on peut citer

[1] Le pape reconnaît, en 1366, qu'aucune des causes dont la connaissance appartient aux juges royaux ne doit être évoquée à Rome.
[2] Le concordat, déjà étendu à la Bretagne et à la Provence, le fut encore aux trois évêchés par un indult de 1664 ; il le fut en 1668, au Roussillon ; en 1686, à la Franche-Comté et aux Pays-Bas. En 1682 et en 1698, Louis XIV traita avec les chapitres de Cambrai et de Besançon, et consentit à reconnaître leur exemption de la régale, à condition qu'il exercerait seul le droit de nomination dans leurs diocèses.

comme exemples celles qui firent entrer dans le royaume les jésuites (1551, 1561) et les capucins (1576). Henri III obligea, en 1579, tous les monastères qui prétendaient dépendre immédiatement du Saint-Siége, de se réunir à quelque congrégation de leur ordre admise par les lois de la monarchie, et de se soumettre aux visites épiscopales de discipline. Le pape nommait en France des notaires apostoliques pour recouvrer les droits que le concordat lui avait assurés; on prit soin de restreindre ces notaires à l'exercice pur et simple de leurs fonctions. Leurs noms durent être immatriculés aux registres des bailliages, et leur nombre, dans chaque juridiction, déterminé par les baillis, les sénéchaux et les juges présidiaux (ord. de 1547). Les envois d'argent à Rome, même par les banquiers pontificaux, envois que les rois surveillaient toujours, furent interdits à plusieurs reprises, par exemple, sous Henri II, pendant le temps de sa rupture avec le pape (de septembre 1551 à mai 1552), et sous Henri IV, pendant les années qui précédèrent sa réconciliation avec le Saint-Siége en 1596.

Le clergé, l'Université, les Parlements, les canonistes montrèrent la plus grande vigilance pour la garde des libertés gallicanes, et pour celle des droits des rois contre les prétentions pontificales. Le code de ces libertés, rédigé souvent, le fut principalement par le célèbre Pierre Pithou, au temps d'Henri IV; on commença depuis lors à les ranger parmi les lois fondamentales de la monarchie. Enfin sous Louis XIV, deux évêques qui refusaient d'obéir à un édit, ayant imploré Innocent XI et obtenu son appui (dans l'affaire de la régale), l'assemblée du clergé de France fit rédiger, par Bossuet, les quatre articles de 1682, dont le premier déclarait d'une manière positive que le pape n'avait aucune autorité ni directe ni indirecte sur les choses temporelles. C'est par là que fut assuré le triomphe du gallicanisme; on fit pour la première fois vis-à-vis du Saint-Siége la distinction du temporel et du spirituel qui étaient encore presque partout confondus. Distinction féconde, dont on ne prévoyait pas encore clairement les conséquences, mais qui était destinée à devenir une des règles fondamentales, gouvernant les rapports de l'Église et de l'État.

§ II. — De l'administration des affaires ecclésiastiques sous le régime des ordonnances royales.

On sait que les évêques, d'après le concordat, étaient à la nomination royale. Henri II fit des réglements contre la brigue des dignités ecclésiastiques (1550), rétablit toutes les conditions d'admissibilité, telles qu'elles avaient été déterminées après le premier concordat [1], renouvela l'obligation de la résidence à laquelle on n'admit d'exception que dans le cas de pluralité des bénéfices (1557).

Le clergé cependant revendiqua son ancien droit d'élection aux États généraux d'Orléans en janvier 1561, et obtint une concession importante. On lui accorda de présenter pour chaque siége trois candidats, parmi lesquels le roi choisirait ; du moins la présentation devait être faite pour les archevêchés, par les évêques de la province et le chapitre de l'Église archiépiscopale ; pour les évêchés, par le chapitre de l'Église épiscopale assisté de douze gentilshommes et de douze bourgeois que désigneraient la noblesse et le tiers état du diocèse. Telle fut la transaction conclue entre les prétentions opposées, et l'on exprima le fait par cette règle : *Electio est clericorum, consensus principis, petitio plebis.* Dans les couvents de femmes, les religieuses gardaient le droit d'élire leurs abbesses tous les trois ans, et ce système continua longtemps d'être observé.

Ce fut surtout après le concordat de 1516, quand le pouvoir se fut assuré, au moins dans certaines mesures, la dis-

---

[1] Entre autres la qualité de Français.

position des dignités cléricales, que les rois ou les Parlements firent des réglements d'ordre public pour ce que nous appelons aujourd'hui l'administration des affaires ecclésiastiques. L'œuvre commencée dans l'époque précédente fut très-avancée, sinon menée à son terme, et le droit du roi, que nous appellerions aujourd'hui droit de l'État, fut exprimé formellement. « Puisque le roi, dit Lebret, est à la république ce que l'âme est au corps, n'est-il pas juste qu'il ne se fasse rien de public dans son État sans sa permission? »

On continua d'astreindre les possesseurs de bénéfices à la résidence; sinon, leur temporel devait être confisqué et employé à l'entretien des pauvres. Cependant cette règle fut mal observée; sous Louis XIII le gouvernement recourut en 1634 à une bulle du pape pour la rendre obligatoire; les évêques et les chanoines prétendaient ne pouvoir être contraints que par l'autorité ecclésiastique. Ils protestèrent en 1658 contre deux arrêts du Parlement de Paris qui les menaçaient de la confiscation de leur temporel, en cas de non-résidence.

L'ordonnance d'Orléans de 1561 régla la manière dont auraient lieu les visites diocésaines, les cas où des coadjuteurs devraient être adjoints aux prélats âgés. Celle de Blois de 1579 chargea conjointement les archevêques, les évêques et les baillis de veiller à ce qu'il n'y eût point de simonie dans les présentations de candidats pour les bénéfices, et de faire toutes les informations nécessaires à cet égard. Les États généraux de 1614 demandèrent et obtinrent qu'il ne fût pas permis de cumuler de bénéfices au delà de six cents livres de revenu. On cessa sous Louis XIII d'allouer des rentes sur des évêchés ou des abbayes à des gens de guerre, comme cela s'était fait longtemps. On fixa un minimum pour la portion congrue que les titulaires des évêchés et des bénéfices devaient accorder à leurs vicaires. Cette dernière disposition eut cependant besoin d'être renouvelée, ainsi que celle qui regardait le cumul des bénéfices; elle le fut sous Louis XIV en 1669 et en 1686 [1].

Le gouvernement prit connaissance de toutes les questions de discipline intérieure. Il obligea les archevêques et les évêques à instituer des séminaires et à pourvoir à leur entretien [2]. Un édit de 1580 leur enjoignit de réunir des conciles provinciaux tous les trois ans. Ces articles de pure discipline paraîtraient une usurpation de la part du pouvoir civil, si les ordonnances qui les renferment avaient été préparées par d'autres que les députés du clergé aux États généraux. C'est encore ainsi qu'on s'explique comment l'ordonnance d'Orléans de 1561 détermina la destination du revenu des confréries, applicable en premier lieu au service divin, en second lieu aux aumônes et à l'entretien des écoles (art. 10); défendit de rien exiger pour les sacrements (art. 15); d'user de monitions et de censures ecclésiastiques sinon pour crime et scandale public (art. 18); de laisser faire des vœux aux femmes avant vingt ans et aux hommes avant vingt-cinq (art. 19): comment elle obligea les supérieurs des maisons religieuses à entreprendre la réforme de ces maisons (art. 20); comment l'ordonnance de Blois exigea la clôture des religieuses (art. 31), etc.

On jugeait alors la réforme du clergé d'autant plus nécessaire qu'on espérait par son moyen conjurer le calvinisme. Les États de Blois réglèrent en 1576 que les informations de vie et de mœurs se feraient pour les membres inférieurs du clergé par les évêques, et pour les évêques, par un archevêque ou un évêque assisté de deux docteurs. En 1596 les notables réunis à Rouen maintinrent cette règle. En 1615, elle fut abrogée par une assemblée du clergé qui créa

---

[1] En 1669, la portion congrue des curés fut fixée à un minimum de 300 livres.

[2] Ordonnance de Blois de 1579. Louis XIV créa de nouveaux séminaires en 1698.

une commission spéciale d'enquête, mais les notables intervinrent pour remanier le personnel de cette commission et en exclure formellement les nonces. En 1630 le Parlement remit en vigueur pour les grades inférieurs la règle établie par les États de Blois [1].

La réforme du clergé régulier, ou, comme on disait alors, des religions, fut surtout poursuivie avec persévérance, et l'autorité civile fut loin d'y être étrangère. Richelieu prétend que les monastères étaient dans sa jeunesse des objets de scandale, et il se vante de les avoir purifiés. C'étaient les commissaires du Parlement qui s'assuraient qu'une nouvelle règle était nécessaire dans une maison, et les magistrats de police ordinaires qui devaient en surveiller l'exécution [2]. Les papiers de Colbert contiennent l'exposé de beaucoup de règles anciennes ou réformées qu'on soumettait à son examen. La réforme du clergé fut plusieurs fois ordonnée sous le règne de Louis XIV: elle le fut entr'autres par un arrêt de l'assemblée des Grands-Jours de Clermont en 1665.

A plus forte raison le pouvoir civil prit-il des mesures que l'on pouvait considérer comme de simple police. Il défendait en 1539 de faire de quêtes sans son autorisation expresse, défense dirigée surtout contre les ultramontains. Les baillis reçurent l'ordre de ne laisser prêcher les religieux mendiants qu'avec l'autorisation de l'évêque, 1548. La plupart des juges royaux s'attribuant le droit de commettre les prédicateurs dans les églises, les évêques réclamèrent contre ces abus et obtinrent gain de cause en 1580; cependant le pouvoir civil prit après le retour d'Henri IV des mesures pour réprimer la licence des prédicateurs sédi-

---

[1] Bib. roy. Manuscrits du fonds Harlai Saint-Germain, t. 166.
[2] On peut voir la preuve de cette assertion dans une requête adressée au Parlement de Paris, en 1627, par les religieux des Billettes. Bib. roy. Manuscrits des Cinq-Cents de Colbert, t. 137.

tieux, 1595. Plus tard, sous Louis XIV, il interdit les confréries et les pèlerinages, ou leur imposa des conditions qui devaient empêcher leur abus et garantir l'ordre public¹. Au reste ce droit ne lui fut généralement pas contesté. Il le fut d'autant moins que l'État devenant exclusivement catholique, inscrivait alors toutes les prescriptions religieuses dans ses lois de police. Sous Louis XIV l'observation stricte du repos du dimanche et des fêtes fut ordonné ; il est vrai que le nombre des fêtes fut déterminé à ce propos par l'archevêque Péréfixe et très-restreint. La défense de vendre de la viande à Paris pendant le carême fut plusieurs fois renouvelée, et n'admit qu'un très-petit nombre de dérogations².

Depuis longtemps les acquisitions multipliées d'immeubles faites par les gens de mainmorte avaient paru offrir un grave danger. On y avait mis quelques obstacles par les droits d'amortissement, par des règles spéciales de succession pour les religieux³. Mais ces mesures étaient insuffisantes, et les États de 1614 firent de vives représentations à ce sujet. Au XVIIe siècle surtout, le nombre des fondations pieuses s'augmenta dans une proportion considérable. Pour ne citer qu'un exemple, la ville de Rennes, qui avait cinq maisons religieuses en 1604, en eut quatorze en 1642. En 1645, la municipalité, fatiguée des sollicitations dont elle était l'objet, prit le parti de ne plus accueillir aucune demande de ce genre, et fit homologuer sa décision par le

---

¹ En 1686, défense est faite d'entreprendre aucun pèlerinage sans passeport du roi, signé de l'un des secrétaires d'État, à peine des galères à perpétuité pour les hommes, et de peines afflictives laissées à l'arbitraire des juges pour les femmes.

² En 1701, un des agents du prévôt de Paris fut chargé de visiter toutes les cuisines, celles même des princes et des seigneurs, pour y poursuivre les contraventions.

³ Un édit de 1532 règle la manière dont les religieux du Dauphiné peuvent disposer de leurs biens. — *Rec. des anc. lois franç.* d'Isambert.

conseil du roi : cela n'empêcha pas quatre maisons nouvelles de s'élever encore sous le règne de Louis XIV[1].

Les contemporains étaient frappés de ce fait, et la meilleure explication qu'on en puisse donner se trouve dans un mémoire présenté à Colbert par M. de Sorbière. M. de Sorbière démontrait que la richesse allait croissant, et les besoins avec elle. Or, la prévoyance s'accroît dans les familles en raison directe de l'accroissement de la richesse et de celui des besoins. Les pères, afin de transmettre à leurs aînés une position égale à la leur, renfermaient leurs autres enfants, les filles surtout, dans des maisons religieuses où ils ne leur laissaient que le bien nécessaire pour vivre. Ainsi le régime des substitutions, de tout temps la règle des grandes familles, descendait dans la nation d'un degré, ou en d'autres termes devenait plus général, à mesure que les familles du degré inférieur s'élevaient. Cela était si vrai que la plupart des monastères fondés alors ne l'étaient que pour les nobles seuls, et qu'il n'y avait peut-être pas en France une seule maison riche dont une moitié des membres ne fût vouée à l'Église[2].

Voici comment la richesse ecclésiastique est appréciée dans l'*État abrégé de l'Église de France en* 1639[3] certifié véritable par une assemblée du clergé. Cette richesse se composait de 15 archevêchés (non compris Avignon), de 112 évêchés, de 120,000 cures ou paroisses comprises dans les villes, bourgs et villages, d'environ 1,456 abbayes, 12 ou 13,000 prieurés, 256 commanderies de Malte, 152,000 chapelles ayant chapelains, 6 à 700 abbayes de religieuses ; environ 700 couvents de cordeliers et de capucins,

---

[1] Extrait de Gilles de Languedoc ; Manuscrits de la bibl. de Rennes. Voir un article que j'ai publié dans la Bibl. de l'Ecole des Chartes, septembre 1845.

[2] Bibl. roy. Fonds manuscrits des Cinq-Cents de Colbert, n° 435.

[3] Idem. Manuscrits du fonds Harlai Saint-Germain, t. 156.

sans compter les Jacobins, carmes, augustins et chartreux qui avaient de 7 à 8000 monastères. Le revenu brut était de 103,500,000 écus, et le revenu net de 92,000,000 écus. Ces chiffres peuvent être taxés d'exagération, mais ce sont les chiffres officiels.

Le gouvernement jugea que les anciennes mesures ne suffisaient plus, et il en prit de nouvelles. Il défendit en 1659 de fonder aucune maison religieuse sans son autorisation expresse[1]. En 1666, il déclara les communautés mineures, incapables d'ester en jugement, de recevoir aucuns dons et legs de meubles, d'immeubles, et de tous autres effets civils. En 1667 il défendit de placer chez elles de l'argent à fonds perdu, et il n'admit d'exception que pour l'Hôtel-Dieu : les constitutions de rentes viagères étaient alors de mode et les communautés faisant de meilleures offres étaient aisément préférées. En 1691, en 1693, on détermina les cas où des religieuses pourraient avoir des dots ou des pensions viagères, et quel en serait le montant. On décida aussi en 1691 que les sommes léguées aux ecclésiastiques seraient placées en rentes sur l'État, ce qui paraît avoir été surtout une mesure fiscale.

Les prédécesseurs de Louis XIV avaient déjà fait plusieurs tentatives pour s'immiscer dans l'administration des biens ecclésiastiques. Ils nommaient des économes pour administrer le revenu des bénéfices vacants et percevoir les droits de régales. L'examen des comptes et des revenus des fabriques fut attribué deux fois, sous Charles IX et sous Henri III, aux officiers royaux ; mais deux fois les évêques et les officiers auxquels cet examen avait d'abord appartenu le réclamèrent comme un droit, et obtinrent qu'il leur fût rendu. Louis XIV obligea, en 1674, tous les évêques et les gens de mainmorte de soumettre un état de leur temporel

---

[1] Cette ordonnance fut renouvelée en 1666.

aux chambres des comptes. Il termina, au sujet du droit de régale, une contestation dont l'origine remontait au règne d'Henri IV. Sous Henri IV un arrêt du Parlement de 1608 avait déclaré que toutes les églises du royaume devraient payer la régale. Les églises à l'égard desquelles la prétention ne pouvait être fondée sur un titre avaient refusé de se soumettre à cet arrêt, et obtenu divers arrangements. Louis XIV, en 1673, renouvela par un édit la disposition qui étendait le droit de régale à toute la France, et il en fit même déterminer la consistance. Quelques évêques répondirent à cet édit par une protestation : une lutte fort longue s'engagea, dans laquelle le pape même intervint; mais l'assemblée du clergé de 1682 confirma l'édit du roi, tout en donnant à entendre que c'était moins une adhésion de sa part qu'une concession.

On soumit aussi à la nécessité de l'autorisation royale les constructions que feraient les religieux mendiants, lorsqu'elles dépasseraient quinze mille livres (1683), et celles que feraient les marguilliers des fabriques en tout état de cause (1690.) En 1691 on rétablit d'anciens offices, ceux de greffiers héréditaires des domaines des gens de mainmorte, et on en créa de nouveaux, ceux d'économes du temporel des archevêchés, dans le but de garantir les droits du roi sur ces domaines et sur ce temporel.

§ III. — Contributions du clergé.

Ce qui répara le mieux le vice principal de l'accroissement des mainmortes, ce fut l'assujettissement du clergé à l'impôt. Indépendamment des droits de régale et d'amortissement, il continuait à payer des subsides en maintes circonstances. Ces subsides s'appelaient *dons gratuits*; ils étaient irréguliers et restreints par le nombre des exceptions particulières, car on voit les officiers clercs du Parlement s'en faire exempter en 1537, et les chevaliers de Saint-

Jean-de-Jérusalem en 1549. Mais pour le clergé qui était la classe la plus riche de la nation, quelques subsides irréguliers ne pouvaient tenir lieu d'une contribution suffisante. On chercha donc à le soumettre plus complétement à l'impôt. Suivant une opinion qui commençait à se répandre, l'État était nu-propriétaire des biens ecclésiastiques. Lhôpital disait dans un discours aux États d'Orléans de 1561 : « Se » souviennent les gens d'église qu'ils ne sont qu'adminis- » trateurs et qu'ils rendront compte ; se contentent de l'u- » sage desdits biens et distribuent le reste aux pauvres. » Le clergé, menacé par cette doctrine qui avait suivi ou précédé l'établissement de la Réforme dans plusieurs pays de l'Europe, contracta l'obligation de faire un fonds pour le rachat des revenus que le roi avait engagés et pour le paiement des rentes, et pour faire ce fonds, il aliéna plusieurs fois son temporel, avec l'autorisation royale. Souvent ces aliénations de temporel furent consenties par des bulles du pape que les rois faisaient enregistrer [1].

Au dix-septième siècle, comme ce genre de contributions devenait périodique, on le rendit plus régulier, et on le fit changer de nature. À partir du règne de Louis XIII, le clergé paya des décimes ordinaires et extraordinaires. Les décimes ordinaires comprirent la dixième partie du revenu de chaque bénéfice; ils furent levés par les receveurs spéciaux du clergé, et leur perception donna lieu à la confection d'un cadastre en 1616. Tous les cinq ans une assemblée du clergé devait se réunir pour entendre les comptes de ses receveurs, car il conservait le droit d'administrer lui-même l'impôt qu'il payait. Outre ces assemblées quinquennales, les rois en pouvaient convoquer d'autres dans les circonstances urgentes pour leur demander l'octroi de décimes extraordinaires.

[1] Par exemple, en 1574 et en 1586.

Le clergé se chargea aussi à plusieurs reprises de faire le fonds des rentes émises par l'État [1].

Cela n'empêcha pas que sa part des charges publiques ne fût pendant longtemps encore jugée insuffisante. Lorsque Fouquet, à bout de ressources, écrivit en 1655 à tous les intendants de France pour mettre à contribution leur imagination financière, il reçut de toutes parts le conseil d'imposer sur lui de nouvelles taxes. On calculait alors que le clergé possédait, à titre d'usufruitier, la nu-propriété appartenant au roi, les sept douzièmes du territoire, et qu'il pouvait sans peine payer une année de son revenu en quatre ans. On soutenait les taxes sur le clergé conformes à la parole de Dieu, au droit divin, naturel, civil et politique. L'auteur du mémoire le plus complet disait avoir fourni ce plan en 1642 au cardinal de Richelieu qui l'avait mis en réserve pour les circonstances graves. « Il n'y a présentement, dit un autre mémoire, aucune affaire plus innocente, plus riche, ni plus prompte. On produira des compagnies composées des meilleures bourses de Paris, qui traiteront à forfait. » Fouquet paraît cependant s'être contenté du renouvellement des anciens contrats [2].

La constitution des assemblées du clergé fut réglée par plusieurs statuts, et surtout par ceux de 1625, de 1636 et de 1715. Elles se composaient de députés du premier et du second ordre de l'Église, envoyés par chaque diocèse de France. L'élection se faisait à deux degrés : on nommait dans les réunions diocésaines des députés pour les réunions provinciales, et celles-ci désignaient à leur tour les députés qui devaient se rendre aux assemblées générales. La réunion provinciale rédigeait un cahier ; elle imposait à ses députés un mandat impératif : ceux-ci votaient par province et non

---

[1] Voir le chapitre du Crédit public.
[2] Bibl. roy. Extrait des diverses pièces contenues dans le fonds Dupuy, n° 775.

par tête. Le roi nommait deux commissaires près de l'assemblée générale, et cette assemblée ne pouvait être convoquée que par lui [1].

Telle fut la nouvelle forme que revêtirent les anciens conciles nationaux. Ils avaient perdu leur indépendance, mais ils conservèrent des droits; ils étaient devenus comme un instrument de l'administration monarchique, mais ils assurèrent à l'Église, soumise alors au pouvoir royal, d'efficaces garanties, et des priviléges d'autant plus nombreux que le pouvoir royal proclamait comme principe de gouvernement l'alliance intime de l'autel et du trône.

Ces priviléges étaient anciens pour la plupart : des ordonnances comme celles de 1571, de 1580, de 1606, de 1657 les confirmèrent. L'ordonnance de Blois de 1579 accorda au clergé de chaque diocèse le droit d'élire un syndic ou solliciteur, pour défendre en justice les priviléges communs et demander réparation des torts qu'il aurait éprouvés.

Mais les principaux avantages faits à l'Église furent des avantages financiers, qui l'indemnisèrent, à certains égards, des contributions auxquelles elle se trouvait assujettie. Le paiement des dîmes était obligatoire, et reconnu comme tel par la législation civile [2]. Des ordonnances royales réglèrent comment il devait avoir lieu dans le diocèse de Paris, 1548, ou dans la Normandie, 1560. Le clergé obtint en 1572 d'être exempt de toutes les contributions que les villes s'imposaient, hormis les temps de disettes, et les cas où ces contributions auraient pour but d'assurer la subsistance des

---

[1] En 1626, plusieurs évêques se réunirent à Paris sans autorisation préalable. Le Parlement jugea que cette réunion était un acte illégal et séditieux ; il leur envoya par huissier l'ordre de se séparer. Les évêques protestèrent contre l'ordre du Parlement, mais celui-ci, qui était soutenu par le Gouvernement, resta le maître.

[2] Ordonnance de Blois de 1579, art. 49 et 50. — Un édit royal, rendu sous Mazarin, ordonna que la dîme fût levée dans toute la France, mais les Parlements provinciaux ne l'enregistrèrent pas.

pauvres. Les officiers royaux reçurent l'ordre de poursuivre d'office les usurpateurs des biens ecclésiastiques [1]. Enfin les biens aliénés par le clergé furent déclarés toujours rachetables. Cette faculté de rachat fut accordée pour cinq ans par un arrêt du Parlement en 1606; elle fut successivement prorogée jusqu'en 1616, en 1626, en 1631 [2], puis de dix en dix ans, en 1646, en 1656, 1666 et 1676.

§ IV. — Restrictions nouvelles apportées à la juridiction ecclésiastique, et améliorations introduites dans ses tribunaux.

Tandis que l'État transigeait ainsi avec le clergé sur les questions financières, il continuait comme dans l'époque précédente de restreindre sa juridiction. Les clercs officiers du roi furent déclarés justiciables des tribunaux laïques pour tous les faits de leurs charges, 1530 : toutes les actions réelles ou personnelles intentées à des laïques durent être exclusivement portées devant les mêmes tribunaux (1539). Ainsi la compétence ecclésiastique se trouva limitée, 1° aux matières spirituelles, 2° aux actions personnelles dirigées contre les clercs. Les tribunaux laïques continuèrent de faire exécuter les sentences portées par ceux de l'Église [3].

Mais cette distinction même une fois établie n'empêcha pas le pouvoir royal de soustraire certaines causes à la justice ecclésiastique par le moyen des évocations, ou d'intervenir dans son action en créant dans toutes les officialités des charges d'avocats et de procureurs du roi (1639) [4]. De

---

[1] Même ordonnance, art. 47.
[2] Bibl. roy. Fonds des Cinq-Cents, n° 4.
[3] D'après l'ordonnance de Villers-Cotterets, les appels d'abus, interjetés par les prêtres, ne pouvaient avoir d'effet suspensif, 1539.
[4] L'édit de 1580, renouvelé en 1678, décida que dans les procès criminels l'instruction devrait être faite conjointement par les juges d'église et les juges royaux, et les procès rapportés devant le tribunal ecclésiastique.

là grandes plaintes du clergé, des évêques, et de Richelieu lui même ; au reste, ces plaintes furent peu entendues. On soutenait alors que le souverain pouvait restreindre la juridiction ecclésiastique dans telles limites qu'il le jugeait à propos, parce qu'il l'avait lui-même établie. Dans son traité *De la Souveraineté du Roi*, Lebret se montre parfaitement convaincu de cette doctrine et s'efforce de l'appuyer sur des preuves historiques.

Sous Louis XIV, les ordonnances de 1667 et de 1670 réglèrent la compétence de l'Église en même temps que celle des tribunaux civils. Cette compétence fut enfin revisée tout entière par l'édit de 1695, qui fut une sorte de code pénal pour les délits que les clercs pouvaient commettre, et renferma la sanction de toutes les prescriptions législatives imposées au clergé par le gouvernement. Les archevêques et les évêques conservèrent le pouvoir d'instituer et de destituer à leur gré les officiaux, les vice-gérants, etc... (1700).

Si l'on considère la justice ecclésiastique en elle-même, on voit que le Concordat de 1516 avait réglé la hiérarchie des tribunaux ou officialités, depuis celui de l'évêque, en passant par ceux de l'archevêque et du primat, jusqu'à celui du pape. Du reste, les évêques ne pouvaient être jugés qu'en France par le synode d'une province ecclésiastique, et en cas d'appel le pape désignait un autre synode.

Plusieurs des améliorations sollicitées à propos des tribunaux laïques le furent aussi à propos de ceux de l'Église. Les États de 1614 demandèrent, mais sans succès, que les épices y fussent supprimées. Les mêmes États demandaient que le clergé rédigeât ses actes en français, que toute célébration de mariage clandestin fût défendue ; on sait que l'acte religieux faisait foi civilement. L'Église avait institué la première un état civil, mais la tenue de cet état civil était imparfaite et irrégulière. On fit quelques ordonnances pour l'améliorer. On en fit surtout pour le séculariser, et l'on y réussit à demi au moyen de créations d'offices, principalement vers la fin du règne de Louis XIV. Ainsi l'on établit des greffiers, gardes et conservateurs des registres de mariage, de baptême et de sépulture, et les parties eurent le choix de compulser à leur gré ces registres chez les curés ou chez les greffiers (octobre 1691) : deux mois après les notaires apostoliques furent constitués en titre d'office; les greffiers des insinuations apostoliques l'étaient déjà depuis Henri IV. Le désir de prévenir les fraudes et d'assurer plus de publicité à l'État civil fit encore rendre l'édit de 1697 sur la célébration des mariages, qui fut sévèrement interdite à tous prêtres autres que les curés des contractants. On créa dans le même but des offices de contrôleurs de bans de mariage, offices supprimés, il est vrai, en 1702.

§ V. — Conclusion.

Somme toute, l'organisation du clergé, sans être encore déterminée d'une manière entièrement régulière, avait subi des réformes importantes. On avait arrêté ses empiétements, fixé sa juridiction : les plus apparents de ses abus intérieurs avaient été détruits ou palliés. On avait commencé à le faire contribuer aux charges de l'État, quand la noblesse n'y contribuait pas encore; il y contribuait aussi en ce sens que les établissements de charité publique étaient presque tous à son entretien, et que les sessions de ses assemblées générales s'ouvraient toujours par la visite des prisons et des hôpitaux, où il portait des secours temporels en même temps que des secours spirituels. Enfin il commençait à voir ses attributions et celles du pouvoir civil mieux définies. Cependant il y avait encore à cet égard beaucoup à faire, et le pouvoir civil empiétait souvent sur le spirituel. Des arrêts du conseil condamnaient les livres jugés hétérodoxes : il suffira de citer comme exemple celui qui condamna les provinciales en 1660. Dans l'affaire de Jansenius et des cinq propositions, le roi intervint plusieurs fois ; il obligea tous les ecclésiastiques de France à souscrire le *formulaire* arrêté dans les assemblées du clergé de mars 1657 et d'avril 1664. Le gouvernement se chargeait de faire exécuter lui-même des décisions purement spirituelles et spéculatives, comme la justice civile faisait exécuter les sentences des tribunaux d'Église.

On ne pouvait pas espérer une meilleure distribution des pouvoirs entre la royauté et l'Église, tant qu'elles se tiendraient unies étroitement pour dominer la France, la royauté prêtant à l'Église l'appui de la force temporelle, poursuivant toute autre religion que le catholicisme, et faisant inscrire les prescriptions du catholicisme dans les lois ; l'Église appuyant à son tour l'omnipotence royale par la théorie du droit divin. Plus tard, quand sera tombée la croyance au droit divin et à une religion de l'État, quand la force politique aura été déplacée, le temps soulèvera des questions nouvelles. Le clergé constitué civilement cessera d'être un des grands corps de la nation : il perdra ses priviléges pour rentrer dans le droit commun, et la distinction mieux entendue du spirituel et du temporel tendra à passer de la spéculation dans la pratique, de l'ordre des idées dans l'ordre des faits, toutes les fois que des circonstances politiques passagères ne viendront pas arrêter pour quelques jours cette inévitable révolution.

Section II. — *Des religions dissidentes.*

Les juifs et les protestants des diverses communions ne furent jamais reconnus en France ; ils ne furent que tolérés, et encore à quelques époques seulement, par des raisons spéciales ou par une nécessité absolue.

Les juifs placés en dehors des lois civiles du pays, par cela même qu'ils se trouvaient placés en dehors de ses lois religieuses, furent admis ou chassés tour à tour suivant les temps. Quand on les admettait, on les forçait de porter une marque distinctive, d'assister aux cérémonies chrétiennes. Il n'existait pour eux ni propriété, ni liberté individuelle; ils n'avaient d'autre protection à attendre que celle des rois ou des seigneurs, auxquels ils appartenaient corps et biens. On les considérait alors comme un instrument de commerce nécessaire [1].

Au xive siècle les besoins financiers de l'État obligèrent de recourir à eux, et il fallut leur emprunter en plusieurs circonstances, entr'autres pour payer les sommes promises aux Anglais par le traité de Brétigny. On les rappela donc plusieurs fois dans le royaume, et chaque fois, en leur accordant quelques garanties contre la violence, quelques privilèges, puisqu'il n'y avait pas pour eux de droit commun. La sentence de bannissement fut renouvelée à deux reprises, la première en 1394, d'une manière générale et sous les peines les plus sévères, mais elle ne fut pas régulièrement exécutée; et la seconde, en 1615. Le préjugé contre les juifs subsistait encore au XVIIe siècle dans toute sa force : ce fut le Parlement qui demanda au roi dans ses remontrances qu'il ne pût y avoir aucune synagogue à Paris. Le gouvernement qui tint peu de compte des autres demandes du Parlement, lui accorda celle-ci, et bannit les juifs de toute la France, excepté la seule ville de Metz, sans qu'aucune protestation s'élevât contre cette mesure. On toléra cependant la présence de quelques familles, et l'acte de bannissement fut lui-même révoqué en 1650, en 1651 et en 1683.

Les protestants furent à peu près traités comme les juifs toutes les fois qu'on ne se trouva pas dans l'obligation de transiger avec eux.

---

[1] Voir le chapitre du commerce.

L'alliance intime de la royauté et de l'Église, subordonnées l'une à l'autre à presque tous les égards, avait pour résultat nécessaire le système d'une religion d'État. Les non-conformistes furent regardés comme des ennemis du pouvoir et de la centralisation monarchique. La royauté était le symbole de l'unité religieuse, comme de l'unité politique, ce qu'exprimait brièvement l'ancien proverbe : « une foi, une » loi, un roi. »

Le pouvoir civil ne se contenta donc pas de faire exécuter les sentences des tribunaux ecclésiastiques contre les dissidents ; il considéra ces derniers comme rebelles, et pendant les règnes de François Ier et d'Henri II il les accabla de ses édits de persécution. Sous François II, les vues plus tolérantes du chancelier L'hôpital amenèrent après l'affaire d'Amboise un *édit d'abolition* (amnistie), en faveur des hérétiques, amnistie dont ceux qui avaient conspiré contre le roi furent seuls exceptés (mars 1560). Sous l'empire des édits de pacification de juillet et octobre 1561, de janvier 1562, de mars 1563 ; sous celui des traités de 1568, de 1570, de 1576, les protestants furent soumis à des lois de police plus ou moins rigoureuses, mais conservèrent la liberté de leur gouvernement intérieur et de leur administration. On se contenta de les obliger à tenir leurs synodes en présence d'officiers royaux, tels que des sénéchaux, ou des conseillers de Parlement. Pendant tout ce temps l'esprit presbytérien, qui était celui de la réforme française, put se développer en liberté ; les églises réformées s'administrèrent elles-mêmes sans rapport avec le pouvoir civil, qu'elles regardaient comme un ennemi, et dont elles n'acceptaient que les règlements d'ordre public. La propagation des sectes dissidentes donna peut-être le premier exemple et la première idée d'une séparation possible un jour entre l'Église et l'État ; elle fit du moins revivre dans une église indépendante les principes de l'élection et du gouvernement de tous par tous.

Nouvelle raison pour que la royauté et le clergé catholique ne signassent de transaction avec ces sectes que dans le cas d'une nécessité absolue.

L'administration du culte protestant étant tout à fait étrangère au pouvoir royal, il serait hors de propos de s'en occuper ici : il le serait également d'entrer dans le détail de toutes les persécutions et de tous les traités auxquels la Réforme donna lieu ; ces faits appartiennent plus spécialement à l'histoire politique.

Remarquons seulement que le pouvoir fut jaloux des libertés incomplètes accordées par l'édit de Nantes aux églises réformées, et qu'il n'intervint pas toujours vis-à-vis de ces églises par des lois, d'ailleurs souvent vexatoires, de simple police. Il voulait que toutes les assemblées synodales fussent tenues en présence de ses agents et avec son autorisation : il obligea en 1620 le synode de Loudun à se séparer pour s'être réuni de lui-même, et il menaça de traiter ses membres comme criminels de lèse-majesté. Au reste, il ne faisait en cela qu'appliquer aux églises réformées une des règles obligatoires pour le clergé catholique, puisque Richelieu empêcha en 1626 les évêques de ce clergé de se réunir et de délibérer sans son autorisation.

Depuis Richelieu jusqu'à la révocation de l'édit de Nantes en 1685, on ne se contenta pas de restreindre de mille manières les libertés des protestants ; on leur enleva successivement l'exercice de presque tous les droits, même civils; enfin ils furent rejetés de la communauté nationale, comme l'avaient été les Juifs avant eux. Ce fut le triomphe de la réaction catholique que favorisa Louis XIV et que dirigèrent le père Letellier et madame de Maintenon; mais cette réaction fut passagère et impuissante. Les principes nouveaux que les églises réformées avaient suivis dans l'administration des affaires religieuses, devaient trouver plus tard un développement plus large et plus complet. Sous le règne même de Louis XIV, les idées qui ont prévalu depuis commençaient à se faire jour, et j'ai eu occasion de remarquer qu'on avait admis le germe de la distinction des pouvoirs temporel et spirituel.

CHAPITRE V.

DES UNIVERSITÉS ET DE L'ENSEIGNEMENT.

A l'époque du moyen âge qui nous sert de point de départ, l'enseignement appartenait tout entier à l'Église; il était donc comme elle indépendant du pouvoir monarchique; mais il devait passer par les mêmes vicissitudes. Les papes s'en attribuèrent la direction lorsqu'ils jetèrent les bases d'un gouvernement central du clergé, et les rois intervinrent plus tard dans cette direction de manière à enlever les Universités à l'autorité des papes, pour les placer sous la leur propre; ils y réussirent par des concessions de priviléges et par l'établissement de leur patronage. Enfin sous François Ier, le gouvernement royal commença à comprendre que son devoir et son intérêt l'obligeaient à hâter lui-même le progrès de l'esprit humain et le développement intellectuel du pays; il fonda des établissements scientifiques séculiers, que Colbert songea plus tard à organiser d'une manière plus large, et à faire entrer dans un système uniformément conçu.

CHAP. V. — DES UNIVERSITÉS ET DE L'ENSEIGNEMENT.

SECTION 1ère — *Des Universités.*

1. Constitution originaire de l'Université de Paris. — 2. Intervention du pouvoir royal dans l'administration des Universités.

§ I. — Constitution originaire de l'Université de Paris.

On sait que l'Université de Paris se forma au XII° siècle, lorsque l'école cathédrale de Notre-Dame devenant trop nombreuse, élèves et maîtres émigrèrent de la Cité vers la montagne Sainte-Geneviève. Elle obtint alors de la royauté ses premiers priviléges comme corporation. Ainsi Philippe-Auguste déclara que les écoliers ne seraient justiciables que des tribunaux ecclésiastiques; il défendit au prévôt de Paris de les faire arrêter, autrement qu'en flagrant délit, et lui imposa à lui et à tous ses successeurs l'obligation de jurer dès les premiers jours de leur entrée en charge l'observation de ce privilége. A peine née, l'Université se vit contester son droit d'enseignement par le chancelier de Notre-Dame, qui donnait seul autrefois les licences et voulait défendre une prérogative à laquelle était attachée une partie de son revenu ; elle s'adressa encore à Philippe-Auguste et obtint de lui de se choisir un procureur-syndic pour défendre ses droits envers et contre tous.

L'Université reçut donc à sa naissance plusieurs priviléges royaux et fut soumise, sauf quelques exceptions spéciales, aux lois de police ou d'ordre public; mais elle se développa avec une constitution libre, indépendante du pouvoir temporel, et pendant tout le XIII° siècle, elle ne fut gouvernée que par le Saint-Siége. Ce furent les papes et les légats qui firent les réglements d'études et de discipline, qui jugèrent les différends et terminèrent les conflits survenus entre elle et le clergé, qui conférèrent même aux écoliers des priviléges de simple droit civil, comme celui de faire taxer par les maîtres le prix de leurs logements, ou celui de ne pouvoir être arrêtés pour dettes. Ce fut encore l'influence des papes qui introduisit les ordres mendiants dans les chaires universitaires, malgré l'Université elle-même : elle voyait en effet dans les religieux de ces ordres les membres de corporations qui lui étaient étrangères, et elle craignait que leurs intérêts ne fussent pas les siens. Obligée, après un débat long et envenimé, de les admettre en 1257, et même d'accueillir avec eux tous les réguliers, elle les astreignit du moins à prêter le serment que prêtaient ses autres membres et à jurer l'observation de ses priviléges. Enfin, il faut ajouter que les conservateurs apostoliques chargés de la protéger étaient à la nomination du Saint-Siége, et que le Saint-Siége s'était réservé le droit exclusif de prononcer l'excommunication contre toutes les personnes qui lui appartenaient[1].

Son gouvernement intérieur se réglait par des assemblées de maîtres et d'écoliers qui délibéraient sur leurs intérêts communs. Il paraît même que chaque Faculté avait ses assemblées particulières, présidées par son doyen. On distinguait d'abord deux Facultés, celle des arts ou de la philosophie, et celle de la théologie : dès la première moitié du xiiie siècle[2] on en ajouta deux autres pour le droit et la médecine; mais le droit ecclésiastique fut à Paris le seul que l'on étudia, et l'enseignement du droit civil, repoussé par le pape Honorius III (vers 1220), n'y eut aucune chaire jusqu'au règne de Louis XIV. Le recteur, élu pour un temps limité par les maîtres et les écoliers de la Faculté des arts, était reconnu comme le chef de l'Université entière; les formes de son élection se trouvent déterminées dans plusieurs actes de la fin du xiiie siècle, et présentent une assez grande analogie avec celles de l'élection des papes.

[1] Bulles de 1237.
[2] Bulle de Grégoire IX de 1231.

CHAP. I. — DES UNIVERSITÉS ET DE L'ENSEIGNEMENT.

§ II. — Intervention du pouvoir royal dans l'administration des Universités.

L'Université de Paris, ainsi constituée, avait des privilèges qui dérogeaient trop au droit commun, et en même temps trop de rapports avec les pouvoirs qui l'avoisinaient, pour qu'il n'y eût jamais de collision entre elle et ces pouvoirs. Elle fut souvent en guerre avec la ville que représentait le prévôt; elle cessait ou suspendait ses leçons quand elle avait à se plaindre, et elle implorait l'appui du pape; c'est ainsi que la dispersion de ses écoliers ayant été ordonnée pendant plusieurs années par le prévôt, elle obtint qu'un ordre de Grégoire IX, en 1231, les fit rentrer à Paris. Mais depuis le règne de saint Louis, le pouvoir royal refusa de faire exécuter, sans examen préalable, les ordres du Saint-Siége; il s'efforça même d'arrêter les empiétements du tribunal apostolique de la conservation des priviléges universitaires, et il fut aidé dans cette entreprise par les tribunaux ecclésiastiques ordinaires qui combattaient à leur tour une juridiction rivale de la leur.

Philippe le Bel plaça l'Université de Paris sous sa sauvegarde. Il lui accorda l'exemption de certains impôts, et même de péages levés sur les terres des seigneurs (1295, 1297); il conclut des traités avec un grand nombre de seigneurs dans ce but, et il imposa au prévôt de Paris et au chevalier du guet l'obligation de s'y conformer. Mais il lui fit surtout des avantages d'un autre ordre, auquel il était intéressé lui-même : les fondations de colléges ouvrirent une porte au pouvoir royal pour intervenir plus tard dans l'administration de l'Université, de même que la collation des bénéfices lui en ouvrait une pour intervenir dans l'administration des églises.

Déjà les papes avaient bâti beaucoup de colléges au xiiie siècle ou même à la fin du siècle précédent, pour faciliter la police des écoles et rendre la vie des étudiants plus régulière. Philippe le Bel suivit leur exemple et en construisit plusieurs, entre lesquels celui de Navarre fut un des plus célèbres (1304). Il se réserva, dans les colléges qu'il fonda, différents droits, et principalement celui d'accorder, en tout ou en partie, les bourses destinées à l'entretien des écoliers pauvres; depuis son règne on trouve de fréquents exemples de bourses semblables, octroyées par les rois, tantôt à une communauté, tantôt à une église[1].

Ces fondations, multipliées au xiv° siècle, firent prendre à l'Université de Paris un grand développement; elle eut bientôt un collége pour chaque province ecclésiastique de France, et même pour chacun des pays étrangers. Mais elle acheta cet avantage au prix d'une part de son indépendance, et tendit plus ou moins à devenir, comme la noblesse et comme le clergé, un rouage du gouvernement.

D'autres Universités se formèrent aussi dans d'autres villes à peu près de la même manière, et passèrent par les mêmes vicissitudes. L'École de médecine de Montpellier reçut ses statuts du Saint-Siége sous le règne de Philippe le Hardi; les Écoles de droit de Toulouse et d'Orléans furent érigées en Universités par le Saint-Siége également, la première, en 1233, et la seconde, en 1306. Angers[2], Cahors[3] eurent des Universités au xiv° siècle. Le droit civil que l'on n'étudiait pas à Paris eut des chaires à Orléans. Toutes ces Universités provinciales furent organisées comme celle de Paris. Les rois leur reconnurent les mêmes priviléges, mais s'assurèrent chez elles, par des fondations, la même influence. Elles étaient divisées en nations; elles conféraient les mêmes grades; elles avaient à leur tête des recteurs

---

[1] Sous Louis XI surtout, en 1474, en 1478. *Rec. des Ord.*

[2] L'École d'Angers existait en 1312. Ses priviléges furent confirmés en 1364; sa constitution réglée en 1398 et 1410.

[3] L'Université de Cahors existait en 1370.

choisis parmi les docteurs régents, et dont l'élection était souvent renouvelée, ordinairement tous les trois mois.

L'histoire des Universités, au XIVe siècle, présente deux ordres de faits, contraires en apparence, mais destinés également à hâter la subordination du corps enseignant au pouvoir monarchique.

D'une part, les rois Philippe de Valois, Jean, Charles V, Charles VI, ratifient, confirment les anciens priviléges ou en accordent de nouveaux. Philippe de Valois charge le prévôt de Paris de réparer tous les torts que les écoliers ou les maîtres prétendront avoir reçus dans leurs personnes ou dans leurs biens, et lui reconnaît le droit de faire, à cet égard, des ordonnances exécutoires par tous les justiciers du royaume. Jean exempte les Universités des aides qu'il lève pour subvenir aux frais des guerres; Charles VI les exempte à son tour, en 1386, d'un demi-décime que le pape lui a octroyé sur les biens du clergé de France. Ces concessions, dont il serait facile de multiplier les exemples, avaient un but politique. L'Université de Paris, appuyée d'ailleurs par celles des provinces, devenait de jour en jour une puissance plus considérable; elle occupait la première place dans les assemblées de l'Église, et les décisions de ses docteurs étaient invoquées dans la plupart des questions, même des questions de gouvernement. Il fallait donc compter avec elle et tâcher de l'avoir pour amie.

D'autre part, ses priviléges gênaient l'administration monarchique, en voie de se constituer. Celui de *scolarité*, qui enlevait les écoliers à la juridiction ordinaire, entraînait surtout de nombreux abus : les officiers royaux de justice protestèrent donc contre ces abus et contre le privilége lui-même. L'Université de Paris fut sans cesse inquiétée à ce sujet; elle se vit obligée, en 1328, en 1329, de faire des statuts pour réprimer les fraudes; elle ne garda qu'à ce prix sa juridiction exclusive, qui lui était contestée même par le clergé ordinaire et par l'évêque. Sous Charles V, elle eut encore à se défendre contre les prétentions du prévôt qui voulait imposer à ses membres, comme aux autres habitants de la ville, le service du guet et de la garde, et contre celle des généraux de finance qui voulaient la forcer à payer les aides. Quel que fût le peu de succès de ces attaques, elles n'en ouvraient pas moins une série d'actes à la suite desquels les Universités devaient finir par rentrer dans le droit commun.

Le pouvoir royal, ainsi placé entre l'obligation d'augmenter les priviléges d'un corps dont il voulait obtenir l'appui, et le désir de paralyser l'effet de ces priviléges, trouva dans le grand schisme un événement favorable pour le succès de ses prétentions. Le grand schisme eut pour effet de briser les liens qui attachaient l'Université de Paris comme l'Église de France, au Saint-Siége : grâce à lui, elle fut affranchie de toute dépendance de ce côté, et le rôle important que jouèrent ses députés dans les conciles du quinzième siècle ne fit qu'augmenter sa puissance et sa liberté. Mais quand ces conciles se séparèrent, après une durée d'ailleurs fort courte, elle se retrouva en face du pouvoir temporel isolée et désarmée. En même temps elle commençait à perdre son caractère cosmopolite, et à devenir plus exclusivement française, parce que des Universités nouvelles, et toutes semblables, s'établissaient dans la plupart des pays étrangers; elle devenait même moins ecclésiastique, si l'on peut s'exprimer ainsi, car elle faisait tous les jours dans son sein une place plus large aux sciences autres que la théologie. On comprend alors comment la royauté, qui d'ailleurs sentait ses propres forces croître de jour en jour, cessa de respecter les priviléges et l'indépendance du gouvernement de l'Université de Paris.

Ce furent les Anglais, qui pendant qu'ils étaient maîtres du royaume, portèrent atteinte les premiers à cette indépendance; ils violèrent à peu près toutes ses franchises, et pour l'affaiblir, ils créèrent à Caen, en 1431, une autre Université consacrée à l'étude du droit canon et du droit civil[1]; ce qui lui fit perdre un nombre d'étudiants considérable. Charles VII à son tour en fondait une à Poitiers, la même année, pour les provinces qui lui étaient restées fidèles, et c'était encore un démembrement.

En 1437, après l'expulsion des Anglais et la rentrée de Charles VII à Paris, l'Université eut quelque peine à faire reconnaître son double privilége pour la juridiction et pour l'impôt : le chancelier et les généraux des aides soutenaient ce privilége contraire à l'ordre public, et se plaignaient qu'on l'étendît tous les jours à un peuple entier de suppôts, d'écoliers, de libraires, etc.; car les libraires étaient considérés depuis l'an 1275 comme membres de la grande corporation. En 1440 et en 1441, l'Université protesta en vain contre les violations dont elle était victime. En 1445, elle cessa ses leçons, parce que des commissaires nommés pour un emprunt forcé avaient taxé plusieurs de ses suppôts. Mais après une lutte assez longue, engagée à ce sujet, elle succomba dans ses prétentions : on la soumit pour les causes civiles de ses membres à l'autorité judiciaire commune, c'est-à-dire au Parlement, et on lui retira son ancien privilége de n'avoir que le roi pour juge; privilége important, le roi ayant presque toujours délégué dans pareil cas l'exercice de sa juridiction supérieure au tribunal universitaire lui-même[2]. Elle conserva encore cependant une compétence privilégiée assez étendue, même au civil, et elle se donna le change à elle-même sur la perte de sa vieille indépendance, en prétendant que la cour du Parlement était *sa sœur* et non sa *maîtresse*.

[1] L'Université de Caen ne tarda pas à posséder toutes les Facultés.
[2] Quelquefois il le déléguait au prévôt de Paris.

Cette première défaite en amena aussitôt une seconde. Comme beaucoup d'abus s'étaient introduits dans la collation des grades et la nomination aux charges, la nation de France s'adressa en 1447 au Parlement, pour lui demander de procéder à une réforme intérieure de l'Université. Aussitôt le roi expédia au Parlement un ordre formel à ce sujet. L'Université protesta de toute sa force contre cet ordre, qu'elle regardait, de la part du roi, comme un abus d'autorité, et elle se fit reconnaître le droit de faire sa réforme elle-même. Mais le roi lui envoya un mémoire sur les changements qu'il exigeait, et après cinq années de contestations et de luttes, en 1452, la réforme fut entreprise, de l'autorité réunie du pape et du roi, par le cardinal d'Estouteville, légat en France. Vint ensuite la réforme des colléges universitaires que les rois ordonnèrent, en même temps que celles des maisons religieuses. Ils se fondaient alors pour donner de pareils ordres sur leurs droits de patronage, et ils se préparaient à invoquer bientôt leur droit de souveraineté. Charles VII fit ainsi commencer en 1459 par des commissaires royaux la réforme du collége de Navarre qui fut terminée sous Louis XI en 1464. Il n'est pas hors de propos de faire observer que ce collége reçut dès lors des externes, et devint une école publique, plus laïque, ce semble, que religieuse. L'intervention royale substituée à l'intervention du Saint-Siége tendit donc à altérer encore le caractère exclusif de l'Université primitive, et à la rendre de moins en moins ecclésiastique.

Depuis ce moment, la guerre que l'Université soutenait pour la conservation de ses priviléges, devint plus vive tous les jours. Elle donna même lieu à plusieurs scènes violentes[1], que le roi termina en interposant son autorité; mais les trêves ne duraient guère, et les conflits recom-

---

[1] Entr'autres en 1453.

mençaient aussitôt. L'Université eut presque continuellement le dessous; en 1460, Charles VII lui défendit d'excommunier les généraux et les officiers des aides. Il restreignit le privilége de scolarité par plusieurs ordonnances successives en 1459, 1460, 1461.

Sous Louis XI, en 1462, le pape, regardant la pragmatique comme abolie, fit revivre d'anciennes prétentions sur la collation des bénéfices et le gouvernement intérieur de l'Université. Celle-ci pria le roi de la défendre, et le procureur-général au Parlement de Paris fut chargé de rédiger les appels faits de la bulle au futur concile. L'Université se montra toujours très-gallicane, mais les rois se servirent du gallicanisme comme d'une arme bien plutôt destinée à servir leurs propres prétentions qu'à défendre son indépendance. La part qu'ils prirent à son administration intérieure fit de sensibles progrès. Louis XI, après lui avoir défendu ou plutôt fait défendre par le pape, en 1463, de se mêler désormais des affaires qui lui étaient étrangères, et surtout des affaires politiques, ou d'exercer son *veto* en fermant ses classes, voulut, en 1467, faire assister un commissaire royal à l'élection du recteur, « attendu, disait-il, qu'il n'était pas juste que l'on disposât de la fille sans que le père en fût instruit [1]. » En 1471, il exigea un serment de fidélité de tous les membres de l'Université de Paris, à peine d'exclusion. Peut-être n'était-ce là qu'un acte politique ayant pour but de chasser du domaine les sujets du duc de Bourgogne. Mais le fait qui atteste le mieux comment l'intervention royale s'était rendue maitresse des moindres questions universitaires, c'est la part que prit Louis XI à la querelle des Réalistes et des Nominaux : c'est le fameux édit de proscription qu'il porta

---

[1] Cependant comme il avait soutenu que c'était un ancien usage et qu'il ne pouvait prouver historiquement sa prétention, il l'abandonna.

contre ces derniers en 1474 et qu'il révoqua lui-même en 1481.

Depuis lors, la plupart des questions soulevées à propos du gouvernement intérieur de l'Université et de sa discipline furent considérées comme de simples affaires de l'administration royale et envoyées à l'examen du Parlement.

Louis XI, Charles VIII, Louis XII restreignirent encore, tout en les confirmant, les privilèges relatifs à l'impôt et à la juridiction[1], déterminèrent le nombre et les titres des personnes qui pourraient en invoquer la jouissance, et coupèrent court aux procès nombreux qui s'élevaient à ce sujet entre les Universités et les cours des aides. Ils commencèrent à remplacer ces privilèges abusifs par de nouveaux privilèges vraiment libéraux, et contre lesquels nulle réclamation ne pouvait s'élever. Louis XI exempta du droit d'aubaine d'une manière générale les étudiants étrangers (1474.) Louis XII affranchit du paiement de tout impôt les transports de livres (1513). Sans rentrer encore entièrement dans le droit commun, l'Université vit donc ses lois particulières se modifier en ce qu'elles avaient de trop exclusif et de trop contraire aux règles générales.

Depuis cette époque l'histoire de ses rapports avec le pouvoir central a peu d'intérêt, et ne fait qu'attester le progrès de sa dépendance.

En 1523 François I", créant des charges vénales comme ressource financière, institue un tribunal de conservateur des priviléges royaux de l'Université de Paris. L'Université réclame de toute sa force le droit de choisir ses défenseurs, et obtient, au bout de trois ans, grâce à l'appui du Parlement et du Châtelet, qui ont joint leurs réclamations aux siennes, la suppression de ce tribunal (1526). Mais elle ne fut pas toujours aussi heureuse. François I" rendit, en

---

[1] Ordonnances de 1488, 1493, 1498, 1499.

1452, une déclaration qui subsista, et d'après laquelle les candidats aux bénéfices nommés par le roi, en vertu d'un indult du pape Paul III (de 1538), durent être préférés aux gradués simples nommés par les Universités du royaume.

La réforme de l'Université de Paris, de son enseignement, de ses méthodes, fut entreprise plusieurs fois, en 1530, en 1557, par des commissions que l'on composait de députés des Facultés et des nations, de membres du Parlement, et de commissaires spéciaux à la nomination du roi et du cardinal-légat. Plusieurs arrêts du Parlement, entre autres ceux de 1575 et de 1577, et plusieurs ordonnances royales, comme celle de Blois de 1579, réglèrent sa police intérieure. Lorsque Henri IV désigna une commission pour la réformer, en 1595, on remarqua la non-intervention du légat dans le choix des commissaires. Le président de Thou crut devoir faire à cette occasion un discours où il s'efforça de prouver que le prince avait un pouvoir exclusif pour régler la police et la discipline de l'Église, dont les écoles faisaient partie. Les États de 1614 demandèrent encore la réforme de l'Université, comme une chose qui appartenait au roi ; et l'on trouve des commissions royales nommées à cet effet jusqu'en 1664.

Ajoutons que ces réformes modifièrent par degrés l'enseignement universitaire. Au XVIᵉ siècle, l'étude du grec, de l'hébreu, de la littérature et de la rhétorique ancienne, introduite à Paris, vint annoncer sa prochaine sécularisation. Ramus adressa à Charles IX un plan célèbre qui avait pour but de constituer l'enseignement d'une manière plus libérale et plus appropriée aux besoins du temps. On lui dut d'avoir réglé les formes du concours public pour l'admission aux chaires de l'Université de Paris, et d'y avoir fait entrer, en 1568, l'étude du droit civil ; il est vrai que les Universités d'Angers, d'Orléans et de Poitiers, auxquelles cette dernière innovation portait ombrage, obtinrent, en

1572, un arrêt du Parlement qui renouvela l'ancienne défense faite à ce sujet par le pape Honorius III, et que l'enseignement du droit civil à Paris fût ajourné jusqu'au règne de Louis XIV.

Sous ce dernier règne on voulut enlever à l'Université de Paris jusqu'à l'indépendance de son administration financière. Il y eut en 1663 un projet d'arrêt pour forcer tous ceux de ses membres qui avaient des fonds à gérer, de rendre compte devant deux conseillers du Parlement, nommés à cet effet.

Ajoutons aussi qu'au xve siècle on avait fondé de nouvelles Universités, la plupart dans les pays réunis les derniers à la couronne. Ce furent celles de Valence, 1454; de Nantes, 1460 [1]; de Bourges, 1461 [2]; celles de Dôle, de Bordeaux, de Perpignan [3]. On en créa même encore une à Angoulême, en 1516, et une à Reims, en 1547. Elles eurent, avec la constitution de leurs devancières, un enseignement plus libéral : presque partout des chaires furent consacrées au droit civil, dont l'École de Bourges posséda, au xvie siècle, les plus célèbres interprètes.

---

[1] L'Université de Valence fut créée pour le Dauphiné par Louis XI, lorsqu'il était Dauphin ; celle de Nantes le fut pour la Bretagne par le duc François II.

[2] L'Université de Bourges fut créée malgré les protestations de celle de Paris dont le ressort se trouva diminué de plusieurs provinces.

[3] Louis XI, après l'acquisition de la Bourgogne, confirma les priviléges de l'Université de Dôle qui fut transférée à Besançon en 1480. Charles VII confirma ceux des Universités de Bordeaux et de Perpignan, en 1486 et en 1487. A Bordeaux, le maire, le sous-maire et le sénéchal de Guyenne, furent déclarés conservateurs de ces priviléges.

Section II. — *Etablissements scientifiques séculiers.*

§ 1. Collége de France. — § 2. Académies. — § 3. Enseignement supérieur. — § 4. Bibliothèques. — § 5. Appendice sur les lois de la presse et de la censure.

§ 1. — Collége de France.

Le Collége Royal fut le premier établissement scientifique créé en dehors de l'Université. Il fut fondé en 1530 et reçut le titre de Collége Royal de France sous Louis XIII, lorsqu'on lui eut affecté des bâtiments spéciaux. François Ier y créa, pour les langues anciennes et vivantes et pour les sciences, douze chaires auxquelles ses successeurs en ajoutèrent sept autres successivement. L'enseignement y était gratuit, ouvert à tous, et placé en dehors des leçons régulières exigées pour les grades académiques. Le roi nommait et payait les professeurs. Ramus fit rendre, en 1566, une ordonnance royale par laquelle tout professeur, après la nomination faite par le roi, devait être examiné par ses collègues et recevoir d'eux l'institution.

Hors de là, le Collége de France s'administrait lui-même. Le grand-aumônier obtint d'y exercer plusieurs droits, de répartir, par exemple, les fonds destinés aux gratifications, etc...

Colbert, voyant qu'il ne jetait plus de son temps le même éclat qu'au XVIe siècle, chargea une commission de l'inspecter, de faire un rapport sur la forme des cours, sur le nombre des auditeurs, sur le personnel du corps enseignant, qu'il voulait connaître à fond, comme il cherchait à connaître celui de la magistrature. Les conclusions de ce rapport furent qu'il fallait augmenter les traitements des professeurs et les encouragements pour les élèves, mais surtout rendre au Collége de France la liberté de son gouvernement et ne laisser aux grands aumôniers que des droits honorifiques. Colbert prit donc à tâche de le soustraire aux influences de la Maison du Roi qui s'y établissaient par degrés, pour le placer sous l'autorité immédiate du roi seul, et il se servit de cette autorité royale, dont il était le dépositaire, pour y étendre et y fortifier l'enseignement.

§ II. — Académies.

Parmi les établissements scientifiques et littéraires qui se multiplièrent rapidement au XVIIe siècle, il faut placer en première ligne les Académies. Richelieu institua l'Académie française en 1635, et quelques changements introduits plus tard dans ses statuts, ne la laissèrent pas moins subsister conforme à la pensée de son fondateur. Elle ne perdit guère que ses priviléges, contre l'octroi desquels le Parlement avait fait de vives représentations dans l'origine, parce qu'il craignait qu'elle n'eût sa juridiction propre comme l'Université, et qu'elle ne voulût former un corps indépendant. Ces craintes étaient vaines. Colbert soumit les académies à l'autorité et à la surveillance royale sans gêner leur liberté d'action. Louis XIV, il est vrai, craignit à son tour qu'elles ne devinssent trop indépendantes de lui-même. Il se réserva le droit de confirmer toutes les élections de membres nouveaux, et prouva dans plusieurs circonstances l'usage qu'il savait faire de ce droit.

Les principaux établissements créés par Colbert furent l'Académie des Inscriptions, qui, d'abord chargée de faire les devises en l'honneur du roi, prit bientôt pour but principal de ses études l'antiquité, mais qui attendit son réglement définitif jusqu'en 1701 ; l'Académie des Sciences, dont la constitution ébauchée en 1666 attendit jusqu'en 1699 pour être définitivement réglée ; l'Observatoire élevé en 1671 ; le Jardin des Plantes, dont Sully avait conçu le plan [1],

---

[1] Sully voulait « qu'on lui fît un plan et devis d'un lieu propre

que Richelieu fit tracer en 1635, et dont l'administration fut organisée par un édit de 1671. Le gouvernement de Louis XIV prit l'initiative en tout ce qui regardait les sciences; il dirigea vers la Guyane, en 1672, le premier voyage d'exploration scientifique, et plus tard il en ordonna encore d'autres dont le plus célèbre fut celui de Tournefort dans le Levant. Il fit entreprendre les premiers grands travaux de géographie et d'hydrographie.

Les beaux-arts furent dotés d'institutions spéciales comme les sciences. Paris avait une école de peinture et de sculpture. Colbert établit à Rome, en 1667, une école semblable, succursale de la première; il fonda encore, en 1671, à Paris une école d'architecture, et en 1672 l'Académie royale de Musique, qui jetèrent toutes, dès leur naissance, un grand éclat. Plusieurs autres villes en France, Bordeaux, par exemple, eurent des écoles ou des académies de beaux-arts, établies aussi à cette époque.

Ces villes suivaient de loin l'exemple de Paris. Soissons eut une académie littéraire en 1674, et Nîmes en 1682. On peut citer encore celles d'Angers, 1685; de Villefranche en Beaujolais, 1695; de Caen, 1705; de Montpellier, 1706; de Bordeaux, 1712, etc.; elles reçurent toutes l'institution royale.

§ III. — Enseignement supérieur.

Ce fut après la création de ces principaux établissements que l'État crut devoir intervenir dans le règlement des hautes études. L'enseignement de la théologie était à peu près le seul qui fût constitué d'une manière complète;

pour y élever et entretenir toutes sortes de plantes, arbustes, herbes et autres simples, avec les hommes et choses nécessaires pour y faire toutes sortes d'épreuves et d'expériences de médecine et d'agriculture. » — Économies royales.

Louis XIV organisa celui du droit et celui de la médecine. Non-seulement il créa l'enseignement du droit civil français, en 1679, dans l'Université de Paris, mais il détermina le nombre des années d'étude, les formes des examens, et celles de la collation des grades. L'étude du droit devint le noviciat obligatoire d'une foule de carrières ; la licence en droit civil fut exigée pour les charges d'avocats et de juges dans les tribunaux civils ; la licence en droit canon pour celles d'officiaux dans les tribunaux ecclésiastiques.

L'étude de la médecine fut soumise, en 1707, à des règles positives, et son exercice à une discipline uniforme. Jusqu'alors elle n'avait guère été regardée que comme un métier, et comme telle, elle avait été régie par de simples ordonnances de police. L'étude et l'exercice de la chirurgie ne reçurent une organisation analogue qu'en 1768. Ces mesures rendirent légales et honorées des professions abandonnées jusqu'alors à la spéculation privée et au charlatanisme[1].

L'enseignement élémentaire était donné par l'Église. Il n'est pas inutile de remarquer qu'on prenait des mesures dès le XVIe siècle pour assurer sa propagation. L'ordonnance d'Orléans, de 1561, affecte une prébende dans chaque église à l'entretien d'un instituteur « qui sera tenu, moyennant ce, d'instruire les jeunes enfants de la ville, gratuitement et sans salaire (Art. 8.) [2]. »

---

[1] C'est ici le lieu d'ajouter que la maison de Saint-Cyr, fondée en 1686 par madame de Maintenon, fut pour l'éducation des femmes le premier établissement créé en dehors des maisons religieuses.

[2] La question de savoir s'il était bon de propager l'enseignement élémentaire partageait les esprits au XVIIe siècle. Richelieu croyait cela fort mauvais. Voici les termes de son testament politique. « Ainsi qu'un corps qui aurait des yeux en toutes ses parties serait monstrueux, de même un État le serait-il si tous ses sujets étaient savants ; on y verrait aussi peu d'obéissance que l'orgueil et la présomption y seraient ordinaires. » — « Le commerce des lettres bannirait absolument celui de la marchandise qui comble les États

§ IV. — Bibliothèques.

Les bibliothèques doivent être rangées aussi au nombre des grands établissements littéraires. Sans rechercher leur origine, sans remonter à saint Louis qui rassembla, le premier, dit-on, les livres de la Sainte-Chapelle, on peut attribuer la véritable fondation de la Bibliothèque royale à François Ier et à Louis XIII. François Ier créa la charge de *maître de la librairie du roi*, c'est-à-dire de bibliothécaire en chef; et, en 1536, il défendit d'envoyer hors de France aucun livre ou cahier imprimé sans en avoir remis un exemplaire entre les mains de ce maître de la librairie, qui était alors son aumônier ordinaire. Louis XIII, en 1617, rendit obligatoire le dépôt de deux exemplaires de tous les livres imprimés à la Bibliothèque Royale, qui devint bientôt la première de l'Europe. Le nombre de ces dépôts fut augmenté en 1704, et on les rendit obligatoires pour d'autres établissements encore.

Ce fut en 1615, sous le règne de Louis XIII, que le gouvernement fit commencer l'inventaire du trésor des Chartes. L'office de garde de ce trésor existait déjà au temps de Philippe-le-Bel[1]. Henri III l'avait réuni, en 1582, à celui de procureur général au Parlement de Paris. Deux noms célèbres dans l'érudition, ceux de Dupuy et de Godefroi, sont inscrits en tête de l'inventaire ordonné par Louis XIII. Le trésor des Chartes devait renfermer les papiers et les titres qui avaient été entre les mains des chanceliers, des gardes des sceaux et des secrétaires d'État; mais ces titres étaient très-difficiles à réunir, et il en manquait un grand nombre. Le chancelier de Marillac offrit à Matthieu Molé,

---

de richesses; il ruinerait l'agriculture, vraie mère nourrice des peuples. »

[1] En 1307. — Mémoire de M. Dessales à l'Académie des Inscriptions, 1844.

alors procureur général, des pleins pouvoir pour les poursuivre. Les mesures qui furent prises n'eurent pas tout l'effet désiré [1]. Cependant pour que le trésor fût plus riche à l'avenir, on obligea le Parlement à y déposer un double de ses registres, et les secrétaires du roi un double de toutes leurs expéditions. Telle fut l'origine de la collection des archives, collection encore dans *sa naissance*, pour emprunter l'expression de Marillac. L'hôtel des Chartes de la couronne, destiné spécialement à renfermer ce dépôt, fut construit en 1658.

§ V. — Appendice sur les lois de presse et la censure.

Après avoir montré comment le gouvernement royal s'empara de la direction des Universités, et créa hors de leur sein de nombreux établissements scientifiques, il reste à dire un mot des lois de presse. La presse est née au sein des Universités; les libraires étaient affiliés au corps et jouissaient de ses priviléges. Ce n'étaient d'abord que de simples copistes, mais l'invention de l'imprimerie donna plus d'importance à leurs fonctions sans les régulariser encore. L'Université de Paris obtint en 1485 la jouissance de ses priviléges pour vingt-quatre libraires, et la leur fit confirmer en 1513.

Personne ne songeait alors à la liberté de la pensée; la censure, antérieure à l'imprimerie, régnait en souveraine. Dans l'origine les livres étaient jugés et condamnés par le

[1] On voit, d'après les lettres de Marillac, que le roi avait ordonné de tenir un registre de toutes les affaires courantes de l'étranger ou de l'intérieur ; qu'un registre semblable existait déjà pour les comptes du domaine, ceux des dettes publiques « et autres articles dont l'ignorance cause des désordres et pertes. » Le procureur général répond par une énumération des titres et actes qu'il a ordonné de déposer au trésor. Il accepte la commission de faire mettre les scellés sur les papiers des ministres et saisir les coffres de leurs secrétaires. — Bibl. roy. Fonds des Cinq-Cents de Colbert, n° 6. — Lettres de MM. Molé et de Marillac.

pouvoir ecclésiastique. Ce droit d'examen passa ensuite aux mains des Universités, puis dans celles des Parlements par qui des condamnations furent prononcées en 1406, en 1413, en 1512[1]. En 1527 le Parlement de Paris décida que les livres de théologie seraient examinés par la Faculté en présence de trois de ses conseillers; et en 1536 il soumit également les livres de médecine à l'examen de trois docteurs. L'ordonnance de la même année d'après laquelle tout ouvrage nouveau devait être envoyé au maître de la librairie, reconnut à cet agent un droit d'examen. Enfin la censure préalable pour tous les livres fut établie en mars 1538, et l'autorisation royale rendue nécessaire pour l'impression en 1563. Le pouvoir royal réussit donc à s'emparer de la direction de la presse, comme il s'était emparé déjà de celle de l'enseignement.

La corporation des imprimeurs fut soumise à une police rigoureuse et tenue d'observer ses lois[2].

Sous Louis XIII, le gouvernement fut encore plus sévère, et pour rendre plus réelle la responsabilité des imprimeurs, on les força de signer toutes leurs éditions. Les censeurs reçurent l'ordre en 1624 de ne jamais laisser imprimer de mémoire, quel qu'il fût, sur les affaires de l'État. C'est à peine si le gouvernement fit usage de la presse pour lui-même. Plus les moyens de publicité devenaient faciles, plus il cherchait le secret, et la Bastille lui servait à le garder.

Ce fut cependant sous ce règne que l'imprimerie royale eut sa charte constitutive dans une ordonnance rendue sur les priviléges des Imprimeurs du roi en 1620[3].

---

[1] En 1512, le Parlement de Paris commit à l'Université l'examen d'un livre dénoncé par le concile de Pise.
[2] La police de l'imprimerie fut réglée par plusieurs ordonnances, et entre autres par l'édit de Gaillon de 1571.
[3] Dès l'an 1516, un privilége de trois ans avait été accordé à un libraire de Paris, pour l'impression des Coutumes de France.

Sous Louis XIV le régime de la presse ne fut pas plus libéral. On avait éludé les lois de censure par des permissions d'imprimer accordées aux libraires d'une manière générale; ces permissions furent toutes révoquées en 1674, et l'autorisation expresse recommença à être exigée pour chaque ouvrage. L'ordonnance de 1686 sur la librairie régla la police intérieure de la corporation des libraires, et imposa aux syndics l'obligation d'adresser des rapports périodiques au lieutenant de police. Les livres étrangers furent soumis à un examen spécial avant d'entrer en France. La censure prenait une importance nouvelle proportionnée au développement et à la puissance croissante de la presse elle-même.

CHAPITRE VI.

DE L'ADMINISTRATION MUNICIPALE.

L'administration municipale a existé en France avant la centralisation monarchique. Elle a eu des origines diverses et des formes plus diverses que ses origines. Elle s'est développée partout isolément sous l'empire de principes locaux, et pour que des principes généraux y aient prévalu, il a fallu que le pouvoir royal s'en emparât, et se la subordonnât à lui-même. L'action lente, efficace de ce pouvoir devait seule réussir à y établir la régularité et l'unité.

Si multiple, si varié que fût son développement au moyen âge, l'administration municipale avait cependant partout un caractère commun. Partout elle consacrait des droits, et elle assurait à ces droits des garanties. Partout elle établissait la liberté civile et la liberté politique. Quand elle perdit son indépendance, elle perdit aussi ce caractère; mais la liberté civile et la liberté politique ne périrent point pour cela; elles ne firent que changer de théâtre, et préparèrent en silence le jour de leur avénement définitif dans le gouvernement général du pays.

L'histoire de l'administration municipale se divise naturellement en deux périodes; l'une pendant laquelle les actes législatifs qui la concernent sont tous ou à très-peu d'exceptions près des actes locaux. Elle s'étend jusqu'à la fin du quinzième siècle. La seconde commence au seizième avec le règne de François Ier et présente pour caractère la rareté des chartes de priviléges remplacées par des ordonnances générales.

SECTION IV. — *De l'Administration municipale sous le régime des Chartes de priviléges.*

§ 1. — Distinction de trois classes originaires de villes au XIIe siècle: municipalités d'origine romaine; villes prévôtales; villes de commune. — § 2. Analyse des actes royaux d'administration municipale sous Philippe-Auguste et ses premiers successeurs. — § 3. Résultats obtenus aux XIVe et XVe siècles. Uniformité et subordination de cette administration. — § 4. Examen des priviléges des villes. Leurs caractères généraux. — § 5. Constitution des corps auxquels appartenait l'administration municipale. Influence que les rois réussirent à y exercer. — § 6. Comment et dans quelles limites ces corps exerçaient leurs pouvoirs. Intervention progressive de l'autorité royale dans leurs actes.

§ 1. — *Distinction de trois classes originaires de villes : Municipalités d'origine romaine; villes prévôtales; villes de commune.*

Le manque d'uniformité dans le gouvernement des villes au XIIe siècle, et la variété extrême qu'on y rencontre, offrent un sérieux obstacle quand on veut les classer, les grouper entre elles. Toute classification ne peut être qu'arbitraire et très-générale; cependant comme il est nécessaire d'en admettre une, nous adopterons la plus simple et celle qui nous semble s'accorder le mieux avec les faits, celle qu'a introduite M. Guizot.

On peut distinguer avec M. Guizot trois classes de villes : La première comprend les anciennes municipalités d'origine romaine, qui avaient traversé le moyen âge en gardant leur constitution originaire avec plus ou moins de fidélité, suivant les circonstances. Plusieurs grandes villes du Midi avaient continué de former ainsi des États distincts, comme sous la domination de Rome; on doit croire qu'elles étaient pour la plupart entrées dans la hiérarchie féodale, à titre de vassales ou de suzeraines, et qu'elles y occupaient un rang plus ou moins élevé. Quelquefois même l'ancien gouvernement municipal d'une ville survécut à son indépendance et subsista, bien qu'elle fût tombée au pouvoir d'un seigneur.

Cependant il faut reconnaître que le principe fondamental sur lequel reposait la curie, c'est-à-dire la délégation du pouvoir à l'aristocratie des grands propriétaires, disparut généralement. L'échevinage dans les villes du moyen âge fut presque toujours le résultat d'une élection assez démocratique. Suivant l'ingénieuse remarque de M. Troplong, cette différence aurait été le résultat naturel des révolutions qui déplacèrent l'aristocratie. Les constitutions municipales durent devenir plus démocratiques lorsque les grandes familles quittèrent le séjour des villes qu'elles avaient habitées pendant la domination romaine, pour celui des campagnes qu'elles ne quittèrent pas durant toute l'époque féodale.

La seconde classe renferme les villes prévôtales, c'est-à-dire celles qui étaient gouvernées par le prévôt d'un seigneur, quel que fût d'ailleurs le caractère, ecclésiastique ou laïque, de ce seigneur ou son rang dans l'échelle féodale, depuis les simples comtes jusqu'au roi lui-même. Les villes de ce genre étaient les plus nombreuses : plusieurs étaient romaines d'origine, mais le pouvoir y avait été enlevé aux curiales pour passer entre les mains de l'évêque (l'ancien défenseur) ou du comte qui représentait le roi. Telles étaient Paris, Orléans, devenues villes prévôtales du domaine.

Les villes prévôtales furent non-seulement les plus nombreuses, mais aussi celles dont le développement s'accomplit de la manière la plus régulière, surtout lorsqu'elles jouissaient du patronage immédiat des rois. Au sortir d'une société livrée comme la société féodale à tous les hasards de la force, le premier besoin des populations était d'assurer contre toute violence la paix publique, la propriété, le maintien des droits civils. Les chartes de priviléges répondirent à ce premier besoin. Les articles qu'elles contiennent peuvent se ranger en deux catégories. Les uns sont la rédaction, la publication des Coutumes, c'est-à-dire des usages de droit civil qu'il était nécessaire de fixer par écrit pour leur donner une garantie sérieuse, pour régler la jurisprudence des prévôts, et faire cesser les contraintes que les seigneurs exerçaient surtout relativement aux mariages ou aux dispositions de biens. Les autres articles avaient plus spécialement pour objet l'administration ; ils déterminaient les droits du seigneur sur ses sujets et les obligations de ces derniers à son égard. Les priviléges variaient de ville à ville, plus importants et plus nombreux quand les villes étaient elles-mêmes plus considérables, mais renfermant partout de semblables garanties contre l'arbitraire seigneurial. Les villes prévôtales portent souvent le nom de villes priviléges et de villes franches.

Enfin les communes proprement dites viennent au troisième rang. Ce qui caractérise la commune, c'est qu'elle est née de l'insurrection : elle s'est attribué le droit de se gouverner elle-même, et ensuite elle a fait reconnaître ce droit avec plus ou moins d'efficacité par les anciens seigneurs. Son fondement, c'est la ghilde, c'est-à-dire l'assurance par serment que les habitants se font entre eux de maintenir leurs libertés[1]. La commune vit perpétuellement en état de guerre ; elle ne peut se passer d'un beffroi et d'une cloche d'alarme.

La plupart des villes qui s'insurgèrent et devinrent des communes étaient celles qui, dépendant immédiatement d'un seigneur voisin, ou de leur évêque, ou du chapitre de leur église cathédrale, et quelquefois de ces trois puissances réunies, n'avaient point de priviléges ou voyaient leurs priviléges continuellement violés. Soumises au même arbitraire que les campagnes, elles le souffraient moins patiemment. L'influence de quelques habitants plus riches, de marchands dont les affaires s'étendaient dans les villes voisines, de ceux enfin que l'on appelait alors les changeurs, détermina les révoltes qui firent de Laon, de Beauvais, de Noyon, autant de communes dont l'histoire est devenue célèbre. L'habitude des confréries et celle des anciennes corporations ou ghildes germaniques achevèrent la révolution communale.

Guibert de Nogent, contemporain de cette révolution, en a exposé brièvement les effets dans ces lignes si souvent citées : « Commune est un mot nouveau et détestable, et voici ce qu'on entend par ce mot : Les gens taillables ne paient plus qu'une fois l'an à leur seigneur la rente qu'ils lui doivent. S'ils commettent quelque délit, ils en sont quittes pour une amende légalement fixée, et quant aux levées d'argent qu'on a coutume d'infliger aux serfs, ils en sont entièrement exempts. » La révolution communale ne fut donc rien moins que la proscription complète de l'arbitraire en matière administrative.

Les chartes de communes renfermèrent aussi comme

---

[1] « Jurabunt quod inter firmitates villæ et extrà in burgis alter alteri rectè secundùm suam opinionem auxiliabuntur, et quod ipsi nullatenus patiantur quod aliquis alicui de communià aliquid auferat, vel eum talliet, vel de rebus ejus capiat. » — Charte de Soissons, art. 1er.

celles des villes de priviléges quelques principes do droit civil ; elles reconnurent à ceux pour lesquels elles étaient faites la faculté de se marier, de tester librement. Elles supprimèrent les mainmortes [1] et d'autres usages onéreux. Elles soumirent à une règle positive l'exercice des droits que gardaient les seigneurs. Enfin, et ceci leur est particulier, elles constituèrent le gouvernement intérieur des villes : elles le composèrent ordinairement d'un maire et d'un conseil électif de jurés, auxquels elles attribuèrent des fonctions judiciaires et administratives tout à la fois. Le maire jugea spécialement tous les délits commis contre la charte de la commune [2]. Le maire et les jurés devinrent aussi les chefs de la milice bourgeoise, la guerre étant l'élément vital de ces petites républiques isolées.

Telles furent les villes de commune, au sein desquelles on a cru voir naître le principe du gouvernement du pays par le tiers-état, le principe démocratique de la société française. Idée vraie en ce sens que toutes les questions de constitution ont été agitées alors sur ces étroits théâtres, pour des intérêts locaux et secondaires. Mais au fond, ces petites sociétés, nées du désordre par lequel elles espéraient échapper à un autre désordre, furent moins libérales qu'on ne l'a cru [3]. Elles ne surent assurer à leurs membres pour les droits qu'elles reconnaissaient des garanties aussi efficaces que celles que les villes de priviléges assurèrent à leurs habitants. On peut

---

[1] Charte de Laon, art. 12.
[2] Quelques villes avaient une juridiction sans avoir pour cela de chartes de commune. Bréquigny cite l'exemple de Paris, celui de Lyon, celui de Reims dont la juridiction était antérieure à la charte communale qu'elle reçut de Louis VII.
[3] Par exemple, l'égalité entre les bourgeois est loin d'être une règle constante dans les villes de commune. La charte de Laon de 1127 distingue deux classes de bourgeois, et ne reconnaît à chacune de ces classes que des droits différents.

s'en convaincre par les histoires de Laon et de Beauvais. L'établissement d'une commune dans une ville ne faisait guère d'ailleurs qu'y créer une juridiction nouvelle à côté des juridictions déjà existantes de l'évêque, du chapitre, des seigneurs ou même du roi, et y multiplier par conséquent les conflits et les guerres privées.

Mais la révolution communale eut un autre résultat, remarquable surtout au point de vue de cet ouvrage. Elle appela l'intervention royale, là où cette intervention n'avait pu encore s'exercer. Les communes qui triomphaient d'un suzerain immédiat furent presque toujours dans l'obligation de recourir au seigneur plus élevé pour faire confirmer leurs chartes, et c'est ainsi que dans le domaine royal Louis le Gros et Louis le Jeune en confirmèrent un certain nombre, la plupart à prix d'argent. Les rois ne se contentèrent pas de confirmer les chartes ; ils s'attribuèrent le droit de les reviser, tantôt en restreignant, tantôt même en augmentant les priviléges des bourgeois. On a remarqué au reste que dans l'origine les rois n'avaient exercé leur intervention qu'au sujet des communes de leur domaine, nées d'une révolte contre un seigneur ecclésiastique ; qu'en retour ces communes leur avaient payé pour la plupart une rente annuelle [1], et qu'elles s'étaient soumises à diverses obligations, par exemple à celle d'héberger la cour lors de son passage.

§ II. — Analyse des actes royaux d'administration municipale sous Philippe-Auguste et ses premiers successeurs.

Une simple analyse des actes des rois suffira pour faire apprécier le progrès de leur intervention dans l'administration municipale.

On a de Philippe-Auguste près de quatre-vingts pièces sur cette administration.

---

[1] Sens payait soixante livres parisis, et Vézelai en payait cent.

Les unes sont relatives aux villes privilégiées. Tantôt ce sont des concessions ou des confirmations de priviléges ; on voit même le roi confirmer en 1180 la charte accordée à Tonnerre par le comte de Nevers, et en 1183 celle de Dijon, accordée par le duc de Bourgogne, c'est-à-dire que l'action royale franchit déjà les limites du domaine; en 1188, on le voit intervenir également comme garant d'une convention passée entre le comte de Nevers et ses sujets. Tantôt c'est la reconnaissance de coutumes, de droit civil pour la plupart, ou leur extension d'une ville à d'autres villes. Ainsi la coutume de Lorris se répandit dans tout le Gâtinais, dans une partie de l'Ile de France, et même au delà, puisque le bourg de Saint-André près de Mâcon en reçut la jouissance, à prix d'argent il est vrai. Philippe-Auguste, qui d'ailleurs prenait le bourg sous sa sauvegarde, y mit pour condition qu'une moitié des revenus de l'Église lui serait attribuée (1188).

Les autres pièces se rapportent aux villes de commune et offrent des caractères semblables : ce sont des confirmations de chartes communales comme celles de Corbie, 1180 ; de Noyon, 1181 ; de Beauvais, 1182 ; de Laon et de Saint-Ricquier, 1189, etc. Ces confirmations répétées, achetées à prix d'argent, constituaient pour les communes un tribut à peu près périodique, analogue à celui que payaient les fiefs à chaque mutation de suzerain. D'ailleurs, elles n'avaient pas lieu simplement ; il arrivait souvent que le roi réformât des abus, changeât des articles importants, sur la demande même des villes [1]. Ce sont aussi des concessions de chartes communales accordées à des villes nouvelles, telles que Compiègne, 1186, ou Senlis, 1201. On prenait d'ordinaire une charte toute faite. Ainsi celle de Laon fut accordée à plusieurs villes du Nord, à Pontoise, 1188 ; à Sens, 1189, à Amiens, 1190.

[1] Par exemple, à Beauvais et à Laon.

Toutes ces chartes, qu'elles appartiennent aux villes prévôtales ou aux villes de commune, ont donc cela de remarquable qu'elles nous montrent les municipalités se reconstituant, le tiers-état relevant la tête, stipulant ou recevant ses premières garanties civiles ou politiques, et l'ordre se rétablissant sous le patronage royal. Mais il fut avéré bientôt que le régime des communes jurées n'atteignait pas complétement ce but, que leur indépendance n'était que de l'isolement, et qu'elles ne pouvaient assurer aux classes bourgeoises les conditions essentielles de leur développement, la paix publique par exemple. Toutes ces villes accordèrent donc au roi de bonne heure une assez grande part dans leur gouvernement, et travaillèrent à se rapprocher de la constitution des villes privilégiées. Le système communal ne fut guère qu'un système de transition, et dès le règne de Philippe-Auguste on trouve des villes qui l'abandonnèrent. Étampes avait une commune qu'elle perdit en 1199; elle redevint sujette aux tailles et aux corvées, mais obtint la jouissance de priviléges nombreux qui la maintinrent à l'abri de toute vexation arbitraire [1].

Sous Louis VIII, Louis IX, les actes royaux d'administration municipale sont les mêmes : ils s'étendent seulement avec le domaine; des villes du midi, comme Saint-Antonin en Rouergue, en 1226, font confirmer leurs communes par le roi, ou, comme Beaucaire et Nîmes, en 1254, lui demandent des priviléges et des redressements d'abus.

Saint Louis fit en 1256 sur les communes de France et de Normandie les deux premières ordonnances générales.

---

[1] Partout, dans le domaine et dans les grands fiefs, les villes qui jouissaient de droits régaliens les perdirent : ces droits furent rachetés par le roi et les seigneurs. Ex. : Saint-Omer battait monnaie. Elle abandonna ce droit dans une convention passée en 1229 avec le comte d'Artois, qui renonça, en échange, à la levée d'une ancienne taxe, appelée *Teloneum*.

Tous les maires, au moins dans l'Ile de France, durent être nommés par le roi le même jour et pour une année. En Normandie, le roi choisissait sur une liste de trois prud'hommes que chaque ville lui présentait. Chaque année aussi, aux octaves de la Saint-Martin, le nouveau et l'ancien maire durent se rendre à Paris avec quatre prud'hommes parmi lesquels seraient les deux derniers administrateurs des revenus de la ville, pour rendre compte au roi et à ses agents. Le roi surveilla donc la gestion des biens des communes. Il leur défendit de prêter ou d'emprunter sans son autorisation ; il fixa lui-même le chiffre des remises et des frais de régie : il interdit aux maires de venir à sa cour chacun avec plus de deux bourgeois, de peur que le budget municipal ne fût grevé d'un trop grand nombre de voyages. Plusieurs de ces dispositions sont d'anciennes lois romaines remises en vigueur.

Sous Philippe le Hardi, sous Philippe le Bel et ses trois fils, mêmes concessions, mêmes confirmations de chartes et de priviléges, avec cette seule différence que la part faite aux officiers royaux dans l'administration des villes s'accroît tous les jours. Philippe le Hardi régla en 1278 que la police de Rouen serait faite concurremment par les officiers de la ville et les siens, mais il limita la compétence du maire, et ne voulut pas qu'elle s'étendît aux causes de mort, de mehaing (blessures) ou de gages de bataille. Philippe le Bel ordonna en 1303 que les sentences rendues à Toulouse par les consuls seraient exécutées par les baillis et les autres officiers royaux, comme celles des tribunaux ecclésiastiques. Ainsi les juges des villes furent subordonnés à ceux du roi, comme les comptables municipaux l'étaient à la Chambre supérieure des Comptes. En 1317, Philippe le Long enleva aux villes la direction de leurs milices communales, et ordonna qu'elle serait confiée à un « capitaine bon et suffisant, qui auxdites villes et aux peuples d'icelles ferait serment d'eux, leurs villes, leurs pays et le peuple d'iceux, maintenir et garder loyalement, bien et suffisamment, à son pouvoir. » Les armes des bourgeois devaient être disposées en lieux sûrs et convenables pour être ensuite distribuées par le capitaine. Chaque bailliage devait avoir à son tour, aux frais du roi, un capitaine général, supérieur à ceux des villes.

Voilà donc les communes placées vis-à-vis du roi dans une dépendance plus ou moins semblable à celle des villes prévôtales. Un autre fait non moins remarquable, c'est que les rois n'attendirent pas toujours la réunion des grands fiefs au domaine de la couronne pour s'emparer d'une manière plus ou moins complète de l'administration de villes placées dans ces grands fiefs, et pour la faire exercer en leur nom. Souvent les seigneurs consentaient à les associer au partage de leurs droits, à la suite de circonstances diverses. Les traités de pariages conclus ainsi furent très-fréquents[1]; le plus ancien est peut-être celui par lequel Louis VII, en 1165, partagea la seigneurie et la justice de Saint-Pierre-le-Moutier avec le prieur et les religieux de cette ville. Il est probable que les seigneurs stipulaient en retour certains avantages. Quelquefois le roi faisait de son côté un apport dans la communauté, afin de terminer un litige[2]. Comme exemple de ces stipulations, on peut citer le traité de 1307, par lequel l'évêque du Puy-en-Velai associe Philippe le Bel dans le domaine de la ville, et partage avec lui le territoire

---

[1] Voir le *Rec. des Ord.*, t. XI. — Autres exemples. Traité de pariage conclu entre Philippe-Auguste avec le prieur de Notre-Dame-des-Charniers pour le lieu appelé Dimon. « Nos associaverunt in » omnibus juribus suis quæ erant apud Dimon, excepto situ domûs » suæ, ecclesiâ et decimâ. » — En 1195, traité semblable avec l'abbé de Cuissy au diocèse de Laon pour le territoire de Dizy. — Traités de Philippe le Bel avec les évêques de Mende et de Viviers en 1307, etc.

[2] Voir le traité de 1290 qui partage la souveraineté de trois villages entre Philippe le Bel et l'abbaye de Saint-André d'Avignon.

et la justice ; la nomination des officiers leur appartient en commun ou à tour de rôle ; le seing de l'évêque et celui du roi sont gravés sur un même sceau, etc.

La royauté intervenait ou prétendait devoir intervenir dans toutes les concessions de communes qui se faisaient en France. Déjà Beaumanoir en 1284 lui reconnaissait ce droit d'une manière absolue, et le Parlement jugea par un arrêt rendu en 1318 qu'une ville ne pouvait avoir de commune sans lettres du roi[1].

§ III. — Résultats obtenus aux xive et xve siècles. Uniformité et subordination de l'administration municipale.

Le xiv siècle offre encore une énorme quantité de reconnaissances et de confirmations de priviléges. L'examen de ces documents peut conduire à cette double conclusion :

1° Que les municipalités romaines et les communes jurées perdirent toute indépendance, et finirent par se confondre à peu près avec les villes privilégiées ;

2° Que le pouvoir royal exerça plus directement son intervention dans chacune des branches de l'administration municipale.

Il n'est pas nécessaire d'insister sur la révolution opérée dans les municipalités d'origine romaine. A la fin du xiiie siècle, elles dépendaient déjà toutes de quelques seigneurs. Marseille elle-même dépendit depuis 1262 du comte de Provence. La même révolution acheva de s'opérer au xive siècle dans les communes jurées. Soissons, l'une des plus célèbres, reçut un prévôt royal en 1325, et en 1335 on régla quelle serait l'autorité du bailli de Vermandais sur ce prévôt, quel droit il aurait, par exemple, pour faire dans la ville des ordonnances d'administration municipale. Laon reçut aussi en 1332 un prévôt royal, qui eut dans ses murs les trois justices, haute, moyenne et basse, nomma les

[1] Préfaces de Bréquigny dans le *Rec. des Ord.*

maîtres de tous les métiers, désigna les six percepteurs et administrateurs des revenus municipaux ; la ville conserva cependant ses coutumes et ses garanties. La commune de Laon avait péri par le désordre même; d'autres causes amenèrent ailleurs de semblables résultats. Certaines villes ne purent résister à des voisins trop puissants et tombèrent sous leur dépendance plus ou moins complète, comme Limoges en 1275. Quelquefois le roi supprima les communes de sa propre autorité, à cause des abus de leur administration intérieure, parce que la justice y était mal rendue, comme à Douai (date incertaine, xive siècle); ou parce que la constitution communale imposait aux habitants un surcroît de dépenses ruineuses, comme à Neuville-le-Roi en Beauvaisis (1370). A Roye (1374), la suppression eut lieu pour ce dernier motif sur la demande des habitants. Bréquigny fait observer que les habitants d'une ville ne pouvaient pas alors renoncer à leur commune sans une ordonnance royale.

On ne trouve plus sous les règnes des Valois que quatre villes dont les chartes communales soient confirmées, Aigues-Mortes et Abbeville (1350), Saint-Ricquier (1365), Bure en Bourgogne (1372); et trois où la commune, autrefois supprimée, soit rétablie. Ce sont Tournai (1340); Douai (1368), et Péronne (1369). Mais ici le mot de commune n'a plus sa signification primitive. Le nom est resté et la chose est profondément changée. La commune du xive siècle jouit d'une administration municipale particulière, et cependant demeure dépendante des agents royaux. C'est ce que prouve l'exemple de Tournai [1]. La concession d'une commune

[1] La commune jurée y fut établie en 1340 pour récompenser la ville de la défense qu'elle avait faite contre les Anglais. En 1367, elle fut supprimée parce que les habitants ne pouvaient *avoir accord ni demeurer en bonne paix*. En 1371 la ville reprend le nom de commune. Elle recevait pourtant du roi, à cette époque, une constitution nouvelle, où le pouvoir était partagé entre ses propres agents et les officiers royaux.

faite aux habitants de Clermont en Bassigny par leur seigneur, et confirmée par Charles V en 1378, n'a plus également rien d'analogue avec les concessions des communes jurées du xiie siècle : on n'y doit voir qu'une ville privilégiée, qui stipule des garanties pour l'indépendance de son administration municipale. L'ancienne charte de Rouen, octroyée en 1374 à Angoulême, présente encore le même caractère.

Le nom de commune change donc de signification, et en même temps il devient plus rare dans les actes. On ne trouve guère plus que des villes franches ou privilégiées, et la jouissance des franchises de ces villes est désignée par le mot plus étendu, plus général de *bourgeoisie*[1]. Ce qui constitue une ville de bourgeoisie, d'après les priviléges de Figeac (1318), c'est la possession d'une maison commune, d'un trésor, d'un sceau authentique, d'un registre et d'un étendard. Ainsi, tandis que les communes jurées en perdant leur indépendance se rapprochaient des villes de privilége, les villes de privilége se rapprochaient à leur tour des communes jurées, et les bourgeois y entraient presque partout en partage de l'administration avec les officiers royaux. L'organisation des villes acquit par là une certaine unifor-

---

[1] Voir le Mémoire de Bréquigny sur les bourgeoisies dans les préfaces du *Rec. des Ord*. Il résulte de ses observations que la constitution des bourgeoisies au xive siècle était plus libérale que celle des communes jurées dans les deux siècles précédents. En général, les chartes des communes jurées s'appliquaient au tiers-état seul ; elles excluaient les évêques et les nobles, et ne leur reconnaissaient guère que le droit d'habiter dans l'enceinte de ces communes. Dans les bourgeoisies, au contraire, on admettait les nobles ; ils ne se distinguaient des autres habitants que par quelques priviléges relatifs aux contributions municipales. Les ecclésiastiques étaient admis ou exclus suivant les coutumes. Il en était de même des bâtards et des lépreux ; il n'y avait d'exclusion absolue que pour les serfs et les criminels bannis par jugement.

mité : la grande insurrection du xii° siècle aboutit alors à l'établissement d'une liberté réglée, compatible avec la centralisation et avec l'action du pouvoir.

J'ai expliqué ailleurs (V. au chapitre de *la Noblesse*) comment le système des bourgeoisies fut favorable au pouvoir royal, comment il augmenta le nombre des sujets des rois, et diminua celui des sujets des seigneurs. Toutes les ordonnances rendues depuis Philippe le Bel sur les bourgeoisies prirent pour point de départ la règle que Beaumanoir avait établie pour les communes : la connaissance de tout ce qui les intéressait fut exclusivement et nécessairement attribuée aux rois. Charles V, écrivant des instructions pour la garantie de ses droits de souveraineté dans les domaines cédés à Charles de Navarre, l'exprime d'une manière brève et formelle : « Au roi seul, et pour le tout, appartient le droit des bourgeoisies. »

L'erreur si longtemps accréditée, qui attribuait à la royauté l'initiative de la révolution communale, peut s'expliquer par le fait de son intervention progressive dans le gouvernement des villes, et par la raison politique qui lui fit chercher instinctivement l'alliance du tiers-état contre la noblesse et le clergé.

C'est encore par une erreur du même genre qu'on a fait honneur aux rois de l'affranchissement des serfs. Presque toutes les concessions de priviléges et les chartes de communes commencent par un affranchissement ou par quelque chose de semblable, comme une remise de la mainmorte et d'autres droits. C'étaient là les premières conquêtes auxquelles les classes inférieures de la population devaient songer. Il n'en est pas moins vrai que les rois confirmèrent bientôt les affranchissements ordonnés par les seigneurs particuliers, et qu'ils finirent par prendre eux-mêmes à cet égard l'initiative. En 1296, Philippe le Bel abolit dans le

Languedoc la servitude de corps, qu'il remplaça par le paiement d'un cens annuel [1], et en 1315 Louis le Hutin rendit la fameuse ordonnance par laquelle tout le monde en France devait être franc. Que cette dernière ordonnance ait été faite surtout dans une pensée fiscale, qu'elle n'ait pas eu toute l'efficacité voulue, qu'elle n'ait pas aboli la servitude dont il resta longtemps encore des traces nombreuses, elle n'en fut pas moins d'un exemple salutaire et fécond. Ce fut l'avénement au pouvoir d'une doctrine devenue générale et qui réclamait une application définitive [2].

Le xve siècle amena peu de changement dans la situation des villes, et les actes des rois de cette époque, relatifs à l'administration municipale, sont plus nombreux qu'ils n'offrent d'intérêt. Charles VI étendit la sauvegarde royale à beaucoup de villes nouvelles, et entre autres à celles du Dauphiné dont il confirma les priviléges à prix d'argent. Charles VII et Louis XI, après l'expulsion des Anglais et la reconstitution du royaume, rendirent aux villes qui se soumettaient leurs anciennes chartes ou leur en donnèrent de nouvelles, en ayant soin toutefois de les placer dans une dépendance plus grande de la royauté [3]. Louis XI refit ainsi,

---

[1] *Rec. des anc. lois franç.* d'Isambert.

[2] M. Pastoret observe que la plupart des chartes du xive siècle commencent par un affranchissement, et considèrent cet affranchissement comme un devoir religieux. — Quoique les serfs ne pussent entrer dans les bourgeoisies comme les hommes libres, par un simple aveu et l'habitation pendant un an et un jour, certaines villes leur étaient ouvertes et leur servaient d'asiles. Telle était Monchauvette en Beauce, dont les priviléges, octroyés par Louis le Jeune, furent confirmés en 1394, par Charles VI. Art. 1er. « Quicumque ad
» prædictum castrum in eo mansurus venerit, exceptis hominibus
» regis aut comitis (du comte d'Evreux), liber permanebit, nec
» quicquam in eum quilibet dominus de cætero reclamare poterit.»

[3] *Rec. des Ord.* Voir surtout aux années 1450 et 1451. — En général on retrancha les priviléges qui paraissaient, sinon exorbitants du droit commun, du moins peu compatibles avec la centralisation monarchique. Après l'acquisition du Roussillon, en 1462, Louis

principalement dans la Guienne, beaucoup de chartes détruites pendant la guerre contre les Anglais ; il rétablit des priviléges dont les titres étaient perdus, et accorda même souvent des concessions très-contraires à l'esprit qui avait dirigé la politique de ses prédécesseurs ; il cherchait dans la population urbaine un appui contre les ligues des seigneurs, et il l'acheta au prix auquel les villes elles-mêmes le lui vendirent. Devenu le maître, il voulut réparer cette faute : il révoqua donc en 1469 tous les dons et priviléges qu'il avait octroyés depuis son avénement ; mais sa déclaration eut peu d'effets, parce qu'il ne tarda pas à éprouver le besoin de s'appuyer encore sur le tiers-état : après avoir expressément révoqué les priviléges de la Guienne, il se hâta de les rétablir en 1472.

Ses successeurs cessèrent à peu près de conférer des priviléges aux villes, si ce n'est dans les provinces nouvellement réunies à la couronne.

§ IV. — Examen des priviléges des villes. Leurs caractères généraux.

Arrivé à l'époque où les ordonnances générales commencèrent à remplacer pour l'administration des villes les chartes de priviléges, je dois m'arrêter encore sur ces priviléges, qui ont tous malgré leur variété un air de famille, et chercher quelles règles ils établirent dans les branches diverses, soit de l'administration royale, soit de l'administration urbaine. Partout se révèle le progrès inévitable de l'intervention monarchique, et partout se développent les principes de gouvernement qui seront un jour ceux du pays entier.

XI révisa les chartes que les rois d'Aragon avaient données à Perpignan et aux autres villes du pays. Il cassa les priviléges militaires de Perpignan, réforma les coutumes judiciaires, rendit l'autorisation royale obligatoire pour la plupart des actes des consuls et même pour les expéditions navales que les habitants de la province voudraient faire « dans le pays des mécréants. »

CHAP. VI. — DE L'ADMINISTRATION MUNICIPALE.   191

En matière de finances, toutes les stipulations peuvent être ramenées à deux points généraux : la fixité de l'impôt ordinaire, et la nécessité du consentement des contribuables pour les impôts extraordinaires.

La fixité de l'impôt ordinaire, ou du moins de son maximum, paraît être plus ancienne que les chartes. Au reste les chartes ne s'en tiennent pas là. Elles substituent presque toutes à l'impôt en nature, un impôt en argent ; elles remplacent les corvées par un cens [1]. Elles remplacent même les *coutumes*, c'est-à-dire les redevances irrégulières et variables, par une augmentation de cens [2]. Les villes votaient elles-mêmes toutes les aides, et ce droit ne leur était pas contesté encore [3]. Nulle part la nécessité du consentement des contribuables pour les impôts extraordinaires n'est plus formellement exprimée que dans la charte de Mâcon [4], Art. 18 : « Les citoyens et habitants de Mâcon ne doivent tailles, ni complaintes, ni toltes, ni chevalerie, ni aides de mariage, ni de prisons, ni de conguises, ni autres exactions, ni subventions, ni nouvelletés quelles qu'elles soient, et ne peuvent être contraints à prêter, si ce n'est de leur volonté [5]. » Le nombre des villes qui firent des stipulations semblables est immense [6]. De tous les impôts extraordinaires, celui dont elles tenaient le plus à s'exempter était le droit de gîte ou

[1] Toutes les chartes accordent une grande place à la question des corvées. Elles les abolissent ou les réduisent. Quelques-unes stipulent que le seigneur sera obligé de donner aux gens de corvée des rations de pain. (Priviléges de Dommart et de Bernardville, accordés par le comte de Dreux en 1246, confirmés par Charles VI en 1395.) La substitution du cens aux corvées est une règle à peu près générale (Priv. d'Autreville, confirmés en 1355, de Chagny en Bourgogne, 1361 ; de Tannay dans le comté de Nevers, 1374).

[2] Priv. de Nevers, confirmés en 1357.

[3] Voir au surplus le chapitre de l'administration financière.

[4] Confirmée en 1340 et en 1351.

[5] Voir les lettres du 13 mai 1351, sur l'aide accordée par la ville de Paris.

[6] Priv. de Langres en 1303, du Crotoy en 1369.

de pourvoirie. Plusieurs d'entre elles obtinrent aussi que le roi renonçât en leur faveur au droit d'altérer la monnaie[1].

Les priviléges financiers comprenaient encore l'exemption d'un grand nombre de taxes d'origine féodale, que les rois avaient su convertir en droits royaux, et qui leur assuraient un certain arbitraire fiscal. Telle était l'exemption du droit de francs-fiefs, là toutefois où ce droit pouvait être levé, c'est-à-dire où l'acquisition des fiefs par les roturiers était permise[2]. Telle était aussi celle du droit d'amortissement[3]. Je ne parle pas de l'exemption des péages royaux ou seigneuriaux, qui est la plus commune de toutes. Jean et Charles V confirmèrent force priviléges de ce genre aux villes du Poitou, de la Marche, du Quercy et du Languedoc, qui avaient appartenu aux Anglais. Si ce furent autant de dérogations au droit commun, on peut ajouter que ce fut la suppression d'autant d'abus.

Même observation dans l'ordre judiciaire. Beaucoup de priviléges eurent pour effet de corriger des abus. Béthune obtint, en 1353, que les biens de ses bourgeois bannis ou condamnés à mort ne seraient plus confisqués. A Valence dans l'Albigeois, l'habit des bourgeois, quand ils n'en avaient qu'un, leurs charrues, leurs bœufs et animaux de labourage, leurs instruments de travail, furent déclarés insaisissables, (1351). Il fut également défendu de saisir à Eyrieu les biens des usuriers. Ces usages locaux ainsi établis, et destinés à devenir un jour des lois générales, préparèrent en France l'amélioration des règles judiciaires.

On a remarqué aussi que si les lois pénales tenaient une grande place dans les coutumes, et accusaient une législa-

---

[1] Ex. Rodez.
[2] Les roturiers ne pouvaient généralement acquérir que les fiefs auxquels la justice n'était pas attachée. Voir les lettres du 4 mai 1324 et d'octobre 1354, accordées aux habitants de Toulouse.
[3] Voir le chapitre de l'administration financière.

CHAP. VI. — DE L'ADMINISTRATION MUNICIPALE. 193

tion encore semi-barbare, ces lois pénales offraient cependant un progrès notable, comparées aux lois antérieures : l'amende tend à remplacer partout la peine du talion, et dans plusieurs villes celle du bannissement. Le duel judiciaire est proscrit par un grand nombre de coutumes [1].

On est donc amené à cette conclusion, qu'au XIVe siècle les villes tombaient de plus en plus sous la dépendance royale, mais qu'elles tendaient, au moyen de leurs priviléges, et souvent même de ceux qui dérogeaient au droit commun, à réformer et à régler l'administration monarchique.

Voilà le fait général, incontestable, ce qui ne veut pas dire qu'il n'y ait eu des exceptions assez nombreuses et que les priviléges n'aient souvent consacré des abus [2]. L'autorité royale ne se trouva pas toujours assez éclairée, ni assez forte pour qu'il en fût autrement. Les circonstances politiques obligèrent souvent aussi à d'importantes concessions.

Enfin les priviléges des villes eurent encore un autre effet, celui d'assurer l'ordre, la sécurité, la paix publique. Très-souvent ce sont des ordonnances de police locale, rendues lorsque les ordonnances de police générale n'étaient pas possibles. Le roi confère une autorité de police à peu près exclusive à ses agents. Il les charge de veiller à la sûreté des routes, et d'obliger les seigneurs à y veiller également [3]. Il garantit aux villes la propriété de leurs

[1] Entre autres par celle de Tournai en 1187.
[2] On trouve, même en 1372 et 1376, des coutumes qui ordonnent le duel judiciaire. En 1356 les habitants de Tournai défendent avec succès, contre le procureur général du Parlement de Paris, le droit d'asile dont leur ville jouissait à l'égard des criminels fugitifs du Hainaut. En 1369 Montauban et Verfeuil obtiennent que leurs territoires ne seront pas soumis à la juridiction royale des eaux et forêts. Il serait facile de multiplier ces exemples.
[3] Priviléges de Prissey, près de Mâcon (1362). A Tannay, en Bourgogne, le roi oblige le seigneur à faire nommer par son prévôt un sergent et deux vignerons pour la police rurale, sur une liste de pré-

marchés, et refuse de reconnaitre à cet égard le droit des seigneurs ; il déclare dans ce but tous les intérêts de commerce intérêts généraux. « Au roi seul, dit Charles V, appartient en tout son royaume, et non à autre, d'octroyer et ordonner toutes foires et tous marchés ; et les allants, demeurants et retournants sont en sa sauvegarde et protection[1]. » C'est au moyen des chartes de priviléges que la franchise des foires et des marchés fut établie au XVe siècle dans un grand nombre de villes et tendit à devenir la règle après avoir été longtemps l'exception. C'est encore au moyen de ces chartes que les lois faites à Paris pour l'organisation des métiers furent étendues successivement à d'autres villes dans un rayon qui alla toujours s'élargissant, à Orléans par exemple, puis à Tours[2], à Clermont en Auvergne, etc.

Le roi, protecteur des villes, s'engage naturellement à les défendre contre leurs ennemis, et à empêcher tout empiétement des seigneurs voisins sur les droits qu'il leur garantit. Cela mit fin aux guerres privées qui avaient été autrefois pour les communes jurées un droit reconnu. C'est encore en partie dans le but de faire disparaitre ces guerres que l'obligation du service militaire, imposée d'abord rigoureusement à la plupart des villes, fut modifiée ensuite et devint par degrés illusoire. Les villes depuis le roi Jean rachetèrent cette obligation à prix d'argent par le paiement des aides, et les milices communales furent plus ou moins réduites au service de la police urbaine[3].

sentation dressée par les habitants du bourg. Il l'oblige aussi à donner au bourg des mesures étalonnées et marquées (Charte de 1374).

[1] Voir le chapitre du commerce.
[2] Priviléges de Tours (1462). « Les métiers qui ne sont jurés, nous voulons et ordonnons qu'ils le soient dorénavant. »
[3] On trouve cependant des exceptions à toutes ces règles. Les habitants d'Aire en Artois obtiennent, à cause de la proximité des frontières, le droit de porter des armes, quand ils voyageront pour le

Voilà comment au xive siècle les relations des villes avec le pouvoir central se trouvèrent déterminées par les priviléges. J'ai dû laisser de côté les villes qui, pillées ou brûlées par les Anglais, obtinrent lors de leur reconstruction des avantages plus considérables, comme une exemption totale d'impôts pendant un certain nombre d'années. C'étaient autant d'établissements nouveaux, de colonies en quelque sorte que l'on fondait, et qui se trouvaient placées dans des circonstances exceptionnelles [1].

§ V. — Constitution des corps auxquels appartenait l'administration municipale. Influence que les rois réussirent à y exercer.

Le mode de nomination des officiers municipaux présente des caractères très-variables, et cette variété doit tenir aux origines des villes. Ainsi les villes romaines avaient primitivement des conseils aristocratiques qui se recrutaient eux-mêmes sur des listes comprenant un petit nombre d'éligibles. On peut croire que dans les villes prévôtales les

commerce. Charles V permet aux villes de Vermanton (1368), et de Méry-sur-Seine (1376), de se fortifier ; en 1371, il autorise les bourgeois de Tours à nommer une commission dans ce but. On trouve encore, en 1468, un privilége de ce genre accordé à Saint-Bertholin de Confolens. Le plus curieux est celui des habitants de Montreuil-sur-Mer, qui se firent autoriser, en 1463, à repousser par la force les outrages et les violences auxquels ils étaient exposés, surtout de la part des gens de guerre. — Voir aussi le chapitre de la police et celui de l'armée.

[1] Je citerai les villes suivantes, Avinionet, Fanjaux, Castelnaudary, Montgiscard, Carbonne dans le Languedoc en 1356, Peyrusse en 1371, Coulanges-la-Vineuse en 1373. — Les villes fondées au xve siècle, comme Graville et La Hogue, obtinrent des priviléges exceptionnels et naturellement plus considérables. Graville, bâtie en 1445, jouit d'une exemption totale de tailles et de subsides pendant dix ans. La Hogue, fondée en 1474 par le bâtard de Bourbon avec l'autorisation du roi, reçut le même avantage. Dieppe (Priv. de 1450 et de 1463), Cherbourg (Priv. de 1465), furent affranchies de la plupart des impôts, parce que la garde de leurs ports leur était confiée. Dieppe levait et administrait elle-même les aides destinées à l'entretien de son port et de ses fortifications.

conseils, quand il y en eut, furent composés de membres désignés par les prévôts, les seigneurs, ou le roi. Enfin dans les communes jurées l'élection populaire fut dominante. Mais lorsque les différences qui séparaient les villes s'effacèrent, les trois principes que je viens de signaler vinrent à se confondre et à se combiner de différentes manières : presque partout l'élection populaire et la nomination royale concoururent; presque partout aussi il y eut des listes d'éligibilité, deux ou plusieurs degrés pour l'élection. Au fond tous les principes furent représentés assez confusément et sans règle.

Quelques exemples viendront à l'appui de ces assertions. Toulouse était divisée sous Philippe le Hardi en douze quartiers, et avait douze consuls ou capitouls. Les consuls sortant de charge dressaient une liste d'éligibles qui comprenait trois notables pour chaque quartier. Cette liste était revisée par le viguier (on sait que dans le Midi les prévôts s'appelaient ainsi). Si le viguier substituait sur la liste un nouvel éligible, il devait le faire accepter par les capitouls, et les contestations sur ce point devaient être réglées par le sénéchal. La liste fixée de cette manière, le viguier choisissait les nouveaux consuls parmi les trois candidats qui lui étaient désignés pour chaque quartier. Ici point d'élection populaire. Toulouse était au reste une ancienne municipalité romaine; elle avait conservé une constitution où le caractère aristocratique dominait.

Dans quelques petites villes du Midi, on trouvait encore des constitutions aristocratiques indépendantes. Guiole, dans le Rouergue, avait trois consuls et douze conseillers annuels. Les conseillers sortant de charge nommaient les trois consuls, et les consuls entrant nommaient à leur tour les douze nouveaux conseillers[1]. Mais c'étaient de rares

[1] Priviléges de Guiole en 1352 ; voir aussi ceux d'Ouveillan dans le Languedoc (1378), de Lespignan (1379 et 1380).

exceptions qui tendaient à disparaître. Les villes perdirent pour la plupart le droit d'élire leurs consuls, que remplacèrent des syndics à la nomination des officiers royaux ou seigneuriaux [1].

Presque toutes les suppressions de communes furent suivies d'un partage fait entre l'élection populaire et la nomination royale. A Limoges par exemple, il fut réglé en 1275 que la ville aurait dix consuls dont cinq seraient choisis par les bourgeois et cinq par le vicomte qui avait encore la seigneurie; le droit du vicomte fut attribué au roi en 1356. Souvent aussi le roi nomma seul les magistrats municipaux : il nommait ainsi au xive siècle tous les échevins de Lille et de Douai qui cependant étaient encore des villes de commune.

Dans les villes où le peuple avait conservé l'élection, on prit toutes les précautions nécessaires pour prévenir les abus de ce droit. La charte qui rétablit la commune de Péronne, en 1368, est à cet égard une des plus curieuses : l'élection des magistrats municipaux de Péronne exigea autant de formalités qu'à Rome celle du pape ou à Venise celle du doge. Il y avait douze corps de métiers qui élisaient chacun deux personnes, en tout vingt-quatre. Ces vingt-quatre électeurs du second degré choisissaient à leur tour parmi les plus honnêtes gens de la ville dix électeurs du troisième degré. Ceux-ci en nommaient dix autres qu'ils s'adjoignaient, et les vingt réunis s'en adjoignaient encore dix. Entre ces trente électeurs définitifs il ne devait pas y avoir de parents à des degrés rapprochés. Alors on procédait au choix du maire et des échevins. De plus, un conseil de six personnes nommées directement par les chefs de métiers devait consentir à l'établissement et à la répartition des impôts municipaux. Ces six conseillers se faisaient assister

[1] Ex. à Casouls dans le Languedoc, les consuls furent remplacés par des syndics à la nomination de l'évêque de Béziers et de ses officiers.

encore de six autres que désignaient le maire et les échevins, pour recevoir les comptes de l'administration communale, garder le produit de l'impôt, etc...

Ailleurs on faisait concourir le sort avec le système de l'élection à un ou à plusieurs degrés.

Ailleurs encore le nombre des électeurs fut restreint. A Montreuil-sur-Mer la charte de 1451 avait établi deux degrés d'élection. Les commissaires que Louis XI y envoya en 1464 pour y faire cesser les troubles qui se prolongeaient, exclurent des droits électoraux les gens de petit état, tout en laissant subsister pour l'avenir les deux degrés d'élection, et nommèrent eux-mêmes pour cette fois les trois maires, les douze échevins et les douze conseillers.

Non-seulement les élections devinrent rares, mais les conditions de l'éligibilité se multiplièrent, comme le prouvent les chartes de Perpignan et de Bourges. A Bourges, Charles VIII s'engagea à choisir les échevins « parmi les personnes notables, gens gradués, licenciés en droit canon ou civil, bourgeois et marchands non faisant œuvre mécaniques [1]. » Souvent aussi on fractionna l'autorité municipale entre plusieurs conseils élus, et ce fractionnement, dont Péronne offrait déjà un exemple, fut poussé dans d'autres villes beaucoup plus loin. Tournai, après le renouvellement de sa constitution en 1371, eut trois conseils, chacun avec des fonctions administratives distinctes et une partie de la juridiction, savoir le conseil des Eswardeurs au nombre de trente, celui des jurés au nombre de vingt, et celui des échevins au nombre de quatorze. Il y avait cependant à Tournai un gouverneur royal avec juridiction qui jouissait du droit de désigner lui-même les plus considérables des officiers municipaux.

Charles VII et Louis XI surtout essayèrent de s'emparer

---

[1] Priviléges de Bourges, février 1484.

CHAP. VI. — DE L'ADMINISTRATION MUNICIPALE. 199

de la nomination des officiers dans un grand nombre de villes et d'affaiblir le système de l'élection populaire. Le recueil des ordonnances pourrait fournir une foule d'exemples de ces tentatives. Je citerai la constitution de Bayonne de 1451 qui fut aussi celle de Niort. Charles VII s'y attribua la nomination du maire[1], et celle d'un conseil de douze membres, six échevins et six conseillers, que le maire pouvait convoquer à son gré : il laissait aux habitants le droit de nommer un second conseil de vingt-quatre membres, mais dont la convocation ne pouvait être faite que par le maire et le premier conseil, et dont les avis n'étaient jamais obligatoires.

Bourges était administrée avant Louis XI par quatre prud'hommes élus. En 1474 Louis XI leur substitua un maire et douze échevins qu'il se réserva de choisir sur une liste de candidats que dresseraient chaque année les échevins sortant de charge. Le maire et les échevins ainsi nommés par le roi reçurent le droit de choisir leurs agents inférieurs, des pouvoirs même plus étendus que ceux des anciens officiers élus, et des priviléges personnels importants. La ville se plaignit à Charles VIII moins de la perte de son droit d'élection, que des voyages coûteux qu'elle était obligée de faire faire auprès de lui chaque année, et des priviléges onéreux pour elle qui avaient été accordés à ses échevins.

Sens éprouva la même révolution que Bourges. D'après la charte de 1474, le maire, le conseil municipal composé de quatre échevins et de quatre conseillers, le procureur (*clerc de la ville*), et le receveur des deniers communs, durent être désignés tous les deux ans par le roi, sur une liste de seize à dix-huit notables que dresseraient les habitants.

---

[1] « Un maire tel qu'il nous plaira, lequel sera de par nous créé et par nous institué, qui ne sera muable, sinon à notre plaisir. » Priviléges de Bayonne (1451).

Toutes les personnes désignées par le roi étaient contraintes d'accepter leurs fonctions; le bailli royal devait les forcer à les remplir, leur présence aux assemblées de l'Hôtel-de-Ville étaient obligatoires sous peine d'amende. Si l'un de leurs offices venait à vaquer par mort dans l'intervalle des deux ans, le bailli devait y pourvoir. Il est vrai que cette constitution fut très-modifiée en 1483, presque en même temps que celle de Bourges; mais on reconnait facilement à ces exemples que le pouvoir central s'efforçait alors de s'emparer de l'administration supérieure des communes.

On comprenait tous les jours davantage, à mesure que la centralisation se développait, la nécessité d'avoir un agent du pouvoir auprès des représentants de chaque ville : il valait mieux dès lors attribuer la nomination des maires au roi qu'établir un conflit permanent entre les baillis ou les prévôts d'une part et les officiers municipaux de l'autre. Seulement on n'atteignit ce résultat que par une série de tâtonnements [1]; longtemps on n'eut aucune règle fixée d'avance, et si l'on peut facilement reconnaître cette tendance au xiv° et surtout au xv° siècle, la composition et le mode d'élection des corps municipaux n'en continuèrent pas moins d'offrir une grande variété.

Souvent aussi le progrès de l'intervention royale était tyrannique et enlevait aux villes une trop grande part de la liberté à laquelle elles pouvaient justement prétendre. Les rois s'emparèrent quelquefois, comme on le voit dans beaucoup de chartes du xv° siècle, de la fixation des droits pécuniaires que devaient percevoir les syndics, les

---

[1] Il semble que les rois eussent dû nommer les agents du pouvoir exécutif, et laisser aux villes le choix des membres qui composaient les corps délibérants. On trouve des exemples du contraire. A Marseille, Charles VIII nomme lui-même soixante-douze conseillers qui doivent lui prêter serment, à lui et au bailli de la ville. Ces conseillers élisent à leur tour les trois consuls annuels et les autres officiers municipaux.

maires ou les officiers des villes. Les commissaires envoyés par Louis XI en 1464 pour réformer la constitution de Montreuil-sur-Mer attribuèrent par exemple des appointements à l'un des trois maires et à deux conseillers qui furent appelés depuis lors conseillers pensionnaires. Il n'était pas rare que les officiers municipaux s'adressassent aux rois pour obtenir des avantages personnels, comme des lettres de noblesse[1], la faculté d'acquérir et de posséder des fiefs même sans être nobles[2], des exemptions d'arrière-ban, ou le droit de ne point prendre part aux contributions municipales[3]. On sait que la noblesse d'échevinage (tel est le nom qu'elle reçut) fut souvent acquise à prix d'argent. Charles VII commença le premier à attacher la noblesse à l'exercice des fonctions municipales dans certaines villes, où les bourgeois jouissaient du droit d'acheter des fiefs et des titres. Elle fut donnée à perpétuité, en 1372, aux maires, aux échevins et aux conseillers de Poitiers et de la Rochelle.

Il faut ajouter qu'on trouve dans plusieurs villes des assemblées générales de tous les habitants avec certains pouvoirs. Mais il est difficile de déterminer les circonstances de leurs convocations, et la présence des officiers royaux y était presque toujours exigée[4]. A Lavaur, elles avaient lieu chaque année dans la maison commune[5]. A Meulan elles furent conservées, même après la suppression de la commune en 1375. Celles de Sens se tenaient encore après l'an 1474. Celles de Montpellier furent supprimées en 1384 sous prétexte des difficultés que leur réunion présentait.

[1] Priviléges de Niort (1461), de Tours (1462), de Lyon (1495).
[2] Priv. des consuls de Limoges (1463).
[3] Priv. des échevins d'Auxonne (1361), de ceux de Bourges (1474). Bourges s'en plaignit à la régence de madame de Beaujeu, en 1484.
[4] Elle était exigée à Saint-Pierre-le-Moutier, à Noyon, à Lavaur, à Sens; elle ne l'était cependant pas à Figeac.
[5] Priv. de 1357.

§ VI. — Comment et dans quelles limites les corps municipaux exerçaient leurs pouvoirs. Intervention progressive de l'autorité royale dans leurs actes.

Si l'on veut connaître quelle était l'action des corps municipaux, on la trouve assez indépendante en ce qui concerne la police et l'administration intérieure des villes, de plus en plus dépendante au contraire en ce qui touche la gestion de leurs finances.

Les échevins avaient le soin de la police, fixaient les jours de marché, le prix des vivres, le taux des salaires [1], donnaient à ferme les offices inférieurs [2], étaient chargés de la voirie et des travaux publics. Ces intérêts, considérés comme purement locaux, furent rarement l'objet d'ordonnances générales, et ce n'est guère que sous Louis XI que l'on voit l'autorisation royale rendue nécessaire pour confirmer les mesures de ce genre prises par les magistrats [3]. Cependant toutes les fois que certains intérêts, renfermés d'abord dans l'enceinte des communes, se développèrent et appelèrent sur eux la sollicitude de l'État, on attribua, comme il était naturel, aux agents de l'administration centrale les services nouveaux qu'il fallut créer. C'est ainsi que la surveillance des métiers fut confiée aux prévôts royaux. Voilà le fait général; il n'admit d'exceptions que celles que les circonstances politiques amenaient fatalement dans l'application des règles administratives [4].

[1] Priv. de Joinville, près de la Saône, en 1354.
[2] Priv. de Mantes (1376).
[3] En 1476, les consuls de Montauban se font autoriser par le roi à construire une prison. — Voir aussi deux ordonnances très-détaillées, rendues en 1479 et 1484, sur la police d'Angers ; une autre de 1481 sur celle d'Arras. — Voir le chapitre de la police.
[4] A Angers, par exemple, le maire exerce la surveillance des métiers, a une juridiction commerciale qui s'étend jusqu'au Pont de Cé, jouit, conjointement avec les échevins, du privilége exorbitant d'établir des impôts de sa seule autorité. La ville même peut tenir

CHAP. VI. — DE L'ADMINISTRATION MUNICIPALE.

Les officiers municipaux avaient aussi l'administration, sinon le commandement, des milices communales ; ils veillaient à leur entretien et les passaient en revue. Au reste, ces milices étaient à peu près réduites au rôle de gardiennes de l'ordre public, et avaient été réorganisées dans ce but sous le nom de compagnies du guet, de compagnies d'arbalétriers[1].

Les premières ressources financières des villes furent les péages, le produit des amendes et des confiscations, les droits sur les marchandises, droits dont la variété échappe à l'énumération et qui portaient d'ordinaire autant de noms différents qu'ils avaient de destinations spéciales.

La taille vint ensuite[2], mais comme impôt d'exception. Saint Louis régla qu'aucune commune ne lèverait de tailles au delà de ce qui lui était nécessaire pour payer ses dettes avec les intérêts échus, et l'autorisation spéciale du roi devint bientôt la condition indispensable de leur établissement en tout état de cause[3]. Les autorisations générales que l'on rencontre, comme celles qui furent accordées à Figeac en 1370[4], et à Saint-Jean-d'Angély en 1372, furent des exceptions à une règle formelle.

Les octrois formèrent la troisième classe de revenus des villes dans l'ordre chronologique. Dès 1210, Philippe-Auguste accorde à la ville de Bourges, pour l'entretien de son

---

des assemblées sans l'autorisation des officiers royaux (Priviléges de 1475). Mais ce sont là des concessions toutes politiques, et, comme le dit l'ordonnance de Louis XI, des marques *de grande et singulière confiance.*

[1] Voir le chapitre de la police.
[2] Voir le chapitre des finances.
[3] Beaucoup de priviléges établissent cette règle formellement. Ex. : Ceux de Saint-Romme de Rouergue, donnés en 1322, confirmés en 1421.
[4] Figeac reçut des priviléges tout à fait exorbitants. Ainsi les consuls y pouvaient faire des ordonnances et des statuts, même de droit civil, sauf le privilége du roi (1318).

pavé et de ses chemins, la faculté de lever un impôt sur tous les objets que les bourgeois y font entrer. L'octroi de Lyon, établi en 1295, est cité comme l'un des plus anciens de la France. On peut citer encore ceux de Carcassonne, 1350; de Compiègne, 1352; d'Anduse dans le Languedoc, 1363; d'Aurillac, 1364; de Montpellier, 1462. Celui de Paris devint en 1359 le plus considérable; toutes les marchandises sortant de Paris furent soumises au paiement de quatre deniers pour livre, et à la visite de préposés que nommait le capitaine général de la ville avec le prévôt des marchands et les échevins[1]. L'autorisation royale était une condition nécessaire de l'établissement des octrois, comme de celui des tailles. Les rois ne se contentèrent même pas de donner l'autorisation, ils firent aussi les réglements[2] : souvent ils levèrent de leur propre autorité des taxes municipales, comme le droit d'*accise* à Bayonne. Quelquefois ils se réservaient le tout ou partie de certaines impositions qu'ils autorisaient[3].

Sous Charles V, la nécessité de l'autorisation fut étendue dans beaucoup de cas aux moindres actes de l'administration financière. En 1365, il autorise le maire et les échevins de Montdidier à vendre un droit de four banal qu'ils exercent sur plusieurs maisons de la ville, et à en employer le produit pour réparer leurs fortifications. Il autorise en 1368 les consuls de Limoux à taxer les bouchers, en 1371 ceux de Salvetat, dans le comté de Gaure, à imposer les vivres.

Enfin les villes avaient l'emprunt pour ressource extraor-

[1] Les octrois servaient à la protection des industries de chaque ville. Ainsi, les consuls de Béziers confisquaient les vins produits hors de leur territoire, s'ils n'étaient apportés par les habitants même de la ville (Lettres de 1370 et de 1371, confirmées en 1462).

[2] Des lettres de Louis XI prononcent des peines contre les habitants de Tournai, qui fraudent l'octroi en allant boire hors de la ville (1463).

[3] Voir plusieurs exemples cités à l'appui de cette assertion par Pastoret, préface du t. XVI, du *Rec. des Ord*.

dinaire, et, lorsqu'elles faisaient banqueroute, le roi intervenait, réglait les formes dans lesquelles la banqueroute aurait lieu. Ainsi firent les commissaires envoyés par Louis XI à Montreuil-sur-Mer en 1464. Ils revisèrent le budget municipal en retranchant une partie des arrérages échus dont la ville était débitrice, deux ans d'arrérages pour les dettes vieilles de trente ans, un an et demi pour celles de vingt-cinq, un an pour celles de quinze. Ils retranchèrent aussi un quart des arrérages à échoir pendant six ans. Ils augmentèrent le revenu en doublant l'impôt établi sur les ventes, en forçant les églises, les nobles, les officiers royaux à contribuer pendant un temps. Enfin ils fixèrent le salaire des agents municipaux pour prévenir les dilapidations, et renouvelèrent l'ancienne défense faite aux échevins de constituer des rentes sur le corps de ville sans autorisation expresse [1].

Les officiers municipaux devaient rendre compte de leur gestion financière aux prévôts et aux agents du roi. Cette obligation, imposée d'abord dans les villes prévôtales, paraît l'avoir été successivement dans toutes les autres. Elle le fut à Limoges en 1275, et d'une manière uniforme sous Charles VI dans les villes du Languedoc, dont les prétentions à l'indépendance étaient favorisées par la présence des États provinciaux [2]. Les priviléges devaient déroger très-rarement à une pareille règle [3].

[1] Il est probable que les villes ne pouvaient emprunter ni s'obliger sans autorisation. On trouve cependant encore au xive siècle quelques exemples du contraire. Voir les priviléges de Figeac (1318), confirmés en 1394; ceux de Sumène, près d'Alais (ancienne charte confirmée en 1395).

[2] Charles VI envoie des commissaires dans le Languedoc, en 1392, pour recevoir les comptes des officiers municipaux, pour les contraindre à payer les reliquats au sujet desquels ils sont constitués en débet, et à contribuer aux tailles et aux autres impositions municipales.

[3] Le maire et les jurés de la Rochelle en sont pourtant dispensés

Tel était le tableau du gouvernement intérieur des villes sous le régime des chartes de priviléges; il faut dire encore que la limite entre les attributions des officiers municipaux et celle des officiers royaux était trop incertaine pour qu'il n'y eût pas de nombreux conflits. Ces conflits étaient évoqués d'ordinaire au Grand-Conseil, qui envoyait des commissaires avec pleins pouvoirs pour terminer les différends et reviser les priviléges[1]. On ajoutait alors aux priviléges revisés cette clause : « En réservant toutefois les cas et choses appartenant à notre souveraineté, ressort et droits royaux. » Voilà comment on devait arriver par degrés à reconnaître le principe de la minorité perpétuelle des communes.

Tous ces faits prouvent suffisamment quelle part les rois s'attribuaient dans l'administration municipale. Après l'avoir placée au xiiie et au xive siècle sous leur dépendance, après lui avoir ôté tous les caractères de la souveraineté, ils commençaient vers la fin du quinzième à la restreindre dans l'exercice de ses droits et de ses pouvoirs.

Ils songèrent même dans quelques circonstances à priver les villes de toute participation à leurs affaires, pour s'en emparer d'une manière exclusive. L'exemple le plus célèbre de ces sortes de coups d'État est celui dont Paris fut l'objet sous Charles VI.

Paris avait deux prévôts, le prévôt royal ou vicomte, qui

par la charte de 1372. Peut-être cette charte ne statue-t-elle que pour le passé.

[1] Des commissaires furent envoyés à Tournai (1456-1458). En 1462 un commissaire du roi, envoyé à Aurillac, pour inspecter l'état financier de la ville, fit un réglement qui violait ses priviléges. Les magistrats locaux refusèrent de s'y conformer ; il les fit emprisonner et mettre à l'amende. Ceux-ci portèrent l'affaire au conseil devant Louis XI, et obtinrent gain de cause, mais à prix d'argent. Cet exemple prouve que les villes se trouvèrent continuellement placées dans l'alternative de perdre l'exercice de leurs droits, ou d'en acheter la confirmation, chaque fois qu'elles les virent violés.

siégeait au Châtelet avec le titre de bailli et était nommé par le roi, et le prévôt des marchands, qui occupait la Maison-de-Ville avec les échevins et était élu par les bourgeois. Après la grande sédition de janvier 1383, Charles VI, pour châtier les habitants, déclara par le conseil de ses oncles qu'il mettait en sa main la prévôté des marchands et l'échevinage, avec la juridiction, les rentes, les revenus qui y étaient attachés. Le prévôt royal fut installé dans la Maison-de-Ville, et reçut toutes les attributions qu'avait réunies le prévôt des marchands, excepté celles de finance qui furent confiées au receveur ordinaire de Paris. Cependant c'était là une situation violente qui ne pouvait durer. Si Charles VI prenait sa revanche des entreprises que la ville avait faites contre l'autorité royale pendant que son père était régent, il n'en fallait pas moins qu'après des oscillations diverses l'équilibre se rétablît entre les deux pouvoirs, celui du roi et celui de la municipalité. Charles VI réinstalla donc lui-même en 1412 la prévôté des marchands et l'échevinage de Paris. Il ordonna la même année une enquête sur les coutumes, les usages, les actes qui réglaient leur juridiction, et il fit rendre à l'Hôtel-de-Ville ses titres, qui avaient été déposés en 1383 au Trésor des chartes. Les attributions respectives des deux prévôts furent déterminées avec plus de rigueur que par le passé; les conflits devinrent plus rares et l'administration plus régulière.

Section II. — *De l'administration municipale sous le régime des ordonnances générales.*

§ 1. Suppression des priviléges des villes. Caractères des dernières chartes municipales. — § 2. Louis XIV s'empare de la nomination des maires et des officiers municipaux. — § 3. Révolutions qu'éprouve le gouvernement des villes dans l'ordre judiciaire, dans l'ordre de la police, dans l'ordre financier.

§ 1. — Suppression des priviléges des villes. Caractères des dernières chartes municipales.

Jusqu'au XVIe siècle on n'avait rien statué à l'égard des communes que par des dispositions particulières. Avec lui commencèrent les ordonnances générales qui devaient rendre dans toute la France l'organisation municipale plus uniforme.

Le but de ces ordonnances fut d'assurer une part plus considérable à l'influence royale dans le choix des officiers municipaux, de régler les actes de ces officiers sur des principes fixes, enfin de leur enlever toutes les attributions qui convenaient mieux aux agents du pouvoir central, à mesure que certains services cessaient d'être des services locaux et devenaient des services généraux.

Les progrès qui s'accomplirent dans la centralisation des finances, de la justice, de la police, des travaux publics, diminuèrent nécessairement les pouvoirs dont les villes avaient joui dans l'origine. Après avoir été d'abord de petits États isolés, elles s'étaient peu à peu rattachées à un gouvernement central et protecteur en sacrifiant une partie de leur indépendance : avec le XVIe siècle elles commencent à devenir les membres d'une grande monarchie. Autrefois elles traitaient avec l'État de puissance à puissance ; elles s'effacent maintenant devant l'administration centrale qu'elles ont contribué à former par leur exemple, et dans laquelle elles ont fait prévaloir les premières règles positives, comme les premières garanties sérieuses pour les sujets.

Aussi à partir de cette époque, les concessions et les confirmations de priviléges sont exceptionnelles. Il n'y eut plus guère de chartes nouvelles que pour les provinces de réunion récente et pour les pays conquis. Les anciens priviléges devenaient eux-mêmes un obstacle pour l'État et gênaient l'action de l'administration centrale; on était d'autant moins disposé à les respecter, que beaucoup d'entre eux étaient de simples exemptions d'impôt. Le gouvernement se trouva lésé par ces exemptions, bien qu'il les eût vendues autrefois pour la plupart, et il cessa d'en tenir beaucoup de compte.

Les violations de priviléges, accidentelles avant le xviie siècle, devinrent plus communes sous Louis XIII, et presque régulières sous Louis XIV. Je n'en citerai qu'un exemple. La ville de Rennes avait obtenu de François Ier, en 1516, l'exemption du droit de francs-fiefs, et se l'était fait confirmer dix fois jusqu'en 1611. En 1640 Louis XIII la confirma pour la onzième fois, à condition qu'une année de ce droit lui serait payée d'avance, et la ville fut en effet taxée à 9000 livres par arrêt du conseil du 9 avril 1642. En 1675, Rennes fut obligée de faire confirmer son exemption de nouveau moyennant 500,000 livres, ce qui n'empêcha pas de la taxer encore en 1692, et ses réclamations n'eurent d'autre effet que de faire prononcer par le conseil la suppression du privilége en 1697[1].

Partout on s'efforça d'enlever le droit d'élire les officiers municipaux à la multitude, et de le concentrer dans les mains d'un petit nombre. Dès 1554, sous Henri II, le mode d'élection fut réglé à Paris d'une manière peu démocratique. En 1564 Charles IX fit un réglement général établissant l'élection à deux degrés dans toutes les villes

---

[1] Voir la Bibliothèque de l'Ecole des Chartes, septembre 1845.

qui avaient siége d'archevêché ou d'évêché, ou cour de Parlement. Ce système lui-même souffrit plusieurs restrictions antilibérales, toutes les fois que des désordres s'élevèrent dans une ville, comme à Troyes en 1628 [1], à Dijon où ils se renouvelèrent plusieurs fois dans le courant du xviie siècle. A Dijon il fallait, pour être électeur du premier degré, avoir payé pendant trois ans les deux tailles à quarante sous chacune (édit de 1611), et le candidat du roi pour la place de maire était désigné avant que l'on procédât au vote [2].

Les chartes communales de cette époque, peu nombreuses d'ailleurs, attribuent toutes au roi une large influence dans les élections. Rennes, qui avait joui déjà sous les ducs de Bretagne de divers priviléges et d'une administration plus ou moins libre, fut érigée en corps de ville et communauté sous Henri IV en 1592. Le corps de ville se composait du capitaine-gouverneur président, de douze échevins, dont six nommés par le lieutenant général de la province, et six élus par les bourgeois, et d'un procureur syndic (maire) que désignaient les échevins. Ainsi la part du roi était plus forte dans les élections municipales que celle de la ville elle-même. Outre cela, le sénéchal de Rennes, officier du roi, se rendait au corps de ville toutes les fois qu'on y traitait une question d'intérêt général. Le conseil tenait bien quelques séances extraordinaires auxquelles pouvaient assister des notables pris dans les rangs de l'Église, de la noblesse, du Parlement ou de la bourgeoisie; mais ces séances ne ressemblaient en rien à des assemblées populaires.

Ce fut seulement dans les petites villes et dans les bourgs que le système de l'élection simple fut conservé. Le droit

---

[1] Fonds des Cinq-Cents de Colbert, n° 4. Instruction ordonnée par le Parlement de Paris contre ceux qui ont troublé les élections à Troyes.

[2] Al. Thomas. — *Une province sous Louis XIV*.

d'électoral y fut réglé par l'usage, et basé sur un cens dont l'évaluation ordinaire était de vingt sous d'impôt foncier. Là en effet les élections n'avaient pas la même importance, ni l'extension du droit électoral le même danger.

Quant aux villages, la plupart n'avaient pas d'organisation municipale, et dépendaient simplement de leurs seigneurs : on voit seulement que les curés et les vicaires réunissaient souvent les habitants d'une paroisse pour régler avec eux les affaires communes, pour obtenir d'eux les sommes nécessaires aux réparations de l'église ou à l'entretien des pauvres, etc.[1].

§ II. — Louis XIV s'empare de la nomination des maires et des officiers municipaux.

Sous Louis XIV, ce système parut encore beaucoup trop libéral, et la fiscalité aidant, le pouvoir royal s'attribua le droit de nommer aux charges municipales ou de les vendre dans la plupart des villes. On commença par celles de l'Hôtel-de-Ville de Paris qui furent érigées en titres d'offices et vendues par le roi en 1681. En 1691, on confirma, moyennant finance, les titres de noblesse des officiers municipaux de Lyon, de Toulon, de Bordeaux, d'Angoulême, de Poitiers, de Rochefort, de Cognac, de Niort, de la Rochelle. Enfin en 1692, des charges de maires et d'assesseurs à la nomination royale furent créées dans toutes les villes[2], excepté à Paris et à Lyon qui conservèrent leurs prévôts des marchands : révolution importante qui rompait avec le passé et effaçait des constitutions municipales les dernières traces de leur liberté primitive. Les maires perdirent le caractère de représentants des communes et ne gardèrent que celui d'agents du roi[3].

[1] Monteil. *Histoire des Français des divers États*, t. VIII.
[2] Sous prétexte de mettre fin aux brigues et aux troubles qu'entraînaient les élections libres.
[3] Il y avait longtemps que la législation ne les considérait pas au-

Les maires nommés par le roi le furent à vie, tandis qu'auparavant on les élisait presque toujours pour un temps déterminé. Dans toutes les communes qui n'avaient pas de chartes, on créa des procureurs-syndics qui ne différaient des maires que par le nom et qui étaient comme eux nommés à vie (1702). En 1707, les maires et leurs lieutenants furent reconnus comme députés nés aux assemblées des pays d'États.

Cette révolution eut donc à la fois un côté fiscal, en ce qu'elle créa des offices à vendre, et un côté politique, en ce qu'elle remplaça les hommes des villes par les hommes du roi. Pourtant ce dernier but ne fut pas atteint par le fait d'une manière aussi complète qu'on l'avait espéré. Tantôt les charges de maires furent acquises par des particuliers avec titre héréditaire ; tantôt elles furent réunies aux communautés, c'est-à-dire achetées par les villes, qui, en payant au roi la valeur des nouveaux offices, obtinrent le maintien de leurs droits d'élection.

La fiscalité ne s'en tint pas là. Elle fit rendre les mairies alternatives et triennales (1706). Elle transforma en offices royaux tous les offices municipaux inférieurs, dont les maires et les échevins avaient disposé jusqu'alors presque partout. Elle créa dans nombre de villes des contrôleurs des octrois (1694), des colonels, des majors et des capitaines de milice bourgeoise, des commissaires de police. Voici les créations qui eurent lieu dans la seule ville de Rennes : en 1694, des officiers de milice bourgeoise, un colonel, un

---

trement. L'obligation de prêter serment leur avait été imposée d'une manière générale, en 1536, par l'édit de Crémieu ; elle est probablement plus ancienne. Du reste, les charges municipales ne pouvaient être données qu'à des hommes instruits : il y avait comme des catégories d'éligibles, et du temps où les élections existaient, les officiers royaux devaient veiller à ce qu'on ne choisît personne en dehors de ces catégories. Henri II avait déclaré, en 1547, les offices de judicature et ceux de finance incompatibles avec les charges municipales.

major, huit capitaines et neuf lieutenants; en 1702 et 1704, des lieutenants de maire assesseurs, des échevins, un concierge de l'Hôtel-de-Ville; en 1704, un contrôleur du greffe; en 1707, deux offices alternatifs de lieutenant général et procureur du roi, et cinq charges de commissaires de police; en 1708, un receveur des deniers d'octroi. Plusieurs de ces charges, celles de la milice bourgeoise et celles des commissaires de police, furent achetées par la ville aussitôt après leur création. A Paris, la milice bourgeoise formait cent trente-trois compagnies qui eurent toutes, à partir de 1702, leurs charges rendues vénales et héréditaires.

Comme on le pense, cette révolution ne put s'accomplir sans de vives protestations; deux fois la couronne céda et revint sur ses actes. En 1705, elle révoqua tous les priviléges accordés aux nouveaux offices; en 1714, elle rétablit les élections municipales. Mais cette dernière mesure ne fut pas exécutée, ou ne le fut que temporairement. Dès les premières années du règne de Louis XV, la nomination des maires fut de nouveau attribuée au roi; et ce principe paraît avoir prévalu au xviii⁰ siècle, à travers la variété des ordonnances qui furent rendues sur cette matière.

§ III. — **Révolutions qu'éprouva le gouvernement intérieur des villes dans l'ordre judiciaire, dans la police, dans l'ordre financier.**

Tandis que le système de l'élection, affaibli successivement, allait tout à fait disparaître, les dernières traces d'indépendance que l'administration municipale offrait encore s'effaçaient tous les jours.

Dans l'ordre judiciaire, les villes perdirent tout privilége sous les fils d'Henri II, et rentrèrent dans le droit commun. L'ordonnance d'Orléans (1561) attribua au roi la nomination des juges municipaux, sur une liste triple de candidats, dressée par les maires, les échevins, les conseillers et capitouls des villes. Elle supprima les juridictions inférieures partout où il y avait un bailliage ou un siége ressortissant à un Parlement sans intermédiaire. La création de tribunaux spéciaux pour les affaires de commerce, en 1563, enleva la connaissance de ces affaires aux juges municipaux auxquels elle appartenait généralement. L'ordonnance de Moulins (1566) leur enleva toute compétence en matière civile, mesure qui fut considérée comme un coup d'État, et fit naître de fortes tempêtes, mais qu'on réussit à exécuter : très-peu de villes, comme Rheims, sauvèrent quelques débris de leur ancienne juridiction civile. Les ordonnances de Blois (1579) et de Saint-Maur (1580), achevèrent d'enlever aux municipalités leur juridiction criminelle, déjà restreinte par un grand nombre d'édits : il ne leur resta donc plus qu'une juridiction de police, très-restreinte elle-même, puisqu'elle ne pouvait connaître des affaires dont le principal dépassait quarante sous (1577).

La police intérieure des villes fut souvent réglée par des ordonnances générales à partir du xvie siècle. Ainsi l'ordonnance d'Orléans contient sur l'alignement, sur le mode de construction, des règles générales partout applicables. Les rois créèrent, à Paris d'abord, puis dans la plupart des villes, des offices pour la voirie urbaine, pour le courtage, pour l'inspection des marchés, des poids et mesures, etc., et quoique ces créations eussent surtout un but fiscal, elles ne furent pas sans utilité. L'époque où on les trouve les plus nombreuses est aussi celle où la police des villes offre le plus d'améliorations. Vers la fin du règne de Louis XIV, les villes entreprirent partout des travaux d'assainissement, élevèrent de nouvelles constructions, firent des fonds pour s'éclairer et eurent des pompes à incendie [1].

Dans l'ordre financier, tous les octrois continuèrent d'ê-

---

[1] Des lanternes furent placées dans les principales villes en 1697; des pompes à incendie en 1699.

tre autorisés par le pouvoir royal. On en a des exemples pour Paris en 1536, en 1539, en 1547, en 1552. Seulement l'usage fut converti en loi par les ordonnances de Moulins 1566, et de Blois 1579, par celles de 1629 (Code Marillac) et de 1683. Dans les pays d'États le droit de donner l'autorisation était contesté au roi par les États provinciaux : Louis XIV se l'attribua d'une manière formelle en 1683. Le système des octrois prit depuis le règne de Charles IX un grand développement [1].

Les villes levaient très-peu de taxes directes : ces taxes étaient d'ailleurs d'une faible ressource à cause des priviléges qui les faisaient porter exclusivement sur une classe d'habitants. On voit, il est vrai, Henri II ordonner à Paris, pour réparer les fortifications, la levée d'un impôt sur toutes les propriétés sises dans l'enceinte des murs ; les propriétés du clergé, des nobles, celles même du roi, toutes contribuent : il n'y a d'exceptions que pour les hôpitaux. On pourrait trouver au XVIIe siècle quelques exemples semblables ; mais ce ne fut guère là qu'une ressource d'un emploi momentané. Le revenu ordinaire des villes ne se divisait qu'en deux chapitres, celui des octrois, et celui des *deniers communs* (revenu des propriétés communes).

L'édit de Crémieu, de 1536, statua que les baillis, les sénéchaux et les autres officiers du roi ressortissant des Parlements sans moyen examineraient les comptes des communes, et jugeraient toutes les contestations que ces comptes pourraient faire naître. En 1555, Henri II créa dans chaque généralité un office de surintendant de l'administration des deniers des villes, sous prétexte que ces deniers étaient consacrés presque toujours à un autre emploi que celui pour lequel on en avait autorisé la perception. Ces offices furent supprimés en 1560 sur les représentations que

[1] Voir le chapitre des finances.

les villes adressèrent ; mais on leur imposa l'obligation formelle de rendre compte de leurs octrois aux chambres des comptes, et de leurs deniers communs aux sénéchaux. Il y eut même de petites villes où les comptes furent rendus directement aux officiers du roi par les comptables, sans être soumis à l'examen des conseils municipaux.

L'État sentit aussi le besoin de protéger la propriété des biens communaux, soit contre la facilité des communes à aliéner, soit contre les usurpations des seigneurs. Plusieurs mesures furent prises à cet effet durant le xvie siècle [1]. La plus ordinaire consistait dans une faculté de rachat, semblable à celle dont avait joui souvent la noblesse et dont jouissait encore à la même époque le clergé. Henri IV autorisa les communes à racheter en tout état de cause durant quatre ans les biens aliénés, même sans clause de rachat (1600). On a de Louis XIV un édit à peu près semblable, rendu en 1659 pour la Champagne et la Picardie. En 1659, Louis XIV défendit aux communes d'aliéner aucuns biens, et même aucuns droits sans son autorisation expresse ; elles aliénaient ordinairement leurs droits d'usage à vil prix.

Telle était la législation que Colbert jugea inefficace : les villes s'endettaient toujours ; endettées, elles recouraient aux aliénations ou elles levaient des taxes sans les faire autoriser. Elles étaient alors exposées à des poursuites, et si le fait était avéré, à des amendes ; mais elles achetaient le silence des commissaires qu'on chargeait des recherches, ce qui leur imposait une dépense nouvelle dont le roi ne profitait pas. Sully avait dû renoncer à des recherches aussi infructueuses.

Colbert fit entreprendre la vérification générale des dettes des diocèses et de celles des villes ou communautés, dans plusieurs provinces et surtout dans les pays d'États, comme

[1] Edit de 1567. Ord. de Blois de 1579.

le Languedoc, la Bourgogne. Les États provinciaux avaient été autrefois chargés de ce soin ; mais Henri IV avait porté une première atteinte à leur droit, en enlevant la vérification des dettes aux commissaires nommés par les États du Languedoc pour l'attribuer à des commissaires royaux (1600), et cette première atteinte avait été suivie de plusieurs autres. Colbert voulut recommencer une opération qu'on avait seulement essayée avant lui. Nulle part elle ne fut plus complète que dans le Languedoc. Louis XIV nomma le 10 mars 1662 une commission qui fut chargée de vérifier ces dettes, de recevoir les oppositions faites sur les dettes déjà vérifiées, de régler les budgets de dépense des communes, et de corriger les abus qui s'y seraient introduits. Les commissaires durent connaître aussi l'actif des communes, leurs rentes et l'emploi qu'elles en faisaient, les procès qu'elles avaient à intenter et à soutenir. Quand ils eurent terminé l'enquête et présenté leur rapport, Louis XIV déclara que leurs décisions auraient la force d'arrêts de cours souveraines, et il publia l'ordonnance d'octobre 1662, qui rendait son autorisation obligatoire pour toute dette nouvelle à contracter[1].

Après avoir mené à terme dans les pays d'États une révolution consommée depuis longtemps dans les pays d'élections, et fait prévaloir ce principe que les communes en qualité de mineures avaient besoin de la tutelle du gouvernement, Colbert fit un édit en 1667 pour faciliter aux villes les moyens de rentrer dans leurs biens aliénés, ou du moins dans ceux qui avaient été aliénés depuis l'an 1620. Des arbitres furent nommés pour déterminer les prix de rachat. Tous les habitants des paroisses, même privilégiées, durent contribuer au prorata de leurs biens à former les sommes nécessaires ; il fut réglé que nul ne pourrait jouir

---

[1] Fonds des Cinq-Cents, n° 289.

des biens communaux sans avoir payé sa contribution, et qu'aucun seigneur ne pourrait faire valoir de titres qui n'eussent pas trente ans de date. Le roi renonça à faire valoir les siens. Les terres communes furent déclarées insaisissables. L'opération présenta de grandes difficultés, et finit cependant par s'accomplir dans toute la France.

En 1669 toutes les villes reçurent l'ordre d'envoyer aux intendants leurs budgets de recettes et de dépenses des dix dernières années, avec les annexes nécessaires. En 1683, Louis XIV, pour empêcher les villes de s'endetter à l'avenir, ordonna que leurs budgets de dépenses fussent réglés d'avance par l'intendant de la province et par les commissaires départis. Les budgets devaient même être réglés par le conseil du roi, lorsqu'ils dépasseraient un certain chiffre dont le maximum était 4000 francs pour les villes où il existait des cours souveraines. Les villes devaient justifier de leurs revenus et ne contracter d'emprunts que si l'insuffisance de ces revenus était avérée. Les cas d'emprunts furent limités à ceux de pertes éprouvées, d'ustensiles à fournir, de troupes à loger, de nefs d'église à reconstruire. Encore les villes devaient-elles contracter ces emprunts dans les formes déterminées, et soumettre à l'intendant leurs moyens de libération.

En 1715, Desmarets adresse encore une lettre circulaire à tous les intendants pour les avertir de faire liquider les dettes des communautés et des villes[1].

Ainsi se trouva accomplie au commencement du XVIIIe siècle la révolution qui plaça toute l'administration des communes sous la dépendance du pouvoir central. Une chose restait à faire : c'était de leur constituer un gouvernement libre, et de régler la sphère dans laquelle il pourrait se mou-

---

[1] Elle est citée dans Leber. *Histoire de l'administration municipale.*

voir en tout ce qui n'intéressait pas le pouvoir supérieur ; c'était de concilier avec la centralisation les libertés municipales. Les lois municipales de la révolution et celles de 1831 ont pourvu à ce besoin.

CHAPITRE VII.

DE LA POLICE.

Section 1. — *De l'autorité en matière de Police.*

§ 1. A qui appartenait cette autorité au douzième et au treizième siècle.— § 2. Établissement d'un pouvoir central supérieur, et diverses organisations du service de la police jusqu'au règne de Louis XIV.

§ 1. — A qui appartenait l'autorité en matière de police au douzième et au treizième siècle.

On entendait à peu près toute l'administration actuelle de l'intérieur sous le nom de *police générale du royaume*, et le mot a gardé longtemps sa première acception. Delamarre et son continuateur au XVIIIe siècle ne le prennent pas dans un autre sens.

L'autorité en matière de police était confondue dans l'origine avec l'autorité judiciaire. Elle ne s'en sépara que lentement : on finit cependant par comprendre qu'elle devait en être distinguée et confiée à des agents plus ou moins spéciaux.

Elle appartint pendant le moyen âge aux souverains locaux. Les seigneurs l'exerçaient dans le ressort de leurs justices, les maires et les officiers municipaux des villes de commune dans le territoire de ces villes, et leurs attributions étaient plus ou moins étendues suivant les chartes. Le roi l'exerçait dans ses domaines par l'entremise de prévôts, et depuis le règne de Philippe-Auguste quelques-unes des attributions primitives des prévôts furent confiées aux sénéchaux et aux baillis.

A cette époque, tout était encore local, le pouvoir de faire des réglements comme celui de les exécuter : il n'existait rien d'analogue à une administration centrale de la police intérieure.

L'Église établit la première quelques principes généraux qu'elle fit prévaloir sur ses terres et qu'elle décida souvent le roi ou les seigneurs à adopter. La royauté ne tarda pas à suivre son exemple ; elle rendit d'abord exécutoires dans le domaine royal les prescriptions de l'Église, qui avaient pour objet les guerres privées, les Juifs, les usuriers, les hérétiques, les blasphémateurs[1]. Les ordonnances de ce genre commencèrent sous Philippe-Auguste et furent très-multipliées sous tous les règnes. Saint Louis alla plus loin, il rendit plusieurs de ces lois que l'Église dictait à la royauté obligatoires dans toute la France, et il força les seigneurs et les grands feudataires indépendants de s'y conformer ; il en fit aussi d'autres en son nom propre et en vertu du droit qui lui appartenait de *maintenir l'ordre*; telles furent celles de 1254 pour la *réformation des mœurs* dans le Languedoc, et de 1256 pour *l'utilité du royaume*. Il rendit encore les seigneurs et les officiers des villes responsables des désordres commis sur leur territoire[2], et il imposa la même responsabilité à ses propres agents, surtout aux baillis. Depuis lors l'autorité en matière de police ne fut

---

[1] Les édits contre les blasphémateurs sont les plus communs. On en trouve en 1182, 1269, 1397, 1415, 1420, 1437, 1460, 1486, 1487, 1493, 1510, 1515, 1524, 1535, 1536, 1572, 1581, 1594, 1617 (deux cette année), 1651, 1666.

[2] On sait le châtiment que saint Louis infligea au seigneur de Coucy en 1269.

plus exercée dans tout le domaine, et même quelquefois hors du domaine, que sous la surveillance royale.

Philippe le Long écrit en 1317 dans une lettre circulaire envoyée à chacun de ses baillis : « Que tu saches, que si nous te trouvons négligent, nous te punirons, si que tous les autres en prendront exemple. »

Les baillis furent chargés plus spécialement de la police des campagnes ; ils devaient forcer les seigneurs à rendre les chemins sûrs, empêcher les guerres privées, protéger le travail agricole.

Les prévôts eurent plus spécialement, au contraire, la police des villes et de leur territoire. Dans les villes de priviléges, elle leur appartenait tout entière et d'une manière exclusive.

Paris eut une organisation particulière. Le prévôt royal, premier bailli de France et lieutenant du roi dans la vicomté, exerçait à la fois son pouvoir sur les nobles et sur les roturiers, comme juge, comme chef militaire, comme directeur suprême de la police. Saint Louis ne voulut pas qu'une charge si importante pût être vendue à cause des désordres que cela entraînait ; il la donna comme simple commission, ou, pour conserver le langage du temps, *en garde*, et commença à en détacher quelques attributions, celles de finance par exemple. L'organisation du Châtelet, qui était le tribunal de ce prévôt, fut réglée par un grand nombre d'ordonnances dans les premières années du xive siècle [1]. Les membres du Châtelet furent divisés en commissaires examinateurs ou auditeurs qui faisaient les fonctions de juges, et commissaires enquêteurs qui faisaient les fonctions de juges d'instruction et de commissaires de police. Des conseillers en titre d'office y furent créés en 1328. Dès 1302, Philippe-le-Bel régla le nombre des sergents à pied et à

---

[1] Ordonnances de 1309, de 1321, de 1328.

cheval du Châtelet, la manière dont ils seraient armés, la caution qu'ils devraient fournir, leurs droits et leurs gages. Il y avait à Paris deux guets chargés de la sûreté publique, le guet royal, et le guet bourgeois. Le premier était entretenu aux frais du roi qui en nommait le chef, le chevalier du guet; les archers qui en faisaient partie étaient soumis à une inspection et révocables[1]. Le guet bourgeois, appelé aussi guet des métiers ou guet dormant, était composé des gens de métiers qui servaient à tour de rôle, chacun un jour toutes les trois semaines. Saint Louis l'avait institué en 1254; il était commandé par le prévôt[2].

Telle fut originairement l'organisation de la police à Paris, et dans les autres villes royales elle fut réglée plus ou moins sur ce modèle.

§ II. — Établissement d'un pouvoir central supérieur. Diverses organisations du service de la police jusqu'au règne de Louis XIV.

Saint Louis avait commencé à faire des ordonnances générales et à surveiller les pouvoirs de police dans toute la France. Vers la fin du xive siècle, les progrès accomplis dans la formation du gouvernement monarchique firent comprendre la nécessité de créer une autorité centrale supérieure, et cette autorité centrale parut tout ébauchée par l'organisation récente du Châtelet. Le prévôt de Paris reçut donc, sous Charles VI, le pouvoir de poursuivre les malfaiteurs dans tout le royaume, en quelque juridiction qu'ils se trouvassent (1389)[3], et on enjoignit à tous les officiers royaux

[1] « Ils seront mis au temps, et saura l'en comment ils se seront contenus. » Ord. de Philippe le Bel (1302).

[2] Voir sur le guet les ordonnances de 1364 et de 1559. Paris, comme Rouen, Caen et plusieurs autres villes, eut encore une compagnie d'arbalétriers, choisis parmi les hommes d'élite, formant une confrérie et jouissant de certains priviléges (Rec. des ord. 1359). Mais les compagnies de ce genre avaient plutôt pour objet la défense des villes contre les ennemis du dehors que la police intérieure.

[3] Pouvoir confirmé en 1401, en 1438, en 1447.

de lui prêter main-forte. Avant cette époque, on trouve quelques exemples de pouvoirs semblables donnés à des commissaires du roi dans plusieurs provinces, mais toujours pour un temps limité. Le prévôt de Paris reçut aussi le droit de faire des ordonnances exécutoires dans toute la France au sujet de l'approvisionnement de la capitale[1].

Un siècle plus tard, sous Charles VIII, ces changements ne parurent plus suffire. On entreprit de réorganiser l'administration de la police et de la rendre partout uniforme ; ce qui était facile, car le domaine royal s'étendait alors presqu'aux limites mêmes de la France, qui se trouvait divisée tout entière en baillages et en prévôtés. Les rois s'attribuèrent en 1493 la nomination des prévôts, et en 1515 celle des examinateurs enquêteurs, que les baillis élisaient auparavant chacun dans le ressort de sa juridiction. L'édit de Crémieu de 1536 détermina les fonctions respectives des baillis et des prévôts. Les prévôts furent chargés de la police ordinaire ; les baillis ou les sénéchaux reçurent les appels et eurent la connaissance directe des assemblées illicites, du port d'armes, des troubles populaires. On organisa dans chaque bailliage une sorte de gendarmerie régulière, un corps de quarante hommes, exempts d'arrière-ban et chargés de poursuivre les vagabonds et les voleurs de grands chemins[2]. De sérieuses difficultés s'élevèrent au sujet des terres seigneuriales. La plupart des jurisconsultes s'appuyaient sur des textes du droit romain pour prouver qu'il ne pouvait y avoir qu'une police, celle du roi. Cependant on n'osa pas encore combattre trop ouvertement les pouvoirs des seigneurs, on se contenta de leur porter de fréquentes atteintes ; ainsi toutes les contestations qui sur-

---

[1] Ce droit est confirmé par Charles VI en 1388, et plus tard il l'est encore en 1551, en 1667.
[2] Déclaration de 1493. Telle est l'origine du mot *Exempt*.

vinrent entre les officiers seigneuriaux et les officiers royaux furent vidées par les Parlements en faveur de ces derniers.

Bientôt on crut devoir séparer la police proprement dite de la justice ordinaire, en la confiant à des agents spéciaux, et ce changement s'accomplit d'abord à Paris. La direction de la police y fut attribuée à deux lieutenants du prévôt, un lieutenant civil et un lieutenant criminel ; ce dernier devait être laïque et de robe courte. Comme on n'avait pas déterminé les limites exactes de la police civile et de la police criminelle, il y eut de nombreux conflits entre les deux lieutenants : les arrêts du Parlement maintinrent cependant leur concurrence, et ce ne fut qu'en 1630 que, pour assurer l'unité d'action, les deux charges furent réunies en une seule au profit du lieutenant civil.

Le même changement eut lieu dans les provinces, bien que d'une autre manière. Les prévôts des maréchaux, qui étaient chargés de la police des troupes, se trouvant souvent en conflit avec les officiers de police ordinaires, reçurent de François Ier le pouvoir de poursuivre et de juger les malfaiteurs et les vagabonds, concurremment avec les baillis et les sénéchaux, et même de préférence à eux [1] ; c'est-à-dire qu'ils exercèrent les fonctions attribuées à Paris au lieutenant criminel, tandis que les baillis et les sénéchaux exerçaient celles du lieutenant civil. Henri II confirma ce pouvoir en 1549 aux prévôts des maréchaux établis dans les provinces, à l'exclusion de ceux qui suivaient les armées, et leur attribua la poursuite et le jugement des voleurs de grands chemins, des sacriléges et des faux monnayeurs, sans que les juges ordinaires pussent y prétendre (1550). Les prévôts des maréchaux devaient appeler pour le jugement « sept officiers et personnes notables des lieux plus prochains où les délinquants seraient retenus prisonniers, » ce qui paraît

---

[1] Édit de Crémieu de 1536, et ordonnance de 1544.

assez semblable à notre jury et à nos assises ; la seule différence, c'est que ces assises n'étaient pas présidées par des membres de la justice ordinaire. Le prévôt du roi devait aide et assistance à celui des maréchaux.

Cette organisation faisait tous les jours naître des conflits. D'ailleurs les Parlements, qui jugeaient les appels des bailliages, avaient aussi des prétentions à l'exercice des pouvoirs de police. Ils gênèrent donc l'action des prévôts des maréchaux qui étaient placés hors de leur dépendance, et ils obtinrent que dans plusieurs provinces les fonctions attribuées à ces prévôts, en 1549, fussent exercées à leur place par des lieutenants criminels de robe courte. Ces lieutenants criminels, institués près des divers tribunaux royaux en 1554 et en 1555, eurent une juridiction assez restreinte ; seulement ils se firent autoriser à exercer leur office sur les terres mêmes des seigneurs : on laissa aux seigneurs le droit de réclamer dans un certain délai les malfaiteurs pris sur leurs domaines, pour les juger eux-mêmes ; mais, passé ce délai, les malfaiteurs étaient acquis à la justice du roi. Les lieutenants criminels durent aussi visiter les provinces, forcer les gens valides à s'occuper des travaux de la campagne, fournir du travail aux hommes sans ouvrage, leur faire rebâtir, par exemple, les fortifications des villes.

Cette confusion de pouvoirs disputés par trois sortes d'agents, les baillis et les prévôts ordinaires, les prévôts des maréchaux, et enfin les lieutenants criminels de robe courte, ne pouvait être que temporaire. Il fallait qu'une des trois autorités rivales l'emportât ; or dans la plupart des provinces, dans les plus considérables surtout [1], ce furent les prévôts des maréchaux qui restèrent les maîtres de la po-

---

[1] Ces provinces sont la Picardie, la Champagne, l'Ile-de-France, le Lyonnais, le Forez, le Beaujolais, l'Auvergne, le Bourbonnais, la Bourgogne, le Dauphiné, le Languedoc, la Normandie, la Guyenne et la Bretagne.

lice ou tout au moins de la police criminelle. Charles IX ne tarda pas à remplacer dans le Languedoc les prévôts des maréchaux par des vice-sénéchaux et des vice-baillis qu'il fit rentrer dans la hiérarchie primitive et dans la dépendance des baillis et des prévôts ordinaires[1], auxquels il ne laissa que le droit de juger en appel. Le même changement s'accomplit peu à peu dans d'autres pays. Le désordre cessa par cela même, et se trouva avoir produit indirectement un heureux résultat, la suppression ou tout au moins la restriction des pouvoirs que les seigneurs exerçaient en matière de police.

Il restait encore à supprimer ou à restreindre ceux qu'exerçaient les officiers municipaux des villes. Là les prétentions rivales faisaient naître d'autres conflits et comprendre la nécessité d'un règlement d'après lequel tous les pouvoirs émaneraient du roi seul.

L'ordonnance de Moulins, de 1566, qui enlevait aux villes leur juridiction civile lorsqu'elles en avaient une, leur laissa une juridiction criminelle ; celles mêmes dont les chartes ne conféraient pas le droit de justice à leurs officiers municipaux, durent nommer des bourgeois pour l'intendance de la police : ces bourgeois eurent juridiction jusqu'à concurrence d'une certaine somme, sauf l'appel aux juges ordinaires, aux juges royaux, qui devaient se réunir en assemblée de police une fois la semaine. On trouva bientôt que l'uniformité qu'on avait voulu établir par cette loi n'était pas assez complète, et d'ailleurs la police se faisait mal dans les villes où elle était partagée entre les bourgeois et les officiers royaux. Il fallut, dès 1567, décider que là où il y aurait diversité d'officiers de police, ces officiers devraient tous se réunir une fois par mois pour délibérer en commun, et l'on crut devoir appeler à ces conseils des bourgeois élus par chaque quartier ou chaque paroisse. A Paris, par exemple, cinq bourgeois armés devaient être choisis pour prêter assistance à la justice, chaque fois qu'ils en seraient requis.

Ces palliatifs étant impuissants, l'édit d'Amboise modifia encore en 1572, pour plus d'uniformité et de régularité, la constitution de la police municipale, et la confia à des assemblées composées de membres des Parlements ou des siéges royaux, et de bourgeois des villes. L'assemblée de police de Paris eut seule une composition quelque peu différente ; mais cette organisation ne dura elle-même qu'un an. On supprima ces assemblées en 1573, à cause des difficultés qu'on éprouvait à les réunir, des plaintes que faisaient les anciens juges, et surtout parce qu'un pouvoir destiné à agir ne pouvait être exercé collectivement. Les anciens juges reprirent leurs premières attributions partout, excepté à Paris[1].

Toutes ces tentatives plus ou moins heureuses amenèrent cependant un résultat. Deux jurisconsultes, Baquet et Loyseau, approfondirent la matière, et exposèrent une doctrine complète dont l'application était très-simple. Ils distinguèrent le droit de faire les réglements, le pouvoir de les exécuter, et la connaissance des contraventions. Ils attribuèrent le droit de faire les réglements généraux au roi et aux Parlements; aux baillis et aux sénéchaux celui de faire les réglements pour une province en se conformant aux règles supérieures établies par le roi ; enfin au juge principal de chaque ville celui d'en faire pour la ville elle-même. L'exécution des réglements fut attribuée dans chaque ville à un seul juge, et s'il y avait plusieurs juridictions, au juge principal. Les tribunaux de police durent être composés de juges et de commissaires. On ne fit au reste qu'appliquer aux tribunaux de police des différentes villes l'organisation qui était depuis longtemps celle du Châtelet

---

[1] La police était faite à Paris par une assemblée spéciale tenue au Châtelet et composée du prévôt de Paris ou de ses lieutenants, du prévôt des marchands, des échevins et du procureur de l'Hôtel-de-Ville (réglement de 1577).

de Paris. Des charges de commissaires examinateurs, semblables à celles du Châtelet, furent créées par Henri III dans toutes les villes de Parlement, de présidial et de bailliage (1586); « Lesquels commissaires, dit l'ordonnance, seront tenus faire une ou deux visitations par chacune semaine par les villes et lieux de leurs charges, voir et connaître des contraventions à nos ordonnances, soit par les boulangers, hôteliers, cabaretiers, charretiers, marchands de bois, foin et feurre, visiter les poids, mesures, aunages, faire ouvrir les magasins à blé en temps de cherté et de stérilité, suivant la nécessité publique..... aussi faire paver et nettoyer les rues, prendre et mener prisonniers les oiseux et vagabonds. »

Comme on le voit par ce simple exposé d'attributions, l'autorité en matière de police fut alors régulièrement définie. La création des commissaires, qui siégeaient dans les tribunaux avec les juges des villes et qui avaient le pouvoir exécutif tout en demeurant subordonnés aux baillis et aux Parlements, réalisait assez bien le plan d'organisation générale qu'on avait formé. Mais, soit résistance des villes qui perdaient par là quelques-uns de leurs anciens droits, soit toute autre cause, l'ordonnance de 1586 fut imparfaitement exécutée. La théorie de Baquet et de Loyseau ne fut appliquée elle-même que successivement. Les conflits demeurèrent nombreux jusqu'au règne de Louis XIV, partout, et principalement à Paris où les crimes étaient plus fréquents et d'une poursuite plus difficile. Des arrêts rendus par les Parlements terminaient ces conflits, mais en attribuant presque toujours aux officiers royaux la connaissance des causes qui étaient revendiquées par les officiers municipaux [1].

[1] L'édit qui fixa définitivement à Paris les attributions respectives du prévôt royal et du prévôt des marchands ne fut rendu qu'en 1700. Delamarre, *Traité de la police*. On voit aussi en 1691 un arrêt de règlement terminer une contestation entre le chevalier du guet et le lieutenant civil.

Les ordonnances du xvie siècle, non contentes d'organiser les tribunaux et les pouvoirs de police, développèrent aussi l'institution du guet royal, qui correspond à notre gendarmerie, et celle du guet municipal ou *guet bourgeois*, qui correspond à notre garde nationale [1]. Le guet bourgeois s'habillait à ses dépens (ordonnance de 1561), mais il recevait une solde dont le fonds était rempli par différentes assignations; ces assignations se trouvant insuffisantes, Charles IX établit à Paris un impôt annuel de vingt sous tournois par habitant de la ville, et de cinq sous par habitant des faubourgs. Les gens d'église, les membres des cours souveraines, et les personnes de la maison du roi, furent seuls exemptés, le roi se réservant d'exempter plus tard les autres privilégiés, et d'abaisser, s'il le pouvait, le chiffre de la taxe. Comme c'était une sorte de capitation dont le poids était nécessairement plus lourd pour les pauvres, on faisait à leur égard ce qu'on appelait une *cote de pauvreté*. Du reste les règlements sur le service pris en lui-même, sur les motifs d'exemption, etc., sont assez semblables à ceux de notre garde nationale.

Sous Louis XIII, Paris, Orléans et Lyon, étaient les seules villes qui eussent des chevaliers du guet. Un édit de 1631 attribua cette qualité dans les autres villes aux prévôts généraux, provinciaux ou particuliers, aux vice-baillis, aux vice-sénéchaux, et aux lieutenants criminels de robe courte. En 1633 une ordonnance créa deux cents chevaliers, deux cents lieutenants, cent exempts et trois cents archers du guet, pour être distribués dans les villes qui n'en avaient pas [2].

Enfin, Colbert entreprit avec succès d'achever l'organisation incomplète du service de la police. Un conseil spécial, chargé de ce soin et composé du chancelier, de Villeroy, de

---

[1] Entr'autres par celles de 1510, 1559 et 1561.
[2] Delamarre. *Traité de la police*, liv. 1er.

MM. Colbert, d'Aligre, de Lezeau, de Machault, de Sève, Menardeau, de Morangis, Poncet, Boucherat, de la Marguerie, Pussort, Voisin, Hotman et Marin, se réunit pendant quatre mois (d'octobre 1666 à février 1667) et changea toute l'ancienne administration.

On commença par faire disparaître les causes de conflits en déterminant, d'après les règles posées par Loyseau et Baquet, à qui appartiendrait le droit de faire des réglements. Partout les tribunaux locaux reçurent une juridiction de police, et s'il s'en trouvait plusieurs dans une même ville, la juridiction appartint au tribunal supérieur.

La direction suprême de la police fut ensuite enlevée au Châtelet pour être confiée à un magistrat unique et responsable, qui, sous le titre de lieutenant général, remplit un véritable ministère et fut souvent appelé dans les conseils du roi. Les ordonnances de ce lieutenant général furent naturellement rendues exécutoires dans tout le royaume [1]. La suppression des juridictions particulières qui existaient encore dans Paris suivit bientôt (1674); on les remplaça par un nouveau siége présidial au Châtelet, et ce nouveau siége fut lui-même dix ans après (1684) réuni à l'ancien, de peur des conflits. Le nombre des commissaires à Paris fut augmenté; on leur reconnut certains priviléges, comme ceux de s'intituler conseillers du roi, de parler couverts aux audiences, etc.

Vers la fin du règne de Louis XIV, et principalement sous le ministère de Chamillart, la fiscalité multiplia outre mesure les charges de police. Elle fit créer, en 1693, un lieutenant criminel dans chaque élection; en 1699, un lieutenant général de police dans toute ville ayant un Parlement, une chambre des comptes, une cour des aides, un présidial, ou un bailliage, c'est-à-dire, auprès de toutes les juridictions

---

[1] 1667, mars et avril.

royales, les prévôtés seules exceptées. Chacun de ces lieutenants dut avoir avec lui un nombreux personnel d'officiers, de procureurs du roi, de commissaires, de greffiers, d'huissiers de police [1]; les commissaires eurent, comme ceux de Paris, force priviléges et reçurent un quart du produit des amendes.

Ces créations achevèrent d'enlever à beaucoup de villes la part qu'elles avaient longtemps gardée dans l'administration de leur police municipale; mais en général cette dépossession fut courte. Les villes achetèrent les charges nouvelles, et en réunirent les attributions à celles de leurs officiers particuliers.

SECTION 2. — *Des lois de police.*

Après avoir exposé comment le service de la police fut successivement organisé, il reste à étudier les lois de police en elles-mêmes, lois très-variables, surtout à l'origine, parce qu'elles étaient faites par des pouvoirs très-différents. Les ordonnances générales commencent avec saint Louis, mais elles ne sont pas exclusives et ne s'appliquent qu'à certains objets. C'est à la fin du xvie siècle seulement, époque où le pouvoir central s'occupe de régler plus uniformément toutes les parties du service, et de subordonner l'action des pouvoirs locaux à la sienne, que viennent les traditions, les règles indépendantes de l'arbitraire et des circonstances. En 1555, Henri II confirma les anciennes lois de police de Paris et ordonna de les réunir en un seul corps, pour que tous les agents du service pussent en avoir connaissance.

[1] Ces lieutenants de police avaient une autorité très-étendue. Un arrêt du conseil de 1701 leur attribue la connaissance de toutes les questions qui concernent les manufactures, nonobstant les prétentions des maires des villes.

§ 1. Lois de sûreté publique. — § 2. Lois contre le vagabondage et la mendicité. Établissements de bienfaisance.—§ 3. Lois de surveillance morale. Lois somptuaires et lois sur les théâtres.— § 4. Lois de police rendues dans un intérêt religieux. — § 5. Police municipale.

§ I. — Lois de sûreté publique.

Les premières lois générales de police dans l'ordre des temps eurent pour but de garantir la sûreté publique.

Ce furent d'abord les défenses portées contre les guerres privées. La *Quarantaine-le-Roi*, peut-être instituée par Philippe-Auguste, fut renouvelée par saint Louis en 1254 [1]. Elle soumit toutes les contestations féodales au jugement de la cour du roi, et rendit le maintien de la paix publique obligatoire. Philippe le Hardi défendit ensuite les joutes et les tournois, qu'il jugeait propres à entretenir l'esprit d'indépendance de la noblesse. La même défense fut renouvelée sous Philippe le Bel, en 1296, pour tout le temps que durerait la guerre du roi, en 1304, d'une manière absolue : ordre fut même donné aux baillis d'arrêter les seigneurs délinquants. Cependant la résistance fut telle, que le dernier de ces édits ne put recevoir d'exécution complète. Longtemps encore on se contenta de renouveler l'interdiction des guerres privées et des tournois pendant la durée des expéditions que le roi commandait en personne, ou des guerres entreprises contre l'étranger [2]. Les États généraux, réunis après la bataille de Poitiers, purent seuls établir avec succès une prohibition générale et durable [3]. Depuis ce moment

---

[1] Elle fut confirmée en 1353. Saint Louis reconnaît le droit qu'ont les nobles de se faire des guerres privées; mais il défend *guerras, incendia et carrucarum perturbationes*.

[2] Voir des lettres royales de 1314, 1317, 1352. En 1317 Philippe le Long suspend les tournois, parce qu'il va entreprendre le *saint voyage d'outre-mer*.

[3] Il y eut encore cependant quelques ordonnances plus récentes rendues dans le même but. 1367, défense des guerres privées. 1406, défense des joutes et faits d'armes. 1451, défense des guerres privées dans le Dauphiné.

ces guerres cessèrent peu à peu d'être considérées comme l'exercice d'un droit, et les ordonnances générales de police furent appliquées aux nobles qui portaient les armes.

En effet, la défense du port d'armes et celle des assemblées illicites suivirent de près. On ne pouvait porter d'armes, sans autorisation spéciale [1], et cette interdiction, dirigée d'abord contre les roturiers, fut appliquée aux gentilshommes au XVIᵉ siècle [2]. Les permissions spéciales furent plusieurs fois révoquées sous Henri II et ses fils, à l'époque des guerres de religion [3]. En 1561, on obligea les marchands armuriers de Paris de déclarer chaque semaine à l'Hôtel-de-Ville la quantité des armes qu'ils avaient en magasin et de celles qu'ils avaient vendues. Sous Louis XIII le port d'armes fut défendu aux roturiers, aux laquais et aux valets de pied des nobles, à peine du fouet pour les délinquants, et de la responsabilité civile pour les maîtres [4].

Quant aux assemblées illicites, celles de plus de cinq personnes étaient interdites dès le règne de Philippe le Bel (1305). Sous Charles VI, nulle assemblée ne pouvait être réunie sans autorisation royale, soit assemblée du peuple, comme celles que l'Université s'était attribué à plusieurs reprises le droit de convoquer, soit assemblée de gens de guerre [5], le connétable ayant seul après le roi le pouvoir de lever des hommes d'armes. Mais la fréquence de lois semblables à certaines époques n'atteste que la faiblesse du gouvernement. Si les baillis ne pouvaient faire exécuter, même en temps de paix, les ordonnances rendues contre les désordres des gens de guerre, qu'était-ce au milieu des

---

[1] Les priviléges d'Aire en Artois (1361); de Montreuil-sur-Mer (sous Louis XI), offrent des exemples de ces permissions.
[2] Ord. de 1546. Peut-être cette interdiction était-elle plus ancienne.
[3] Elles le furent en 1548, en 1549, en 1559 et en 1560.
[4] Ordonnances de 1610, 1611, 1627, 1629.
[5] Ordonnances de 1405, 1408, 1410, 1413.

guerres civiles, entre les factions d'Armagnac et de Bourgogne? Charles VI était obligé de faire excommunier par les évêques et par les papes les compagnies et ceux qui les réunissaient.

Pour rendre ces lois plus efficaces, Charles VI ordonne aux hôteliers de Paris de faire connaître chaque jour au prévôt de la ville les noms des personnes logées chez eux (1407)[1]. Les étrangers ne peuvent louer de maisons particulières aux habitants et sont tenus de se loger dans les hôtelleries (1408). Il fallait une permission pour entrer armé dans Paris. C'était aussi dans un but de sûreté publique qu'on défendait de sortir du royaume sans autorisation, de faire, par exemple, des pèlerinages à Rome[2] ; les pèlerinages ou la croisade pouvaient servir de prétexte pour négocier avec les ennemis du roi. Sous Louis XI, les États de 1468 émirent l'avis qu'on ne devait pas souffrir que les grands feudataires se fissent la guerre, encore moins qu'ils se liguassent avec les étrangers; ils proposèrent de déclarer *criminelle* toute alliance de ce genre. En conséquence toute émigration non spécialement autorisée fut interdite et traitée en quelque sorte de désertion. Cette défense fut rendue formelle en 1540, et il n'y eut d'exception faite que pour ceux qui avaient des propriétés hors du royaume, ou pour les marchands qui commerçaient sans fraude.

François Ier renouvelle encore la prohibition des assemblées illicites (1532, 1539); il se plaint que ses sujets veuillent se faire justice eux-mêmes, et il les invite à s'adresser à lui dans le cas où ils éprouveraient un refus de justice de la part des tribunaux. Il applique surtout cette prohibition

---

[1] Ordre renouvelé en 1539 et étendu à toutes les villes en général.
[2] 1400, défense de faire des pèlerinages à Rome ; en 1405 le roi donne quelques autorisations à des particuliers. — Philippe le Bel, en temps de guerre il est vrai, mettait sous le séquestre les biens de ceux de ses sujets qui étaient sortis de France sans son congé.

aux personnes masquées [1], et aux gens de guerre qui ne peuvent se réunir plus de quatre sans permission (1543). Toutes réunions et voies de fait entre gentilshommes pour affaires particulières sont proscrites également (1546). La sévérité des mesures prises contre les levées de troupes et contre les associations augmente pendant les guerres religieuses [2]. Les lois de police de cette époque portent que les maisons qui serviront pour les conventicules et les assemblées illicites seront rasées (1559) ; elles déclarent criminel de lèse-majesté quiconque fera des enrôlements sans commission royale (1584).

Les défenses faites aux Français de s'établir en pays étranger sont renouvelées à la fin du règne de Louis XIV, et placées sous la sanction de peines très-graves. Les parents qui consentaient au mariage de leurs enfants hors de France étaient punis, les hommes des galères, les femmes du bannissement et de la confiscation des biens. Rappelons seulement que cette défense était contemporaine de la révocation de l'Édit de Nantes ; on craignait alors qu'une émigration trop générale n'affaiblît sensiblement la population, en même temps qu'elle fortifierait la puissance matérielle et morale de l'étranger.

§ II. — Lois contre le vagabondage et la mendicité. — Établissements de bienfaisance.

Le soin de la sûreté publique exigea encore d'autres mesures, et surtout la répression du vagabondage et de la mendicité. Cette répression avait été d'abord l'objet d'ordonnances locales : le roi Jean lui consacra une ordonnance générale en 1351. Tous les *oiseux, joueurs de dés, enchanteurs ès-rues,* ou *truandants,* ou *mendiants valides,* furent tenus de prendre du travail ou de sortir de Paris dans les

[1] Déjà en 1400 les mascarades sont interdites.
[2] Ordonnances de 1583, 1584, 1585.

trois jours; sinon ils devaient être *pris et menés en prison au pain, et tenus ainsi par l'espace de quatre jours,* la seconde fois *mis au pilori,* la troisième *marqués d'un fer chaud et bannis.* On ne pouvait faire l'aumône qu'aux *gens aveugles, méhaignés,* et à autres *misérables personnes.* La grande ordonnance de 1413 renferma des dispositions semblables. Elle voulut qu'on forçât les mendiants valides à *aller labourer;* elle chassa les lépreux des grandes villes. Au reste, les lépreux devaient être enfermés dans les ladreries (ordonnance de 1322), et, comme ils affluaient à Paris, Charles V, en 1372, avait déjà donné l'ordre de les renvoyer chacun dans sa province. On sait qu'il y avait des hôpitaux depuis les Croisades. Saint Louis avait fondé celui des Quinze-Vingt, en 1269, et ses successeurs multiplièrent comme à l'envi les priviléges qui leur furent accordés.

François Ier défendit l'entrée de la France aux Bohémiens, ordonna d'en chasser ceux qui s'y trouvaient[1], acheva la suppression du droit d'asile que Louis XII avait commencé à faire disparaître, aggrava la pénalité contre les aventuriers, les vagabonds et les voleurs de grands chemins, et enjoignit à toutes personnes de leur courir sus.

A Paris, les mendiants valides durent être employés aux travaux publics par le prévôt des marchands et les échevins (1545). On établit même une taxe des pauvres, et il est curieux de rappeler que la fameuse taxe des pauvres d'Angleterre fut instituée par Élisabeth très-peu d'années après: on peut croire que les mêmes causes agissaient au fond dans les deux pays. Cependant les taxes des pauvres eurent peu de succès en France[2], et l'on préféra élever des maisons de

---

[1] En 1539, défense renouvelée par l'ordonnance d'Orléans de 1561 (art. 104). — Des ordonnances de 1490 et 1493 avaient déjà proscrit les devins, les enchanteurs, les nécromanciens, *ceux qui usent des sciences prohibées par l'Église.*

[2] Celle de François Ier fut rétablie à Paris en 1552, mais abandonnée encore presque aussitôt.

travail où les mendiants valides seraient forcés de se rendre et recevraient un salaire déterminé par le prévôt des marchands et les échevins, système assez analogue à celui des *workhouses* actuels d'Angleterre. Henri II, par exemple, ordonna d'établir à Paris *OEuvres publiques en deux ou trois divers lieux de ladite ville*. Les peines contre la mendicité furent nécessairement aggravées après ces ordonnances.

On décida aussi que les invalides seraient, les uns déportés dans les hôpitaux, les autres nourris, secourus, entretenus par les habitants de chaque paroisse. Dans ce but toute église dut avoir un tronc pour les aumônes : on convertit l'obligation, où étaient les prieurés et les abbayes, d'entretenir des invalides, en une obligation pécuniaire, dans l'espérance de la faire mieux exécuter. Les abbayes et les prieurés furent tenus désormais de verser leurs aumônes dans le tronc commun, et le clergé des paroisses fut chargé d'administrer ces secours.

Le soin de la charité publique et des établissements de bienfaisance commença vers le xvie siècle environ à éveiller la sollicitude du gouvernement. Les premières maisons de charité étaient entretenues par des fondations pieuses. On fondait un pauvre dans une abbaye, suivant l'expression du temps, comme aujourd'hui on fonde un lit dans un hôpital [1]; et l'administration de ces maisons appartenait soit aux fondateurs, soit aux églises, soit aux villes. Le premier exemple d'une intervention supérieure est du règne de Louis XI ; il fit faire en 1476 sur l'administration des hôpitaux de Bordeaux une enquête par une commission composée d'un chanoine, du sous-maire, de deux bourgeois et du procureur royal. Sous François Ier les exemples de ce

---

[1] En 1473 Louis XI fonde un pauvre à Saint-Martin de Tours. *Rec. des ordonnances.*

genre abondent ; la charité publique cesse d'être l'affaire exclusive des villes, et devient l'affaire du gouvernement. François Ier fait en 1542 un réglement pour l'élection des gouverneurs et administrateurs de l'hospice des Enfants-Dieu. La surveillance des hôpitaux et des maladeries est attribuée aux baillis, aux sénéchaux et autres juges royaux, avec faculté de remplacer les administrateurs afin de pour voir aux désordres. Pour achever cette *réformation des hôpitaux et aumôneries*, François Ier ordonne à tous les administrateurs, quel que soit leur titre, de rendre compte de leur gestion aux juges des lieux les plus voisins, et de leur exposer la situation financière des divers établissements (1546). Il entreprend d'imposer lui-même des réglements particuliers à un assez grand nombre d'hôpitaux. En 1554 Henri II nomme une commission pour faire ces réglements, dont le principal fut celui de l'hôpital de la Trinité, destiné à l'éducation des enfants pauvres. Les gouverneurs et administrateurs de cet hôpital durent être nommés par le Parlement de Paris sur une liste double de présentation faite par l'avocat et par le procureur général (1554). Tous les maîtres de métiers de Paris furent autorisés à avoir un apprenti au delà du nombre fixé par leurs statuts, à la condition de le prendre parmi les enfants pauvres élevés à l'hôpital de la Trinité.

Il ne paraît pas que ces mesures aient eu tout le succès espéré ; car on voit dans le préambule de l'ordonnance de 1561 Charles IX se plaindre, « qu'on ait quasi aboli le nom d'hôpital et d'hospitalité, qu'on ait défraudé les pauvres de leur nourriture due. » En conséquence il règle les formes de l'élection et le mode de gestion des administrateurs. Les hôpitaux placés sous la dépendance de patrons doivent avoir deux administrateurs élus tous les trois ans par les personnes qui jouissent des droits de présentation : seulement ces personnes ne peuvent nommer ni leurs parents, ni leurs domestiques. Si les hôpitaux ne dépendent pas de patrons ou de fondateurs, la nomination des administrateurs appartient aux villes ou aux communautés. Nul officier sortant de charge et convaincu de malversation ne peut être réélu. Les administrateurs sont obligés d'envoyer au chancelier un tableau des revenus de chaque maison, fait avec les juges des lieux, et de rendre leurs comptes annuels soit aux délégués des fondateurs, soit aux notables des villes. Enfin il leur est enjoint de traiter les malades *humainement et gracieusement*. Le service spirituel est confié à des prêtres que nomme le grand aumônier de France, et les juges locaux déterminent les sommes qui doivent leur être allouées.

En 1585 la connaissance de toutes les contestations relatives aux hôpitaux fut attribuée aux baillis, sans doute contrairement aux prétentions des juridictions patrimoniales ou des villes. On reconnut aux administrateurs le droit de faire quêter au profit des hospices, mais avec l'autorisation royale : une autorisation de ce genre fut accordée en 1595 à l'Hôtel-Dieu de Paris [1].

Telles furent les principales mesures prises au XVIᵉ siècle pour supprimer la mendicité, et pour donner aux établissements de bienfaisance publique sous le patronage royal une organisation régulière. Comme sanction de ces mesures, l'ordonnance de Moulins, de 1566, obligeait chaque ville à entretenir ses pauvres, à ne pas les laisser errer ou mendier[2], et les villes devinrent responsables vis-à-vis de la royauté de la manière dont elles exécutèrent ces obligations.

Le XVIIᵉ siècle voulut faire mieux, et sans entrer ici dans

---

[1] Cela était d'usage : on voit François Iᵉʳ autoriser, en 1541, une quête pour l'entretien des orphelins de la banlieue de Paris; mais l'usage n'était pas encore devenu règle formelle.
[2] Ordonnance de Moulins : article 73, confirmé par une déclaration de 1586.

le détail divers des ordonnances, sans énumérer tous les hôpitaux fondés ou toutes les commissions de réformes nommées, je dois rappeler les mesures nouvelles prises pour résoudre une question dont le gouvernement s'occupait avec persévérance.

Henri IV fonda, en 1604, le premier hôpital militaire pour les Invalides et les hommes blessés au service. Ce premier hôpital fut cependant d'une ressource insuffisante, et les vieux soldats continuèrent à être répartis entre les abbayes que l'on chargeait de leur entretien : on fit faire, en 1623, un état des abbayes et des monastères, et l'on fixa le chiffre de la contribution annuelle à laquelle on devait les soumettre pour chaque soldat estropié.

Les États de 1614 demandèrent que l'on employât des moyens plus efficaces que ceux dont on se servait pour forcer au travail les mendiants valides. L'assemblée des notables de 1627 décida qu'il y aurait dans chaque Parlement une commission spéciale nommée pour s'entendre à cet égard avec l'évêque diocésain. Les gens sans aveu furent obligés de prendre du service dans les compagnies de commerce, de s'embarquer pour les Indes, de s'engager dans la marine. Le nombre des grandes entreprises qui se formaient alors permettait d'employer beaucoup de bras, et offrait un débouché à toutes les personnes sans condition. Cependant l'État dut ouvrir encore des ateliers, et il préféra au système des ateliers libres celui des ateliers de force. On calculait qu'enfermer deux cents pauvres, c'était en chasser huit cents, parce que les six cents autres travailleraient pour garder leur liberté[1]. Chaque ville eut bientôt une sorte d'hôpital-atelier. Paris obtint du roi six mille livres pour la fondation du sien, et prit tous les frais d'entretien à sa

---

[1] Lettre du garde des sceaux Marillac à M. Molé, procureur général au Parlement de Paris, 27 août 1629. Fonds des Cinq-Cents de Colbert, n° 6.

charge. « Il faut, disait le garde des sceaux Marillac, que Paris se fournisse à soi-même ce que la moindre ville du royaume ferait sans emprunter de ses voisins[1]. » — Marillac ne se contenta pas de faire enfermer les vagabonds; il recommanda de traiter de même les soldats estropiés, ou soi-disant tels, qui ne pouvaient trouver de place dans les abbayes. On ouvrit aussi sous le règne de Louis XIII des ateliers pour les enfants pauvres. En 1635, un atelier de tapisseries turques fut établi dans l'hôpital de la Savonnerie, et le premier président, le procureur général et les administrateurs des pauvres passèrent bail à un tapissier nommé Lourdet, qui prit l'engagement d'y recevoir comme apprentis soixante enfants tirés des hôpitaux des pauvres; le temps d'apprentissage devait durer six ans[2].

Les peines contre la mendicité devinrent aussitôt de la dernière rigueur. En 1638, tous les vagabonds et gens sans aveu eurent à prendre condition, ou à « vider Paris avant le premier jour du carême suivant, sous peine d'être envoyés aux galères[3]. »

Au reste, le succès de toutes ces institutions fut encore douteux ou insuffisant. Sous Louis XIV, il y eut beaucoup de nouvelles fondations. La plus considérable fut celle de l'hôpital général de Paris, établi par un décret de 1656, et constitué en 1657. Il reçut un don important de Mazarin. Le premier président au Parlement, le procureur général et l'archevêque en furent nommés directeurs perpétuels, et les directeurs inférieurs durent prêter serment de bien et fidèlement administrer devant le Parlement lui-même auquel leur

---

[1] Fonds des Cinq-Cents, n° 6. — Autre lettre du 14 octobre 1629.

[2] Entr'autres hôpitaux fondés sous Louis XIII, il faut citer celui des incurables, et la commanderie de Saint-Louis établie à Bicêtre en 1633 pour les soldats invalides.

[3] Cf les édits d'août 1661 et d'octobre 1686. — Les mêmes peines sont infligées aux Bohémiens, aux magiciens, devins et empoisonneurs en 1682.

réception fut attribuée[1]. Comme les pauvres de toute la France affluaient à Paris, la création d'un hôpital semblable dans chaque ville fut décrétée en 1662. Citons encore, parmi les fondations de ce règne, celle du premier hospice d'enfants trouvés, celles de Bicêtre et de la Salpêtrière, dont on fit, en 1684, des maisons de correction, l'une pour les garçons au-dessous de vingt-cinq ans, l'autre pour les filles et les femmes perdues ; la communauté des filles repenties du Bon-Pasteur[2], etc...

On transportait à la plupart de ces établissements nouveaux les biens d'anciennes communautés religieuses[3]. On pourvut encore à l'entretien des hôpitaux par d'autres moyens. En 1683, on leur transféra la propriété de tous les biens légués aux pauvres de la Religion prétendue réformée, et de ceux des consistoires, en leur imposant, il est vrai, l'obligation de donner asile à ces pauvres, aussi bien qu'à ceux de la Religion catholique. En 1690, on leur défendit de recevoir à fonds perdu aucun capital avec l'engagement d'en servir la rente à un taux d'intérêt supérieur au denier vingt, précaution qui écartait des donations faites aux hospices toute chance aléatoire. Enfin, en 1699, on attribua à l'hôpital général un sixième de la recette brute de l'Opéra et des spectacles.

Voilà comment s'organisèrent, sous la direction supérieure de l'État, des établissements de charité légale qui servirent d'ailleurs à garantir la sûreté publique. Cette sûreté fut encore garantie par la défense des jeux de hasard, renouvelée depuis saint Louis sous tous les règnes. Elle le fut par les édits de Louis XIV qui supprimèrent les loteries particulières, et

---

[1] Voir les Mémoires des intendants de 1698. — Généralité de Paris. — Gouvernement ecclésiastique.

[2] Fondée à Paris en 1698 par M*me* de Combé. Delamarre. *Traité de la police.*

[3] Ainsi furent supprimées la communauté de Notre-Dame du Mont Carmel en 1672, et celle de Saint-Lazare en 1693.

toutes les réunions réputées dangereuses[1]. Elle le fut aussi par l'obligation imposée aux domestiques (xvi⁰ siècle) d'avoir un certificat qui fit à peu près l'office du livret de nos ouvriers. Une déclaration royale défendait de recevoir tout domestique qui ne présenterait pas un certificat semblable signé de son ancien maître, et prononçait une amende contre les chefs de famille délinquants.

Enfin le soin de la salubrité publique fit prendre contre la peste des mesures analogues à celles qu'on avait prises autrefois contre la lèpre. Les quarantaines, d'usage très-ancien, furent réglementées en 1683. En 1668, le Parlement décréta l'établissement d'une maison de quarantaine à Paris, pour séquestrer les personnes atteintes de maladies contagieuses. Plusieurs arrêts de la même époque interdirent tout commerce, et même toute correspondance, avec les pays d'où provenaient ces maladies.

§ III. — Lois de surveillance morale. Lois somptuaires, et lois sur les théâtres.

La police générale du royaume devait comprendre, après les lois de sûreté et de charité publiques, celles qui concernaient les bonnes mœurs et la religion.

C'est à la surveillance des bonnes mœurs qu'appartiennent les édits contre le luxe et les superfluités. Les lois somptuaires sont très-anciennes ; on en trouve, dès l'an 1283, sous Philippe le Hardi. Elles paraissent avoir eu surtout un motif religieux ; la religion proscrivait le luxe, comme instrument de corruption, et voulait obliger les riches à dépenser en aumônes l'excédant de leurs revenus. On vit aussi en elles pendant longtemps un remède à l'inégalité des fortunes. « C'est chose honteuse à la France, disait au roi,

---

[1] L'édit de décembre 1666 a pour but de « chasser ceux chez lesquels se prend et se consomme le tabac, qui tiennent académies, brelans, jeux de hasard et autres jeux défendus. » Les jeux à combinaisons et les jeux d'adresse étaient les seuls tolérés.

en 1615, le Parlement, de voir le peuple réduit à une extrême pauvreté, et qu'il se fasse néanmoins des dépenses prodigieuses ès maisons de ceux qui ont épuisé toute la substance de vos sujets. » Les lois somptuaires eurent encore quelques autres effets : elles servirent à maintenir la différence extérieure des rangs et des conditions[1]. Au point de vue économique, elles offrirent aux nobles un moyen efficace de conserver leurs fortunes; elles forcèrent les grandes familles à faire une épargne sur leurs revenus, pour augmenter leurs capitaux : elles rendirent donc obligagatoire pour les particuliers une mesure de simple prudence.

Enfin les ordonnances somptuaires servirent d'expédient financier. Ainsi Philippe le Bel défendait à toute personne ayant moins de six mille livres tournois de rente de garder de la vaisselle d'or ou d'argent, et aux personnes plus riches d'en garder au delà d'une quantité limitée; le reste devait être porté à la Monnaie. La fabrication des ouvrages d'or et d'argent fut toujours très-bornée, parce qu'on voulait réserver les métaux précieux aux besoins de la circulation, et les empêcher de devenir plus chers. On trouve encore sous Louis XIII des édits rendus en ce sens[2].

Le luxe des repas et celui des habits furent l'objet des mesures les plus nombreuses. On fit des ordonnances sur les repas jusqu'en 1629[3]; au reste leur impuissance est at-

---

[1] Charles IX limite la dépense des ecclésiastiques dont le faste a excité les plaintes des États d'Orléans (édits de 1561, de 1563, de 1573). Henri III défend aux femmes de roturiers de porter l'habit de *demoiselles*.

[2] Entr'autres celui de 1636 qui fixe un maximum invariable de quatre onces pour le poids des ouvrages d'or et de quatre marcs pour celui des ouvrages d'argent.

[3] Quand ces ordonnances n'auraient pas d'autre intérêt pour nous, elles pourraient servir à mesurer le progrès de la richesse publique, depuis Philippe le Bel qui défendait d'avoir plus de trois plats à chaque repas, et de faire un même plat de chair et de poisson, ce qui eût donné moyen d'éluder l'édit, jusqu'à Louis XIII qui permettait trois services, pourvu qu'il n'y eût à chaque service qu'un seul rang de plats.

testée par les précautions minutieuses accumulées dans les plus récentes [1] et par la sévérité des peines qu'elles prononçaient. Charles IX condamnait les coupables au fouet pour la seconde récidive. Cette pénalité barbare fut effacée de la loi de 1629, mais ne fut pas remplacée, et la loi qui manquait de sanction n'eut aucun effet.

Les principaux édits sur le luxe des vêtements furent l'œuvre de François Ier, de Henri II et de Charles IX. Il semble qu'on ait renoncé presqu'aussitôt à leur exécution; mais Sully les remit tous en vigueur. Sully, dominé par ses préjugés militaires et par l'habitude d'une stricte économie, ne voyait dans l'industrie que le luxe, et dans le luxe qu'un instrument de volupté et de paresse pour les particuliers, de ruine pour l'Etat. Il croyait que le germe de paix qu'elle fait éclore est celui d'une paix oisive, et il ne connaissait pas d'autre activité que celle d'une pauvreté mâle et des vertus guerrières. Il détermina donc par un édit le maximum de la dépense des personnes de toute qualité, en prenant pour base celle qu'elles étaient supposées faire au temps de Louis XI; et ce qu'il y a de curieux, c'est qu'il crut arrêter par là l'augmentation successive du prix des objets, révolution qu'il déplorait sans la comprendre. Ses tarifs contre l'étranger furent conçus dans le même système (voir plus loin). On sait au reste qu'il voulait empêcher l'ancienne noblesse d'être envahie par les hommes nouveaux enrichis, et qu'il lui donnait dans ce but l'exemple de la simplicité et de l'épargne, « vêtu ordinairement, comme Péréfixe le représente, de drap gris, avec un pourpoint de satin ou taffetas, sans découpure, passement, ni broderie. » Il disait de ceux qu'il voyait richement habillés, qu'ils portaient leurs moulins et leurs bois de haute futaie sur leur dos.

L'esprit de Sully anima aussi en 1614 les députés des

---

[1] L'édit de 1629 ne comprend pas moins de 361 articles.

États, qui insistèrent pour la stricte exécution de toutes les lois somptuaires[1] : en effet ces lois furent très-multipliées sous Louis XIII, mais elles ne servirent que d'une vaine protestation contre les progrès de la richesse générale et contre ceux de l'industrie; d'ailleurs les exceptions forcées tuaient la règle. En 1629, on prohiba l'usage des dentelles; or des fabriques de dentelles s'établirent en France précisément à cette époque et vendirent leurs produits à un prix inférieur au prix des produits étrangers ; aussitôt la consommation des dentelles augmenta, l'édit de 1629 fut illusoire et il fallut le renouveler en 1634, en 1635, en 1636; il fallut même recourir, pour l'exécuter, à des descentes et à des saisies chez les marchands. Ce n'est là qu'un exemple entre mille. D'autres industries, attaquées par des édits somptuaires, réclamèrent, obtinrent qu'on modérât les restrictions, que certains priviléges leur fussent accordés. Enfin après quelques oscillations entre la sévérité et la tolérance, le lieutenant civil finit par reconnaître que la loi prohibitive était inexécutable, et que ses agents ne pouvaient répondre des contraventions, tant elles étaient nombreuses.

Sous Louis XIV les lois somptuaires sans cesse renouvelées deviennent cependant plus rares dans les dernières années et surtout de moins en moins sévères. Celle de 1700 se contente de défendre la possession de certaines pièces d'orfévrerie, et de limiter la valeur des pierreries, des diamants, que chaque particulier peut avoir. La dernière est celle de 1713 qui se contente de défendre aux simples particuliers le port de la livrée royale.

La réaction qui s'opéra contre le système de ces lois fut

« Qu'il soit fait défense à toute personne, portent les cahiers des États, fors à celles qu'il plaira à Votre Majesté d'excepter par son édit, de porter perles, diamants, et autres pierreries, d'avoir carrosses dorés ou enrichis de brodures ou passements de soie, de faire dorer cheminées, lambris ou autres choses, si ce n'est pour l'ornement des églises. »

d'abord l'œuvre des marchands et des fabricants dont elles lésaient les intérêts. Ensuite leur inefficacité et le simple progrès des choses amenèrent une révolution des idées économiques. Dans les documents du temps de Louis XIV, même autres que les mémoires des chambres de commerce, le luxe continue d'être universellement proscrit, mais la richesse cesse de l'être; elle est regardée au contraire comme un des principaux objets qui doivent exciter la sollicitude du gouvernement. « La pauvreté, dit l'un d'eux, était représentée autrefois couronnée de fleurs; elle ne l'est plus que hérissée d'épines. »

Les lois sur les théâtres doivent être aussi rangées au nombre de celles qui eurent pour objet la protection de la morale publique. Les spectacles avaient besoin d'être autorisés et réglementés par des ordonnances de police, dont on trouve les premiers exemples sous le règne de Charles VI [1]. Charles VI accorda, comme on sait, aux confrères de la Passion le droit de représenter des mystères. Les comédiens obtinrent ensuite des privilèges [2], et formèrent plusieurs corporations assimilées à celles des autres gens de métiers. Une des principales obligations qu'on leur imposait était de soumettre leurs pièces à la censure [3]. Les théâtres demeurèrent longtemps des entreprises privées, et l'Opéra, fondé sous Louis XIV, fut le premier que l'État prit à sa charge.

§ IV. — Lois de police rendues dans un intérêt religieux.

Toutes ces lois avaient un côté religieux, mais d'autres étaient exclusivement religieuses. La police sanctionna et rendit obligatoires tous les décrets de l'Église catholique, comme l'observation du dimanche et des fêtes, la défense de

---

[1] En 1398, en 1402. — [2] En 1554, en 1560.
[3] Un règlement de 1609 porte que les pièces jouées à l'hôtel de Bourgogne y seront soumises.

mettre en vente de la viande pendant le carême[1]. C'est parce que les réglements de police étaient exclusivement catholiques comme les lois, que les questions soulevées par l'établissement du protestantisme furent si difficiles à résoudre.

D'assez nombreuses ordonnances poursuivirent aussi des abus auxquels la religion pouvait servir de prétexte. Les confréries, les pèlerinages durent être soumis à l'autorisation royale. En 1539, François Ier supprima les confréries de sa propre autorité, parce qu'elles étaient un moyen de désordre. On en rétablit plus tard un certain nombre, mais à l'aide d'autorisations particulières[2], et les rois firent les réglements de ces confréries rétablies; ils défendirent généralement d'en consacrer les revenus à des banquets, et ordonnèrent qu'on les employât à faire des aumônes ou à entretenir des écoles. Quant aux pèlerins, on exigea qu'ils prissent un passe-port des officiers royaux ou municipaux (1665), et une autorisation de leur évêque (1671); autrement les pèlerinages eussent servi de prétexte à la mendicité. En 1686, on exigea un passe-port délivré par les secrétaires même du roi.

§ V. — Police municipale.

J'ai déjà exposé ailleurs comment le pouvoir royal s'était successivement emparé de la direction de la police municipale, en substituant son action personnelle à celle des villes, ou en réglant et en surveillant lui-même l'action de ces dernières. Je renvoie aussi pour certaines parties de cette police, pour celle, par exemple, qui regarde les métiers, au chapitre qui traite de l'industrie.

Quelques observations cependant sont ici nécessaires. On

[1] Voir le chapitre de l'Eglise. On trouve déjà une ordonnance rendue dans ce but en 1363.
[2] Un arrêt du Parlement de 1660 déclara cette autorisation obligatoire pour la formation de toute confrérie.

sentit de très-bonne heure qu'il n'était pas bon que la police municipale appartînt tout entière aux officiers municipaux, que des intérêts supérieurs pouvaient y être engagés. Aussi envoya-t-on fréquemment des commissaires royaux dans telle ou telle ville pour atteindre ce but. L'intervention des Parlements dans l'exercice de la police municipale s'explique encore de la même manière [1].

La nécessité d'assurer les approvisionnements fit confier aux agents royaux, dès le règne de Philippe le Bel, des pouvoirs étendus. Ils devaient dresser le relevé de ces approvisionnements. Les ventes devaient toutes se faire aux halles, et nombre d'ordonnances furent rendues pour empêcher les marchands en gros de devenir accapareurs [2].

Dans les années de famine, comme en 1304, chaque ville devait garder la quantité d'approvisionnements nécessaire à sa subsistance et envoyer le reste au marché. La formation des greniers était interdite. On fixait un maximum pendant la cherté, et, ce temps passé, on rétablissait la liberté des prix [3]; ce fut donc au sujet des subsistances que l'on éta-

---

[1] Voir entr'autres les ordonnances sur la voirie municipale de Paris.
[2] Voir celles de 1408, de 1482. Cette dernière, qui interdisait l'achat des blés en vert, fut renouvelée en 1539 et en 1540. — Les ordonnances de 1531 et de 1544 portent que les agriculteurs vendeurs de blé préféreront toujours le petit peuple, à quelqu'heure qu'il se présente, aux marchands qui achètent pour revendre.
[3] La mauvaise culture et l'absence d'une bonne police dans les campagnes rendaient la crainte des famines très-commune. La famine était le résultat inévitable de toutes les guerres qui avaient la France pour théâtre. En 1421, année où les Anglais étaient maîtres d'une partie du royaume, Charles VI est obligé de défendre aux habitants d'Amiens et de Beauvais d'arrêter au passage les denrées destinées à l'approvisionnement de Paris; défense renouvelée en 1474.
L'exportation des grains était interdite d'une province à l'autre (François I⁰ʳ la défend encore en 1515 pour le ressort de la prévôté de Paris, et les bailliages de Chartres, de Senlis et du Vermandois). Elle ne pouvait avoir lieu qu'avec l'autorisation des baillis ou des gouverneurs. Louis XII y substitua en 1508 la nécessité de l'autorisation royale. En 1571 le droit de conférer cette autorisation fut déclaré royal

blit les premières règles générales dont l'exécution fut confiée aux officiers royaux.

Il serait curieux de connaître si le nombre des métiers nécessaires aux approvisionnements était limité dans chaque ville. Bien que les documents soient contradictoires, il paraît l'avoir été généralement; il l'était, à Paris, lorsque fut rendue l'ordonnance de février 1416, la plus importante peut-être sur cette matière.

On peut citer aussi parmi les règles générales l'usage qui s'établit depuis Louis XI de fixer un *maximum* pour le prix de certaines marchandises, surtout de celles qui étaient vendues dans les hôtelleries[1]. On voulait remédier par là au progrès du renchérissement, et l'on croyait que c'était le devoir de l'État d'intervenir en pareille circonstance entre le vendeur et l'acheteur. Les tarifs étaient renouvelés tous les ans, à la Saint-Martin d'hiver, eu égard aux causes d'augmentation et de diminution qui pouvaient survenir dans les prix. Les ordonnances de ce genre devaient être mises en titre authentique, et criées dans l'étendue de chaque sénéchaussée. Au fond, elles n'attestent que la rareté des relations commerciales; mais elles pouvaient avoir le genre d'utilité obtenu aujourd'hui par les publications de

---

et domanial, et l'édit d'Amboise de 1572 obligea les gouverneurs de provinces d'envoyer au roi deux fois l'an un avis sur l'état des récoltes. Au reste, ces dispositions ne purent prévaloir qu'après une vive résistance des souverainetés locales. Henri IV força le Parlement de Toulouse (lettre du 17 octobre 1604) à révoquer un arrêt qui empêchait la sortie des blés. Le juge de Saumur s'était arrogé le même droit; Sully cassa la décision qu'il avait prise, et le fit comparaître devant le Conseil.

On a souvent reproché à Colbert d'avoir mis des entraves au commerce des grains; il ne fit en réalité que suivre les anciennes règles, et n'eut que le tort de les laisser subsister. Au reste, ce commerce profita comme tous les autres de la révision des droits de traites, et des grandes améliorations obtenues sous son ministère.

[1] On était également passible d'une amende, quand on mettait à trop haut prix des marchandises non taxées.

mercuriales. La fixation de ces tarifs fut presque partout attribuée aux juges locaux; elle leur demeura en définitive, malgré les variations auxquelles l'autorité, en matière de police, fut soumise dans le courant du xvie siècle.

En 1577, Henri III ordonna qu'il faudrait une autorisation royale pour tenir un cabaret, une taverne ou une hôtellerie : cette loi fut renouvelée sous Louis XIV.

La pensée d'établir en France l'unité des poids et mesures est peut-être aussi ancienne que la monarchie. Elle remonte-tout au moins à Philippe-le-Bel. C'était une des idées favorites de Louis XI. Au xvie siècle on fit quelques essais partiels, non pour atteindre encore l'unité, mais pour diminuer la variété. En 1510, on voit Louis XII, sur la requête des trois États d'Auvergne, déterminer la contenance de mesures uniformes qui devaient être adoptées dans toute la province. François Ier et Henri II font des réglements du même genre [1]. Henri II ramène à un type unique les poids et mesures de la banlieue de Paris, ordonne qu'un étalon en soit déposé à l'Hôtel-de-Ville (1557), et l'année suivante il force d'accepter ce nouveau type dans tout le ressort du Parlement; il y oblige même ceux des seigneurs qui ont encore conservé l'ancien droit de fixer eux-mêmes les poids et les mesures dans leurs seigneuries. Au temps de Colbert, on réforma les étalons de la plupart des mesures en usage dans toute l'étendue de la France, et en 1683 on en fit un tableau comparé dans lequel on indiqua leurs valeurs respectives. La fiscalité fit créer ensuite quelques charges de mesureurs de grains en titre d'office et d'autres semblables, dans les villes importantes.

On voit par ce qui précède combien il a fallu de temps et de persévérance aux agents du pouvoir central pour créer

[1] François Ier rendit un édit en 1540 pour que l'aunage des draps fût uniforme dans toute la France, mais il ne put faire exécuter son édit, et le révoqua lui-même en 1543.

quelque chose qui ressemblât de loin à notre administration intérieure actuelle, pour enlever à tel ou tel intérêt son caractère d'intérêt local et lui assurer une satisfaction plus générale et plus large. La création des intendants au XVIIe siècle est une des causes qui ont le plus contribué à faire obtenir ce résultat (*voir l'introduction*). Mais les intendants eux-mêmes éprouvèrent de fortes et de longues résistances, parce que leurs entreprises ne tendaient à rien moins qu'à supprimer l'action des pouvoirs locaux, villes, Parlements, États provinciaux ou autres. Le développement complet, définitif de l'administration centrale de l'intérieur n'était guère possible qu'avec un gouvernement dans lequel chaque localité envoyât ses représentants siéger aux assemblées délibérantes[1].

CHAPITRE VIII.

DE L'ADMINISTRATION JUDICIAIRE.

§ 1. Tableau des institutions judiciaires au XIIe siècle. Tribunaux patrimoniaux ; prévôtés, bailliages. — § 2. Commencements de la centralisation judiciaire. Formation du Parlement de Paris. — § 3. Autres cours souveraines du domaine royal. — § 4. Effets de la création du Parlement de Paris. — § 5. Actes royaux du XIVe siècle relatifs aux juridictions patrimoniales. — § 6. De la constitution du Parlement et de ses vicissitudes durant le XIVe et le XVe siècle. Priviléges. Hérédité des charges. — § 7. Compétence du Parlement à cette même époque. Quelle part il prit à la direction générale de l'administration monarchique. — § 8. Tribunaux royaux inférieurs des bailliages, des prévôtés. — § 9. Établissement des tribunaux présidiaux au XVIe siècle. Tenue des grands-jours. — § 10. Suppression ou limitation des juridictions patrimoniales à partir du XVIe siècle. — § 11. Comment l'uniformité fut introduite dans la législation. Rédaction des coutumes. Recueil des ordonnances. — § 12. De la magistrature en général durant les XVIe et XVIIe siècles. Traitements des juges ; vénalité

[1] La création du ministère de l'Intérieur n'eut lieu qu'en 1797, après l'Assemblée constituante, l'Assemblée législative et la Convention.

CHAP. VIII. — DE L'ADMINISTRATION JUDICIAIRE

des charges. — § 13. De la compétence des tribunaux royaux à la même époque en matière ecclésiastique. — § 14. En matière commerciale. — § 15. En matière administrative. Juridiction des maîtres des requêtes de l'hôtel et du grand conseil. — § 16. Parlements provinciaux. — § 17. Ministère public. — § 18. Procureurs, avocats, notaires, greffiers. — § 19. Rôle politique des Parlements. Droits d'enregistrement et de remontrances.

Le droit de rendre la justice, après avoir appartenu pendant le moyen âge à tous les souverains locaux, leur fut successivement enlevé. Une révolution lente s'accomplit, dont il est facile de reconnaître le progrès dans l'histoire des tribunaux et dans celle des lois. La centralisation s'établit par degrés dans l'ordre judiciaire, et l'unité d'action du pouvoir central rendit possibles ou même acheva dans ce service, comme dans tous les autres, d'importantes réformes.

§ 1. — Tableau des institutions judiciaires au xiie siècle. Tribunaux patrimoniaux. Prévôtés. Bailliages.

Je dois exposer d'abord le tableau des institutions judiciaires de la France, à l'époque où la justice était patrimoniale, et appartenait aux souverains locaux.

On distinguait à cette époque deux classes de tribunaux, ceux de l'Église et ceux des laïques. Les tribunaux de l'Église avaient une juridiction exceptionnelle, et, comme je l'ai exposé ailleurs[1], une compétence d'autant plus étendue que ses limites étaient fort incertaines.

Je ne m'occuperai donc que des tribunaux laïques. On sait que la France, si l'on excepte les villes de commune, et les villes ou les terres placées dans le domaine royal, ou plutôt dans la partie de ce domaine que les rois n'avaient pas inféodée, se divisait en fiefs qui avaient chacun leur justice patrimoniale. Le droit de ces fiefs était absolu, mais tous ne l'exerçaient pas de la même manière. On distinguait trois

---

[1] Voir le chapitre de l'Église.

degrés de justice, la haute, la moyenne et la basse, ces deux dernières appelées dans la langue du moyen âge grande et petite voirie. Les tribunaux patrimoniaux étaient de divers degrés, d'après le rang et la nature des fiefs auxquels ils appartenaient, et lorsque les règles féodales furent mises par écrit, comme dans les Etablissements de saint Louis, on prit soin de bien déterminer la compétence diverse de chacun d'eux, le taux des amendes et la nature des peines qu'ils pouvaient prononcer.

Les villes de commune avaient dans leurs murs, et quelquefois dans leur banlieue, la justice haute, moyenne ou basse, suivant les conditions posées dans leurs chartes de liberté. Il en était de même des villes privilégiées.

Quant au domaine royal, ou plutôt à sa partie non inféodée, elle appartenait à la justice particulière du roi.

La justice ecclésiastique était rendue par des juges officiels, la justice civile l'était autrement. Le seigneur présidait ses assises soit en personne, soit par l'intermédiaire d'un représentant. Il y appelait ses vassaux, et ceux-ci étaient tenus de s'y rendre sous peine de forfaiture : l'obligation leur en est imposée d'une manière formelle par les lois féodales [1]. Réunis ainsi à la cour du seigneur, les vassaux portaient le nom de pairs; c'était un principe que nul ne pouvait être jugé que par ses pairs ; quant au nombre de juges nécessaires pour rendre un jugement, il variait suivant les Coutumes. L'accusé pouvait seulement récuser la cour de son seigneur, si elle n'était pas *suffisamment garnie;* il pouvait s'adresser alors à une cour plus élevée, ce qui se nommait *appel par défaute de droit.* Mais ce n'était pas là un appel comme nous l'entendons aujourd'hui, car il n'y avait pas de jugement à réformer. Le jugement une fois rendu ne pouvait être attaqué que d'une manière, par le défi. Le défi avait

---

[1] Elle y est désignée sous le nom de *Fiducia.*

été soumis à des règles qu'ont énumérées soigneusement Beaumanoir et Pierre de Fontaines, mais dont l'examen serait ici trop long et sans intérêt.

Le roi avait son tribunal comme les seigneurs, et ce tribunal était composé des vassaux de son domaine. La cour des pairs de France, composée des grands vassaux de la couronne, en était distincte en droit, quoiqu'en fait elle se confondît peut-être avec lui[1]. La justice du roi était présidée par le sénéchal, le premier des grands officiers de la couronne ou *ministeriales*.

Mais la terre du roi était très-étendue, et la cour du sénéchal composée des vassaux ne jugeait que les causes de ces vassaux, les causes féodales. On avait donc attribué des pouvoirs judiciaires aux prévôts qui étaient les agents de l'administration royale dans la partie non inféodée du domaine. Les prévôts étaient juges ordinaires dans toutes les causes civiles qui n'appartenaient pas à la féodalité, et dans les causes pénales qui n'étaient pas réservées par leur nature aux officiers supérieurs. Leur compétence s'étendait sur la campagne et sur les villes de leur ressort qui n'avaient point de tribunaux particuliers. Ils devaient aussi tenir des assises hors de leur siége habituel, dans tout le cercle de leur juridiction. Ils étaient placés sous la surveillance immédiate du sénéchal.

Les prévôts pouvaient être choisis parmi les simples bourgeois des villes, et c'est avec raison qu'on a regardé l'admissibilité des membres du tiers-état aux fonctions publiques, comme une des causes qui ont le plus hâté son éducation politique et favorisé son élévation.

De cette manière les prévôtés restèrent de simples offices donnés en commission, et ne purent s'inféoder à titre héréditaire, tandis que la sénéchaussée de France avait été inféodée, et continua de l'être jusqu'au règne de Philippe-

---

[1] Voir le chapitre de la Noblesse, section 1ʳᵉ, de la Pairie.

Auguste qui la *remit en sa main*. Les prévôtés étaient vendues ou affermées : les prévôts élisaient eux-mêmes leurs sergents qui donnaient caution.

Chaque grand fief fut divisé comme le domaine royal en prévôtés, organisées sur ce modèle.

L'institution des baillis créa de nouveaux juges et de nouveaux tribunaux. La cour du sénéchal ne suffisait pas à l'expédition des affaires, surtout depuis que de nombreuses acquisitions venaient augmenter l'étendue primitive du domaine. On envoyait probablement des commissaires royaux, des *missi dominici*, en tournée pour l'information ou le jugement de certaines affaires, de celles, par exemple, qui avaient un caractère politique, ou pour recevoir les plaintes des hommes libres, surtout celles qui étaient dirigées contre les officiers inférieurs. Les baillis furent des commissaires royaux permanents dans une circonscription administrative déterminée, que l'on appela *bailliage*. Comme délégués de justice, ils ne firent que présider les assises composées de vassaux du roi. Ils durent écouter toutes les plaintes, judiciaires ou administratives, et y faire droit. On leur donna aussi une juridiction criminelle spéciale qui comprenait, en 1190, l'année de leur institution, la connaissance de tous les crimes compris sous les quatre désignations suivantes : *murtrum, raptus, homicidium, proditio*, et que saint Louis étendit plus tard. Enfin on leur reconnut le droit de juger à leurs assises les appels des prévôtés, quand l'usage des appels, inconnu aux tribunaux féodaux, fut rétabli [1].

Les baillis, chargés de nombreuses attributions judiciaires ou extra-judiciaires, et entr'autres de la publication des or-

---

[1] Suivant M. Warnkœnig (Franzœsische Staats und Rechtsgeschichte, Basle, 1846) les baillis recevaient dès l'origine de leur institution les appels des prévôtés. Tout porte à croire qu'il en était ainsi ; mais je n'ai pu en trouver d'exemple antérieur à l'an 1331.

donnances royales et du soin de les faire exécuter par les nobles, devaient être choisis exclusivement parmi les chevaliers. Les rois s'imposèrent seulement, par prudence, l'obligation de ne choisir que des seigneurs du second rang, moins disposés à prétendre à l'indépendance. Les baillis durent tenir leurs assises à époques régulières, un jour tous les mois (1190, testament de Philippe-Auguste), ou de deux en deux mois (1302)[1]. D'après les deux célèbres ordonnances de 1254 et de 1256, ils devaient rendre la justice sans acception de personnes, faire droit aux petits comme aux grands, aux étrangers comme aux nationaux, en observant les Coutumes de chaque province, garder les intérêts du roi sans porter préjudice aux intérêts privés. On fit revivre à leur égard les anciennes lois romaines sur les proconsuls; on leur défendit de recevoir des présents, de corrompre ou de se laisser corrompre, d'acheter des immeubles dans leurs ressorts ou d'y marier leurs enfants, de prendre des gîtes dans les maisons religieuses, etc., etc. Nul d'entr'eux surtout ne devait exercer ses fonctions dans le lieu de sa naissance. Les baillis prêtaient serment au roi, et recevaient à leur tour le serment des prévôts.

Les prélats et les barons ayant droit de justice protestèrent de bonne heure contre les empiétements de juridiction des baillis, et leur firent défendre de tenir des assises sur leurs propres terres. Saint Louis décida même, en 1260, que les sergents royaux ne pourraient résider dans l'étendue de la justice de ses vassaux. Mais ces empiétements devenaient inévitables; ils étaient la conséquence naturelle du pouvoir supérieur délégué aux baillis pour faire exécuter les obligations contractées par les nobles envers le roi.

Comme chacun des grands fiefs était organisé sur le mo-

---

[1] Ordonnance du 23 mars 1303. — J'ai conservé la date de 1302, parce qu'elle est citée partout ainsi.

dèle du domaine royal, tout grand feudataire eut sa cour de sénéchaussée : quelques-uns divisèrent leur territoire en bailliages, mais cette nouvelle juridiction, moins nécessaire dans les seigneuries moins étendues, ne fut pas établie partout. Toute réunion d'un grand fief à la couronne ajouta aux bailliages royaux une sénéchaussée de plus qui leur fut assimilée : les bailliages inférieurs à cette sénéchaussée constituèrent ordinairement un nouveau degré de juridiction.

§ II. — Commencement de la centralisation judiciaire. Formation du Parlement de Paris.

Le Parlement de Paris fut le principal instrument de la centralisation judiciaire, mais il dut lui-même sa naissance à une révolution qui fut très-favorable au développement des tribunaux royaux.

Les lois romaines, étudiées depuis l'an 1200 dans les Universités françaises, devaient frapper vivement ceux qui pouvaient les comparer aux institutions imparfaites du moyen âge. On y voyait le modèle de la justice, de l'ordre, de la régularité, toutes choses que l'antiquité avait connues, et que la société d'alors aspirait à retrouver. Les légistes, sortis à l'origine des rangs de l'Église, firent école, et conquirent à divers titres, par la supériorité de leurs lumières, une place dans les conseils du roi. Les Établissements de saint Louis, publiés en 1270, furent leur premier grand ouvrage ; ce fut un vaste code de procédure féodale où le législateur reproduisait tous les usages du temps, mais en citant et en commentant sans cesse les lois romaines. Ce code fut aussitôt rendu général, c'est-à-dire appliqué à toute la France, et c'est un des plus anciens exemples que l'on ait d'actes législatifs généraux [1]. La législation n'avait guère cessé d'être locale avant le règne de saint Louis ; la plupart

---

[1] Les légistes distinguaient avec soin les actes généraux de législation et les actes locaux. — « Quand li établissemens est généraux, dit Beaumanoir, il doit courre par tout le royaume. »

des lois faites par ses prédécesseurs ne concernaient que le domaine. Les légistes entreprirent aussi la rédaction des Coutumes. On vit paraître les coutumiers de provinces entières, telles que la Bourgogne, la Champagne, la Normandie et l'Anjou ; puis des traités, composés par des praticiens, comme Beaumanoir et Pierre de Fontaines. L'étude du droit romain avait fait concevoir la pensée de l'unité dans la législation, et les légistes y travaillaient de loin en rapprochant les Coutumes diverses ; ils voulaient leur substituer d'autres Coutumes plus générales qu'on appellerait *Consuetudines patriæ*[1].

Connaître les lois et les Coutumes devint dès lors une obligation formelle pour les juges ; cette obligation devint plus rigoureuse encore le jour où saint Louis défendit dans son domaine les batailles auxquelles il substitua les preuves par témoins[2], et les guerres privées qu'il remplaça en obligeant la partie lésée à donner à sa partie adverse un *asseurement*, c'est-à-dire une assignation devant la cour du roi. Cette cour dut prendre ainsi connaissance d'un plus grand nombre de causes, et l'instruction de ces causes devint plus difficile. Il fallut donc de toute nécessité admettre les légistes dans les tribunaux, et surtout dans les tribunaux royaux. D'abord ils y entrèrent comme préparateurs des procès et rédacteurs des enquêtes ; puis ils s'y multiplièrent à l'envi ; puis un jour vint où, repoussant la barrière qui était entre leur dos et les pieds des seigneurs, ils montèrent jusqu'aux fauteuils de ces derniers. Au xive siècle, cette révolution était tout accomplie. Les légistes s'étaient emparés exclusivement des tribunaux.

Comme l'unité qu'ils voulaient établir ne pouvait être fondée que par le pouvoir royal, ils étendirent de diverses

[1] M. le comte Beugnot, *Introduction aux* Olim.
[2] Depuis ce temps la loi cessa de reconnaître les gages de bataille ; ils furent cependant rétablis momentanément par Philippe le Bel en 1306. (Voir pour les guerres privées le chapitre précédent : section 2.)

manières la compétence judiciaire du roi. Ils professèrent cette doctrine que les sentences portées par la cour du roi étaient exécutoires dans les domaines des barons et par leurs sergents. Ils employèrent le système des évocations et celui des *cas royaux*, au moyen desquels il était facile de s'emparer de tous les jugements. On rangea au nombre des cas royaux, dont on peut voir l'origine dans les Établissements de saint Louis[1], les causes dont la connaissance spéciale avait appartenu autrefois aux empereurs romains, les causes de haute trahison (*causæ majestatis*), qui comprenaient, comme à Rome, les crimes contre la religion ou ses ministres, la fabrication de la fausse monnaie, l'insulte ou la rébellion vis-à-vis d'un magistrat ou d'un agent du roi, les attaques contre la sécurité publique. Au reste la définition des cas royaux embarrassait fort les rois eux-mêmes et leurs légistes. Les nobles la demandèrent à Louis le Hutin, en se plaignant du préjudice qu'ils en éprouvaient. Louis le Hutin évita de répondre. « Nous les avons éclaircis, leur dit-il, en cette manière. C'est à savoir que la royale Majesté est entendue ès cas qui de droit ou de ancienne coutume, peuvent et doivent appartenir à souverain prince, et à nul autre. » Ainsi la compétence des tribunaux du roi devint tous les jours plus considérable, et les causes allèrent se multipliant partout, près des prévôtés, des bailliages ou de la cour du sénéchal.

La cour du sénéchal, appelée aussi tribunal du Châtelet, vit surtout croître son importance, depuis le règne de saint Louis. Le sénéchal, qui porta dès lors plus communément les titres de prévôt de Paris et de premier bailli de France, eut une compétence privilégiée. Outre une juridiction analogue dans la ville à celle des prévôts, et dans le bailliage à celle des baillis ordinaires, il fut le juge des personnes qui

---

[1] Ces établissements attribuent au roi le droit d'amender tous les jugements.

obtinrent le droit de lui soumettre leurs causes directement, droit qu'on appela de *garde gardienne*. Le Châtelet ne fut pas seulement le premier des tribunaux ordinaires; il fut encore appelé *le propre siège de nos rois*, dont les prévôts de Paris représentaient spécialement la personne. Il eut un sceau aux armes royales avant toutes les autres cours. Delamarre disait plus tard de sa juridiction : « Elle est universelle, parce que c'est le premier tribunal de la ville capitale du royaume, et que comme *in orbe Romano Roma*, ainsi, en France, la ville de Paris est la commune patrie, *communis patria*[1]. »

Enfin la formation du Parlement vint couronner l'œuvre des légistes. Le Parlement ne fut autre chose que le conseil du roi qui se réunit à certaines époques de l'année sous forme de cour souveraine, et reçut ainsi les plaintes judiciaires et administratives. On rapporte son origine au testament que rédigea Philippe-Auguste avant de partir pour la croisade (1190.) D'après ce testament, la reine-mère et l'archevêque de Rheims doivent assigner un jour tous les quatre mois pour entendre les parties appelantes ; à cette réunion doivent assister les députés de chaque ville et les baillis. Cet usage demeura longtemps en vigueur; saint Louis désigne encore quatre époques : la Toussaint, la Chandeleur, Pâques et l'Ascension, où plusieurs membres du Conseil doivent être choisis pour juger les appels.

Quand le Conseil siégeait ainsi en cour de justice, en Parlement, des légistes auxquels on donnait le nom de gens du roi étaient appelés pour assister les prélats et les barons. On cite une ordonnance tirée des *Olim* et attribuée à saint Louis, comme le plus ancien témoignage de la composition du Parlement. Il comprenait, outre sept membres honoraires, trois hauts barons, trois prélats, dix-huit chevaliers et

[1] Ce fut surtout dans les matières de police que la juridiction du prévôt de Paris fut étendue à tout le royaume. (Voir le chapitre précédent, section 1re.)

dix-sept clercs, auxquels étaient adjoints vingt légistes pour prononcer les arrêts. Au reste il n'eut d'existence distincte et ne fut à tout jamais séparé du conseil qu'après l'an 1302.

Ses attributions consistèrent à connaître des causes qui lui furent soumises directement, à juger les appels, et à recevoir les rôles des bailliages.

Le privilége de *committimus*, c'est-à-dire de porter une cause à sa barre sans intermédiaire, fut accordé souvent à des nobles, à des officiers de la maison du roi, à des communautés. Avec le temps, il devint plus commun, sans cesser d'être une faveur. Il fut accordé à tous les prélats en 1290 ; on peut croire que les hauts barons en jouissaient aussi [1].

Le Parlement reçut des appels en très-grand nombre, dès que l'usage s'en fut introduit. On y porta d'abord tous ceux des justices royales ; on dut y porter ensuite ceux des tribunaux seigneuriaux placés dans les domaines du roi et qui furent par là privés de leur souveraineté : du moins on trouve cette règle établie en 1290 en ce qui touche les justices séculières des ecclésiastiques dans ces domaines.

Enfin le Parlement reçut et examina les rôles des bailliages : ses fonctions en cela n'étaient pas exclusivement judiciaires (*V. l'Introduction*). Les baillis devaient venir assister eux-mêmes aux séances, d'abord toutes les fois qu'elles avaient lieu [2], puis deux fois, ou même une seule fois chaque année, quand elles devinrent plus nombreuses, et que le domaine fut plus étendu [3]. Plus tard même le temps de leur voyage fut limité à six semaines, leur présence dans les bailliages étant jugée nécessaire [4].

Quand la compétence eut été ainsi établie, Philippe le

---

[1] L'ordonnance générale de 1302 *pour le besoin du royaume* porte (art. 6) que les affaires des barons comme celles des prélats seront expédiées sans retard et à jour certain.

[2] Ordonnance de 1190. — [3] Ordonnance de 1291. — [4] Ordonnances de 1320 et de 1331.

Bel régla la division des chambres suivant les besoins du service. Il y eut trois chambres[1]; 1° celle des requêtes, où l'on jugeait les causes portées directement; on la divisa même[2] en deux sections, l'une pour les requêtes de droit coutumier, l'autre pour celles de droit écrit; 2° celle des enquêtes, instruisant les affaires sur lesquelles l'appel était interjeté; 3° la grande chambre, ou chambre du plaidoyer, qui jugeait les affaires préparées aux enquêtes[3]. Les prélats et les barons siégeaient seuls dans la grande chambre; ils étaient conseillers nés du Parlement et ne recevaient aucuns gages. Les légistes n'étaient admis que dans la chambre des requêtes ou celle des enquêtes; ils avaient des gages, recevaient des manteaux deux fois l'an, et portaient la livrée royale.

Dès que la magistrature fut constituée, les différents corps qui lui sont annexés se constituèrent également. L'ordre des avocats fut ressuscité, sans doute par les légistes; ses statuts furent rédigés au nom du roi en 1274, et le clergé inférieur conserva longtemps l'exercice de cette profession.

La formation du barreau fut suivie de celle du ministère public. Autrefois les comtes, sénéchaux et autres présidents des cours de justice ne jugeaient pas; ils ne faisaient que présider chaque tribunal, et comme ils étaient les agents du roi à peu près en toute espèce de services, ils prenaient aussi la défense de ses droits. On sentit bientôt la nécessité de confier cette défense à des agents spéciaux. On trouve déjà en 1302 des avocats et des procureurs du roi, assistés

---

[1] Ordonnance de 1291. — [2] Ordonnance du 17 novembre 1318.
[3] La chambre des enquêtes et celle des plaids ou du plaidoyer se trouvent clairement opposées l'une à l'autre dans l'ordonnance de 1291 (art. 4). — « Præcipimus quòd omnes inspectores inquestarum diligenter inspiciant in domibus suis inquestas sibi traditas à curiâ, et eas diligenter et fideliter referant, et ad cameram placitorum non veniant, nisi mandetur pro eis ut ampliùs et curiosiùs vacent in decidendis inquestis. »

de substituts, magistrats de création nouvelle, inconnus au temps de saint Louis. Ils étaient chargés spécialement des causes fiscales et domaniales, mais ils pouvaient continuer de plaider pour des particuliers, comme ils ont toujours fait en Angleterre, et ils conservèrent cette faculté jusqu'au roi Jean qui la leur enleva ou la restreignit dans des limites étroites (1351)[1]. Les charges d'avocat et de procureur du roi furent exclusivement occupées par des légistes; on comprit quelle était leur importance, et l'on en créa successivement auprès de tous les tribunaux, d'abord dans les pays de droit écrit, plus tard dans la France entière. Dès son origine, le ministère public ne se borna pas à présenter des conclusions sur les droits du roi. Il eut en main la recherche et la poursuite des criminels, autrefois attribuée aux comtes par les lois barbares.

Enfin les greffiers et les notaires dont la profession était libre dans le principe, commencèrent à recevoir l'institution royale. Il y avait dès 1270 deux greffiers au Parlement, qui portaient les nom de notaires du roi, un clerc au civil, et un laïque au criminel. Jean de Montluc, chevalier et greffier civil vers cette époque, fut le premier qui publia les *Olim* ou registres de la cour. En 1302, Philippe le Bel régla par un tarif les taxations des notaires royaux ordinaires, comme les honoraires des avocats. Il ordonna au Parlement de les choisir parmi les *personnes de bonnes mœurs et habiles*[2], et voulut qu'ils fissent parapher leurs registres par un tribunal royal.

Le Parlement, organisé par les ordonnances de 1290 et de 1291, fut rendu sédentaire à Paris par celle de 1302[3].

---

[1] Il ne leur permit de plaider que les causes de leurs proches. On trouve cependant des exceptions plus récentes : François Ier accorda en 1526 à un avocat général de plaider les causes ordinaires.

[2] Ordonnance de juillet 1304 (art. 14).

[3] Ordonnance de 1302, art. 62. — « Propter commodum subdito-

Jusqu'alors il avait été ambulatoire, et il avait dû suivre le roi dans tous ses voyages. L'ordonnance de 1302 ne fut pleinement exécutée à cet égard qu'après 1319 : encore y fut-il plus tard dérogé dans quelques circonstances difficiles, au temps de la guerre des Anglais, de la Ligue et de la Fronde.

Le Parlement, rendu sédentaire, ne fut pas encore pour cela permanent. Il n'avait par an que deux sessions ordinaires, l'une à la Toussaint ou à Noël, l'autre à la Pentecôte, plus quelques sessions extraordinaires aux grandes fêtes. Les sessions ordinaires avaient une durée de deux mois[1].

Il ne formait même pas un corps distinct, puisqu'il se confondait avec le conseil, et que le conseil du roi, le Parlement, les États généraux n'étaient originairement que trois formes différentes d'une même assemblée, identique au fond. Toutefois la séparation définitive des trois assemblées dut être consommée de bonne heure, et l'on peut faire commencer l'existence indépendante du Parlement à l'époque où il siégea en permanence, quelques années après le règne de Philippe le Bel.

§ III. — Autres cours souveraines du domaine royal.

Le Parlement était la cour souveraine du domaine ; cependant cette souveraineté était mal reconnue dans la Normandie et dans le Languedoc, qui eurent leurs cours souveraines particulières.

L'ancienne cour seigneuriale des ducs de Normandie ou l'Échiquier de Rouen, continua d'exister après la réunion de

« rum nostrorum et expeditionem causarum nostrarum proponimus
« ordinare quod duo Parlamenta Parisius...... tenebuntur in anno. »

[1] C'est la durée fixée par une ordonnance de 1304 ou 1305 que cite Pasquier (Rec. des ordonnances, tome 1ᵉʳ ; additions aux ordonnances de Philippe le Bel).

la province à la couronne; elle s'était formée de la même manière que la cour de sénéchaussée du roi, et se composait comme elle d'évêques et de grands vassaux auxquels on joignit peu à peu des légistes. Philippe-Auguste voulut la faire présider par des commissaires royaux en 1204 et en 1207, prétention qui fut l'objet d'une protestation très-vive[1]. Le roi paraît avoir cédé[2], et laissé à l'Échiquier le choix de choisir son président; mais il n'épargna rien pour le priver de la souveraineté, et pour attribuer au Parlement de Paris le pouvoir de réformer ses arrêts. Beaucoup d'arrêts ainsi réformés se trouvent en effet dans le registre des *Olim*, et vers 1300 le fait est si commun qu'il semble être devenu règle; cependant la cause du roi n'était pas gagnée; l'échiquier protestait encore en faveur de sa souveraineté, et se la faisait reconnaître dans la charte normande que signa Louis le Hutin à une époque de réaction contre l'unité royale[3].

Quant au Languedoc, il eut trois cours de sénéchaussées, deux créées à Carcassonne et à Béziers par Simon de Montfort, et la troisième que Philippe le Hardi établit à Toulouse, lorsqu'il recueillit la dernière partie de l'héritage des anciens comtes de cette ville. Les sénéchaux[4] y étaient placés sur le même rang que les baillis ordinaires dans les autres provinces, et l'appel au roi, qui ne s'exerçait d'abord à leur égard que *pro defectu juris*, finit par devenir un véritable appel dans le sens actuel de ce mot; leurs jugements purent être réformés par le Parlement. Saint Louis craignait tant

---

[1] Floquet, *Histoire du Parlement de Normandie*, t. I, p. 41.

[2] Le président Hénault est d'avis contraire; il croit que les séances de l'Échiquier devaient être présidées par des membres du Parlement de Paris.

[3] Art. 13. « Causæ diffinitæ in scaccario nostro Rothomagensi ad « nostrum Parlamentum Parisius nullatenùs deferantur. » Cf. art. 62 de l'ordonnance de 1302.

[4] Les sénéchaux s'appelaient aussi baillis supérieurs, par opposition aux prévôts du Midi ou viguiers, appelés baillis inférieurs.

les abus de pouvoir des sénéchaux du Midi, quoique ce fussent ses agents, qu'il envoya, en 1247 et en 1254, des commissaires enquêteurs recevoir les plaintes qui seraient portées contre eux, et même tenir les assises à Béziers et à Carcassonne.

Jusque là le Languedoc était placé, comme les autres provinces du domaine, dans le ressort du Parlement de Paris; mais comme on y jugeait d'après le droit écrit, il fallut, surtout lorsque les appels se multiplièrent, organiser dans ce Parlement une chambre spéciale pour expédier les affaires du midi de la France. Cette chambre elle-même donna naissance à un Parlement particulier dont il était naturel de placer la résidence plus près des justiciables. Dès 1280, on trouve des exemples de sessions tenues à Toulouse, et les arrêts qui y étaient portés étaient souverains comme ceux de Paris [1].

§ IV. — Effets de la création du Parlement de Paris.

Si le Parlement de Paris avait à l'époque de sa constitution définitive, au xive siècle, un ressort limité qui ne comprenait même pas tout le domaine royal, à plus forte raison n'étendait-il pas encore sa compétence sur les terres indépendantes des grands vassaux. Toutefois les rois se gardèrent bien de jamais reconnaître l'indépendance et la sou-

---

[1] L'ordonnance de 1302 place les grands-jours de Troyes (*dies trecenses*) à côté des Parlements de Paris et de Toulouse et de l'Échiquier de Rouen. Ce n'était cependant pas une quatrième cour souveraine dans le domaine royal. Thibaut le Posthume, comte de Champagne, avait institué vers 1230 dans son comté des assises extraordinaires composées de prélats et de barons, assises qu'il présidait lui-même ou qu'il faisait présider par son sénéchal. Bientôt elles devinrent régulières, se tinrent aux grandes fêtes de l'année, et enfin furent présidées, après la réunion de la Champagne à la couronne, par des commissaires royaux. Mais elles correspondaient aux assises tenues par les baillis dans les autres provinces, et le Parlement de Paris reçut toujours les appels de leurs jugements.

veraineté des cours de justice des grands fiefs. Tandis que ces cours prenaient l'une après l'autre le nom de Parlements, et s'organisaient sur le modèle du Parlement de Paris, les rois, ardents à poursuivre le projet d'une centralisation judiciaire absolue, favorisaient toutes les usurpations de ce dernier. En voici un exemple : le duc de Bretagne se plaignait à Philippe le Bel que les appels des tribunaux inférieurs de son duché fussent portés directement à Paris. Philippe le Bel, en 1302, Louis le Hutin, en 1316, accueillirent ces plaintes, mais en ce sens seulement que les appels des tribunaux inférieurs devaient être portés d'abord à la cour ducale, et ne pouvaient l'être au Parlement qu'en second lieu[1] ; puis, peu d'années après, en 1328, Philippe de Valois, rappelant ces dispositions, n'hésita pas à reconnaître au Parlement de Paris, d'une manière formelle, le droit de recevoir les appels des grands-jours du duc de Bretagne[2].

C'est ainsi que le Parlement de Paris s'annonça dès son origine comme l'instrument de la centralisation judiciaire qui devait s'étendre à toute la France. Son institution eut encore d'autres effets; elle agit sur la justice elle-même dont elle améliora le cours. Les tribunaux inférieurs se trouvèrent soumis à une surveillance rigoureuse. Philippe le Bel ordonna, dans le but d'assurer cette surveillance, que toutes les justices temporelles fussent exercées par des laïques; les laïques offraient l'avantage de pouvoir être atteints par

[1] L'ordonnance de 1316 fait mention d'un bailli royal en Bretagne (art 13). Peut-être est-ce le bailli de Coutances ou celui de Tours qui sont nommés dans l'article suivant. Quoi qu'il en soit, ce bailli commettait des sergents pour exercer dans le duché.
[2] Ordonnance renouvelée en juillet 1352. Cela se fondait, pense M. Meyer (Histoire des Institutions judiciaires), sur ce que la Bretagne était regardée comme faisant partie intégrante du domaine. Je ne puis admettre cette explication, quoique la Bretagne appartînt alors aux Capétiens.

leurs supérieurs en cas de délit[1]; les clercs, au contraire, jouissaient du privilége incommode de n'être justiciables que des tribunaux ecclésiastiques. On réserva par la même raison aux laïques toutes les charges de procureurs, à très-peu d'exceptions près[2].

Les exemples de plaintes portées au roi contre les magistrats royaux et accueillies par lui sont très-communs. Le plus remarquable est celui de la ville de Lyon, qui obtint de Philippe le Long la nomination de commissaires royaux chargés d'une enquête, et après cette enquête une ordonnance spéciale, en 1347, pour la suppression des désordres et la punition des délinquants[3].

Enfin l'institution du Parlement eut pour effet d'améliorer les usages judiciaires, et de faire exécuter, au nom du roi, le projet formé antérieurement de rédiger, de réunir les lois en vigueur. Saint Louis le premier avait ordonné aux baillis d'appeler, pour la recherche des Coutumes, plusieurs hommes sages, à l'abri de tout soupçon, et de leur présenter par écrit des questions auxquelles ils devraient répondre : leurs réponses devaient être ensuite rédigées, scellées du sceau des enquêteurs et envoyées au roi[4]. Philippe le Bel, à son tour, envoya dans les sénéchaussées et les bailliages des personnes capables, pour s'enquérir des anciennes Coutumes, de la manière dont on les appliquait

---

[1] Ordonnance de 1287. « Omnes in regno Franciæ temperatam jurisdictionem habentes, baillivum, præpositum et servientes laïcos et nullatenùs clericos instituant, ut, si delinquant, superiores sui possint animadvertere in eosdem. Et si aliqui clerici sint in prædictis officiis, amoveantur. » — Cette ordonnance paraît avoir été faite pour les ecclésiastiques ayant une justice temporelle. Elle est renouvelée en 1328 par Philippe de Valois.

[2] Sont exceptés les procureurs des ecclésiastiques, des couvents et des chapitres.

[3] Rec. des ordonnances, t. 2.

[4] Ce mandement, cité dans la Collection historique des anciennes lois françaises d'Isambert, est tiré du cart. mss. de la Bibl. R. t. 1, p. 458.

au temps de saint Louis[1]. On ne recueillait alors les usages judiciaires que dans le but de les reviser ; mais on se servait du souvenir populaire de saint Louis pour faire passer un grand nombre d'innovations. Philippe le Bel et ses fils se vantent, dans presque toutes leurs ordonnances, de rétablir les choses « comme au temps de Monseigneur saint Louis, notre aïeul ou notre bisaïeul. » Les ordonnances des rois et la jurisprudence du Parlement de Paris furent les premières sources de la législation uniforme, qui commença dès lors à se développer.

§ V. — Actes royaux du xiv° siècles, relatifs aux justices patrimoniales.

Sous Louis le Hutin eut lieu, contre les envahissements du pouvoir royal, la première grande réaction dont l'effet se soit fait sentir dans les ordonnances. Les nobles se plaignirent surtout des empiétements de l'ordre judiciaire. Ils stipulèrent dans les traités qu'ils conclurent que les officiers royaux ne pourraient les troubler dans l'exercice de la justice haute et basse ; ils obtinrent que la compétence des tribunaux royaux fût limitée aux cas d'*appel* et de *défaute de droit*. On régla dans quelles circonstances la confiscation pourrait être prononcée, quel serait le *maximum* des amendes. Louis le Hutin révoqua même les offices de notaires et de tabellions que ses prédécesseurs avaient créés dans les pays de droit coutumier. Mais ces mesures de réaction ne pouvaient arrêter qu'un jour le courant de la révolution judiciaire que les rois voulaient accomplir.

Rien n'est plus fréquent pendant tout le xiv° siècle que les traités conclus entre les seigneurs et le roi touchant la justice, et ces traités sont autant de témoignages des pro-

---

[1] Ordonnance générale de 1302, art. 4. « Personas bonas et sufficien» tes..... Consuetudines et quomodo tempore beati Ludovici utebatur » eisdem. »

grès constants du pouvoir royal. En 1334, les seigneurs obtiennent que le roi défende à ses sergents de demeurer et d'exercer sur les terres où ils ont la haute justice; mais ils sont obligés de faire renouveler cette défense en 1344. En 1339, le nombre de ces sergents est réduit; mais les seigneurs sont heureux qu'on leur accorde quelques garanties contre les évocations arbitraires et qu'on leur reconnaisse simplement leurs anciens droits. Les États de 1355 ne consentent à confirmer l'exercice des juridictions particulières des seigneurs, même de celles des eaux et forêts, qu'à la condition qu'ils feront exécuter les ordonnances royales dans leurs domaines et qu'ils appliqueront à leurs officiers les règles administratives que le roi a établies pour les siens, par exemple, la règle qui interdit aux juges toute espèce de commerce. En 1363, deux ordonnances sont publiées le même jour (le 28 avril); l'une reconnaît aux seigneurs le droit de punir en tout état de cause les officiers de leurs propres justices, mais ne leur accorde le même droit, vis-à-vis des officiers de justices royales, lorsque ceux-ci sont leurs sujets, que pour les faits étrangers à l'exercice des charges de ces officiers; l'autre porte que les officiers seigneuriaux sont justiciables, pour les délits de leurs charges, non-seulement des seigneurs qui les ont institués, mais même des officiers royaux, leurs supérieurs hiérarchiques. Enfin les seigneurs qui, dans l'exercice de leur droit de justice, se rendaient coupables de concussions et d'autres actes arbitraires, furent jugés et condamnés par le Parlement; le seigneur de Marans fut condamné à mort de cette manière, en 1353, par une assemblée du Parlement dans laquelle siégeaient des ducs et des comtes.

Plusieurs seigneurs justiciers établirent dans leurs domaines une cour d'appel et un second degré de juridiction. Cela n'avait d'autre effet que d'augmenter sans raison le nombre des degrés de juridiction et des appels. Au reste, les rois ne confirmèrent guère ce privilége qu'aux seigneurs qui pouvaient, comme l'évêque du Puy en Velay, invoquer une longue possession, et ce fut toujours comme dérogation à une règle générale. Les États de 1355 professèrent la même doctrine, et les autorisations de ce genre demeurèrent très-rares[1]. Les princes du sang furent les derniers auxquels on les accorda; mais on prit soin d'écarter des concessions tout ce qui était incompatible avec le système établi de centralisation judiciaire. Charles V stipula formellement que la cour d'appel instituée par son frère le duc d'Anjou dans sa pairie ne serait pas souveraine, et que les arrêts pourraient toujours en être réformés par le Parlement de Paris (1371). Cette clause paraît avoir été inséparable de toutes les conventions de ce genre.

L'action judiciaire du roi tendait ainsi à s'étendre, à embrasser la France, et à se subordonner les pouvoirs locaux, toutes les fois qu'elle ne pouvait les détruire. On trouve encore des traités faits pour le partage de la justice avec des évêques ou des chapitres, ou bien des décisions du genre de celles que prit Charles VI, en 1408, au sujet de la justice de Prully que se disputaient le seigneur et l'évêque; il déclara que la justice lui appartenait, sauf l'indemnité due aux deux prétendants.

§ VI. — De la constitution du Parlement, et de ses vicissitudes durant le xive et le xve siècle. Priviléges. Hérédité des charges.

Revenons au Parlement. Philippe le Long le sépara pour toujours du Conseil, auquel il réserva cependant certaines attributions judiciaires[2]. Le Parlement fut encore présidé

---

[1] Le vicomte de Turenne et le comte de Ventadour obtinrent ce privilége de Jean en 1351; le comte de Périgueux en 1354. Le comte de Pardiac l'obtint de Charles V en 1367, et le seigneur de Sévérac en 1376.

[2] Voir le chapitre I, § II.

par le roi dans les circonstances solennelles[1], mais il cessa d'être attaché d'une manière exclusive à la personne royale ; il eut une existence indépendante.

Ce fait nouveau rendit nécessaire la création d'un tribunal exceptionnel, placé en dehors de la hiérarchie ordinaire et particulièrement attaché au roi, celui des *Maîtres des requêtes de l'hôtel*. Ducange fait dériver leur juridiction des anciens Plaids de la Porte. L'usage voulait qu'à certains jours les rois jugeassent en personne et sommairement : tout le monde était admis, les pauvres surtout, à leur présenter des requêtes sur des causes simples et que l'on pouvait facilement expédier. Leurs assises se tenaient à la porte du palais, et souvent, du temps de saint Louis, sous le chêne de Vincennes. Quelques officiers de la cour servaient au roi d'assesseurs, recevaient les plaintes des parties, et en faisaient le rapport, quand ils croyaient devoir y donner suite. Telle fut l'origine des maîtres des requêtes de l'hôtel du roi, dont la compétence, réglée par Philippe le Long, s'étendit à toutes les causes personnelles des officiers du palais, à toutes les contestations élevées au sujet des offices royaux (ordonnance de novembre 1318). Leur juridiction était donc toute de privilége ; ils n'étaient institués que pour l'expédition plus prompte des affaires concernant les per-

---

[1] Les rois, dépositaires du pouvoir judiciaire qu'ils ne faisaient que déléguer aux Parlements et aux autres cours, ne cessèrent pas de juger quelquefois en personne, comme au temps où il n'y avait pas de corps de magistrats constitué. Guyot (traité des offices) cite les exemples de Charles V jugeant un procès en 1376 entre le dauphin et le marquis de Saluces, de Charles VII jugeant à Vendôme le duc d'Alençon en 1458; de François Ier tenant un lit de justice en 1524 pour juger le connétable de Bourbon, etc., enfin celui de Louis XIII faisant juger le duc de la Valette sous ses yeux à Saint-Germain en 1639. Tous ces jugements furent rendus par commissaires, le roi présent. — Quelques rois eurent aussi l'habitude de juger à certains jours, comme saint Louis, dans une audience publique, ceux qui venaient implorer leur justice royale. Ainsi fit Charles VIII qui ordonna en 1497 de rechercher comment saint Louis donnait ses audiences.

sonnes de la cour, et pour recevoir les requêtes adressées directement au roi. Près d'eux la procédure était sommaire ; les plaidoiries et les conseils pour les pauvres gratuits (réglement de novembre 1364). On leur attribua aussi le droit de vérifier toutes les lettres que signait le chambellan muni du sceau royal, et la poursuite de certains délits, tels que la falsification des sceaux. Leurs réponses avaient quelquefois force de loi. Du moins il en était ainsi pour les réglements des communautés, pour les priviléges des villes.

Le Parlement, séparé des différentes cours avec lesquelles il avait été longtemps confondu, devint sous Philippe le Long l'objet d'ordonnances nombreuses qui réglèrent avec le plus grand soin sa composition et sa discipline. Tous ses membres furent astreints à une résidence continue; dans ce but on éloigna les prélats et l'on diminua le nombre des barons. « Il n'y aura nuls prélats députés au Parlement, car le roi fait conscience de eux empêcher au gouvernement de leurs *espérituautés*, et le roi veut avoir en son Parlement gens qui y puissent entendre continuellement, sans en partir, et qui ne soient occupés d'autres grandes occupations. » On ne conserva de prélats que dans le conseil; les fonctions de conseiller, n'exigeant pas la même permanence, ne furent pas jugées incompatibles avec le gouvernement d'un diocèse. Ce n'était donc pas là, comme on l'a dit, un acte de défiance contre le clergé, c'était la simple expression de ce principe, que les fonctions épiscopales et les fonctions judiciaires devaient être séparées. Le progrès de la science administrative amenait partout la division des pouvoirs. Sous Philippe le Bel, en 1302, les baillis avaient été éloignés du Parlement par une raison analogue; les abbés et les moines le furent sous Charles VI, en 1388 [1].

---

[1] Lettres du 21 janvier 1389 portant : « Quòd monachi non recipiantur in camerâ, et ejiciantur qui tunc erant. » Charles VI consentit

Le Parlement continua d'ailleurs d'avoir des conseillers clercs, en nombre généralement égal à celui des conseillers laïques.

Le nombre total des membres du Parlement, variant sans cesse, devint cependant plus considérable de jour en jour, par un effet de la multiplicité des affaires. Il suffira d'indiquer ici les créations de chambres nouvelles. Une chambre des vacations siégeait déjà en 1316, et remplaçait les commissions particulières qu'on avait été jusqu'alors obligé de nommer dans les intervalles des sessions. Philippe le Long ajouta une chambre des enquêtes à celle qui existait avant lui, et les rendit toutes deux permanentes. Il divisa les maîtres des requêtes du Parlement, distincts de ceux du palais et d'ailleurs très-peu nombreux, en deux colléges, dont l'un pour la langue d'oc, et l'autre pour la langue d'oui.

La discipline, la procédure, l'ordre des causes, les délais, furent déterminés d'une manière régulière. On s'efforça de ne pas retenir trop longtemps à Paris les parties qui s'adressaient au Parlement, ou les baillis et les sénéchaux qui venaient y rendre compte. Il n'y avait d'exception au maintien de l'ordre habituel fixé par le tableau des causes, que pour le cas où le roi venait présider lui-même au jugement de celles qu'il s'était réservées ; alors toute autre affaire devait être suspendue. Les ordonnances règlent à quel degré les juges peuvent être parents, quels rapports ils peuvent entretenir avec les avocats et les plaideurs. Le roi exige de tous une attitude digne et des mœurs sévères : « Car, l'on dit pièça : Trop grande familiarité engendre grand mal. »

En 1345, le Parlement était tout à fait permanent ; la réunion de deux sessions par an était considérée déjà comme

cependant six mois après à admettre au Parlement par grâce spéciale les abbés de Saint-Denis. Il serait possible au reste que cette exclusion des moines fût un acte de défiance.

chose ancienne [1]. On fit aussi une innovation importante : les membres de chaque Parlement avaient été convoqués jusqu'alors par le roi et pour la session ; à partir de 1345, les charges parlementaires furent données à vie. Le nombre des conseillers gagés fut limité ; les autres commencèrent à prendre le titre de conseillers honoraires [2]. La nomination appartenait au roi, mais le chancelier et le Parlement lui-même avaient le droit de présenter les candidats, ou plutôt de garantir leur capacité. Le Parlement avait encore le droit qu'il exerça en cette même année 1345, de faire des ordonnances disciplinaires sur l'exercice des fonctions dépendantes de la magistrature, telles que celles des huissiers, des notaires, des procureurs, etc...

Depuis cette époque l'institution du Parlement n'éprouva que peu de modifications. Les États de 1356, qui refirent ses réglements intérieurs, signalèrent plus d'abus qu'ils n'en réformèrent. Il devint seulement, et cette tendance est remarquable, de plus en plus indépendant vis-à-vis de la couronne ; Charles V déclara que le roi n'y viendrait plus siéger, excepté pour les causes majeures. Charles VI ajouta que les personnes qui obtenaient des lettres royaux en vertu desquels elles assistaient aux séances ne pourraient prendre place sur les hauts-siéges.

En 1401 c'est le principe de l'élection qui a prévalu pour les charges parlementaires ; les formes en sont réglées, et le roi ajoute que le choix doit porter de préférence sur des nobles ou sur des notables. « Et semblablement que l'on y en mette, si faire se peut, de tous les pays de notre royaume, pour ce que les Coutumes des lieux sont diver-

---

[1] « Cum magnis temporibus quibus Parlamentum bis in anno quolibet teneri solebat. » Ordonnance de 1345.

[2] « Les personnes ci-dessous nommées sont esleues à demeurer, pour exercer et continuer lesdits Etats aux charges accoûtumées. Et toutes voies, se il plaît aux autres venir esdits Etats et offices, il plaît bien au roi que ils y vieignent, mais ils ne prendront gages, jusques à tant qu'ils seront mis au lieu des susdits nommés élus. »

ses. » En 1408, Charles VI défend que les résignations d'office se fassent à prix d'argent ; mais s'il n'y eut pas encore de vénalité, ou du moins si la vénalité fut proscrite, il y eut une hérédité; les charges devinrent une propriété de famille, transmissible du père au fils. Le Parlement se trouva par là composé d'une manière plus homogène; ses membres eurent tous des intérêts communs ; les mêmes traditions, les mêmes mœurs se perpétuèrent dans son sein. Une noblesse judiciaire s'éleva, jalouse et rivale de la noblesse militaire. Elle voulut même avoir des prérogatives semblables et elle les obtint. Les gens du Parlement portèrent le costume des anciens nobles, la cape et l'épée. En 1353, ils se firent exempter de divers péages; en 1364, de tous les droits d'aides sur les denrées qu'ils faisaient venir de leurs terres; en 1404 et 1414, de diverses aides particulières. Leurs privilèges pécuniaires furent même plus complets que ceux des nobles qui au moins allaient à la guerre à leurs frais, tandis que les officiers du Parlement n'étaient soumis à l'arrière-ban qu'à raison de leurs fiefs, et furent même très-souvent exemptés de cette dernière obligation. Ajoutons encore l'exemption de la gabelle obtenue en 1467, et celle que les conseillers clercs obtinrent en 1519 et en 1547 au sujet des dîmes que le clergé payait sur ses biens. Ce n'est là qu'une partie des priviléges que sut acquérir la noblesse parlementaire; la liste complète en serait fort longue.

La grande ordonnance de réforme de 1413, qui ne fut pas exécutée, renouvelait et complétait toutes les anciennes lois. Elle déterminait, par exemple, les degrés de parenté qui pouvaient exister entre les membres d'un même tribu-

---

[1] Par exemple en 1412, en 1449, en 1465, en 1479, en 1480. — Il faut remarquer que plusieurs de ces priviléges furent accordés au Parlement comme indemnité, parce qu'on ne pouvait lui payer l'arriéré de ses gages.

nal, ce que le mode d'élection rendait nécessaire ; elle réglait aussi les conditions d'aptitude. Elle faisait plus ; elle attribuait au Parlement le droit de nommer à la plupart des charges publiques, même en dehors de l'ordre judiciaire. Elle lui préparait par là de nouveaux pouvoirs.

La guerre civile, que firent naître les factions d'Armagnac et de Bourgogne, jeta dans toute l'administration un désordre momentané. Isabelle de Bavière révoqua et destitua, en 1417, le Parlement et la chambre des comptes de Paris, pour créer deux cours nouvelles à Troyes, et l'année suivante, Paris étant au pouvoir du parti de Bourgogne, Charles VII, alors dauphin et lieutenant général, établit un Parlement à Poitiers. Il y fit entrer les membres de l'ancienne cour de Paris, et l'opposa au Parlement Bourguignon qu'Isabelle avait rempli de ses propres créatures. La chancellerie elle-même fut aussi transférée à Poitiers. Le Parlement ne fut réinstallé à Paris qu'en 1436, et sa rentrée fut suivie de celle des autres cours souveraines. L'accroissement numérique des affaires qui y furent portées est attesté par diverses ordonnances de Charles VII. Ainsi, en 1454, il ordonne au Parlement de siéger pendant les vacances ; en 1458, il enjoint aux conseillers de travailler même les après-dinées, et il augmente leurs gages en proportion de ce nouveau travail ; en 1454, il réinstitue la chambre des requêtes du palais.

Charles VII paraît avoir voulu enlever les charges parlementaires à l'élection et se réserver l'institution directe[1]. Cependant les choses restèrent à peu près dans leur ancien état. D'après l'ordonnance de Montils-les-Tours de 1446, les élections se firent après chaque vacance par forme de scru-

---

[1] Voir des lettres du 2 mars 1438 (Recueil Isambert). Le roi écrit au chancelier au sujet des offices vacants. « Nous en retenons toute l'ordonnance et disposition. » (Ces lettres sont datées du 2 mars 1437, différence qui tient au système chronologique employé.)

tin, les chambres assemblées en présence du chancelier, et le roi choisit sur une liste de candidats. Les charges continuèrent donc d'être la propriété des familles. Or, la propriété exige des garanties. Un édit de 1446 porta que ceux qui auraient tenu leurs offices pendant cinq ans ne pourraient les perdre. Louis XI attacha l'inamovibilité aux charges du Parlement, comme à tous les offices royaux en général (1467); la destitution dut être le résultat d'un jugement formel. Cependant l'usage voulut que les officiers des cours souveraines eussent besoin d'être confirmés à chaque nouvel avénement; on trouve des exemples de confirmations semblables faites par Charles VIII et Louis XII, lorsqu'ils prirent possession de la couronne.

§ VII. — Compétence du Parlement à cette même époque. Quelle part il prit à la direction générale de l'administration monarchique.] Commissaires réformateurs.

Le Parlement de Paris vit étendre successivement sa compétence; cette compétence était double, puisqu'il jugeait des causes spéciales et qu'il recevait les appels des juridictions inférieures.

Les causes spéciales devinrent de plus en plus nombreuses; en effet, le privilége de *committimus* ne fut pas seulement accordé aux prélats et aux barons, mais à des seigneurs d'un rang inférieur et à tous les établissements que les rois voulurent favoriser. L'affluence des affaires au Parlement était telle qu'il ne pouvait les juger toutes. Les États de 1357 se plaignaient qu'il y en eût de pendantes depuis vingt ans. Les ordonnances durent rappeler que sa compétence avait des limites : « *Nulla causa in dictâ curiâ nostrâ introducatur, nisi sit talis quod jure suo ibidem debeat agitari* (ordonnance de 1363). Elles ne lui réservèrent que les causes des pairs de France, des personnes qui jouissaient du *committimus;* celles qui regardaient le domaine royal, les causes de régale et quelques autres[1].

Les appels durent naturellement devenir plus nombreux, lorsque le domaine royal et le ressort du Parlement s'étendirent; mais le Parlement en reçut encore d'autres que ceux des bailliages et des juridictions seigneuriales; il commença en 1329 à recevoir les appels comme d'abus et à réformer les jugements des tribunaux ecclésiastiques[2]; et comme les ecclésiastiques n'acceptaient qu'à regret une institution nouvelle qui leur enlevait la souveraineté judiciaire, Charles V leur défendit d'excommunier les officiers du Parlement pour le fait de l'exercice de leurs charges (1380).

Le Parlement voulut acquérir le droit de réformer les arrêts de la chambre des comptes; celle-ci se plaignit. Le roi évoqua l'affaire et la fit juger par le grand conseil (1402). Il fut décidé en 1409 que les pourvois contre des arrêts de la chambre des comptes seraient jugés par cette chambre même, à laquelle on appellerait quelques membres du Parlement en nombre compétent, et telle fut la règle qui prévalut toutes les fois que les mêmes prétentions rivales ramenèrent ce conflit.

Le Parlement réussit mieux dans ses entreprises contre la juridiction de l'Université; il commença en 1413 à recevoir les appels de ses tribunaux. L'Université protesta et ne voulut reconnaître d'autre supérieur que le roi; mais Charles VII déclara que le Parlement étant dépositaire de l'autorité judiciaire souveraine, devait prendre connaissance de toutes les causes universitaires.

Sous ce règne le Parlement était surchargé par le nombre des appels qu'il recevait. Pour y porter remède, Charles VII rendit la plupart des jugements des tribunaux

---

[1] Ordonnances de 1363 et d'avril 1454.
[2] Voir le chapitre de l'Église.

inférieurs exécutoires par provision, même en matière criminelle. Du reste les arrêts rendus à Paris étaient exécutoires dans toute la France et même dans les provinces de droit écrit[1].

Enfin, dès que le Parlement de Paris eut acquis le droit de réformer les jugements des tribunaux ecclésiastiques, il fut appelé à délibérer sur l'exécution des ordonnances qui réglaient l'organisation intérieure de l'Église[2]. Il joignit donc des attributions administratives à l'exercice de la puissance judiciaire, et c'est ainsi qu'il fut conduit à se regarder comme corps politique et comme l'un des pouvoirs de l'État. Il y avait sans doute beaucoup d'incertitude dans ses prétentions, mais il aspira de bonne heure et dès l'époque où il fut maître de se recruter lui-même, à prendre dans les affaires générales du pays une plus grande part que celle qui lui était faite. Il fut, par exemple, un des principaux auteurs de la grande ordonnance de réforme de 1413, ordonnance qu'il faut rapprocher de celle qu'avaient préparée les États généraux sous le roi Jean.

Les rois lui avaient d'ailleurs attribué depuis longtemps une grande part dans l'exercice de l'action souveraine, et il pouvait se regarder comme l'instrument universel de l'administration supérieure. Les commissaires réformateurs envoyés dans les provinces avec des pleins-pouvoirs étaient presque tous pris dans son sein. On chargeait ces commissaires de publier les ordonnances royales, et depuis 1360 ils les publiaient à l'exclusion des officiers des seigneurs qui avaient d'abord exercé ce droit concurremment avec eux. On les chargeait aussi de surveiller les agents de l'État et de punir leurs malversations, enfin de juger quelques causes déterminées, les causes plus ou moins politiques. Leur envoi fut très-fréquent dans le midi ; à Nîmes, à Mont-

---

[1] Ordonnance de 1474. — [2] Exemple en 1413 et en 1415.

pellier, à Beaucaire, ils avaient un tribunal consacré spécialement à leurs assises[1]. Cependant les jugements par commissaires présentaient peu de garanties, et les termes mêmes dans lesquels étaient données les commissions attestent combien l'arbitraire y régnait. Les habitants des sénéchaussées que je viens de nommer demandèrent, en 1363, le rappel de trois réformateurs envoyés chez eux deux ans auparavant, et se plaignirent qu'on voulût les distraire de leurs juges naturels. Comme les envois de nouveaux réformateurs ne cessaient pas, ils se plaignirent encore en 1389, et ne cessèrent pas non plus de protester. Les nobles du Languedoc, traitant avec Charles VI en 1408, stipulèrent qu'ils seraient justiciables des juges royaux ordinaires, et refusèrent de l'être des commissaires réformateurs, hormis les cas très-graves.

Charles VII abolit enfin ce genre de jugements[2], ce qui n'empêcha pas qu'en 1458, des commissaires fussent choisis parmi les membres du Parlement et adjoints à la cour des pairs pour juger le duc d'Alençon. Les règnes suivants offrent encore plus d'un exemple semblable.

§ VIII. — Tribunaux royaux inférieurs des bailliages et des prévôtés.

Si nous descendons aux tribunaux inférieurs, aux bailliages, nous voyons la nomination des baillis et des sénéchaux, qui avait appartenu dans l'origine au conseil du roi, passer aux mains du Parlement, ou du moins le Parlement exercer pour eux le même droit de présentation que pour ses membres. Tous les officiers de justice sont tenus d'exercer en personne[3] et de résider[4], sous peine d'être privés de leurs gages : cependant on autorisa les baillis à se choisir des lieutenants sous leur responsabilité personnelle (1413). On voulait probablement diviser ainsi l'exer-

---

[1] Ordonnance de 1341. — [2] Ordonnance de 1454.
[3] Ordonnances de 1393, de 1413. — [4] Ordonnance de 1394.

cice des pouvoirs militaire et judiciaire qu'ils réunissaient, et confier les fonctions judiciaires d'une manière à peu près exclusive à leurs lieutenants. Ceux-ci ne devaient pas acheter leurs charges, mais recevoir un salaire de la main des baillis [1]. Plus tard, la faculté accordée aux baillis de prendre des lieutenants fut convertie en une obligation formelle, sous Charles VIII (1493). Charles VIII exigea que chacun d'eux eût un lieutenant général et un lieutenant particulier pour l'assister ou le remplacer en cas d'absence. L'ordonnance de Blois de 1499 attribua la nomination de ces officiers, comme celle des baillis eux-mêmes, aux Parlements (art. 47); elle leur imposa l'obligation d'être docteurs ou licenciés, « *in altero jurium*, en Université fameuse, » et régla leurs taxes et leurs vacations. Leur nombre s'augmenta encore plus tard; chaque bailli finit par avoir un lieutenant général civil, un lieutenant général criminel, et plusieurs lieutenants particuliers dont la fiscalité fit ériger les charges en titre d'offices.

Les assises des baillis, qui devaient être tenues dans l'origine tous les deux mois, furent réduites au nombre de quatre par an (1389). Les juges appelés à ces assises étaient choisis ordinairement parmi les avocats du ressort, excepté à Paris où le Châtelet [2] avait des conseillers en titre d'office. Les ordonnances sont remplies de dispositions prises dans le but de prévenir la corruption des baillis et de les empêcher de corrompre les membres des Parlements auxquels ils avaient des comptes à rendre.

Outre les appels des prévôts et des juges inférieurs, les

---

[1] Ordonnance d'avril 1454. « Et afin que lesdits lieutenants puissent mieux faire et administrer justice à nos sujets, nous voulons qu'iceux lieutenants soient salariés et prennent gages, ainsi qu'ils ont accoutumé d'ancienneté. »

[2] On sait que le prévôt de Paris était aussi premier bailli de France.

baillis avaient une compétence spéciale étendue. Ils étaient les juges ordinaires des deux premiers ordres, de la noblesse et du clergé, toutes les fois du moins que le clergé ne pouvait pas invoquer le privilége d'être jugé par les tribunaux d'Église. Ils connaissaient d'une partie des cas royaux, ou, comme porte l'ordonnance de 1371, des cas de souveraineté, de ressort et de droit royal. Au nombre des cas royaux des bailliages étaient comprises les causes concernant les veuves, les mineurs, les étrangers, les dots, les testaments, les droits régaliens, les droits de francs fiefs; celles des villes, des communautés, des hôpitaux, des chapitres; celles qui touchaient l'état des personnes, la rescision des contrats, la purge des hypothèques, etc. [1]... Plusieurs de ces causes, par exemple celles de testaments, avaient appartenu autrefois aux tribunaux ecclésiastiques; mais les ordonnances des rois, en les faisant rentrer dans la compétence des tribunaux civils, en avaient attribué la connaissance exclusive aux juges royaux. Les juges royaux connurent encore exclusivement des procès intentés pour contravention aux ordonnances de monnaie [2]. Au XVIe siècle, la compétence des baillis fut réglée d'une manière aussi positive qu'elle put l'être. Ils continuèrent aussi d'exercer quelques fonctions qui n'étaient pas purement judiciaires. Ils conservèrent une juridiction de finance. Ils furent souvent chargés de faire les poursuites contre les malversations des officiers royaux [3], rôle qu'ils partagèrent avec les commissaires réformateurs ou enquêteurs. Enfin la réception et la vérification des hommages, une de leurs plus anciennes attributions, ne cessa pas de leur appartenir [4].

[1] *Encyclopédie du droit* de MM. Sebire et Carteret. Article de M. Rapetti.
[2] Ordonnance de 1374.
[3] Ordres envoyés en 1359 au sénéchal de Beaucaire (ordonnances du Louvre).
[4] Voir l'édit de Crémieu de 1536.

On voit qu'à la fin du xive siècle les appels de certains bailliages étaient portés à d'autres bailliages avant de l'être au Parlement. Les appels du bailliage d'Aurillac étaient portés à celui de Saint-Pierre-le-Moutier en 1366. En 1369, Charles V constitua dans le Ponthieu des bailliages intermédiaires qui formèrent un nouveau degré de juridiction entre les prévôtés et la cour du sénéchal. Ces mesures avaient peut-être pour but de restreindre le nombre des appels portés au Parlement de Paris, qui ne pouvait déjà les juger tous.

Les prévôtés, dont la juridiction était inférieure à celle des bailliages, furent soumises aux mêmes règles. En principe, elles devaient être *données en garde*, c'est-à-dire conférées par les baillis à ceux qu'ils en jugeraient dignes : c'est ce qu'établissent toutes les ordonnances de réforme [1]. Ce principe fut souvent violé, et l'on afferma les prévôtés par mesure fiscale [2]. L'ordonnance de 1393 le défendit, et porta qu'elles devraient toujours être données en garde. Celle de Blois, de 1499, décida que les prévôts en garde seraient élus aux auditoires des bailliages, sénéchaussées et autres siéges, en pleine assemblée.

Les assesseurs des prévôts, comme ceux des baillis, durent être tous gradués, et leur nomination fut soumise aux mêmes règles. Ainsi, après avoir été à l'origine de simples jurés, dans l'acception moderne de ce mot, ils se transformèrent en véritables magistrats.

Les prévôts ne jugeaient d'abord qu'en première instance et l'on prit soin de déterminer leur compétence, de manière à empêcher tout conflit entr'eux et les baillis. Ils étaient

---

[1] Entre autres celle de 1413 (art. 190).
[2] Par exemple en 1362. Les offices de conseillers auditeurs au Châtelet de Paris furent aussi donnés à ferme pendant quelque temps; car une ordonnance de 1377 porte qu'ils cesseront de l'être et que dorénavant ils seront conférés à gages.

dans l'origine les juges des roturiers, et ce ne fut que la multiplication croissante des cas royaux qui leur fit attribuer la connaissance d'une partie d'entr'eux. Alors on distingua trois catégories de cas royaux, suivant qu'ils appartenaient aux prévôtés, aux bailliages, ou au Parlement. Enfin les tribunaux des prévôts reçurent les appels des juridictions seigneuriales, lorsque ces juridictions perdirent leur souveraineté. Ce fait, ajouté à l'agrandissement de la France, ou tout au moins du domaine royal, explique la multiplication des tribunaux inférieurs, et l'établissement successif de nouveaux sièges royaux dans les villes conquises ou réunies à la couronne [1]. Dans tous ces pays le droit de justice ne fut reconnu aux seigneurs que le plus rarement possible [2].

§ IX. — Établissement des tribunaux présidiaux au xvie siècle. Tenue des grands-jours.

L'institution de tribunaux présidiaux, intermédiaires entre les prévôtés et les bailliages, ajouta au xvie siècle un nouveau degré de juridiction à ceux qui existaient déjà et étendit à toute la France le système des bailliages supérieurs et des bailliages inférieurs, anciennement établis dans quelques provinces. Quarante-trois présidiaux furent créés dans le ressort de Paris, et l'on en institua proportionnellement le même nombre dans les autres ressorts [3]. Chacun d'eux était composé de neuf juges, tous magistrats en titre d'office; le système qui consistait à remplir les cours de justice de jurés

---

[1] Comme à Niort en 1461, à Arras (1477), à Loudun (1480), à Châtellerault (1482).

[2] On en trouve cependant quelques exemples en 1462, 1476, 1477. Ordonnances du Louvre.

[3] Dans le ressort de Paris 43, dans celui de Bordeaux 15, de Rouen 7, de Toulouse 13, de Rennes 4, de Metz 5, de Grenoble 1, de Dijon 6; plus tard, dans le ressort de Besançon 5, et dans celui de l'Alsace 1.

ou de pairs était alors abandonné par degrés. Le développement de la science juridique, l'ignorance trop générale de la classe dans laquelle on pouvait choisir les jurés et les pairs, peut-être enfin le désir que les rois conçurent de faire de l'administration judiciaire un instrument politique, furent autant de raisons de ce changement. Non-seulement on commençait à faire entrer dans tous les tribunaux des assesseurs gradués ; mais comme il arrivait quelquefois aux baillis de robe courte, qui n'avaient point de grade, de prendre part au délibéré des jugements, l'ordonnance de Blois de 1579 leur en fit une défense formelle, et ne leur laissa d'autre pouvoir que celui de prononcer ces jugements.

Les tribunaux présidiaux, intermédiaires ordinaires entre les prévôtés et les bailliages, eurent encore une certaine juridiction en dernier ressort qu'on leur attribua dans le but de diminuer les appels portés aux cours supérieures, et qui ne tarda pas à s'étendre considérablement. On leur accorda ensuite une juridiction criminelle spéciale, qu'ils partagèrent avec les prévôts des maréchaux[1]. Les appels de leurs jugements ne furent portés aux bailliages que pour ce qu'on appela le *petit criminel*, en toute autre cause ils devaient être directement portés aux Parlements. Ainsi la hiérarchie apparente des tribunaux royaux était en fait bien loin d'être régulière.

Une question grave fut soulevée par les tribunaux des prévôts des maréchaux, auxquels la police de sûreté appartenait presque tout entière ; celle de savoir si leurs jugements pourraient être réformés par les Parlements ; elle fut en général résolue dans un sens favorable aux Parlements.

---

[1] On distingua dans la justice criminelle les cas prévôtaux jugés par les prévôts des maréchaux, et les cas présidiaux jugés par les présidiaux. Mais cette distinction, difficile dans la pratique, fut loin d'arrêter les conflits. — Voir le chapitre de la police, section Ire.

Cependant les prévôts des maréchaux conservèrent dans un grand nombre de cas une juridiction sans appel, qui fit de leurs tribunaux les plus redoutés qu'il y eût en France.

Comme les présidiaux avaient aussi dans leurs attributions une partie de la police de sûreté, on institua dès 1555 un lieutenant criminel près de chacun d'eux pour y faire les fonctions de nos juges d'instruction. Il y avait, au reste, des charges semblables depuis 1523 auprès des bailliages et des sénéchaussées.

L'établissement des présidiaux eut pour effet de restreindre notablement les attributions judiciaires, et même l'importance des anciens bailliages. Les baillis, et il n'est question ici que des baillis de robe longue, conservèrent des attributions nombreuses sans doute, mais mal définies. Ils avaient une juridiction, tantôt d'appel, tantôt de première instance, et une compétence à la fois civile, criminelle, féodale, ecclésiastique, domaniale et de police, cette dernière du moins jusqu'à la création de lieutenants de police spéciaux. Ils exerçaient la surveillance des officiers judiciaires de leur ressort concurremment avec le ministère public; ils avaient même conservé quelques attributions qui ne rentraient dans aucune de ces catégories, puisqu'ils étaient les gardiens des communes. Il n'en est pas moins curieux de remarquer comment, après avoir été les agents universels de l'administration centrale pour tous ses services, les baillis se trouvèrent successivement réduits à des fonctions mal déterminées, et placés comme en dehors de la hiérarchie ordinaire pour la police et la justice, avant de l'être aussi pour les finances (voir plus loin).

L'usage des grands-jours, c'est-à-dire, d'assises irrégulières tenues par la cour du roi ou le Parlement de Paris dans son ressort, compléta le système de la justice royale dans l'ancienne France. Un des exemples les plus célèbres de ces assemblées qui paraissent très-anciennes est celui des grands-jours de Clermont-Ferrand tenus en 1481 sous Louis XI par un président et douze conseillers du Parlement de Paris. Ils rendaient des arrêts souverains, et recevaient les appels de tous les tribunaux situés dans le ressort que déterminait l'ordonnance de leur établissement. D'après l'ordonnance de Blois de 1499[1], le Parlement de Paris dut tenir les grands-jours tous les ans dans certaines villes de sa juridiction; les Parlements de Toulouse et de Bordeaux devaient en tenir de leur côté tous les deux ans. La seconde ordonnance de Blois, de 1579, renouvela les mêmes dispositions; elle porta que les grands-jours seraient tenus tous les ans dans les provinces les plus éloignées des siéges de Parlements, et que le roi désignerait les villes où ils seraient convoqués successivement, à trois mois d'intervalle. On voulait montrer la justice royale avec un sévère appareil aux provinces qui la connaissaient le moins, et y assurer le maintien de l'ordre, qui y était fréquemment troublé, malgré les pouvoirs accordés pour ce sujet aux tribunaux présidiaux. Ces derniers avaient paru de bonne heure insuffisants, quoique deux ans après leur institution Henri II eût cru leur donner plus de force en autorisant les membres du Parlement de Paris à les présider.

Les grands-jours continuèrent d'être tenus jusqu'à la fin de la monarchie, mais à époques irrégulières, malgré les ordonnances de Blois. Ils remplacèrent à la longue les commissaires royaux envoyés dans les provinces, ou du moins ils partagèrent avec ces commissaires certains pouvoirs; ils durent combattre les abus, veiller à l'observation des ordonnances, à l'intégrité des juges, exercer sur tous les agents du roi dans le ressort une véritable inspection. La poursuite des fonctionnaires leur appartenait d'office[2].

[1] Ordonnance de 1499 (art. 72 et 73).
[2] Art. 6 de l'ordonnance du 31 août 1665 sur les grands-jours de Clermont : ils connaîtront « de tous abus, fautes, malversations ou

§ X. — Suppression ou limitation des juridictions patrimoniales à partir du xvie siècle.

Le nombre croissant des tribunaux royaux et la nouvelle organisation qu'ils reçurent permirent de combattre et de faire plus facilement disparaître les juridictions indépendantes. Le xvie siècle commença et termina en grande partie cette importante entreprise.

Les justices communales, diminuées successivement, furent supprimées enfin par l'ordonnance de Moulins [1].

Les justices seigneuriales furent à leur tour très-restreintes. On commençait à les racheter, et François Ier supprima de cette manière, en les acquérant à prix d'argent, la plupart de celles qui existaient dans Paris. Les légistes commençaient aussi vers cette époque à considérer la juridiction des seigneurs comme le résultat d'une usurpation, ou comme une faveur accordée par grâce spéciale. Dans tous les cas ils ne la reconnurent que comme juridiction déléguée [2]. C'était, ou plutôt ce fut à partir de ce temps un adage que « fief et justice n'ont rien de commun » : ce que Dumoulin expliquait, en disant que le propriétaire d'un franc aleu noble auquel la justice était attachée devait toujours faire hommage de la justice au roi. En fait la compétence des tribunaux patrimoniaux fut très-limitée par les cas royaux que multiplièrent les ordonnances et les arrêts

négligences commises par les officiers royaux dans l'exercice de leurs fonctions. »

[1] Voir le chapitre de l'Administration municipale, section 2e.

[2] Toute justice déléguée est révocable. On lit dans Lhôpital : « Les seigneurs haut-justiciers qui abusent de leur justice, et au lieu d'une juste distribution d'icelle, font des oppressions, injustices et violences à leurs vassaux, sujets et justiciables, perdent et sont *ipso jure* déchus de leur juridiction ; et, en ce cas, elle est réunie à la justice souveraine. » — L.hôpital. *Traité de la Réformation de la Justice*, 5e partie.

de règlement ; au criminel, elle fut presque réduite à rien[1].

Ce ne fut pas tout : si réduite qu'elle fût, les ordonnances royales et les arrêts des hautes cours en réglèrent aussi l'exercice. Défense fut faite aux seigneurs haut-justiciers de juger en personne ; on les obligea de faire rendre la justice par des officiers spéciaux dont le choix fut soumis aux mêmes conditions que celui des officiers royaux, et qui, comme eux, reçurent des gages, jouirent de l'inamovibilité ; les seigneurs durent payer l'amende toutes les fois que leurs officiers auraient mal jugé[2]. On leur imposa l'obligation d'entretenir les tribunaux, les prisons, etc., dans le ressort de leur justice. Pour achever l'assimilation des tribunaux seigneuriaux aux tribunaux ordinaires, on commença à placer près des plus importants d'entre eux des agents du ministère public, sous le nom de procureurs du fisc, et ces agents, successivement établis, existaient à la fin du XVIIe siècle dans presque toutes les justices patrimoniales. Dans les paroisses où il y avait à la fois une justice royale et une justice seigneuriale, elles durent être exercées toutes deux par un même juge que le seigneur et le roi commettaient alternativement tous les trois ans[3]. Voilà comment les juridictions particulières que l'on ne put détruire furent rattachées au système général des tribunaux royaux, et cessèrent d'arrêter la marche de la centralisation judiciaire.

Cependant quelques seigneurs, entr'autres les engagistes, les apanagistes, les ducs et pairs, conservèrent des droits spéciaux, comme celui de ne faire juger que par le Parlement les appels de leurs tribunaux civils. Il y en eut même qui continuèrent d'avoir deux degrés de juridiction. On voit

[1] La compétence des tribunaux seigneuriaux fut déterminée et restreinte dans des limites étroites par la rédaction de la Coutume de Paris en 1510.
[2] Ordonnance de janvier 1564.
[3] Idem. Plus tard même, en 1693, on obligea les officiers des justices seigneuriales ou ecclésiastiques à recevoir l'investiture du roi.

aussi que, dans les fiefs considérables, les juges seigneuriaux faisaient des tournées, et tenaient leurs assises dans plusieurs chefs-lieux.

Plus tard Colbert réduisit encore le nombre des justices patrimoniales. Il fit par exemple, pour le roi, l'acquisition de quatre d'entr'elles qui subsistaient à Paris; il les remplaça par un nouveau siége présidial qu'il institua au Châtelet en 1674, et qui fut réuni à l'ancien en 1684.

§ XI. — Comment l'uniformité fut introduite dans la législation. Rédaction des Coutumes. Recueil des ordonnances.

La révolution qui plaça tous les tribunaux sous la main du roi, fut accompagnée d'une autre révolution aussi considérable qui rendit plus uniformes les règles législatives. Les ordonnances royales formèrent la première catégorie des lois appliquées par tous les tribunaux. Or, il y en eut quelquefois de très étendues ; celles qui furent rendues pour *la réformation de la justice*, celle de Montils-les-Tours d'avril 1454, par exemple, renferment de véritables codes de procédure, d'instruction criminelle, etc.. Les Coutumes formèrent la seconde catégorie : on s'occupa, vers cette époque, de les rédiger, et en même temps de les reviser. Si les différences qui les séparaient subsistèrent, les jurisconsultes n'en reconnurent pas moins entr'elles une étroite parenté et comme un air de famille ; de sorte qu'elles purent donner naissance à un droit commun uniforme, au droit coutumier[1].

---

[1] Il va sans dire que ce droit commun et uniforme ne fut appliqué que dans les provinces du Nord. Celles du Midi stipulèrent à plusieurs reprises la conservation du droit écrit. Charles V, encore dauphin, assure au Languedoc, en 1357, l'usage du droit écrit, nonobstant tous styles et usages contraires introduits par les officiers royaux ; il déclare seulement que les ordonnances des rois ou des commissaires royaux y seront exécutoires. Ainsi le Languedoc fut soumis au

C'est dans l'ordonnance de Montils-les-Tours que Charles VII annonce son projet de faire rédiger toutes les Coutumes, « plus exactement et plus solennellement qu'elles ne l'avaient été précédemment. » La première rédaction de celles de Bourgogne fut approuvée par des lettres patentes de 1459. Mais le projet ne fut réellement exécuté que sous Charles VIII, qui nomma des commissaires pour réformer celles des Coutumes locales qui étaient le plus communément suivies. On faisait affirmer à cet effet les dispositions de chaque Coutume par un certain nombre de témoignages. Tous les intéressés, clergé, noblesse, villes, campagnes, envoyaient ensuite des représentants à une assemblée, où les commissaires royaux ouvraient une délibération régulière sur chaque article. Les seigneurs se montrèrent en général peu favorables à cette révision qui menaçait fort le maintien d'une partie de leurs droits ; mais leur opposition, que Charles VII n'eût pu vaincre, fut sans puissance sous Charles VIII. Charles VIII fit réformer et publier ainsi les Coutumes de Ponthieu, du Perche, de Mortagne, de Bellesme, de Nogent-le-Rotrou, de Lorris et du Boulonnais. Chaque premier président était tenu de veiller à la publication dans son ressort ; les commissaires devaient en référer d'ailleurs aux Parlements pour lever les difficultés sérieuses (1497.) Nous avons vingt et une Coutumes publiées sous Louis XII, dix sous François Iᵉʳ, et vingt-neuf dont la date précise n'est pas connue, mais qui appartiennent à ces deux règnes. La plus considérable est la Coutume de Paris, publiée à Blois en 1510, et rédigée après de longues délibérations, qui eurent pour résultat de faire disparaître un grand nombre de droits féodaux.

même droit public que le reste de la France et ne conserva que son droit privé. En 1374, les arrêts du Parlement de Paris furent déclarés exécutoires dans le royaume entier, sans exception pour les provinces de droit écrit.

Le recueil des Coutumes fut entrepris le premier ; celui des ordonnances et des arrêts le fut ensuite. Le Parlement décida, en 1497, que les juges appelleraient pour les assister au jugement des causes importantes trois ou quatre notables avocats qui garderaient les ordonnances et les feraient mettre en une table. Le livre des ordonnances dut être déposé partout aux greffes des Parlements et des bailliages : tout juge dut en avoir un exemplaire[1]. Cependant il n'y eut guère que des recueils particuliers jusqu'à l'an 1552, où un libraire reçut privilége pour imprimer et publier les ordonnances des rois, et pendant longtemps encore toute tentative pour former une collection à peu près complète échoua. Ce ne fut qu'à la fin du XVIIe siècle, lorsqu'il fut prouvé que pareille entreprise était au-dessus des forces de simples particuliers, que Pontchartrain conçut l'idée de la faire exécuter aux frais du roi. Louis XIV en chargea trois jurisconsultes, à la tête desquels était le savant Laurière ; mais il fallut attendre jusqu'à 1723 la publication du premier volume d'une collection qui n'est pas encore terminée.

Les ordonnances royales sur la justice furent de plus en plus nombreuses depuis le règne de Louis XIV[2]. On peut

---

[1] Ordonnance de Blois de 1499, art. 78 et 79.

[2] Il ne sera pas inutile de les citer ici. 1433, ordonnance sur le Parlement ; mars 1499, ordonnance de Blois ; 1507, lettres pour l'exécution d'ordonnances précédemment rendues ou d'ordonnances nouvelles en Normandie ; 1510, ordonnance pour la réformation de la justice et l'abréviation des procès en Bretagne ; 1529, idem pour l'abréviation de la procédure au Parlement de Paris ; 1529, édit sur le style du Châtelet de Paris ; 1535, ordonnance pour la réformation de la justice en Provence ; 1536, idem pour la Bretagne ; 1536, édit de Crémieux ; 1539, ordonnance de Villers-Cotterets ; 1510, édit appliquant à la Normandie les dispositions principales de l'ordonnance précédente ; février 1550, déclaration interprétative de l'ordonnance de 1539 ; même année, deux édits portant réglement, l'un sur l'administration de la justice civile au Parlement de Paris, l'autre sur celle de la justice criminelle.

les regarder comme les rédactions successives et successivement améliorées de l'ancien Code de la France. Elles ne pouvaient se multiplier ainsi sans apporter avec elles d'utiles réformes et d'importantes innovations. L'ordonnance de Villers-Cotterets de 1539 voulut, par exemple, que l'on rédigeât les arrêts et les actes en français ; elle fit, il est vrai, de la procédure secrète, dont l'usage emprunté aux tribunaux ecclésiastiques n'était encore rien moins qu'universel, la règle générale de tous les tribunaux de France[1]. — Les deux grandes ordonnances judiciaires qui vinrent couronner l'œuvre commencée par les précédentes furent celles d'Orléans de 1561, complétées par l'édit de Roussillon de janvier 1564, et celle de Blois de 1579, toutes deux rendues à la suite d'assemblées d'États généraux.

Henri III acheva de faire réformer et publier (vers 1580) plusieurs Coutumes, entre autres celles de Paris, d'Orléans et d'Amiens. Les Coutumes ainsi réformées et promulguées reçurent force de lois ; elles furent regardées par une école de jurisconsultes comme constituant *le vrai droit civil* et commun de chaque province, méritant aussi le nom de *droit écrit*, là où, *selon le consentement du peuple des trois ordres*, elles avaient été arrêtées, mises en écrit, et autorisées par les commissaires du roi, à ce délégués[2]. Dumoulin voulait remplacer les Coutumes par une loi générale, et cette idée, que Philippe de Comines prêtait déjà à Louis XI, décida Loisel à rédiger sous Louis XIII ses *Institutes coutumières*, qui contiennent un résumé des principes généraux de l'ancien droit coutumier[3].

Plusieurs autres ordonnances, spéciales ou générales,

---

[1] Plusieurs lettres royales confirmaient dans le Languedoc depuis 1314 la publicité des débats criminels.
[2] Expressions de Guy Coquille.
[3] Voir le discours de rentrée de M. Dupin à la cour de cassation (1845).

reproduisirent les règles anciennes, plutôt qu'elles n'en créèrent de nouvelles; telles sont entre autres celle de 1597 et le Code Marillac de 1629. Mais la refonte complète de la législation ne fut entreprise qu'au temps de Colbert. Colbert réunit une commission d'hommes de loi, MM. Pussort, Letellier, de Lamoignon, pour rédiger l'ordonnance civile ou de procédure (1667), et l'ordonnance criminelle (1670); cette dernière Code d'instruction criminelle et Code pénal tout à la fois. La publication de ces ordonnances fut la première annonce de l'unité législative à venir, et la première ébauche de nos Codes.

§ XII. — De la magistrature en général pendant les xvie et xviie siècles. Traitements des juges. Vénalité des charges.

J'ai laissé le Parlement de Paris à l'époque où sa constitution définitive était achevée, et ne devait plus éprouver que d'insignifiantes modifications. J'ai montré les tribunaux des degrés inférieurs se constituant à leur tour, sinon dans une hiérarchie rigoureuse, du moins avec une apparente uniformité, et le grand travail de l'unité législative se préparant de loin. Je reprends les faits généraux relatifs à l'organisation du pouvoir judiciaire depuis le règne de Louis XII.

Une première question se présenta, celle du traitement des juges et des frais de justice. Dans l'origine, tous les officiers royaux avaient un traitement éventuel consistant dans le produit de certaines taxes, et ces taxes étaient très-arbitraires, malgré les tarifs. La justice coûtait en quelque sorte d'autant plus cher qu'elle était plus mal rendue. Les justiciables comprirent de bonne heure que la justice gratuite n'était pas la plus économique, et plus d'une province stipula dans ses privilèges qu'un traitement fixe serait assuré par l'État aux juges ordinaires [1]. Ces considérations et

[1] Voir les priviléges du Quercy et du Périgord (1319).

l'accroissement de la valeur de l'argent firent augmenter à plusieurs reprises les gages des juges, entre autres, sous Louis XII, ceux des conseillers au Parlement de Paris (1513). La suppression des épices fut demandée plus tard, quoique sans succès, par toutes les assemblées d'États généraux.

Les frais de justice excitèrent aussi de continuelles plaintes [1]. On fit peu de réponses à ces plaintes : on se contenta de recommander aux tribunaux d'ordonner le moins d'enquêtes possible et de mettre la plus grande économie dans les frais [2]; on assigna aussi pour les enquêtes des fonds de recettes spéciaux; mais, comme la comptabilité du service fut presque toujours irrégulière ou mal surveillée, il arriva souvent que la justice ne put être rendue, faute d'argent.

La vénalité des offices de magistrature, sévèrement interdite de tout temps, le fut de la manière la plus formelle par l'ordonnance de Blois de 1499. L'élection des magistrats, qui appartenait aux cours elles-mêmes, devait se faire à haute voix, et le roi devait instituer l'élu [3]. Cependant Louis XII vendit des offices en 1508, et François Ier recourut au même expédient financier pendant la plupart de ses guerres. Dès 1515, il créa des offices d'enquêteurs dans tous les siéges royaux, sous prétexte que les enquêtes y étaient mal faites, et il envoya encore, en 1533, de nouveaux enquêteurs dans divers bailliages. Ces créations amenèrent presque toujours des conflits d'attribution que le roi dut régler; il s'en éleva, par exemple, un très-violent entre les enquêteurs et les greffiers. Les offices de greffiers, ceux de gardes des sceaux et minutes des juridictions royales, furent déclarés vénaux en 1521. La création de nouvelles cham-

---

[1] Voir surtout les plaintes des États de Languedoc, en 1456.
[2] Voir l'ordonnance de 1413.
[3] Ordonnance de mars 1499, art. 32.

bres au Parlement de Paris, d'une troisième chambre des enquêtes en 1521, d'une chambre des vacations en 1531, d'une chambre du domaine en 1543, eut l'accroissement des affaires pour prétexte et la raison fiscale pour véritable cause. On professa bientôt cette doctrine, que le roi était propriétaire de toutes les charges de l'État, et que ces charges faisaient partie de son domaine; il pouvait donc les engager, les aliéner comme le reste du domaine, sous clause de rachat. Les jurisconsultes ne manquèrent pas non plus de saisir l'analogie qui existait entre le principe des offices et celui des fiefs; en effet, les offices avaient passé par les mêmes vicissitudes que les fiefs; après avoir été donnés à titre révocable ou pour la vie des titulaires, ils avaient aspiré de bonne heure à devenir héréditaires. La défense des survivances en 1521, et la révocation prononcée en 1541 de toutes celles qui avaient été accordées, prouvent que cette tendance était plus forte que les lois mêmes. L'hérédité était d'autant plus inévitable qu'elle existait alors en fait dans presque toutes les professions mécaniques ou libérales.

La vénalité des charges, qui assurait leur hérédité, s'établit donc par la force des choses et par la connivence des rois. On finit par ne plus la proscrire; on se contenta de prendre des garanties contre les abus qu'elle pouvait entraîner. On réduisit les offices à un nombre déterminé : on régla les conditions d'admissibilité, trente ans d'âge, un examen préalable, une information sur la vie et les mœurs du candidat, etc.[1]. La discipline intérieure des cours devint plus sévère. D'après l'ordonnance de Blois de 1499[2], le Parlement de Paris devait s'assembler tous les quinze jours, ou au moins une fois par mois, pour s'assurer que

[1] Ordonnance de 1516. Voir aussi les ordonnances précédentes pour l'administration de la justice dans les provinces.
[2] Ordonnance de mars, art. 27. Voir aussi l'ordonnance de Villers-Cotterets de 1539, art. 130.

CHAP. VIII. — DE L'ADMINISTRATION JUDICIAIRE. 299

les ordonnances étaient bien exécutées, même par ses membres ; ce fut l'origine des mercuriales. Les chefs du parquet reçurent un pouvoir très-étendu de surveillance, pouvoir constituant comme une inspection permanente, et qui rendit moins nécessaire l'envoi de commissaires inspecteurs. Plus tard on chargea les maîtres des requêtes ordinaires de l'hôtel de faire des *chevauchées* ou tournées suivant un département du garde des sceaux, et d'envoyer des rapports sur la manière dont ils trouveraient les ordonnances observées.

Toutes les obligations précédemment imposées aux juges, celles de résider, de ne prendre gages de personne, de garder les secrets des cours, etc., furent soigneusement renouvelées. L'obligation de la résidence, imposée surtout aux juges inférieurs [1], ne paraît pas avoir été plus rigoureusement remplie par les magistrats que par les dignitaires ecclésiastiques. On fit des lois somptuaires spéciales pour les officiers royaux, et surtout pour ceux de l'ordre judiciaire. Ainsi nul d'entre eux ne devait donner à sa fille une dot de plus de dix mille livres tournois [2].

En 1544, un arrêt du conseil déclara que la profession de juge et celle d'avocat ne faisaient pas déroger à la noblesse ; c'était donc déjà dans la noblesse que se recrutaient la magistrature et le barreau. La vénalité des charges fit de la magistrature la carrière des personnes riches, et fut loin de nuire à son influence. La magistrature devint même plus indépendante, lorsqu'on eut déclaré en 1547 ses fonctions incompatibles avec celles des offices municipaux des villes, et en 1561 avec l'exercice de toute charge quelle qu'elle fût,

---

[1] Voir surtout l'ordonnance de 1539 et l'ordonnance de Blois de 1579. Un arrêt du conseil privé de 1556 défendait aux présidents et conseillers de cours souveraines de s'absenter sans l'autorisation du roi.

[2] Ordonnance de 1564.

conférée par les seigneurs, les prélats [1] ou les communautés. Lhôpital dans ses harangues exprimait cette idée avec assez d'énergie. « N'est honnêteté que l'on dise d'un président ou conseiller, voilà le chancelier d'un tel seigneur. Ils ne doivent reconnaître que le roi. *Honestior est servitus dignitate dominantis.* Il est plus honnête servir *regi regum*, comme dit Homère du roi Agamemnon, *quàm regulis* [2]. »

La vénalité n'en excita pas moins de vives plaintes, et surtout de la part de tous les États généraux depuis ceux d'Orléans de 1561. On lui reprochait d'exclure le mérite pauvre, et de favoriser exclusivement les riches qui entraient ainsi dans les charges « par la cheminée, au lieu d'y entrer par la porte [3]. » Il n'y eut pas de règne qui ne commençât par des suppressions d'offices ou par des promesses de suppressions. Ainsi Henri II promit en 1547 de réduire ceux du Parlement de Paris au nombre où ils se trouvaient lors de l'avénement de François Ier; il renouvela la même promesse sans succès en 1557, et François II la renouvela à son tour en 1560 se contentant d'avoir révoqué dès 1559, tous les dons de survivance. L'ordonnance d'Orléans de 1561 porta réduction des offices judiciaires au nombre où ils se trouvaient au temps de Louis XII, et défendit le cumul; mais elle fut mal exécutée, et dès 1567 tout titulaire d'office acquérait le droit de le vendre, pourvu que ce fût à personnes capables. La fiscalité était encore cause de cette mesure; elle établissait sur chaque transmission d'office un droit payable au roi, et que l'on appelait tiers-denier. L'ordonnance de Blois de 1579 supprima à son tour un grand nombre d'offices : ce qui n'empêche pas ces offices d'être rétablis dès l'année sui-

---

[1] L'ordonnance de Blois de mars 1499 déclarait incompatibles les fonctions de conseiller-clerc et celles d'official ou de vicaire d'un évêque.

[2] Harangues de Lhôpital, t. II.

[3] Du Refuge, éditeur des Discours de Lhôpital.

vante, à cause des nécessités de la guerre, et même augmentés en 1586. Non-seulement on ne pouvait plus sortir de la fausse voie dans laquelle on s'était engagé, mais on s'y engageait de plus en plus : chaque année on battait monnaie par de nouvelles créations[1].

Les abus introduits par la vénalité des charges et le malheur des temps trouvèrent dans les gardes des sceaux et surtout dans le chancelier Lhôpital de rudes adversaires. La censure devint plus active; les mercuriales prirent une gravité, quelquefois même une violence nouvelle[2] : « Ce que la calamité des guerres, dit Lhôpital, a introduit de mauvais et de vicieux dans la république, avenant le temps serein et gracieux de paix, doit être rejeté et retranché entièrement, et reprise la forme de vivre première, ancienne et meilleure, tant pour le regard du roi que de ses sujets. » On sait que plusieurs des beaux caractères de la magistrature française brillèrent au seizième siècle. La Roche Flavin, qui écrivait sous Henri III, disait, en parlant des cours souveraines, « qu'elles ressemblaient un vrai sénat romain, représentant une majesté secourable aux bons et épouvantable aux mauvais. » Pour se faire une juste idée de ce qu'était la magistrature à cette époque, il faut mettre en regard d'un côté l'attitude simple et digne des Lhôpital, des de Thou, des Harlai, leur vie d'étude et de travail, leur intelligence déjà moins confuse que chez la plupart de leurs contemporains des principes nouveaux qui tendaient à s'établir, et de l'autre la justice devenue vénale, l'achat des charges converti en spéculation, les désordres de toute sorte favorisés par les guerres civiles et les guerres de religion.

[1] Qu'il suffise de citer les faits suivants. En 1554, Henri II rend le Parlement semestre, c'est-à-dire que chaque charge appartiendra à deux titulaires qui l'exerceront chacun tous les six mois. Charles IX crée une nouvelle chambre des enquêtes au Parlement de Paris, en 1568, et Henri III une nouvelle chambre des requêtes en 1580.

[2] Voir les reproches adressés par Lhôpital au Parlement de Bordeaux. (Ils sont cités dans l'*Histoire du Parlement*, de Voltaire,

Enfin ces abus éveillèrent la sollicitude d'Henri IV, lorsque le Parlement, transféré à Tours en 1589, pendant la ligue, fut rétabli à Paris en 1594. Sully voulut d'abord, avec ses préjugés d'ancien noble, diminuer le nombre des légistes : il ne les trouvait bons pour la plupart, « qu'à détruire la noblesse et ruiner le trafic, n'y ayant artisan, pasteur, laboureur, ni même manœuvre qui ne fût plus utile dans un pays. » Il se proposait donc une réforme générale de la procédure, et par suite de l'organisation judiciaire ; mais il n'eut pas le temps de l'accomplir.

Les États de 1614 exprimèrent des vœux remarquables, quoique sans effet immédiat. Ils se plaignirent de la multiplicité des juridictions, et demandèrent qu'on ne pût parcourir en appel plus de deux degrés [1]. Cette réforme si nécessaire fut ajournée jusqu'à la révolution française. Le gouvernement accueillit mieux la proposition de rendre la tenue des grands-jours plus régulière pour étendre la sphère d'action des Parlements ; mais l'ordonnance de 1629, qui ne fit que rappeler les règles antérieurement établies, ne fut pas mieux exécutée que les précédentes. La proposition de supprimer les épices éprouva le même sort ; l'ordonnance de 1618 qui défendait aux juges d'en recevoir, n'eut pas non plus d'exécution. L'assemblée des notables de 1627, qui trouvait fort naturel, comme la justice commerciale était gratuite, que la justice civile le fût aussi, renouvela ce dernier vœu sans plus de succès.

Le gouvernement s'occupa surtout de réformer le corps judiciaire, chez qui la dignité du caractère et la sévérité des mœurs étaient chose rare. En effet beaucoup de membres des cours souveraines sont représentés par les notes des gardes des sceaux comme joueurs, débauchés, et même

---

[1] Les notables de 1597 avaient demandé qu'on ne laissât subsister qu'un seul degré de juridiction dans chaque ville.

peu intègres. Le Parlement de Paris fut pendant la Fronde le théâtre de scènes scandaleuses, qui se reproduisirent dans tous les autres et notamment dans celui de Bourgogne. Comme il fallait, pour réformer la magistrature, changer le mode d'admissibilité, on débattit vivement et on discuta en principe la question de la vénalité des charges. Richelieu s'en déclara le partisan très-ouvert; il voulait, disait-il, s'en tenir à l'avis de François Ier, d'Henri IV et de Sully. Il craignait que la faveur ne distribuât les offices plus mal que la fortune; il pensait qu'une plus grande sévérité dans les enquêtes, une observation plus rigoureuse des conditions d'âge et de savoir, feraient disparaître les abus; mais il attachait beaucoup de prix à la richesse et à la naissance [1]. Il pensait aussi que l'État devait s'assurer de la fidélité de ses agents en les obligeant de placer tout ou partie de leur fortune dans ses caisses, ce qui arrivait en effet chaque fois qu'une charge nouvelle était créée, le prix de cette charge pouvant être considéré par l'État comme un cautionnement. Enfin Richelieu défendait même l'hérédité, accordée en 1604 aux pourvus d'office qui consentiraient à payer l'*Annuel* ou la *Paulette*, impôt volontaire du soixantième du prix d'achat [2]. L'hérédité offrait plus d'un avantage; elle portait remède à plusieurs des abus de la vénalité: elle empêchait les grands, par exemple, d'acheter des charges importantes pour les donner à leurs créatures et aux gens de leur maison. Tels étaient les arguments, parfois contradictoires, dont on se servait pour justifier les usages dominants.

Richelieu se contentait de proposer la fixation d'un maxi-

---

[1] « Une basse naissance produit rarement les parties nécessaires au magistrat, et il est certain que la vertu d'une personne de bon lieu a quelque chose de plus noble que celle qui se trouve en un homme de petite extraction. » *Testament politique*.

[2] La Paulette fut supprimée en 1617 et rétablie en 1620.

mum pour le prix des offices, ce qui ne fut pas admis. On prenait au contraire des mesures propres à élever ce prix; ainsi, en 1622, le gouvernement força les membres de toutes les cours souveraines à payer dans un délai fixé la finance d'une augmentation de gages qui s'élevait au chiffre de deux cent cinquante mille livres tournois. Un refus entraînait pour un titulaire la perte de sa charge, et on lui subrogeait celui qui payait la somme demandée [1]. Les taxes auxquelles les membres des Parlements furent imposés d'office, à plusieurs reprises [2], devaient avoir le même résultat que les augmentations de gages forcées.

La question fut donc vivement débattue; mais la situation fut plutôt aggravée qu'améliorée jusqu'au temps de Colbert qui entreprit quelques réformes, et n'eut que le tort de les faire incomplètes. Nombre d'offices furent supprimés par lui en 1663 et 1664; il fixa le maximum du prix de ceux que l'on conserva (1665 et 1678), et cette fixation fut accordée en dédommagement de la Paulette qui était maintenue. Il régla de nouveau les conditions d'âge pour l'admissibilité, les priviléges joints à chaque titre (1669 et 1672). Louis XIV annonça, en 1673, l'intention d'augmenter le traitement des juges, ce qui était sans péril dès qu'un maximum du prix des offices était fixé, et ce qui aurait permis de diminuer les épices pour une somme équivalente. Si les épices ne furent pas supprimées, on les soumit du moins à un tarif. Louis XIV défendit aussi aux tribunaux, d'une manière générale, de nommer jamais de commissaires pour le jugement d'aucuns procès [3].

Les successeurs de Colbert revinrent aux créations d'of-

---

[1] Fonds des Cinq-Cents de Colbert. Bib. R. n° 214.
[2] Idem, n° 212.
[3] Une commission fut nommée en 1688 pour la réforme de la justice, mais on ne voit pas qu'elle ait rien réformé.

fices, et les multiplièrent sans mesure. Cependant ces créations ne furent pas toutes inutiles ; tantôt elles rendaient les tribunaux plus uniformes, tantôt elles assuraient pour l'expédition même de la justice de nouvelles garanties (V. plus bas). La suppression définitive de la paulette, en 1709, renversa le système de l'hérédité qui put subsister en fait très-communément, mais qui cessa d'être reconnue en principe.

Il n'est pas inutile d'observer que sous Louis XIV la noblesse de robe, autrefois inférieure à celle d'épée, avait fini par devenir tout à fait son égale. Les cours supérieures obtinrent en 1644 les priviléges de la noblesse du premier degré. En 1660 Colbert les remit à leur ancienne noblesse graduelle, mais le premier degré leur fut rendu par Pontchartrain [1].

§ XIII. — De la compétence des tribunaux royaux au xvi⁰ et au xvii⁰ siècle en matière ecclésiastique.

Tandis que l'organisation du corps judiciaire soulevait les questions que je viens d'exposer, la compétence du Parlement de Paris et des autres cours ne cessait pas de s'étendre. Elle fit aux xvi⁰ et xvii⁰ siècles d'importantes conquêtes. Le Parlement s'empara même de quelques parties de la juridiction administrative.

J'ai parlé ailleurs de la manière dont la juridiction ecclésiastique avait été subordonnée à celle des tribunaux royaux [2]. La persécution dirigée au xvi⁰ siècle contre les partisans de la Réforme eut pour effet de lui enlever les derniers restes de son indépendance. Le gouvernement s'attribua la connaissance des causes spirituelles. En 1539, il autorisa les juges ordinaires à procéder contre les luthériens,

---

[1] Desmarets. Compte rendu, cité par Forbonnais.
[2] Voir le chapitre de l'Église.

concurremment avec les juges d'église, et l'année suivante[1], il les y obligea formellement, sous peine de perdre leurs offices. En 1545, on envoya plusieurs membres du Parlement en mission dans différents bailliages pour y poursuivre les hérétiques.

En 1549, la connaissance des accusations d'hérésie, dirigées contre les protestants, fut réservée aux juges d'église qui avaient probablement réclamé le maintien exclusif de leur droit; mais les juges ordinaires conservèrent concurremment celle des causes où l'hérésie se trouvait réunie à quelque crime public. Or, il n'y avait guère de causes qu'on ne pût faire rentrer dans cette catégorie, puisque d'après les lois de l'État, tout acte extérieur de protestantisme constituait une rébellion.

La prédication de la Réforme, en France, produisit une réaction religieuse très-sensible dans la législation. Les lois qu'on avait commencé à séculariser cessèrent de l'être sur beaucoup de points pour redevenir exclusivement catholiques. Mais cette réaction religieuse présente elle-même un caractère remarquable. Le gouvernement craignit de rendre aux tribunaux d'église leurs attributions, et par suite leurs prétentions d'autrefois: il ne voulut pas les investir de nouveaux pouvoirs et il confia ces pouvoirs de préférence aux tribunaux civils. Ainsi, le règlement de 1549 ne subsista pas. En 1551, la *punition* et la *correction* des hérétiques furent attribuées aux cours souveraines et aux juges présidiaux; une chambre ardente fut aussitôt créée au Parlement de Paris. On se contenta de faire quelques réserves en faveur des prélats[2]. Depuis que François Ier avait déclaré les luthériens et les autres hérétiques séditieux, perturbateurs du repos public et de la sûreté de l'État[3], leur poursuite appartenait à tous les agents ordinaires de police. Henri II

[1] 1er juin 1540 et 30 août 1542.
[2] Elle ne dura, il est vrai, que quelques années. — [3] En 1543.

assimila le fait de célébrer le culte réformé à celui de tenir des assemblées illicites. Tous les seigneurs haut-justiciers reçurent, en 1550, sous peine de perdre leurs justices, l'ordre de punir les auteurs d'assemblées illicites pour fait de religion.

La crainte de l'inquisition, que le cardinal de Lorraine voulait établir, paraît avoir favorisé cette usurpation des tribunaux laïques. Le concordat de 1516 avait d'ailleurs assuré au gouvernement, dans les matières ecclésiastiques, un pouvoir de direction qui n'était à peu près soumis à aucune règle. Cependant il était inévitable que l'on rendit à l'Église ce qui était de sa compétence pure, et que la connaissance de l'hérésie fût spécialement attribuée aux prélats ; on fit ce partage en 1560. Les tribunaux ordinaires ne demeurèrent plus chargés que de faire exécuter les jugements des prélats et les lois ou les édits de police ; du reste, ils reçurent l'ordre de toujours se conformer aux canons (1568) ; ils n'appliquaient que des lois catholiques, et il n'y avait que les catholiques qui pussent remplir les offices de judicature. Aussi les réformés demandèrent-ils, toutes les fois qu'ils eurent une paix de religion ou plutôt une trêve à conclure, la faculté de posséder des juges spéciaux, et plusieurs traités la leur accordèrent. La paix de Saint-Germain, de 1570, déclara ceux du Languedoc justiciables en appel des requêtes de l'hôtel du roi : ceux du ressort des Parlements de Rouen, de Dijon, d'Aix, de Grenoble, de Rennes et de Bordeaux, obtinrent le droit de récuser dans chacune de ces cours une partie des juges. Au mois de mai 1576, on leur accorda une chambre mi partie dans ces mêmes Parlements et dans celui de Paris. On vit aussi, pendant les guerres civiles de la Ligue, s'établir des chambres souveraines pour les réformés, des *antiparlements*, comme Larocheflavin les appelle, à la Rochelle, à Montauban et à Castres.

L'édit de Nantes assura aux protestants des juges spéciaux ; on créa pour eux au Parlement de Paris, et bientôt après dans les autres Parlements de France, une chambre de l'Édit, composée de catholiques et de protestants en égal nombre.

En définitive, la législation spéciale dont les protestants furent l'objet ne fit qu'accroître la compétence des cours de justice royale, et que restreindre dans de nouvelles limites celle des tribunaux ecclésiastiques.

Plus tard Louis XIV, avant même de révoquer l'édit de Nantes, supprima toutes les garanties judiciaires reconnues aux protestants par les anciens traités ; il fit disparaître les chambres de l'Édit dans les Parlements de Paris et de Rouen en 1669, et dans les autres les années suivantes; en 1679, il exclut les réformés de tous les offices de judicature, même sur les terres des seigneurs. Tels furent les préludes de la révocation définitive prononcée en 1685.

§ XIV. — *De leur compétence en matière de commerce.*

La compétence du Parlement de Paris en matière commerciale resta la même ; car il recevait depuis longtemps les appels des tribunaux inférieurs auxquels les différends commerciaux étaient portés. Mais la justice commerciale reçut au XVIe siècle une organisation tout à fait nouvelle de ses tribunaux inférieurs. Il existait depuis longtemps des juges royaux pour le commerce à Nimes, à Beaucaire, à Troyes, et dans les villes où se tenaient les grandes foires. Dans les autres, c'était en général le corps des magistrats municipaux qui exerçait cette juridiction. En 1549, Henri II créa des tribunaux spéciaux pour le commerce à Toulouse et à Rouen; en 1560, cette institution fut étendue à beaucoup d'autres villes ; elle ne tarda pas à devenir très-commune dans toute la France en peu d'années. Tout différend en matière de commerce devait être renvoyé à des arbitres, dont le choix appartenait aux parties, ou si les parties ne pouvaient s'accorder entre elles, au juge, et dont le tribunal civil rendait les sentences exécutoires. Le tribunal de commerce de Paris fut créé en 1563; il était composé de cinq membres élus tous les ans par les cent commerçants inscrits sur une liste de notabilité, et il recevait son institution du prévôt des marchands et des échevins. La procédure y était sommaire; les jugements qu'il rendait n'étaient susceptibles d'appel devant la justice ordinaire qu'au delà d'une certaine somme.

Le but évident de cette innovation fut d'établir dans l'organisation de la justice commerciale la même uniformité que dans celle de la justice civile, et de la rattacher aux institutions centrales du pays. On commençait à voir un intérêt général là où l'on n'avait vu pendant longtemps que des intérêts locaux. Toutefois l'uniformité de ces créations ne fut pas complète dès l'origine. Quelques villes importantes manquèrent encore longtemps de tribunaux consulaires (c'est le nom qui leur fut réservé). Louis XIV en créa vingt nouveaux en 1710. L'ordonnance de commerce qui substitua des règles générales aux usages locaux, ne fut rendue qu'en 1673, et les limites indécises de la juridiction commerciale durent être déterminées à plusieurs reprises, entre autres en 1713.

§ XV. — De leur compétence en matière administrative. Juridiction des maîtres des requêtes de l'hôtel et du grand conseil.

Dans l'origine, lorsque les baillis et les prévôts étaient les agents universels de l'administration centrale, le Parlement de Paris, qui jugeait leurs appels et recevait leurs comptes, s'était trouvé leur supérieur hiérarchique, et avait exercé de cette manière une surveillance générale sur l'administration tout entière. Puis les différents services s'étaient formés, développés peu à peu, et avaient été confiés à des agents distincts; mais dans chacun d'eux, suivant l'ancienne règle, l'administration proprement dite et la juridiction avaient continué d'appartenir aux mêmes agents. Il arriva souvent que, pour parer à cet inconvénient grave, en l'absence d'un tribunal administratif supérieur et indépendant, on attribua au Parlement la connaissance des appels de la justice administrative ordinaire : il reçut ainsi en 1535 les appels des tribunaux des eaux et forêts, en 1538 ceux du contrôle général des greniers à sel ; en 1543 une chambre spéciale y fut créée pour recevoir ceux des tribunaux du domaine. Les faits de ce genre sont assez communs sous les règnes suivants, et principalement sous celui du règne de Louis XIV.

Au reste le Parlement n'eut guère que le jugement des appels des divers tribunaux administratifs. Quand on sentit le besoin de confier à des juges spéciaux le contentieux administratif de première instance, qui appartient aujourd'hui au conseil d'État, on l'attribua aux maîtres des requêtes de l'hôtel.

D'abord les maîtres des requêtes étaient peu nombreux, et leurs fonctions se bornaient à présenter au roi les requêtes qui lui étaient adressées ; encore faisait-on deux sortes d'exceptions, l'une pour celles qui touchaient les choses de conscience et que présentait le confesseur, l'autre pour celles qui concernaient les gens de la maison du roi, et que présentaient le grand chambellan et le grand maître de l'hôtel.

Mais ils ne tardèrent pas à recevoir d'autres attributions plus importantes et plus complexes. On leur confia l'instruction des affaires qui concernaient les fonctionnaires publics. On les admit sous Henri IV (1598) à faire des rapports au conseil des parties ; plus tard ils en firent aussi au conseil des dépêches et au conseil royal des finances. Depuis ce moment le nombre de leurs charges fut considérablement augmenté ; on établit même un roulement annuel entre plusieurs sections, chargées les unes de l'exercice de la juridiction de l'hôtel, les autres des fonctions à remplir auprès des conseils.

Ce fut parmi les maîtres des requêtes qu'on choisit les commissaires départis dans les provinces, et ensuite les intendants. Au XVII⁰ siècle les maîtres des requêtes étaient membres du Parlement et du grand conseil ; ils avaient le droit de présider tous les tribunaux ; ils pouvaient remplir les fonctions de gardes-sceels dans toutes les chancelleries du royaume, etc. [1].

Enfin le grand conseil fut aussi chargé, soit à l'exclusion des maîtres des requêtes, soit concurremment avec eux, de certaines parties de la juridiction administrative [2]. On sait que Louis le Hutin s'était réservé différentes causes, celles qui avaient un caractère politique, ou celles qui intéressaient plus spécialement la couronne. Ces causes avaient continué d'appartenir au conseil d'État après que le Parlement en avait été détaché ; et le conseil d'État, lorsqu'il siégeait comme tribunal, prenait à cette époque le nom de grand conseil [3]. Mais Charles VIII créa un nouveau grand conseil, dont il fit un tribunal distinct, et dont il régla l'organisation [4]. La présidence en fut attribuée au chancelier qui pouvait se faire remplacer par un maître des requêtes ; plus tard on y institua un ministère public, des greffiers, etc. La compétence de ce nouveau grand conseil fut originairement bornée aux causes évoquées par le roi ; ces évocations, d'abord

---

[1] Sous Louis XIV les intendants des provinces exerçaient une partie de la juridiction administrative, en concurrence avec les Parlements ou avec les agents des divers services. Cette juridiction des intendants avait une grande analogie avec celle de nos conseils de préfecture.

[2] Au XVIIe siècle les maîtres des requêtes faisaient partie du grand conseil.

[3] Voir l'introduction.

[4] Ordonnance de 1497 confirmée par Louis XII en 1498.

arbitraires, furent bientôt soumises à des règles et restreintes à des cas déterminés [1]. Le grand conseil reçut ensuite les appels de la prévôté de l'hôtel du roi ; il connut exclusivement des procès entamés au sujet des archevêchés, des abbayes, des bénéfices électifs, des prélatures. Le privilége de l'avoir pour juge direct fut aussi recherché que celui d'être justiciable du Parlement sans moyen. Cette compétence étendue ne put s'établir sans de nombreuses protestations des Parlements, et quand elle le fut, les Parlements prétendirent au moins avoir le droit de rendre exécutoires ou non, chacun dans leur ressort, les arrêts du grand conseil ; mais ces arrêts furent déclarés exécutoires dans toute la France, nonobstant toute prétention contraire, par un édit de François I*r*, de 1539, qu'Henri II renouvela en 1555.

Enfin le grand conseil fut chargé de juger les conflits qui s'élevaient entre les diverses cours, attribution importante qui le rendait supérieur aux Parlements, et lui donnait quelque analogie avec notre cour de cassation. Cependant il n'eut jamais de pouvoir spécial pour s'assurer que les formes des jugements fussent observées et les ordonnances exécutées. Ce fut là une lacune dans les anciennes institutions judiciaires de la France, et cette lacune subsista malgré les justes observations de Loisel, qui soutenait en 1614 « que c'était se moquer des États généraux que de les faire assembler pour donner au roi les moyens de pourvoir aux abus de son royaume par de bonnes lois, si on n'était pas contraint d'observer ce qui y serait avisé et ordonné, » et qui proposait en conséquence de former une cour centrale et unique, composée de conseillers pris dans chaque Parlement pour juger en dernier ressort, et entre toutes per-

---

[1] Ordonnance de 1529 sur les évocations. Cf. celle de 1539 sur la compétence et la procédure du grand conseil, et l'ordonnance de Blois de 1579.

sonnes de quelque qualité ou condition qu'elles fussent, des contraventions aux édits [1].

§ XVI. — Parlements provinciaux.

J'ai montré comment l'administration judiciaire s'était développée dans le domaine royal après la constitution définitive du Parlement de Paris au xive siècle. Les révolutions accomplies dans le domaine royal se sont reproduites partout. Il suffira donc d'indiquer d'une manière rapide comment les provinces de nouvelle acquisition furent judiciairement assimilées aux anciennes, et de rappeler à ce sujet que l'ordre fut d'autant mieux assuré dans ces provinces, qu'il venait de plus haut; considération importante qui servit la cause de la centralisation monarchique en la rendant populaire.

Au xive siècle l'Échiquier de Normandie, les grands-jours de Troyes, continuèrent à tenir dans l'intérieur du domaine des assises, dont ni les rois ni le Parlement de Paris ne reconnurent et ne respectèrent la souveraineté prétendue. Un Parlement méridional, dont la durée fut au reste très-courte, se réunissait sous Philippe le Bel à Toulouse. Diverses ordonnances font encore mention de cours d'appel à peu près semblables dans des provinces placées hors du domaine, comme la Bourgogne et le Dauphiné; mais elles ne s'expliquent pas sur leur souveraineté, et peut être était-ce à dessein qu'on laissait une aussi grave question indécise. Toutes ces cours d'appel, et entre autres celles du duché de Bretagne, des comtés de Flandre et d'Artois, furent organisées plus ou moins sur le modèle du Parlement de Paris. Elles finirent par devenir à leur tour des Parlements provinciaux.

Le Parlement méridional, créé par Philippe le Bel à

---

[1] Discours de rentrée de M. Dupin à la cour de cassation (1815).

Toulouse, devait être souverain. Il comprenait dans son ressort la Guyenne, le Languedoc et le pays au midi de la Dordogne. Ses conseillers devaient connaître les deux langues, la langue d'oc et la langue d'oui. Il était divisé en section civile et section criminelle.

L'institution était-elle ou non temporaire? Ce qu'il y a de certain, c'est que ce Parlement cessa de très-bonne heure de siéger. On recommença bientôt à porter à Paris les appels des trois sénéchaussées du Languedoc. En outre, il y eut constamment depuis 1324 un gouverneur ou lieutenant du roi, envoyé dans le pays avec un pouvoir d'administration presque illimité, à la fois militaire et civil; ce lieutenant fut le supérieur hiérarchique des sénéchaux.

En 1420, Charles VII, qui était dauphin, voyant la guerre intercepter les communications de la France méridionale avec le Parlement de Paris, quoique celui-ci s'assemblât à Poitiers, rétablit le Parlement de Toulouse, et en assurant à ses membres des priviléges spéciaux, tels que des exemptions de subsides, il les assimila à ceux du Parlement de Paris.

En 1428 les deux cours furent réunies de nouveau, parce qu'on craignait d'affaiblir la justice en la divisant, en la décentralisant pour ainsi dire [1].

La raison d'éloignement, qui avait déjà fait établir deux fois le Parlement de Toulouse, le fit rétablir une troisième fois en 1443 [2]; ses membres furent considérés comme ne faisant avec ceux de Paris qu'une seule cour [3]: les uns et les autres pouvaient siéger à Paris et à Toulouse indifféremment, usage qui constitua plus tard une solidarité sérieuse

---

[1] «Utilius fore, si dicta duo Parlamenta unirentur, et ex eis unicum » fieret, quo præsertim brachium justitiæ nostræ confortatum in » suâ fortitudine validiùs ageret.» Ordonnance du 7 octobre 1428.

[2] On avait déjà envoyé en 1437 des commissaires dans le Languedoc avec le droit de juger en dernier ressort.

[3] Ordonnance de 1454.

entre tous les Parlements de France. Il eut le même ressort qu'autrefois, du moins jusqu'à la création du Parlement de Bordeaux, pour lequel on en détacha en 1462 plusieurs provinces. Il fut transféré pendant quelque temps à Montpellier ; mais on le réinstalla en 1468 à Toulouse, où il fut déclaré sédentaire en 1471. Il reçut, comme celui de Paris, la notification directe des ordonnances royales [1]. Il se fit assigner, comme celui de Paris également, des recettes spéciales pour subvenir à ses dépenses communes et aux frais de l'administration judiciaire.

Le Dauphiné eut depuis 1340 une cour supérieure (collége des juges, *consistorium supremum*) qui se prétendit souveraine. Elle fut l'objet de plusieurs ordonnances de Charles VI qui la réforma, et elle fit à son tour divers réglements pour la province. Louis XI, encore dauphin (1453), la convertit en un Parlement qu'il confirma lorsqu'il monta sur le trône.

En 1451, Bordeaux, rentrant au pouvoir de Charles VII, obtint de lui la promesse d'un Parlement que Louis XI institua en 1462. Ce Parlement fut transféré à Poitiers en 1469 pendant le temps où la Guyenne appartint au frère du roi ; mais on le réintégra ensuite à Bordeaux en 1472. On lui assura tous les avantages dont jouissait celui de Toulouse. Son ressort renferma la Guyenne, les Landes, le Périgord, la Saintonge, l'Angoumois, le Limousin, les sénéchaussées d'Agen et de Condom, l'Armagnac [2]. On y avait d'abord compris le Quercy, qui fut rendu en 1474 au ressort de Toulouse.

Chaque Parlement étant souverain, les arrêts de l'un ne pouvaient être exécutés dans le ressort de l'autre qu'avec un *pareatis* de celui-ci. Louis XI déclara cependant que les ar-

---

[1] La révocation de la pragmatique lui fut ainsi notifiée en 1462.
[2] Ordonnances de 1462, de 1474.

rêts du Parlement de Paris seraient exécutoires sans *pareatis* dans différents ressorts [1]. Plus tard en 1560, un édit royal porta, dans le but de rendre l'exécution de la justice plus uniforme, que tous les arrêts et jugements, de quelque cour ou tribunal qu'ils vinssent, seraient exécutés partout sans *placet, visa,* ni *pareatis*.

La Bourgogne avait à Dijon, depuis Philippe le Hardi, un Parlement dont les conseillers allaient tenir des assises ou des grands-jours deux fois l'an, à Beaune et à Saint-Laurent. Ce Parlement fut reconnu souverain en 1477 après la réunion de la Bourgogne à la France, et institué définitivement comme Parlement royal, en 1480, par l'évêque d'Albi, que Louis XI avait nommé président des trois États de la province. Son ressort ne comprit que le duché ; on établit à Salins, pour la Comté, un conseil souverain. Le Parlement de Bourgogne fut révoqué avec sa chancellerie en 1485, mais on ne voit pas que l'ordonnance ait été exécutée ; en 1494 on le rendit sédentaire à Dijon. Louis XII lui reconnut le droit de juger les officiers royaux, même pour les frais de l'exercice de leurs charges, concession importante et qui nous montre les provinces considérant déjà comme une garantie contre l'arbitraire royal, l'intervention des Parlements dans les affaires administratives de leur ressort.

L'Échiquier de Normandie tenait des sessions régulières, mais ne formait pas un tribunal permanent. Charles VIII, en 1497, nomma des juges pour remplir les intervalles des sessions. Louis XII, en 1499, le déclara Échiquier perpétuel, composé de conseillers ordinaires pris parmi les hommes de loi, et de conseillers honoraires, c'est-à-dire des prélats et des barons auxquels la Coutume du pays reconnaissait le droit d'y siéger. L'Échiquier perpétuel reçut, en 1508, les

---

[1] Ordonnance de 1474.

priviléges du Parlement de Paris, et prit en 1515 le titre de Parlement de Normandie.

Le conseil souverain créé à Aix pour la Provence en 1415 par le duc Louis II, devint aussi un Parlement sous Louis XII en 1501. Il était présidé par le sénéchal gouverneur de la province, et, comme le Parlement de Bourgogne, il partageait avec les assemblées des trois États une autorité administrative considérable, quoique mal déterminée [1].

La Bretagne avait au XIVe siècle sa juridiction supérieure dans la cour de ses ducs. Cette cour fut remplacée elle-même par un tribunal qu'on appela d'abord les nouveaux jours, puis, quand il eut été rendu permanent, en 1435, les grands jours. En 1495, Charles VIII confirma les grands-jours de Bretagne, mais ne leur reconnut pas la qualité de cour souveraine, et voulut que le Parlement de Paris pût évoquer les causes portées devant eux ou réformer leurs jugements. Henri II les supprima en 1553, et créa à leur place un Parlement souverain, que Charles IX rendit sédentaire à Rennes en 1561. Les fonctions de conseillers y étaient incompatibles avec l'exercice de tout autre office royal.

La petite principauté de Dombes eut aussi un tribunal souverain institué à Lyon en 1523 par François Ier qui l'avait soumise. Ce tribunal prit en 1538 le nom de Parlement de Dombes, et fut plus tard transféré à Trévoux.

Tous ces Parlements, quoiqu'institués par les rois, furent considérés comme les gardiens de l'indépendance des provinces dont les droits étaient placés sous leur garantie. Les causes qui avaient fait attribuer une juridiction supérieure en matière administrative au Parlement de Paris leur en firent attribuer une toute semblable.

L'institution des Parlements fut étendue par degrés à

---

[1] Voir les ordonnances de 1535 pour la réforme de l'administration et de la justice en Provence.

toute la France, et l'on rendit leur action ainsi que celle des tribunaux inférieurs de plus en plus régulière. Sous Louis XIII, deux Parlements furent créés, l'un à Pau en 1620, un an après la réunion du Béarn à la France (le Béarn et la Navarre avaient déjà un conseil souverain depuis 1519); l'autre à Metz en 1633 pour les Trois-Évêchés. L'établissement d'une cour souveraine fut dès lors considéré comme le signe de l'incorporation définitive d'un pays à la couronne.

Louis XIV créa en 1668, pour la Flandre française, le Hainaut et le Cambrésis, le conseil souverain de Tournai[1] qui fut transféré à Douai en 1686 et devint un Parlement. En 1676 il réintégra à Besançon le Parlement de Franche-Comté qui avait siégé à Dôle sous la domination des Espagnols. L'Alsace eut son conseil souverain, créé à Ensisheim en 1657, et transféré à Colmar en 1698; le Roussillon eut celui de Perpignan, créé en 1660; l'Artois enfin vit rétablir en 1677 à Arras le conseil provincial que Charles Quint y avait autrefois institué. Ces conseils n'avaient pas le rang des Parlements, mais ils en avaient les attributions, sauf quelques différences locales, et la souveraineté. Celui d'Artois servait de cour d'appel pour la plupart des tribunaux administratifs de la province. Les pays conquis furent obligés d'employer le français pour la rédaction de leurs actes[2].

L'assimilation sous le rapport judiciaire s'étendit même aux colonies. (Voir le chapitre des Colonies.)

§ XVII. — Ministère public.

La formation des tribunaux fut suivie de celle de diffé-

---

[1] Tournai avait déjà obtenu pour son tribunal le droit de juger en dernier ressort pendant que le Parlement de Paris avait siégé à Poitiers (sous Charles VII). Ce privilége avait été fondé sur la raison d'éloignement.

[2] Du moins le Roussillon en reçut l'ordre (1700).

rents corps d'officiers judiciaires, parmi lesquels le ministère public tint le premier rang.—J'ai déjà expliqué quelle fut son origine.

Les avocats du roi étaient dans le principe supérieurs aux procureurs du roi, ils étaient en effet choisis les uns et les autres parmi les avocats et les procureurs ordinaires du ressort. Ce n'est qu'en 1354 que le chef du parquet parait désigné pour la première fois sous le nom de procureur général.

Les attributions judiciaires du ministère public sont déjà dans les ordonnances du xive siècle, les mêmes qu'aujourd'hui. Les membres du parquet ont aussi des attributions extrà-judiciaires assez nombreuses; ils vérifient les poids et mesures [1]; ils exercent leur surveillance sur certaines parties de la police; ils défendent toutes les personnes incapables de se défendre elles-mêmes; quelquefois ils confirment les réglements des métiers [1]. Ils soutiennent les droits du fisc toutes les fois que ces droits sont attaqués. Schenk [3] ajoute que « il n'y avait presque pas de branche de l'administration sur laquelle ils n'eussent une influence. » Ils étaient même agents politiques; ainsi le procureur du roi de Beaucaire devait venir à Paris tous les ans ou y envoyer un de ses substituts pour informer le procureur général des affaires qui intéressaient le roi ou le gouvernement. Nul doute que cet accroissement de pouvoir du ministère public n'ait été une des causes qui ont le plus favorisé les prétentions des Parlements à s'emparer de la juridiction administrative ou à jouer un rôle politique.

On avait commencé par établir des officiers du ministère public près des Parlements et des sénéchaussées ou des bail-

---

[1] Protocole cité par Delamarre (1321).
[2] Exemple : en 1323, 1339, 1357. — Schenk. *Traité du ministère public.* Paris, 1813.
[3] Schenk. *Traité du ministère public.*

liages. Au xvi⁰ siècle on en institua successivement près de tous les tribunaux. Dès 1493, il y avait un avocat du roi près des requêtes de l'hôtel. En 1522, il y en avait un près du grand conseil, et en 1523, près de chaque siége des eaux et forêts. On en établit ensuite dans toutes les prévôtés en 1553, près des siéges présidiaux en 1557, près de ceux des prévôts des maréchaux en 1581, et même en 1582 près des greniers à sel ayant juridiction. En 1573, les officiers du ministère public, jusqu'alors séparés de la magistrature, furent déclarés membres de toutes les cours près desquelles ils siégeaient. En 1586, on créa des substituts des procureurs généraux en titre d'office dans toutes les cours souveraines, et une ordonnance de 1597 leur confia la surveillance de tous les agents du ministère public et des greffiers des tribunaux inférieurs. Plus tard, en 1639, on nomma des procureurs et des avocats généraux auprès des tribunaux ecclésiastiques. Il y en avait en 1670 dans toutes les juridictions patrimoniales [1]. Enfin on institua des substituts près des chambres des comptes, près des intendances (1696), près des généralités (1697), près des justices des villes (1708), etc., etc.

Les attributions judiciaires et extra-judiciaires du parquet furent étendues en 1670 et déterminées dans leur ensemble à peu près comme elles le sont aujourd'hui; en 1700 on le chargea de l'inspection annuelle des Facultés de droit.

§ XVIII. — Procureurs, avocats, notaires, greffiers.

La corporation des procureurs et celle des avocats rédigèrent leurs statuts au xiv⁰ siècle. Les procureurs du Châtelet de Paris formèrent une corporation et une confrérie,

[1] Le ministère public devait prendre *nécessairement* ses conclusions dans toutes les affaires criminelles portées devant les juridictions patrimoniales.

en 1317; ceux du Parlement, en 1342. Ces confréries remplissaient alors le même but qu'aujourd'hui les conseils disciplinaires et les chambres syndicales. Les procureurs prêtaient serment, et leurs honoraires étaient soumis à un tarif. Ils avaient en revanche un véritable privilége, car leur nombre ne pouvait être augmenté que par ordonnance royale : Charles VI déclara illimité, en 1393, le nombre des procureurs du Châtelet, les quarante anciennes charges ne pouvant plus suffire; mais la limitation fut aussitôt rétablie[1], et toutes les fois que la création de nouvelles charges fut jugée nécessaire, une commission de membres du Parlement dut en fixer le chiffre. L'ordonnance de Blois de 1499 confirma et généralisa cette règle. Les charges de procureurs furent vénales dès l'origine, et par conséquent objet de spéculation. En 1586, on les déclara dans toutes les juridictions royales héréditaires et à la collation du roi. Enfin, sous Louis XIII, en 1620, tous les procureurs furent institués en titre d'office[2]; ils se trouvèrent ainsi placés sous la surveillance plus directe de l'État et reçurent un caractère public[3].

L'ordre des avocats se constitua de très-bonne heure à peu près tel qu'il existe aujourd'hui. On trouve établis dès le XIVe siècle la plupart des règles disciplinaires actuelles, les conditions de capacité et de stage, presque tous les statuts de l'ordre. Les barreaux de province s'organisèrent comme celui de Paris. Les Parlements se recrutaient souvent dans leur sein; des chanceliers même en sortirent[4].

Avant Philippe le Bel, chaque seigneur instituait les

---

[1] En 1403.
[2] Ils cessèrent de l'être en 1635, mais une ordonnance de 1639 les rétablit dans cette qualité.
[3] Fonds des Cinq-Cents de Colbert, n° 216.
[4] Il faut cependant remarquer qu'en 1561, le cumul des fonctions d'avocat et de procureur était permis.

notaires dans sa juridiction. Philippe le Bel déclara que les charges de notaire faisaient partie du domaine royal[1]. En conséquence, il les vendit, s'attribua le droit d'instituer lui-même les titulaires et obligea ceux-ci à se servir du sceau royal pour que leurs actes fussent exécutoires. Ce ne fut pas seulement un droit de souveraineté que le roi enleva aux seigneurs, ce fut aussi un droit fiscal[2]. La règle, il est vrai, ne put être appliquée dès l'origine d'une manière absolue; il y fut dérogé plusieurs fois, et les rois du xiv° siècle reconnurent encore à plusieurs seigneurs l'exercice de ce droit, mais ce ne furent que des concessions forcées et temporaires.

Les notaires devinrent donc officiers royaux; ils ne faisaient, au reste, que rédiger les minutes des actes, et c'étaient les *tabellions* qui les conservaient; mais on réunit, dès le xiv° siècle, ces deux sortes de charges qui faisaient double emploi. On distinguait les notaires en plusieurs classes; les uns ne pouvaient instrumenter que dans le ressort d'un bailliage; les autres, comme ceux du Châtelet de Paris, avaient le droit d'instrumenter dans toute la France. Ces derniers formèrent, depuis 1317, une confrérie dont tous les rois confirmèrent les statuts[3].

Les notaires devaient conserver leurs *protocoles*, c'est-à-dire leurs actes, qui étaient portés après leur mort aux archives royales. Charles VI leur permit, en 1408, d'en transmettre la propriété à leurs héritiers ou à ceux en faveur desquels ils en disposeraient soit par donation, soit par tes-

---

[1] Ordonnances de 1291, de 1317.
[2] L'ordonnance du 16 novembre 1318, art. 18, porte que les notairies et les sceaux doivent être donnés aux enchères. Ce qui prouve la fiscalité des lois rendues sur le notariat, c'est qu'en 1320 on obligea les notaires à payer au roi un quart du revenu de leurs actes. Le prix des actes s'éleva d'autant. Les rois essayèrent alors de le limiter par des tarifs, mais sans y réussir.
[3] Cette confrérie obtint naturellement divers priviléges; elle eut dès 1370 une chambre au Parlement de Paris.

tament[1]. Toutes les mesures propres à assurer la fidélité de cette transmission furent employées, et si le détail des ordonnances rendues dans ce but au xvᵉ siècle n'a pas d'intérêt, il faut rappeler cependant que ces ordonnances furent nombreuses[2], que la sécurité des transactions en dépendait, et que cette sécurité devenait plus nécessaire à mesure que l'activité sociale prenait elle-même plus de développement. Louis XI fit procéder, en 1463, à une réforme des abus introduits dans l'exercice du notariat ; il ordonna une enquête et des châtiments sévères pour les coupables. Son règne fut l'époque de la rédaction de plusieurs formulaires, et bientôt les charges elles-mêmes ne furent conférées qu'après examen[3]. On trouve jusqu'au temps de Louis XIV des mesures prises pour assurer la conservation des minutes des notaires, témoin l'arrêt du Parlement de Paris du 22 février 1662 qui fut en quelque sorte le code de leur office.

Les notaires, chargés d'abord de la simple rédaction des contrats, puis de la garde des actes, quand les fonctions de tabellions eurent été réunies aux leurs, furent ensuite revêtus d'attributions judiciaires; ils firent par exemple, depuis 1384, les inventaires des successions. Au xvıᵉ siècle, la fiscalité et le désir de multiplier les offices à vendre firent rétablir la distinction qui existait entre leur office et celui des tabellions, et Henri III institua encore, en 1581, un nouvel officier ministériel dans chaque juridiction, un contrôleur des actes notariés.

Le besoin d'un état civil régulier dut se faire sentir en même temps que celui de la conservation des actes qui con-

[1] La vente des charges de notaire était défendue, sous peine de confiscation et d'amende arbitraire (ordonnance de 1413); mais les charges se vendaient malgré les défenses.

[2] Voir sous Charles VII les ordonnances de 1433 et de 1437 ; sous Louis XI, celles de 1463 et de 1482. L'ordonnance de Blois de 1499 est celle qui contient les obligations les plus positives (art. 65 et 66.)

[3] Au moins dans le Languedoc ; ordonnance de 1490.

stataient les transactions. Cependant, c'est en 1539 que l'ordonnance de Villers-Cotterets rendit obligatoire pour la première fois la tenue des registres de l'état civil constatant les naissances et les décès. Ces registres étaient confiés aux desservants de chaque paroisse; mais l'État n'eut pendant longtemps aucune garantie de leur tenue régulière, et l'ordonnance de 1672 enjoignit, pour prévenir toute fraude, de les faire parapher au greffe du siége principal du ressort.

Les créations d'offices, si multipliées depuis François 1er, eurent pour effet de donner un caractère public à beaucoup de fonctions abandonnées dans le principe à l'industrie privée. Il suffira d'en citer ici quelques-unes, comme celles des greffiers des insinuations (1553); celles des priseurs vendeurs de meubles (1557)[1]; celles des arpenteurs et priseurs jurés (experts) (1575); celles des receveurs des dépôts et consignations (1578); des commissaires des inventaires, qui reçurent une partie des attributions de nos juges de paix (1622)[2].

Les charges de greffiers[3] passèrent à peu près par les mêmes vicissitudes que celles des notaires. Dans l'origine, on les considérait comme la propriété privée des baillis, des sénéchaux ou des seigneurs haut-justiciers, qui tantôt les

---

[1] Les prisées de meubles étaient faites dans l'origine par les maîtres fripiers soumis au grand chancelier de France (réglement de 1544). — Les charges créées par Henri II, en 1557, furent réunies, en 1576, à celles des sergents royaux qui payèrent pour cela un supplément de finance. Elles furent constituées de nouveau comme charges distinctes en 1696.

[2] Du moins on trouve en cette année les commissaires des inventaires établis dans le ressort des Parlements de Bordeaux, de Toulouse et d'Aix, deux pour les villes de siége présidial et un pour les autres. Vers la fin du règne de Louis XIV on en institua en titre d'office dans le ressort des autres Parlements.

[3] Les greffiers sont désignés dans les ordonnances sous les noms de clercs, de notaires, de scribes, ou encore d'*amanuenses, registratores*, etc.

donnaient en garde, tantôt les affermaient. Ce dernier mode de collation était d'autant plus commun qu'à la plupart de ces charges étaient attachés des droits pécuniaires importants. Au xiv⁰ siècle, les greffes furent convertis en offices royaux, et l'on tarifa le prix des expéditions de jugements. La chancellerie du Parlement de Paris changea, en 1356, son ancien nom de *clergie* ou *clergerie* pour celui de *greffe*, et depuis 1361, elle fut composée de trois greffiers, un greffier civil, un greffier criminel et un greffier des présentations, tous trois soumis à la surveillance du ministère public. Ces offices prirent de l'importance et devinrent héréditaires.

Il n'est pas jusqu'aux sergents et huissiers exécuteurs des arrêts qui n'aient été l'objet d'assez nombreuses ordonnances. D'abord chaque juridiction avait les siens ; mais Charles V finit par décider, en 1373, qu'elles emploieraient toutes les sergents des tribunaux royaux. Ces derniers furent constitués en nombre déterminé ; on fit un tarif pour leurs actes comme pour ceux des greffiers et des notaires ; on leur imposa, en 1402, une caution de cent livres. Ils devinrent les instruments les plus actifs en même temps que les plus tyranniques de l'extension du pouvoir judiciaire du roi. C'était la coutume d'en envoyer un certain nombre, sous le nom de *mangeurs*, de *ravageurs* ou de *garnisaires*, habiter à discrétion chez les seigneurs, les communautés ou les villes qui refusaient de se conformer aux arrêts rendus contre eux ou de s'acquitter de services obligatoires.

Comme on avait institué en 1581 des contrôleurs des actes notariés, on institua en 1655 des contrôleurs des exploits dans toutes les justices royales ou seigneuriales.

§ XIX. — Rôle politique des Parlements. Droits d'enregistrement et de remontrances.

Le simple exposé que je viens de faire de l'ancienne organisation judiciaire de la France, montre les Parlements, le ministère public, et même les tribunaux inférieurs, servant à la centralisation d'instruments, quelquefois au gouvernement d'agents politiques. Ce fut surtout le Parlement de Paris qui dépassa la sphère de ses attributions judiciaires. Pour faire connaître et apprécier son intervention successive dans les affaires du pays, il ne faudrait rien moins qu'entreprendre de raconter toute l'histoire de France. Il suffira d'indiquer ici quelle fut la nature de ses prétentions, et sur quelle base elles s'appuyèrent.

L'enregistrement des ordonnances royales était le mode habituel de leur promulgation. Elles étaient lues en séance publique, et le Parlement était admis à présenter ses observations quant au fond ou quant à la forme. En 1462, il refusa d'enregistrer un don de haute justice et d'autres droits importants que Louis XI avait fait au comte de Tancarville, et ne l'enregistra que par force, du *très-exprès commandement* du roi. Le Parlement prétendit dans cette occasion avoir le droit de soumettre les ordonnances à son contrôle, et de les valider ou de les infirmer par son acceptation ou son refus. Il se regardait déjà comme le gardien des lois fondamentales du royaume, et il refusa en cette qualité d'enregistrer encore sous ce règne un certain nombre d'actes royaux, entre autres celui qui portait l'abolition de la pragmatique. Ces refus n'eurent d'autre effet immédiat que de mettre le roi dans l'obligation de lui forcer la main. Mais il résulta de ces prétentions que l'enregistrement, qui avait d'abord pour but de faire connaître les ordonnances aux juges, se transforma dans le droit, contesté, il est vrai, de prendre part à la puissance législative.

Les membres du Parlement renversèrent l'ancien axiome de la jurisprudence monarchique, et dirent : « Si veut la loi, si veut le roi. » La couronne céda quelquefois à leurs refus réitérés ; le plus souvent elle envoya un ordre formel d'enregistrement, et le greffier du Parlement se contenta d'écrire alors au bas des actes royaux : « Enregistré du très exprès
» commandement de Sa Majesté. »

Rien de plus obscur que l'origine du droit de remontrances, et la question de savoir s'il faut ou non le rattacher à celui d'enregistrement. *Remontrer* n'avait pas dans la langue du moyen âge le même sens qu'aujourd'hui, et n'emportait aucune idée de blâme[1]. Dans l'époque antérieure les rois n'exerçaient le pouvoir législatif qu'assistés de leurs grands vassaux[2], et il n'est guère probable que, dans ces assemblées, le rôle des vassaux fût purement passif, ni les limites de leur droit exactement déterminées.

Or, les Parlements se confondirent d'abord avec les assemblées de vassaux, et cela expliquerait comment ils purent exercer le droit de faire des *remontrances*, qui n'étaient que de simples observations. D'ailleurs ce droit ne leur appartenait pas en propre : les baillis faisaient, au temps de Philippe le Bel, des remontrances par lettres scellées sur les édits et les ordonnances du roi[3]. L'Université en faisait à son tour, et celles de 1413 sont restées célèbres. C'était donc un usage fort ancien ; le droit de refuser l'enregistrement n'a dû s'établir que plus tard, pour le rendre efficace et lui servir de sanction.

Le droit de faire des remontrances et celui de refuser l'enregistrement furent souvent un frein salutaire que les cours souveraines imposèrent à l'absolutisme royal. Toute-

---

[1] Voir un article sur le droit de remontrance dans les *Mélanges historiques* de M. de Barante.
[2] Meyer. *Esprit des Institutions judiciaires.*
[3] Ordonnance du 23 mars 1302 (1303), art. 21.

fois, ce fut aussi un obstacle mis à l'établissement d'une législation uniforme, car un Parlement pouvait accepter une ordonnance, et un autre Parlement la rejeter.

Les Parlements participaient encore d'une autre manière à l'autorité législative, ils rendaient des arrêts de réglement, c'est-à-dire des arrêts auxquels force de loi était attachée. Ils exerçaient tous ce droit qui appartint même aux conseils souverains. C'était, ce semble, un débris de l'ancienne souveraineté provinciale, à laquelle la plupart des cours avaient participé : il était d'ailleurs nécessaire de donner force légale dans certains cas à la jurisprudence des tribunaux supérieurs. Mais ce droit de rendre des arrêts de réglements fut renfermé dans des limites étroites : ces arrêts ne pouvaient que suppléer aux omissions de la loi, et n'avaient force de loi qu'autant que le souverain n'avait rien ordonné de contraire. Ce fut encore là une des causes qui retardèrent l'uniformité de la législation. Le plus grand nombre des arrêts de réglement fut rendu par les Parlements provinciaux, qui avaient une partie de l'action administrative dans leur ressort.

Le Parlement de Paris, dont les autres suivaient l'exemple, ne se contenta pas de prétendre une part à l'exercice de la puissance législative, il voulut aussi exercer son contrôle sur les traités signés avec les puissances étrangères. Ainsi, comme on lui faisait enregistrer les bulles du pape, revêtues de l'autorisation royale, il en prit occasion de faire des remontrances sur tout ce qui touchait le gouvernement général de l'Église, et il finit par exercer une haute surveillance sur l'application des règles de l'Église gallicane. Vers la fin du xve siècle on lui fit enregistrer également les traités signés avec les princes étrangers : il ne tarda pas à regarder cet usage comme un droit, et plusieurs rois eux-mêmes lui fournirent par leur conduite les moyens de justifier ses prétentions, François Ier, entre autres, soumit en 1527, à une assemblée composée des membres du Parlement de Paris, et de députés de tous les autres Parlements de France, le traité de Madrid qu'il avait signé l'année précédente, et déclara que le défaut d'enregistrement frappait ce traité de nullité.

Depuis le xvie siècle, le Parlement de Paris devint une sorte de pouvoir modérateur, qui parut avoir pour mission le maintien de l'équilibre entre tous les autres pouvoirs, entre la couronne et l'Église, les différentes juridictions, etc... C'est à ce titre qu'il joua dans l'ancienne constitution de la France un rôle très-élevé. Le malheur voulut qu'au xviiie siècle ce pouvoir modérateur, manquant lui-même de bornes précises, et resté presque seul sur les ruines d'institutions tombées en face d'une royauté affaiblie, devint usurpateur à son tour. Le Parlement ou plutôt les Parlements, puisqu'ils se réunirent tous, se crurent appelés au partage de la souveraineté; mais ils ne firent que préparer la voie à une autre représentation du pays, plus puissante et plus vraie.

De tous les pouvoirs entre lesquels le Parlement de Paris maintint l'équilibre, le pouvoir royal fut le plus difficile à vaincre, et le Parlement eut en mainte circonstance la main forcée. On lui reprochait de vouloir faire de la France une seconde république de Venise dont il deviendrait le grand conseil, et dont le roi serait le doge. François Ier, qui l'accusait d'une pareille prétention, tint ordinairement peu de compte de ses remontrances, et se servit des formules de la monarchie absolue et du bon plaisir. Le Parlement de Paris ne céda pas; le premier président lui adressait en 1527 ces remarquables paroles. « Sire, nous ne voulons révoquer
» en doute ou disputer de votre puissance, ce serait espèce
» de sacrilége, et savons bien que vous êtes par sus les lois,
» et que les lois et ordonnances ne vous peuvent contraindre,
» et n'y êtes contraint par puissance coactive; mais entendons

» dire que vous ne devez ou ne pouvez pas vouloir tout ce
» que vous pouvez, ains seulement ce qui est de raison bon
» et équitable, qui n'est autre que justice. »

La lutte une fois engagée entre les prétentions rivales ne s'arrêta pas et continua d'être très-vive. Quand Henri II rendit le Parlement de Paris semestre et ses chambres alternatives, il espérait que si l'un des semestres refusait l'enregistrement d'un édit, l'autre pourrait l'accorder; il se réservait d'attendre le refus des deux semestres pour passer outre.

Ce moyen étant insuffisant, Lhôpital renouvela l'ancien usage des *lits de justice*, dans lesquels les rois venaient siéger en personne, entourés des principaux personnages de la cour. Ce fut dans ces séances qu'ils enjoignirent solennellement d'exécuter leurs ordres. Lhôpital mit ainsi pour quelque temps la couronne hors du greffe. « Défaites-
« vous, faisait-il dire aux membres du Parlement de Paris,
» par Charles IX alors enfant, défaites-vous de l'erreur de
» vous regarder comme les tuteurs du roi et les défenseurs
» du royaume. »

Richelieu combattit de même les prétentions des Parlements à l'indépendance politique; il n'y voyait qu'un obstacle mis à l'action libre du pouvoir, et toutes les fois que cet obstacle s'éleva devant lui, il le brisa. Ce furent des lettres de cachet envoyées aux opposants, des destitutions, des amendes honorables que le Parlement de Paris fut obligé de faire à genoux, tête nue, devant le roi. L'un de ces châtiments fut même infligé parce que le Parlement avait protesté contre les commissions arbitraires que nommait le ministre, et contre une exécution sans jugement qui avait eu lieu une nuit dans la cour de l'Arsenal.

Le règne de Louis XIV s'ouvrit par une nouvelle tentative du corps judiciaire pour se faire reconnaître le droit de participer aux affaires publiques. L'union de tous les

Parlements du royaume, accomplie pendant les troubles de la Fronde, et l'alliance du Parlement de Paris avec la chambre des comptes, la cour des aides et les autres cours souveraines, menacèrent de changer la constitution et d'introduire dans l'État un second pouvoir vis-à-vis de celui du roi. Ce nouveau pouvoir fut cependant de courte durée; l'union des cours souveraines, qui avait la prétention de remplacer les États généraux, fut impuissante comme l'avaient été ces États eux-mêmes. Elle voulut s'emparer comme eux d'une partie de l'administration proprement dite, et ne sut pas mieux définir les limites de son action.

Louis XIV se montra plus dur encore que Richelieu; il entra au Parlement de Paris le fouet à la main, en équipage de chasse, pour défendre à l'avenir toute remontrance, et réduire les magistrats à l'exercice pur et simple de leurs fonctions judiciaires. Des lettres patentes de 1673 portèrent que les édits et les déclarations du roi seraient toujours enregistrés à Paris dans la huitaine, ailleurs dans les six semaines, le tout pour la promptitude du service. Les remontrances ne furent permises qu'après l'enregistrement [1].

[1] La plus vive et la plus célèbre des luttes que les Parlements soutinrent contre la couronne eut lieu sous Louis XV. Elle n'eut, au reste, rien de pacifique et ne fut pas entreprise avec des armes légales. Ce fut une véritable guerre dont l'issue parut dès le premier jour facile à prévoir. Les Parlements ne pouvaient pas triompher; ils n'avaient pas de mission et n'étaient soutenus par personne, d'ailleurs ils se présentaient comme défenseurs des priviléges, et ne comprenaient qu'un des côtés de la question sociale qui s'agitait alors. Mais il faut remarquer que s'ils eussent réussi à prendre la place d'États généraux permanents, toute la force gouvernementale eût passé dans leurs mains. Ils auraient réuni le pouvoir législatif et le pouvoir judiciaire; ils auraient eu même une part réelle du pouvoir exécutif, puisqu'ils exerçaient une autorité réelle et très-étendue sur toutes les branches de l'Administration. Ce premier essai de gouvernement représentatif était donc à coup sûr le plus imparfait que l'on pût imaginer.

CHAPITRE IX.

FINANCES. — ADMINISTRATION GÉNÉRALE. MOUVEMENT DES FONDS ET COMPTABILITÉ.

Section Ire. — *Résumé général des Institutions financières avant le règne de Henri IV.*

§ 1. Ce qu'était l'administration financière dans les temps féodaux. — § 2. Organisation de la chambre des comptes. Premières règles de comptabilité (xive siècle). — § 3. Souveraineté, attributions, priviléges de la chambre des comptes. — § 4. Ordonnances financières de Charles VII. — § 5. Formation de la cour des aides et de la chambre du trésor. — § 6. Vicissitudes qu'éprouvèrent les offices de finance. — § 7. Ordonnances financières des Valois. Établissement des recettes générales et des bureaux de finances.

§ Ier. — Ce qu'était l'administration financière dans les temps féodaux.

Dans les temps féodaux deux grands officiers de la couronne, le bouteiller et le grand chambrier de France étaient à la tête de l'administration financière. Le revenu ne se composait alors que du produit des domaines royaux, dans lesquels on faisait entrer, il est vrai, certains droits féodaux et autres sous le nom de domaine incorporel, et les dépenses publiques se confondaient à leur tour avec celles de la maison royale. Les finances de l'État devaient donc être administrées comme le sont aujourd'hui les biens de la couronne, le bouteiller et le grand chambrier de France faisant les fonctions d'intendants généraux, et les prévôts ou vicomtes celles d'intendants particuliers chacun pour les domaines placés dans son ressort. Les documents propres à faire connaître la manière dont on formait alors les budgets, les règles de comptabilité, le mode de contrôle, sont très-rares. Tout était réglé par l'usage ; mais on doit croire que la plupart des règles postérieures étaient observées avant qu'on les eût écrites dans les ordonnances royales.

Les baillis et les sénéchaux furent chargés, dès le jour de leur création, d'une partie de l'administration financière : ils perçurent les droits féodaux que payaient les nobles, et les amendes prononcées dans les tribunaux de bailliage ; plus tard ils affermèrent certaines charges converties en offices royaux.

C'était un ancien usage que chaque prévôt acquittât lui-même sur sa recette les dépenses de sa prévôté et les frais d'administration de tout genre. Cet usage fut également suivi par les baillis ; on n'envoyait au roi que le surplus de la recette ou le produit net de chaque département après l'acquit des dépenses locales [1].

Toutes les fonctions administratives qui ont été divisées dans la suite entre un assez grand nombre d'agents étaient réunies, dans l'origine, par les baillis ou les prévôts ; ils étaient à la fois ordonnateurs, receveurs, payeurs, juges du contentieux, etc...

Les baillis et les prévôts devaient soumettre leurs comptes au conseil du roi, ou du moins à une commission composée de membres de ce conseil [2]. Telle fut l'origine de la chambre des comptes, qui de cette manière demeura long-temps confondue soit avec le conseil lui-même, soit avec le Parlement. (Voir l'Introduction.) La séparation des différentes cours n'eut lieu que fort tard, et à l'époque où elle était accomplie dans le domaine royal, elle ne l'était pas encore

---

[1] Voir l'ordonnance du 16 novembre 1318, art. 16.
[2] Gentes quæ ad computos nostros deputantur.

dans les fiefs qui furent successivement réunis à la couronne. C'est pourquoi les comptes furent longtemps reçus par les cours judiciaires souveraines [1].

Ces premiers germes de l'administration financière se développèrent sous les successeurs de Philippe-Auguste ; mais les ordonnances royales qui la réglèrent ne datent que du xive siècle. Saint Louis se contenta en effet de tracer pour les baillis des règles en quelque sorte élémentaires : ses deux ordonnances de 1254 et de 1256 leur défendent de s'intéresser dans les ventes et les marchés qu'ils font pour le roi, ou de corrompre par des présents ceux qui doivent recevoir leurs comptes. Elles leur défendent encore de détourner aucune partie de la recette, d'établir aucun impôt de leur propre autorité, ou de faire payer d'amendes qui ne soient pas rigoureusement dues [2].

Ce fut cependant saint Louis qui divisa le premier, à Paris du moins, les attributions financières et judiciaires, auparavant réunies dans les mêmes mains. Il ne laissa que l'exercice de la justice au prévôt du Châtelet, et créa un *receveur*, c'est-à-dire, un agent pour toute l'administration de ses finances à Paris.

Philippe le Bel confia la direction financière supérieure à un surintendant assisté de trésoriers, et l'enleva ainsi aux grands officiers de la couronne, dont l'un, le grand bouteiller, devint président de la chambre des comptes, tandis que l'autre, le grand chambrier, ne conservait que quelques attributions spéciales et secondaires.

La distinction, d'ailleurs bien imparfaite encore, du trésor privé de la couronne et du trésor public, commença aussi, ce semble, vers les premières années du xive siècle. Sous Phi-

---

[1] Les comptes des baillis de Normandie étaient reçus au xive siècle par l'Échiquier de Rouen.

[2] Je ne parle ici que des règles de comptabilité, je renvoie pour les autres au chapitre du domaine.

lippe le Long, l'hôtel du roi avait déjà un budget particulier ; il en était de même de celui de la reine et de celui des princes [1].

Ce furent les ordonnances rendues sous ce règne qui réglèrent le mode de formation des budgets, la composition de la chambre des comptes, et la comptabilité.

§ II. — Organisation de la chambre des comptes. Premières règles de comptabilité (xive siècle).

Philippe le Long diminua les pouvoirs des baillis et des prévôts : il voulut que la plus grande partie des recettes fût envoyée par eux à Paris, que la plupart des assignations fussent faites sur le trésor central ; et il réduisit d'une manière considérable celles que l'on faisait au chef-lieu de chaque département financier [2]. Quelque temps après, Philippe de Valois ordonna que le budget de toutes les dépenses, même de celles qui devaient être acquittées dans les bailliages et dans les prévôtés, fût dressé à Paris.

Le clerc de la chambre des comptes devait *rapporter* au roi *par écrit, bien, loyalement et diligemment,* le chiffre annuel de son revenu avec celui du débet des comptables [3]. Comme tous les chapitres de la dépense étaient assignés sur des chapitres correspondants de la recette [4], on ne devait

---

[1] Ordonnances de 1318, art. 3, et de 1322.
[2] Ordonnance du 16 novembre 1318. art. 13 « Nulle assignation de paiement ne sera faite fors que sur ledit trésor. » — L'art. 16 porte que les fonctionnaires qui ont leurs gages assis sur les sénéchaussées et les bailliages, « ne jouiront dorénavant desdites assiettes, » mais seront payés au trésor lui-même dans la chambre des deniers. Au reste, il fut dérogé presque aussitôt à ces règles qui paraissaient trop absolues. (Voir l'ordonnance du 27 mai 1320.)
[3] Ordonnance du 3 janvier 1317.
[4] Le système des assignations spéciales était adopté universellement. Il reposait sur ce principe que chaque service devait payer ses agents : ainsi le produit des amendes fut affecté aux gages du Parlement en 1322.

faire d'assignation que sur les chapitres de recettes évalués par les trésoriers au préalable.

La chambre des comptes ne tarda pas à être tout à fait séparée du conseil du roi; elle reçut une organisation indépendante. Cependant, comme elle tenait ses séances dans le même palais que le Parlement et qu'elle était composée des mêmes membres, elle fut confondue longtemps encore avec lui. Philippe le Long déclara aussi les fonctions de trésorier incompatibles avec celles de conseiller, et par cette déclaration les comptables furent séparés de ceux qui devaient les surveiller et les juger [1].

La chambre reçut de lui l'ordre de revoir non-seulement les comptes des années courantes, mais les comptes passés, « en quoi, dit l'ordonnance, nous soutenons moult de dommages [2]. »

Les trésoriers furent obligés de compter deux fois par an, « de ne faire nuls tours de compte par lettres ni par cédules, fors que par la cédule des gens des comptes; » de n'acquitter de dépenses que sur des lettres du roi ou avec l'autorisation du premier trésorier; de ne payer les gages d'un office ou d'une commission que sur les pièces constatant que la commission ou l'office avaient été remplis. Les trésoriers de la guerre devaient avoir pour cette raison les états de l'effectif de l'infanterie et de la cavalerie [3]. Quant aux comptables inférieurs, ils reçurent l'ordre d'envoyer directement au trésor de Paris sans décharger le produit de leurs recettes. Le plus grand secret leur était imposé et le fut longtemps à tous les agents de finance qui eurent un maniement de deniers [4].

---

[1] Ordonnance de 1318 pour le gouvernement de l'hôtel, art. 14: « Les trésoriers seront continuellement sur le trésor, et ne seront pas du conseil de la chambre des comptes. »

[2] Ordonnance du 17 avril 1320.

[3] Ordonnance de 1318.

[4] Ordonnance du 27 mai 1320, art. 8 :« Ils enverront secrètement au

Enfin, pour améliorer le service, on sépara la comptabilité de l'administration proprement dite : on enleva le mouvement des fonds aux baillis et aux prévôts pour le confier à des *receveurs*, comptables spéciaux : les baillis et les prévôts ne conservèrent plus que l'administration et la juridiction, partage analogue sous quelques rapports à celui qui venait d'être établi entre les maîtres des comptes et les trésoriers. Cependant les receveurs eurent aussi certaines attributions administratives, telles que le soin de conclure eux-mêmes les marchés; ce premier partage des fonctions de finance entre deux sortes d'agents fut donc assez irrégulier. Il éprouva même quelque peine à s'établir; car les charges de receveurs, qui existaient en 1320, furent supprimées en 1323 ailleurs qu'à Paris ; mais la suppression fut révoquée ou demeura sans exécution. Il faut remarquer que les Italiens et les Lombards étaient exclus de toutes les charges de finances [1].

Sous les règnes de Philippe de Valois et de Jean, les réglements disciplinaires se multiplient pour tous les agents de l'ordre financier. On les oblige de jurer qu'ils ne prendront de gages de personne, qu'ils ne feront jamais valoir l'argent du roi, ni même le leur propre [2]. Tout fait de commerce leur est interdit, ainsi qu'aux autres officiers royaux en général. On supprime les droits, les indemnités qu'ils peuvent recevoir en dehors de leurs gages [3]. La surveillance devient aussi plus active; en 1335, Philippe de Valois signale plusieurs receveurs comme redevables d'un fort arriéré, et il ordonne de les contraindre par corps et d'exiger les amendes dues pour le retard des paiements. La grande préoccupation du gouvernement d'alors était donc d'assurer

trésor les deniers qu'ils auront reçus, sans marquer ni le jour ni l'heure. » Cf. ordonnance de 1318, art. 33.
[1] Ordonnance de 1323.
[2] Ordonnance de 1331.
[3] Ordonnance de février 1334.

la marche du nouveau système et l'exécution des règles précédemment établies. Philippe de Valois, cédant aux plaintes qui lui venaient de toute part, fit changer de recette tous les receveurs en 1342 ; et en 1348 il les suspendit, se réservant d'examiner leur gestion, de destituer les prévaricateurs, et de replacer dans des recettes nouvelles ceux contre lesquels il n'y aurait pas de charge grave [1]. Entre autres griefs articulés contre eux, on les accusait de spéculer sur les changements de monnaie. On exigea qu'ils fournissent un cautionnement pour la valeur d'une année du produit de leurs recettes [2]. On essaya surtout de prévenir la complicité de la chambre des comptes, en lui enlevant le pouvoir qu'elle s'était attribué de nommer elle-même les agents comptables [3]. Les États de 1356 demandèrent qu'elle fût réformée, qu'elle expédiât plus promptement les affaires, et qu'une ordonnance nouvelle en constituât le service régulièrement, ce qui fut fait en janvier 1360.

Echapper au désordre était le vœu général du gouvernement, vœu qu'il ne put remplir et que les malheurs du temps rendaient fort difficile à réaliser. Le désordre n'existait pas seulement aux divers degrés de la hiérarchie administrative, on le retrouvait partout. Le paiement des gages des

[1] Les officiers de finance vivaient sous la menace perpétuelle d'une suspension. Charles V les suspendit tous en 1379, et commit de *bonnes personnes* à leur place pendant la vacance ; il annonça qu'il donnerait l'héritage de ceux dont la gestion n'aurait pas été trouvée bonne à de nouveaux officiers, *bons bourgeois*, *notables et résidents*.

[2] Ordonnances du 28 janvier et du 4 mars 1348. — Cf. l'ordonnance de 1401.

[3] 14 juillet 1349. « Chancelier, et vous, gens de nos comptes, nous vous défendons, cette fois pour toutes, qu'en nos recettes vous ne fassiez ou ne mettiez dorénavant aucuns receveurs, car, quand ils sont faits par vous, gens de nos comptes, ils ne comptent point, mais s'aident de nos deniers et en demeurent riches, et achètent terres et font grands maisonnements et autres choses, et si en aisent ceux qui les y mettent. »

CHAP. IX. — DE L'ADMINISTRATION DES FINANCES.   339

officiers royaux, très-irrégulier d'ailleurs, était sans cesse suspendu pendant la guerre[1]. En 1350, 1351, 1355, 1357 et 1358, le trésor suspendit la plupart de ses paiements, chaque fois, pendant plusieurs mois, à cause de ses *grands charges et dépens innumérables*; « et ne s'en doit aucun merveiller, ajoutait le roi Jean dans une ordonnance, ni te nir mal content; car nous tenons état, répit et délai de leurs dettes payer aux nobles et autres qui entendent au fait de nos guerres; si ne devons mie être de pire condition que autres. » On ne justifiait pas autrement ces sortes de banqueroutes, d'autant plus fréquentes qu'on n'avait alors aucunes ressources prêtes pour les circonstances extraordinaires. On se contentait de faire une exception pour certains paiements auxquels la mesure ne pouvait être appliquée sans trop de dureté ou sans danger de ruiner le crédit du roi[2]. Plus tard, les plaintes qui s'élevaient de toutes parts en firent successivement modérer la rigueur.

Le système des affectations spéciales fut compliqué par l'accroissement des sources du revenu, par la multiplication des impôts. Le revenu du domaine fut exclusivement consacré aux dépenses de la maison du roi, de celle de la reine, de celles des princes; le produit des aides, aux dépenses de la guerre; *le profit des monnaies*, c'est-à-dire le gain fait sur leur refonte ou leur affaiblissement, aux dépenses de la guerre également[3]. Le produit des amendes dut être employé à faire de la vaisselle d'argent pour le roi. Le Parlement eut ses gages assignés sur certains bailliages. En 1358,

[1] En 1315, ce paiement fut suspendu pour un an.
[2] On exceptait, par exemple, les paiements à faire « à pauvres écoliers et à pauvres gens de religion, qui n'auraient autrement de quoi vivre. » L'ordonnance du 26 septembre 1355 portait que l'intérêt des emprunts contractés argent comptant devait être payé aussi avec la plus grande régularité.
[3] En 1414, le profit des monnaies est destiné spécialement à dégager les joyaux engagés de la couronne.

on consacra d'une manière spéciale, au paiement de la rançon royale, le revenu des amendes, des compositions, le produit des droits de rachat et de forfaiture. En 1364, on affecta les reliquats de compte aux réparations du palais et de la Sainte-Chapelle.

Rien n'était moins propre que ce système à éclaircir la comptabilité et à introduire l'ordre dans les budgets ; il donnait lieu au contraire à de fréquents virements de comptes qui favorisaient les détournements. Les dépenses, à leur tour, n'étant jamais déterminées d'avance, il était rare qu'elles fussent en équilibre avec les recettes, et presque toujours elles les dépassèrent. Il fallut donc déterminer avec soin l'ordre dans lequel les dépenses devaient être ordonnancées et acquittées. Celles de l'entretien du domaine passent les premières ; viennent ensuite les aumônes et l'intérêt des rentes, puis les gages des officiers royaux, enfin les dons et les assignations des particuliers. Les dons royaux n'étaient jamais payés qu'en dernière ligne ; et comme ils se trouvaient toujours en grand nombre, on mit des conditions rigoureuses à leur validité [1]. Tel fut l'ordre à peu près invariablement imposé aux receveurs des provinces : le receveur général de Paris et le trésorier suivaient des règles semblables et également fixes.

Le budget des dépenses, préparé par les directeurs de chaque service, ne pouvait être arrêté que par le mandement du roi, donné en présence du grand conseil, signé par un des quatre secrétaires, et expédié par le premier trésorier [2]. Le mandement du roi était obligatoire pour toute

[1] Réglement circulaire de 1367. Les dons royaux n'étaient valables que quand ils s'appuyaient sur des lettres du roi qui leur servaient de titres, quand ces lettres contenaient le motif de leur concession (ordonnance du 13 novembre 1372, art. 6), quand elles avaient été enregistrées à la Chancellerie (7 janvier 1408, art. 11).

[2] Ordonnance du 1er mars 1389. Elle fut rendue après les dilapidations des oncles de Charles VI qui s'étaient attribué, en prenant la

somme payée par le trésor central ; celui des trésoriers pour toute somme payée par les caisses provinciales. Sous Charles VI, le nombre des caisses provinciales se trouvait fort augmenté par les recettes spéciales que l'on avait créées pour la levée des *impositions* ou de quelques taxes particulières [1]. On fit alors des ordonnances pour centraliser le revenu des impositions, comme on en avait fait sous Philippe le Long pour centraliser celui du domaine. On ne laissa subsister que très-peu d'assignations sur les caisses provinciales, et on en régla les formes avec soin. Dans le Languedoc, par exemple, elles ne comprenaient que les gages des officiers royaux [2].

Parmi les moyens employés pour améliorer la comptabilité, il faut citer l'institution d'un contrôleur auprès de chaque receveur, du moins elle existait dans le Languedoc dès 1368. On établit aussi une inspection permanente, indépendamment des commissaires enquêteurs qui faisaient des inspections extraordinaires. Charles V avait fixé le nombre des trésoriers à trois, dont l'un devait demeurer à Paris, et les deux autres visiter les provinces en changeant tous les ans de département. Ces derniers reçurent de Charles VI le pouvoir de vérifier les états de recette et de dépense de tous les comptables, avant même l'époque où les comptes devaient être rendus [3].

La chambre des comptes reçut elle-même sous ce règne un complément d'organisation. Une répartition meilleure du travail y fit introduire la distinction des conseillers-maîtres, des conseillers-correcteurs et des conseillers-auditeurs [4]. Elle dut aussi, chaque année, avant de clore les

régence, « la distribution des finances du royaume, » c'est-à-dire le droit d'arrêter les budgets des dépenses.
[1] Voir le chapitre des impositions.
[2] Ordonnance de 1389.
[3] Ordonnance de 1389. — [4] En 1410.

comptes, communiquer les états de débet à l'un des trésoriers pour le domaine ou des généraux conseillers pour les aides, afin que ceux-ci pussent en poursuivre le paiement[1].

On essaya d'étendre au roi lui-même et aux intendants de son trésor privé l'obligation de rendre des comptes. Le trésorier privé du roi n'en rendait qu'en gros; en 1390 il lui fut enjoint de le faire dans un détail complet[2] : ses états durent être certifiés par le contrôleur du trésor public. En 1391, la chambre reçut l'ordre de ne passer dans les comptes des receveurs généraux ou particuliers des aides aucunes sommes en vertu de mandements portant qu'elles auraient été remises entre les mains du roi ou distribuées par sa volonté. En 1401, de nouvelles obligations furent imposées au trésorier privé, comme celle d'apporter des états signés de la main du roi, ou scellés de son sceau secret. En 1408, le premier valet de chambre de Charles VI, faisant les fonctions de trésorier privé, dut prêter le serment de ne porter sur ses états de recettes que les sommes réellement reçues, et sur ses états de dépenses que les sommes payées argent comptant ; en d'autres termes, il dut jurer de tenir une comptabilité régulière.

§ III. — Souveraineté, attributions, privilèges de la chambre des comptes.

La souveraineté de la chambre des comptes fut contestée par le Parlement qui voulait juger ses appels. Après de nombreux conflits, des lettres de 1407 décidèrent que les appointements, les commissions, les jugements ou les arrêts de la chambre, ne pourraient jamais être cassés que par le roi, et défendirent en conséquence d'en porter appel soit au

---

[1] Ordonnances de 1389 et de 1395.
[2] « De ce qu'il recevra, de ce qu'il aura reçu, et à quel jour.

CHAP. IX. — DE L'ADMINISTRATION DES FINANCES. 343

Parlement, soit à la chancellerie. On se fondait sur le besoin du secret pour la situation du trésor et de la célérité pour l'apurement des comptes et le paiement des reliquats. Le roi reçut donc seul les pourvois : au reste il les renvoya d'ordinaire au tribunal des conseillers maîtres qu'il faisait assister en cette circonstance de plusieurs membres du Parlement et du conseil [1].

Si l'on songe combien l'incertitude des juridictions facilitait les conflits, on comprendra l'importance que leur délimitation pouvait avoir. Ainsi la connaissance des appels des juridictions financières fut revendiquée par la chambre des comptes et par le Parlement. Il s'agissait de savoir si la chambre des comptes servirait de tribunal administratif supérieur pour ce service : c'est ce qui fut généralement décidé. En 1349, elle connaissait des contestations sur les ordonnances des foires de Champagne ; en 1358, elle recevait les appels des tribunaux des maîtres des ports et des maîtres des eaux et forêts.

Ce qui prolongea l'incertitude à cet égard, c'est que les traces de l'ancienne confusion des diverses assemblées souveraines n'étaient pas toutes effacées au XIVe siècle. On voit souvent la chambre des comptes s'unir au Parlement pour des actes de diverse nature, pour confirmer avec lui des privilèges [2], ou fixer le prix des denrées [3]. Une ordonnance sur les Juifs en 1360 est rendue par *le conseil étant en la chambre des comptes*. Les membres du Parlement surtout étaient souvent appelés aux séances, et il était nécessaire que des conseillers laïques le fussent dans toutes les causes qui en-

[1] Ordonnances de 1408 et de 1413, art. 150. La souveraineté de la chambre des comptes fut encore reconnue contre toute prétention contraire du Parlement, par Charles VII en 1459 et 1460, par Louis XI en 1461. Cela prouve au reste que les conflits n'avaient pas cessé ; en effet, on en trouve encore un en 1520.

[2] 1351. Priviléges de Jonville. — [3] Exemple : en 1355.

traînaient des condamnations capitales, parce que les maîtres des comptes étaient presque tous clercs.

Afin d'être tout à fait assimilée au Parlement, la chambre des comptes s'efforça d'obtenir, et obtint en effet, les mêmes priviléges.

Elle prétendit aussi avoir le droit de choisir les officiers de finance, comme le Parlement choisissait les officiers de justice. Cette prétention combattue par le roi Jean, qui voulait empêcher toute connivence entre les malversateurs, fut admise par Charles VI. La chambre des comptes obtint en 1401 que la nomination des vicomtes (prévôts) et des receveurs lui fût attribuée ; elle obtint même en 1408 de pouvoir les changer de vicomtés ou de recettes tous les trois ans si elle le jugeait à propos.

Les pouvoirs de plus en plus étendus, comme l'on voit, de la chambre des comptes de Paris, furent réglés par l'ordonnance de 1408 et par la grande ordonnance de réforme de 1413. Parmi les questions que soulevait à cette époque l'organisation financière, deux surtout méritent d'être signalées.

Devait-on établir une hiérarchie entre les receveurs. Dès 1389, on distinguait deux classes de recettes, les grandes et les petites, pour lesquelles la caution exigée n'était pas la même[1], mais elles ne paraissent pas avoir été subordonnées les unes aux autres. En 1413, on confirma l'institution déjà existante de deux receveurs généraux, l'un pour la Languedoïl, et l'autre pour le Languedoc. Le premier, le receveur général de Paris, était le grand agent de la centralisation financière, pour le revenu des impositions ; celui du Languedoc lui était subordonné et faisait l'office d'un simple intermédiaire que rendaient nécessaires l'éloignement et la constitution distincte des provinces méridionales. Plus tard le nombre des receveurs généraux se multi-

---

[1] Ordonnance de 1389, art. 27.

plia et les autres prirent alors le titre de receveurs particuliers [1].

Devait-on aussi réunir les recettes spéciales créées pour chaque branche du revenu et pour chaque nouvel impôt, et rendre de cette manière, sa première unité à l'administration financière qui tendait au morcellement [2] ? L'ordonnance de 1413 trancha cette question, en attribuant aux receveurs du domaine la recette des deniers extraordinaires (impositions). Elle confondit même l'administration supérieure du domaine et celle des aides [3]; elle remplaça les trésoriers et les généraux conseillers [4] par deux dignitaires, ou *Commis ordonnés par le roi pour le gouvernement des finances de tout le royaume*. Ces deux administrateurs souverains devaient être élus par le chancelier et les gens des comptes, avoir la direction de tous les services financiers, et faire les budgets de recette et de dépense, au sein d'un comité composé de membres du grand conseil, du Parlement et de la chambre des comptes.

On ne voit pas que l'ordonnance de 1413 ait reçu d'exécution, mais on y peut déjà reconnaître la tendance marquée de l'administration des finances vers l'unité qu'un jour elle devait atteindre.

Les dernières années du règne de Charles VI furent signalées par de graves perturbations financières, aussi bien que politiques. Le pouvoir de fixer les budgets fut attribué

---

[1] La distinction actuelle de ces titres n'existait pas au XIVe et au XVe siècle. Presque tous les receveurs portaient le nom de receveurs généraux : celui du Dauphiné, par exemple. Il en était de même des contrôleurs qui furent distingués plus tard en contrôleurs généraux et contrôleurs ordinaires.

[2] Voir plusieurs articles de l'ordonnance de 1408.

[3] Le mot d'*aides* était pris ici dans un sens général pour désigner les impositions.

[4] Voir le chapitre suivant, où j'expose l'histoire de l'Administration proprement dite.

au Dauphin en 1414 et rendu en 1416 aux directeurs des services divers[1]. — La chambre des comptes de Paris fut révoquée et destituée au mois de février 1418 par Isabelle de Bavière qui en créa une nouvelle à Troyes; mais Charles VI la réintégra au mois de juillet de la même année. Elle suivit plus tard le Parlement de Paris à Poitiers où Charles VII le transféra, et revint avec lui en 1436.

Henri V d'Angleterre établit à Caen, avant le traité de Troyes, une chambre des comptes particulière pour ses conquêtes françaises. Cette chambre fut réunie en 1424 à celle de Paris, ou du moins aux membres de cette dernière qui n'avaient pas suivi Charles VII. Les Anglais voulaient que leurs revenus de France fussent administrés d'une manière uniforme.

C'est ici le lieu de remarquer qu'il y eut des chambres des comptes dans plusieurs provinces, mais que la souveraineté de ces chambres fut aussi problématique que celle des Parlements provinciaux. Le Dauphiné fut la première province réunie à la couronne sans être annexée au domaine. Sa chambre des comptes fut subordonnée de fait à celle de Paris, qui lui rédigea en 1384 des réglements constitutifs. Elle fut soumise aux mêmes règles et obligée de conserver un registre divisé par exercices avec un chapitre de dépenses et un chapitre de recettes. Elle dut exercer la même surveillance sur ses comptables, obtenir d'eux des comptes réguliers, arrêter leurs débets à la fin de chaque exercice pour empêcher que le montant de ces débets ne fût porté en recette sur les exercices suivants. Un fait également digne de remarque et qui prouve combien était imparfaite la souveraineté des cours provinciales, c'est que le contrôleur de la recette générale du Dauphiné[2] devait envoyer ses états de

---

[1] Du 22 septembre 1414 au 25 juin 1416.
[2] Voir la note 1 de la page précédente.

CHAP. IX. — DE L'ADMINISTRATION DES FINANCES.

contrôle en double chaque année aux auditeurs de la chambre des comptes de Grenoble et de celle de Paris.

§ IV. — Ordonnances financières de Charles VII.

Quand Charles VII, après avoir refait la France matériellement, reconstitua l'ordre administratif, il remit en vigueur et réforma toutes les anciennes règles de comptabilité, par les deux grandes ordonnances de 1443 et de 1454, attribuées à Jacques Cœur, esprit aussi vaste que précis, qui avait conçu le projet d'une statistique, alors impossible à réaliser, mais à l'aide de laquelle on eût connu les ressources réelles du royaume.

La séparation des revenus domaniaux et des revenus extraordinaires fut consacrée (1443, art. 1er). La recette des premiers appartint aux trésoriers, et quelque temps après à un seul d'entre eux, qui prit le nom de *changeur du trésor*, et celle des seconds appartint au receveur général; par une conséquence naturelle du système des assignations, le changeur du trésor et le receveur général, réglant chacun une partie du budget des recettes, réglèrent une partie du budget des dépenses. Ainsi l'on continua de multiplier les agents du service, en laissant à chacun la même variété d'attributions, comme si la division des fonctions d'après leur nature ne devait être le résultat que d'une longue et difficile expérience.

Tous les comptables furent astreints de nouveau à présenter leurs comptes dans les délais fixés et en personne, sauf autorisation spéciale de les présenter par procureur. Jusqu'alors en effet, plusieurs d'entre eux s'étaient tenus plus ou moins en dehors des règles communes, tels que les maîtres de la chambre aux deniers [1], l'argentier du roi,

---

[1] La chambre aux deniers, appelée souvent aussi *chambre aux*

le grand écuyer, le trésorier des guerres, le maître de l'artillerie. Charles VII ne réserva qu'une somme de 3,600 liv. consacrée à ses dépenses extraordinaires, et dont le garde de ses coffres fut dispensé de rendre compte en détail [1].

Des mesures furent prises pour la formation d'un recueil des ordonnances de finances. « Qu'il soit fait par nosdites » gens des finances un registre ou papier, auquel ils seront » tenus d'enregistrer tout ce que par nous aura été ainsi » commandé et par eux expédié, touchant le fait de nosdites » finances [2]. » On prescrivit la tenue uniforme des livres des comptables; Charles VII voulait « qu'il y eût à cet effet » en un lieu de ladite chambre un exemplaire de la gran- » deur et du volume, tant en écriture comme en espace, » tel qu'il semblerait être de faire [3]. » On prit surtout des précautions pour empêcher de percevoir des taxations plus fortes que celles qui étaient déterminées par les tarifs [4].

La rentrée des revenus ne cessait pas d'être irrégulière, et chaque année on éprouvait un déficit sur l'arriéré. Quand cet arriéré était trop considérable, on faisait une enquête, et les conclusions détaillées de l'enquête étaient remises au roi dans le plus grand secret. Charles VII en ordonna une semblable en 1454, et il institua, dans le but de poursuivre ces enquêtes, une charge spéciale de procureur du roi près de la chambre du trésor [5]. Ce procureur du roi, appelé plus tard procureur général, fut chargé non-seule-

deniers de l'hôtel, comprenait tous les comptables particuliers de la maison du roi.

[1] « Le garde de nos coffres ne sera tenu de compter dorénavant de la somme de 3,600 francs que par chacun an lui avons donné prendre pour faire nos plaisirs et volontés, mais en baillerons notre acquit à notre dit receveur général. » Ordonnance du 23 septembre 1443, art. 16.

[2] Ordonnance de 1443, art. 24. — [3] Ordonnance du 23 décembre 1454, art. 42. — [4] Voir les lettres du 2 juin 1452.

[5] Louis XII déclara que l'exercice de cette charge ne ferait pas déroger à la noblesse. Pour la chambre du trésor, voir le § 5.

ment de requérir l'adoption des mesures nécessaires à une bonne administration, mais de faire exécuter les ordonnances par les membres de la chambre des comptes, de surveiller leurs rapports avec les comptables, etc...

§ V. — Formation de la cour des aides et de la chambre du trésor.

On a vu par ce qui précède que la chambre des comptes exerçait une partie de la juridiction financière supérieure; en général, les ordonnances du xive siècle la lui avaient attribuée. Mais ce droit ne tarda pas à lui être contesté. Au xve siècle, on lui laissa la juridiction sur les comptables et on lui enleva la connaissance du contentieux administratif en appel pour la donner exclusivement à la cour des aides. Le contentieux administratif était jugé par les agents ordinaires, anciens ou nouveaux, des diverses administrations de finance, et l'on s'était demandé d'abord si les plus élevés de ces agents, les trésoriers pour le domaine, et les généraux conseillers pour les aides, jugeraient souverainement, ou si leurs décisions seraient portées en appel, soit au Parlement, soit à la chambre des comptes. Depuis le règne de Charles VI, on avait senti le besoin de séparer dans les régions supérieures l'administration et la juridiction, et l'on avait distingué deux classes de trésoriers et de généraux conseillers, les uns *pour le fait des finances*, c'est-à-dire chargés de l'administration, les autres *pour le fait de la justice*, c'est-à-dire chargés de la juridiction. Charles VII trancha la question en déclarant souveraine la chambre des généraux conseillers pour le fait de la justice, ou la cour des aides.

Cette souveraineté de la cour des aides fut contestée par le Parlement, mais confirmée sous Louis XI et sous Charles VIII[1]. Louis XI lui reconnut même le droit exclusif

[1] En 1474 et en 1486. Voir aussi les ordonnances de 1501, 1512, 1513, 1551.

d'interpréter les ordonnances administratives sur les matières de sa compétence. Le Parlement ne cessa de maintenir ses prétentions rivales, sous prétexte que la cour des aides était à la fois juge et partie, jusqu'au règne de François II, époque où une ordonnance royale (décembre 1559) confirma la distinction des juridictions, toutes les fois qu'elle était possible, et statua que les causes connexes seraient traitées par les deux cours fraternellement et amiablement. On maintint la nécessité de l'adjonction de membres du Parlement aux conseillers des aides, comme aux maîtres des comptes, pour le jugement des causes capitales.

Il s'éleva aussi d'autres conflits entre la chambre des comptes et la cour des aides, celle-ci s'attribuant le pouvoir de juger les comptables ; Henri II intervint, en 1553, pour défendre le droit exclusif de la chambre des comptes.

Les trésoriers sur le fait de la justice formèrent à leur tour une chambre qu'on appela chambre du trésor, et Charles VIII érigea cette chambre en titre d'office. Elle fut reconnue souveraine pour le jugement des causes domaniales, à l'exclusion du Parlement et de la chambre des comptes ; mais sa souveraineté fut contestée par ces deux cours, comme celle de la cour des aides.

Plus tard, François Ier réduisit la chambre du trésor à une juridiction de première instance (1533), en créant une chambre spéciale du domaine au Parlement de Paris, chambre qu'après divers essais d'une nouvelle organisation, Henri III confirma définitivement en 1579. Dans les autres ressorts, la juridiction domaniale appartint souvent aux cours des aides, quelquefois aux chambres des comptes[1].

---

[1] Voir les chapitres suivants pour l'organisation de la juridiction administrative de chaque service.

§ VI. — Vicissitudes qu'éprouvèrent les offices de finances.

Cette digression achevée, et elle était nécessaire, puisqu'il fallait montrer comment la chambre des comptes essaya d'accaparer et perdit à peu près partout la juridiction administrative supérieure, je reprends la série des changements introduits dans le service des agents comptables depuis le règne de Louis XI.

Depuis ce règne et pendant le cours du xvie siècle, les offices de finance passèrent par les mêmes révolutions que ceux de justice. Les titulaires de ces offices devinrent inamovibles en 1467, et les firent seulement confirmer, comme autrefois les possesseurs de bénéfices, à chaque nouvel avénement : par exemple, les membres de la chambre des comptes obtinrent la confirmation de Charles VIII, en 1483. L'obligation de la résidence leur fut imposée aussi formellement qu'aux officiers judiciaires sans plus de succès (1483). Les charges de comptables ou de conseillers des cours supérieures de finances n'échappèrent pas à la vénalité; leur multiplication servit même de ressource fiscale[1]. En 1554, Henri II rendit la plupart d'entre elles alternatives, sous le prétexte illusoire qu'il fallait donner aux comptables le temps nécessaire pour rendre leurs comptes, et qu'ils ne devaient pas reprendre l'exercice de leurs fonctions avant de les avoir rendus : au reste, ces charges alternatives furent supprimées en 1559; Henri III en créa encore d'autres alternatives et même triennales, mais qui n'eurent pas plus de durée.

---

[1] Il y eut ainsi de nombreuses créations d'offices de finance en 1520, en 1522. Henri III augmenta en 1574, à l'occasion de son joyeux avénement, le nombre des conseillers de la chambre des comptes de Paris.

§ VII. — Ordonnances financières des Valois. Établissement des recettes générales et des bureaux de finance.

L'organisation de la comptabilité centrale fut modifiée sous François Iᵉʳ. Au changeur du trésor qui centralisait la recette du domaine, et au receveur général qui centralisait celle des impositions, François Iᵉʳ adjoignit, en 1523, un trésorier de l'épargne, qui dut centraliser à son tour la recette des *parties casuelles et inopinées*[1]. Ce trésorier de l'épargne fut même investi dès l'année de sa création d'un pouvoir plus étendu. Il eut la garde du trésor où le produit des trois classes de revenus était porté, pour le domaine par le changeur du trésor, pour les impositions par le receveur général, et pour les parties casuelles et inopinées par lui-même. Tous les versements durent se faire dans des délais fixés, au delà desquels les comptables furent tenus de payer l'intérêt des sommes dont ils étaient redevables[2]. Le trésorier de l'épargne dut tenir deux registres signés sur chaque feuillet par l'un des secrétaires d'État et scellés du sceau royal[3]; il dut aussi rendre ses comptes chaque semaine. L'importance de sa charge fit déclarer à François Iᵉʳ qu'elle ne serait jamais vénale[4]. On nomma, en 1547, deux contrôleurs généraux pour le surveiller et l'assister.

Le trésorier de l'épargne fut chargé de régler, comme le changeur du trésor et le receveur général, la partie du

---

[1] Édit du 18 mars 1523. C'est à tort que M. Isambert en fait une sorte de ministre de la maison du roi. Il faut remarquer que les impositions, qu'on appelait revenu extraordinaire au XVᵉ siècle, étaient devenues revenu ordinaire au temps de François Iᵉʳ. Les parties casuelles ou le revenu extraordinaire comprirent, depuis ce dernier règne, le produit de la loterie, des emprunts, etc. Voir le chapitre XIII.

[2] Édit du 28 décembre 1523.

[3] Idem. — « Lesquels seront en un chacun feuillet signés par un de nos secrétaires signant en finance, et seront scellés de notre grand sceel. »

[4] Édit de 1515.

CHAP. IX. — DE L'ADMINISTRATION DES FINANCES. 353

budget des dépenses à laquelle ses recettes étaient affectées. Mais il reçut aussi un pouvoir supérieur, celui d'arrêter l'ensemble de ce budget d'une manière définitive.

François Ier fit quelques années après un autre changement non moins considérable. Il divisa la France en seize départements financiers ou recettes générales. Le produit du domaine, celui des impositions et celui des autres revenus durent être également versés dans les caisses des receveurs généraux [1], auxquels on subordonna tous les anciens receveurs [2], même ceux des deniers extraordinaires, des octrois et contributions des villes, etc. Les dix-sept premières recettes générales [3] furent celles de Paris, d'Amiens, de Châlons, de Rouen, de Caen, de Bourges, de Tours, de Poitiers, d'Agen, de Toulouse, de Montpellier, de Lyon, de Dijon, d'Aix, d'Issoire, de Grenoble et de Nantes. Les receveurs généraux nommèrent leurs commis, mais durent les faire autoriser par le roi; ils durent, comme les receveurs particuliers, déclarer la nature des espèces employées dans leurs recettes et leurs versements : on craignait qu'ils ne spéculassent sur la valeur des monnaies. Leur cautionnement varia suivant l'importance de leur maniement de fonds et la valeur de l'argent; sous Louis XIII il ne s'élevait, dans les plus grandes villes, qu'au maximum de dix mille livres.

Les trésoriers de France remplirent les fonctions d'inspecteurs vis-à-vis des receveurs généraux; on les chargea de faire d'avance chaque année le budget des recettes, en évaluant le produit certain et le produit incertain de cha-

[1] Plus tard, cependant, il y eut des receveurs spéciaux pour le domaine, et Colbert, tout en diminuant leur nombre, les laissa subsister.
[2] C'est alors qu'ils commencèrent à prendre le titre de receveurs particuliers.
[3] La dix-septième fut établie par Henri II.

23

que recette générale et d'envoyer ce budget au conseil privé et au trésorier de l'épargne. Dans chacune de ces recettes un commis nommé par eux devait tenir compte des jours de versement [1]. Henri II créa auprès de chacune d'elles également une charge de trésorier général, sorte d'inspecteur dépendant des trésoriers supérieurs, et qui ne fut autre probablement que l'ancien commis, institué dès lors par le roi (1552); il créa aussi une charge de contrôleur en 1555. En 1555 on créa encore des offices de collecteurs des deniers des recettes particulières, chargés de porter le produit de ces recettes aux recettes générales. En 1570 on rendit les offices de receveurs généraux alternatifs et en 1573 triennaux; mais Henri III finit par supprimer toutes les charges qui gênaient la comptabilité au lieu d'en assurer la marche, et ne laissa plus subsister dans chaque recette générale qu'un receveur et un contrôleur.

Les règles de comptabilité que renferment les ordonnances du XVIe siècle sont très-nombreuses, surtout pour les payeurs spéciaux des différents services, trésoriers de l'extraordinaire des guerres, de l'artillerie, etc. On sait que Louise de Savoie avait fait échouer une expédition de Lautrec en Italie, en détournant les fonds destinés à ses dépenses. Ces ordonnances sont un véritable code pénal des agents comptables, code qui ne prouve au reste que la fréquence des prévarications. En 1523, les receveurs sont déclarés passibles, pour une première fraude, de l'amende arbitraire, pour une seconde de la suspension, de la privation de leur office pour une troisième. En 1524, les comptables qui ne se seront pas mis en règle dans le délai d'un mois pour acquitter leurs débets, sont menacés de la privation de leurs offices et d'une amende du quadruple de la valeur annuelle de leurs recettes [2]. La malversation et le

---

[1] Ordonnance de 1542.
[2] Les comptables rendent leurs comptes à leurs dépens (ordon-

péculat sont punis de la mort en 1530, ou de la confiscation de corps et de biens en 1546. En 1532, on défend aux officiers de finance de porter des draps de soie ou de constituer à leurs filles des dots excédant le dixième de leur fortune. Tout comptable convaincu de faux doit être pendu et étranglé; celui qui joue l'argent du roi, doit perdre son office, être fustigé et banni à perpétuité; celui qui billonne les deniers du roi, puni de mort. En 1572 l'intérêt des sommes dues par les reliquataires est fixé au denier douze, et l'argent ainsi obtenu est affecté spécialement en 1578 à la construction des Tuileries. En 1578, la peine de la suspension est prononcée contre un grand nombre de comptables; en 1584, une commission composée de membres du Parlement de Paris et de la chambre des comptes est chargée de poursuivre les officiers de finance malversateurs. Ces mesures que l'on multipliait ainsi étaient peu efficaces, et souvent on les abandonnait aussitôt qu'on les avait prises : la suspension prononcée en 1578, fut révoquée en 1580. La commission d'enquête fut révoquée à son tour en 1587.

On avait d'autant plus à réprimer que l'on savait moins prévenir. Au fond les chambres des comptes n'exerçaient qu'un contrôle nominal, elles n'avaient que peu de moyens de s'assurer de la fidélité des rapports et des livres qui leur étaient remis. Le vol était presque organisé à tous les degrés de la hiérarchie. Sully prouva d'une manière manifeste les concussions des cours souveraines et des contrôleurs-généraux.

Le mal était donc jusque dans la constitution des chambres des comptes elles-mêmes. D'ailleurs si les rois du seizième siècle avaient augmenté leur personnel et étendu à certains égards leurs attributions; s'ils leur avaient soumis

nance d'Orléans, 1561); s'ils prennent la fuite, le roi s'indemnise par la confiscation de leurs charges (1563).

par exemple les comptes des assemblées d'Etats provinciaux et ceux des octrois des villes (ordonnance d'Orléans, 1561), en revanche François I*er* leur avait défendu, et notamment à celle de Paris, de prendre connaissance « de l'argent destiné à ses menus plaisirs. » Telle fut l'origine de ces ordonnances de comptant, qui montèrent d'une manière si rapide à d'énormes sommes, et paralysèrent plus tard toutes les règles de la comptabilité.

En 1577, Henri III, pour soumettre à une direction uniforme les différents services financiers, comme on y avait soumis en 1523 les systèmes de la comptabilité et des recettes, organisa à Paris un conseil supérieur qu'on appela bureau central des finances, et qui fut composé de deux administrateurs du domaine (*trésoriers*), de deux administrateurs des aides et impositions (*receveurs généraux*), d'un trésorier, d'un greffier et d'un huissier : ce conseil, semblable à ceux qui existent aujourd'hui dans certains ministères, fut le dépositaire de l'autorité administrative supérieure, nonobstant toutes les prétentions que pouvaient élever les cours souveraines; il eut pour principale attribution de répartir le brevet de la taille arrêté par le roi[1]; il fut encore chargé de toute la partie du contentieux administratif qui n'appartenait pas aux cours des aides, ou aux chambres du trésor et du domaine : ses jugements, il est vrai, n'étaient pas souverains et pouvaient être réformés par le Parlement.

La même année, des bureaux de finance tout semblables furent créés dans toutes les généralités des pays d'élection (ressorts des recettes générales), et d'autres d'un degré inférieur, mais investis des mêmes attributions, furent créés à Bordeaux, à Bourges, à Caen, à Châlons, à Limoges, à

---

[1] Depuis 1573, le conseil du roi, quand il fit le brevet de la taille, fut présidé par le surintendant. (Voir le chapitre I*er*.)

CHAP. IX. — DE L'ADMINISTRATION DES FINANCES. 357

Lyon, à Orléans, à Paris, à Poitiers, à Reims, à Rouen et à Tours. Amiens en eut un en 1579, et Moulins en 1587; d'autres encore furent institués après Henri III à Soissons, à Grenoble, à Montauban, à Alençon, à La Rochelle. Les bureaux de finance des généralités furent chargés encore de l'inspection de tout ce qui regardait le service, comptabilité, administration, juridiction; leurs membres devaient faire des tournées et examiner les livres des comptables, avant l'envoi de ces livres aux chambres des comptes.

SECTION II. — *De l'administration centrale des Finances, de la comptabilité et des budgets pendant les règnes d'Henri IV, de Louis XIII et de Louis XIV.*

L'exposé qui précède peut faire comprendre l'État de l'administration financière, quand Sully vint au pouvoir. On avait organisé des institutions de comptabilité, un service administratif, créé différentes juridictions, mais ce système offrait encore de grandes irrégularités ; tous ses rouages marchaient mal, ou se faisaient obstacle les uns aux autres. Sully, qui avait moins le génie de l'organisation que l'intelligence des détails pratiques et le talent de mener les hommes, entreprit une œuvre difficile, impossible pour tout autre ; à force de persévérance et de travail, il parvint à faire mouvoir avec une régularité apparente, sinon encore bien réelle, les ressorts insuffisants de la machine administrative[1].

[1] Sully fut nommé membre du conseil des finances en 1594 et surintendant en 1599. L'assemblée des notables, tenue à Rouen, en 1597, avait proposé d'établir un conseil indépendant du roi, appelé *conseil de raison* et chargé d'administrer une partie du revenu et de la dépense, tandis que le roi administrerait l'autre. Comme Henri IV avait donné sa parole de se mettre sous la tutelle de l'assemblée, Sully fut d'avis de créer le conseil de raison ; mais il ne lui fournit aucun des renseignements nécessaires, et le mit en peu de temps dans une com-

Il voulut d'abord évaluer le revenu public, mieux qu'on ne l'avait fait avant lui ; évaluation que les embarras financiers et les projets d'Henri IV rendaient nécessaire. Or les difficultés de la formation d'un budget étaient immenses, et exigent quelques explications.

Il fallait distinguer le produit brut des impôts, c'est-à-dire la quotité des sommes levées en France, et leur produit net ou la quotité des sommes entrant au trésor. Bien des raisons empêchaient de déterminer le produit brut. Il y avait des impôts affermés à des traitants ; les traitants étaient intéressés à en tenir secret le produit, pour renouveler leur bail à des conditions plus avantageuses. Beaucoup de taxes locales, sans parler des péages, corvées, et autres droits dont l'évaluation pécuniaire était impossible, appartenaient aux provinces, aux seigneurs, aux communes. Malgré le progrès de la centralisation, les rois ne levaient pas seuls des impôts en France : les grands seigneurs s'en arrogeaient aussi le pouvoir, et la défense de lever aucune taxe sans mandement royal exprès avait encore été renouvelée sous les règnes de François II, de Charles IX, d'Henri III et d'Henri IV [1].

On ne pouvait donc évaluer que le produit net, ou le chiffre des sommes entrant annuellement dans les caisses de l'État. Nous avons encore un tableau dressé sous

---

plète impuissance d'agir. Le conseil alors supplia lui-même le roi de reprendre le maniement de ses fonds, et le roi le reprit, toutefois après de nombreuses difficultés « pour mieux faire valoir la marchandise. » (*Économies royales*).

[1] Ordonnances de 1560, de 1565, de 1575, de 1590. Les défenses de ce genre, antérieures à l'ordonnance de Blois de 1499, sont très-nombreuses. Louis XI reconnaissait au duc de Normandie, son frère, en 1465, au duc de Bourgogne, en 1468, le droit de lever des impôts pour leur propre compte. — Sous Henri III le duc d'Épernon levait pour son compte un impôt de soixante mille écus dans son gouvernement de Provence.

Henri III, et qui contient la recette faite pendant la dernière année de chaque règne, depuis Charles VII[1]. Quand même les données de ce tableau seraient admises comme exactes, elles n'en resteraient pas moins très-incomplètes, car elles ne comprennent que les rentrées de l'épargne, ou de la caisse centrale du trésor ; mais les caisses provinciales des receveurs généraux ou particuliers acquittaient elles-mêmes une grande partie des charges publiques, et n'envoyaient à l'épargne que le surplus. Les trois généralités de Bourgogne, de Provence et de Bretagne, qui avaient, en leur qualité de pays d'États, une administration financière indépendante, ne sont comprises dans ce tableau que pour l'année 1581, et ne le sont pas pour les années antérieures. Le budget de l'année 1581, la dernière dont les comptes furent alors arrêtés, ne comprend pas les sommes employées pour payer les gages des cours souveraines. Ajoutons enfin que ces chiffres étaient réunis difficilement, longtemps après chaque exercice, qu'ils étaient très-variables ; qu'on ne pouvait estimer les frais de perception, ni les sommes prélevées ou détournées par les agents de finances, ou toute autre sorte de personnes.

[1] Extrait d'un manuscrit de la Bibliothèque royale. Fonds Harlai Saint-Germain, n° 124.
Voici le tableau des recettes du trésor ou de l'épargne pendant la dernière année de chaque règne :
En 1497, 3,366,519 livres 5 sous 6 deniers, non compris les généralités de Bourgogne et de Provence. La Bretagne ne faisait pas encore partie de la France, et avait une administration séparée.
En 1514, 4,815,657 l. 9 s. 9 d. mêmes exceptions.
En 1547, 7,183,271 l. 12 s. 2 d. idem.
En 1559, 12,098,563 l. 6 s. 11 d. idem. augmentation due à l'établissement du taillon.
En 1560, 9,104,971 l. 5 s. 6 d. idem.
En 1574, 8,628,993 l. 4 d. idem.
En 1581, 10,551,488 l. 17 s. 3 d. toutes les provinces comprises, mais déduction faite des sommes payées pour les gages des cours souveraines.

Sully parvint cependant à obtenir un tableau des revenus publics. A force de travail, et en ne prenant, comme il le dit lui-même, *ni repos ni repas*, il réunit un grand nombre de documents sur les impôts qui étaient encore levés en France, ou qui y avaient été établis autrefois, sur leurs bases, leurs produits, leur mode de perception ou de répartition, les causes qui avaient pu faire abandonner tel ou tel d'entre eux. Il fit compulser les registres du conseil d'État et de finances, ceux des Parlements, des chambres des comptes, des cours des aides, des anciens secrétaires d'État, les ordonnances royales.

Le tableau des dettes publiques, que Sully fit faire après celui des revenus (Henri IV venait de reconnaître les dettes d'Henri III[1]), présentait encore plus de difficultés. Les comptables qui acquittaient ces dettes étaient les seuls qui en connussent le nombre. Ils en jugeaient à peu près seuls également la validité, soit connivence, soit manque d'autorité de la chambre des comptes et des tribunaux compétents. Ils acquéraient donc souvent à bas prix des créances réductibles ou périmées qu'ils faisaient ensuite valoir à leur profit. Beaucoup d'entre les créanciers de l'État étaient intéressés d'autre part à cacher avec soin le chiffre de leurs créances; il y avait, en effet, parmi eux, des financiers qui recevaient de gros intérêts pour leurs avances, ou des seigneurs qui avaient des assignations sur différentes branches du revenu.

Convaincu de la nécessité de frapper le brigandage qui s'exerçait sur les deniers publics avant de songer à aucune autre amélioration, Sully se fit charger d'une inspection dans cinq ou six généralités du centre de la France. La plupart des comptables refusant de lui soumettre leurs comptes, il fit usage des pouvoirs qu'il avait reçus; il les suspendit tous,

---

[1] Déclaration du 12 décembre 1591.

hormis deux par élection ; et comme beaucoup d'entre eux avaient acheté leurs offices, il remplaça leurs gages, qu'il ne pouvait supprimer justement, par une rente sur le trésor. Il obtint par là de connaître les états de l'année courante et les charges portées sur toutes les parties de la recette ; il se fit présenter ensuite les comptes des trois années précédentes, et il annula ou réduisit toutes les assignations dont les titres ne lui parurent pas suffisamment en règle. Quand il eut ainsi mis au grand jour le désordre de l'administration et de la comptabilité, il dévoila les malversations qui avaient lieu plus haut, dans le conseil même des finances ; il fournit la preuve de détournement de fonds et de la falsification des registres du trésor[1].

L'activité plus grande de la surveillance, la rentrée plus régulière des sommes perçues, le renouvellement avantageux de différents baux portèrent à vingt-trois millions, en 1597, la recette du trésor qui n'était pas de onze millions en 1581, et cette recette, suivant une constante progression, s'éleva jusqu'à plus de trente-deux millions en 1610. Ce n'était là que le fruit d'une meilleure gestion ; car Sully créa très-peu d'impôts nouveaux et diminua tous les anciens[2].

Les budgets qu'il faisait dresser tous les ans et que nous avons encore présentent ce double caractère ; en premier lieu, que la recette y est toujours supérieure à la dépense, excepté dans l'exercice de 1610 ; en second lieu, qu'il n'est porté au chapitre de l'extraordinaire que de faibles sommes, les seules, on peut le croire, qui lui appartinssent réel-

---

[1] Économies royales, t. 1er.
[2] Sully se vantait d'avoir, en quinze ans, diminué les tailles de deux millions par an, les droits intérieurs et menues impositions de moitié. Il disait aussi avoir acquitté cent millions de capitaux de rentes sur l'État et racheté pour trente-cinq millions de domaines.

lement. On n'y voit pas la trace de ces fausses finances ni de ces changements d'emploi si communs dans les comptes précédents, et qu'on retrouve encore dans ceux des années qui suivent. Il n'est pas sans intérêt de remarquer que jamais la France n'a été plus riche, n'a eu plus d'équilibre dans ses budgets, n'a pu subvenir à de plus grandes entreprises, que lorsqu'elle a mis les hommes de finance à la tête de son ministère.

On ne peut évaluer qu'arbitrairement la proportion qui existait alors entre les sommes que payait le pays et celles qui entraient au trésor, entre le produit brut et le produit net de l'impôt. Cette proportion pouvait être, suivant Forbonnais, de cinq à un. Ce chiffre est moins exagéré qu'il ne le paraît d'abord; car les receveurs acquittaient dans chaque généralité certaines dépenses, et le chiffre des sommes consacrées à ces dépenses, chiffre déterminé, en 1600, par Sully d'une manière approximative, égalait presque celui de la recette du trésor [1]. Si l'on ajoute les taxes locales perçues par les seigneurs et les villes, les gains des officiers et des traitants, cent millions de livres sont évidemment une estimation modérée. Or, cent millions de livres en vaudraient aujourd'hui au moins trois cent cinquante, auxquels il faudrait ajouter encore, pour comparer ce budget aux nôtres, l'équivalent du service militaire que devaient les nobles et des corvées que devaient les paysans. La France ne comprenait d'ailleurs que soixante-quatorze de nos départements actuels; elle n'avait pas plus de seize millions d'habitants; elle était loin surtout de posséder les sources de revenus qu'elle a de nos jours [2]. Que l'on tienne compte enfin

---

[1] Voir aussi le tableau du budget de 1620. Fonds Harlai Saint-Germain, n° 353.

[2] Telles que les postes, le tabac, la plupart des droits de douanes, etc., sans parler des causes qui ont dû amener l'augmentation de la richesse générale.

des inégalités de tout genre qui présidaient à la répartition des impôts, on sera aisément convaincu que les charges étaient bien plus lourdes alors qu'elles ne l'ont jamais été depuis. Elles avaient surtout le tort de n'être pas compensées par les avantages nécessaires que tout pays retire d'une bonne organisation des services publics.

Sully rétablit le même ordre dans toutes les parties de la comptabilité que dans l'économie des budgets. Il remit en vigueur les anciennes règles. Il fit rédiger et envoyer des modèles d'actes dans les provinces; il voulut que les comptables eussent des états séparés de recettes et de dépenses; il défendit surtout de porter jamais sur un même exercice une quantité de charges plus fortes que la recette, ce qui était pour beaucoup un moyen de différer l'envoi au trésor des sommes reçues, et de les faire valoir pendant l'intervalle. Il renouvela encore la défense de payer aucune rente sans que le conseil du roi en eût déclaré la validité[1]; le système contraire avait pour effet un agiotage frauduleux qui s'exerçait sur les créances. Toute violation de ces règles, commises à la garde de la chambre des comptes, dut être punie d'une destitution[2].

Les chambres des comptes reçurent aussi l'ordre de se faire représenter les doubles des comptables pour les confronter avec les états du roi, de s'assurer de leur sincérité, et de marquer exactement les sommes qui se trouveraient portées sur ces doubles sans l'être sur les états du roi. Le droit d'apprécier la justice des augmentations faites de l'autorité des receveurs, fut réservé au conseil, pour prévenir la connivence avérée des chambres des comptes.

---

[1] L'abus était poussé si loin à cet égard que les receveurs se faisaient juges des pourvois interjetés contre les arrêts du conseil. (Voir la lettre circulaire du 16 octobre 1608 qui le leur défend.)

[2] Ces différentes règles furent étendues au trésorier de l'épargne comme aux autres comptables.

Enfin Sully établit à plusieurs reprises, en 1597, en 1601, 1604, 1606 et 1607, des chambres de justice pour rechercher les malversations des financiers. Tandis qu'autrefois la vengeance populaire forçait les surintendants à expier leurs crimes et ceux de leurs subordonnés par la potence, c'était, au XVIe siècle, le gouvernement lui-même qui ordonnait les enquêtes, et il se contentait ordinairement de faire rendre gorge à ceux qui s'étaient enrichis à ses dépens. Tous les efforts de Sully eurent pour but de rendre ces enquêtes efficaces ; car il avait affaire à forte partie, et Henri IV, moins par faiblesse que par politique, cédait souvent aux obsessions. Les financiers achetaient l'impunité, et sacrifiaient une moitié de leurs profits pour garder l'autre : les plus riches échappèrent, malgré le ministre[1]. Cependant quelques châtiments exemplaires, et une aggravation de pénalité contre les délinquants, traités de *voleurs* et d'*affronteurs publics*, firent que le pillage des deniers de l'État tendit à devenir l'exception après avoir été la règle.

Sully fut lui-même victime de cette inflexibilité qui a fait sa gloire, puisqu'elle lui a permis de rétablir l'ordre dans les finances. Il refusa de signer une ordonnance de comptant de 900,000 livres que Marie de Médicis avait approuvée, et il quitta volontairement le ministère qu'il avait si bien rempli. Il n'avait attaché son nom à aucune grande institution nouvelle, mais il avait fait un *ménage merveilleux*, et les désordres des temps qui le suivirent assurèrent à jamais sa popularité.

Sully n'eut pas de successeur comme surintendant et fut

---

[1] En 1601, « les pauvres grimelins de larronneaux payèrent pour les grands voleurs et brigands. » En 1607, l'enquête se termina par des compositions à l'*accoutumée*. « Les gros larrons, engraissant la main aux dames et courtisans de faveur, s'exemptèrent de châtiments. » (*Économies royales*.)

remplacé par un conseil, composé de trois présidents au Parlement, Jeannin, de Châteauneuf et de Thou, dont Forbonnais a pu dire que, s'ils eurent le courage de voir piller le trésor sans y prendre part, on doit leur reprocher la bassesse de l'avoir souffert sans se plaindre. La cour avait raison de prétendre que le temps des rois était fini et que celui des grands était venu. Les largesses, les prodigalités, les concussions même recommencèrent. Les victimes des réformes de Sully traitèrent avec le gouvernement en pleine paix aux mêmes conditions qu'après la Ligue et rançonnèrent la minorité du roi. La maréchale d'Ancre vendait pour son compte des arrêts du conseil qui assuraient aux coupables l'impunité [1].

Ce qu'il y eut de plus grave peut-être, c'est qu'on vit des seigneurs lever des impôts de leur propre autorité comme au temps de la Ligue ; ils ne pouvaient pas payer autrement les troupes qui leur servaient pour les guerres civiles [2] ; les gouverneurs de provinces faisaient de même [3], et se conduisaient, dit Richelieu, comme s'ils eussent été souverains dans leurs charges. Les huguenots, qui formaient un État dans l'État, avaient un système de contributions particulières, très-propre à aggraver dans un temps de désordre le fardeau des taxes publiques. Schomberg, qui fut surintendant après le président Jeannin, dut renouveler, sous peine de lèse-majesté, la défense faite à tous les sujets du roi de lever d'impôts ou de contributions d'aucun genre sans son autorisation.

Le rapport du président Jeannin aux États de 1615 peut

---

[1] Elle fit acquitter, moyennant 300,000 livres, des élus qui avaient augmenté leurs taxations de leur autorité privée dans la proportion de trois à huit.

[2] Ainsi fit le prince de Condé pendant les campagnes de 1615 et de 1616.

[3] Le connétable de Lesdiguières, gouverneur du Dauphiné, institua, en 1621, de sa propre autorité, la douane de Valence.

faire comprendre, bien qu'il fût rendu obscur à dessein, quelle était alors la situation financière, comment la comptabilité centrale était tenue. Aucune allégation n'y est justifiée. Les dépenses y sont indiquées en bloc « pour ce que cette distribution particulière serait trop longue, et qu'aussi elle change diversement. » Pour les dépenses extraordinaires récentes, on se contente d'observer qu'elles ont été faites par la nécessité de contenir dans le devoir « un grand nombre de personnes de qualité, » et de subordonner les intérêts financiers aux intérêts politiques. S'il est vrai que le président Jeannin faisait cette communication malgré lui, qu'il voulait la faire regarder comme étant de sa part un acte de simple condescendance, et empêcher la possibilité d'un débat régulier sur le budget de l'Etat, ce besoin même du secret n'en donne pas moins la mesure du désordre. D'ailleurs les chiffres présentés par le président Jeannin pour les pensions que payait Henri IV et le trésor que Sully avait laissé à la Bastille, sont loin de s'accorder avec ceux des Économies royales[1]. Les Etats se plaignirent sans succès de ces communications mensongères et incomplètes[2], et se bornèrent à exprimer dans leurs cahiers le vœu que les règles de comptabilité fussent rétablies et observées comme au temps de Sully.

[1] Jeannin évalue le dépôt de la Bastille à cinq millions; les états de Sully le portent à dix-sept millions comptant, et à quarante-deux en y comprenant les créances.

[2] L'évêque de Belley dit « que suivant l'ancienne loi, le pontife, placé dans le saint des saints, tirait le rideau pour dérober au peuple la connaissance des mystères, qu'il en fallait user de même aux finances de Paris, esquelles il ne fallait pas pénétrer si avant, de peur d'offenser le prince. » — Miron, président du tiers-état, répondit « qu'il fallait considérer que dans l'ancienne loi la vérité n'était que figurée et voilée, mais que dans la loi évangélique, introduite par Jésus-Christ, tous les secrets de l'Ancien Testament avaient été divulgués et mis en lumière. » *Journal des séances des États généraux de 1614-1615.*

CHAP. IX. — DE L'ADMINISTRATION DES FINANCES. 367

Les remontrances que le Parlement de Paris adressa au roi, après les États généraux, eurent encore moins d'effet, parce qu'elles n'étaient appuyées sur aucun précédent, et que le gouvernement ne voulut pas lui reconnaître le droit de les faire. Elles ne furent guère d'ailleurs que la répétition des vœux exprimés par les États, avec cette différence que le Parlement entra dans une discussion de chiffres, et s'éleva contre l'augmentation de certains chapitres de dépenses, tels que celui de la maison du roi, et celui des pensions[1].

Le conseil des finances fut supprimé en 1616, et la surintendance rétablie. Barbin Jeannin, Schomberg et La Vieuville, s'y succédèrent rapidement, sans améliorer la situation. L'impôt fut augmenté; le revenu de l'épargne diminua pourtant, et ne put suffire à des dépenses croissantes. Le président Jeannin, trouvant, à la mort du maréchal d'Ancre, quatre millions dépensés d'avance sur l'exercice suivant, réunit à Rouen, une assemblée de notables (octobre 1617), et leur exposa les besoins financiers de l'État. Mais les assemblées de ce genre ne pouvaient avoir d'autre effet que de prêter au surintendant la force morale nécesssaire pour résister à certaines exigences; car on ne faisait point aux notables de communications plus explicites qu'aux États généraux. Le roi leur envoyait tous les matins les articles sur lesquels il voulait connaître leurs avis, de sorte qu'ils n'avaient que quelques heures pour préparer les délibérations de chaque journée. Les vœux exprimés dans leurs cahiers ne servirent qu'à préparer certaines ordonnances spéciales.

Tout changea dès que Richelieu fut entré au ministère. Les surintendants de Champigny et de Marillac commencèrent à rétablir l'ordre, et le marquis d'Effiat, qui leur

[1] Le chapitre de la maison du roi s'éleva de 1,130,600 (exercice de 1610), à 2,016,000 livres (exercice de 1611), et le chapitre des pensions de 1,823,510 livres à 4,117,456 livres.

succéda en 1626, présenta aux notables réunis à Paris un rapport célèbre qui est le vrai compte rendu, et la meilleure condamnation de l'administration précédente. Comparant les financiers à la sèche qui trouble l'eau pour tromper ceux qui l'épient, il annonça la ferme intention de retirer la comptabilité des désordres dans lesquels elle était plongée. Il reprit l'usage, abandonné depuis Sully, de faire d'avance le double budget de chaque année, en maintenant le chiffre des dépenses inférieur à celui des recettes. Les pensions, conformément aux vœux des notables, ne durent plus être payées qu'aux fins d'année, et après l'acquit des autres charges. Malgré les exigences croissantes du gouvernement, d'Effiat ramena l'économie, diminua les dépenses, et abaissa aussi le chiffre des impôts, augmenté au commencement du règne (ou du moins les tailles). Toutes les mesures de Sully furent remises en vigueur. On renouvela les peines contre les banqueroutiers; on enjoignit aux procureurs généraux près les chambres des comptes de surveiller les levées de deniers indûment faites; on rendit à ces chambres l'efficacité de leur surveillance; les ordonnances de comptant, auxquelles un maximum avait été déjà fixé en 1618, furent soumises à leur vérification, toutes les fois qu'elles excéderaient trois mille livres.

On fit aussi, depuis 1624 jusqu'en 1635, plusieurs enquêtes sur les malversations des financiers, et comme les coupables prenaient la fuite en plaçant leur fortune sous le nom de personnes étrangères, on autorisa les chambres de justice à diriger leurs poursuites même contre les parents et les alliés des officiers de finance. Toutefois ces enquêtes, bonnes pour arrêter les dilapidations et satisfaire la conscience publique, firent peu de victimes; elles étaient trop arbitraires pour être trouvées justes. Les financiers s'élevèrent aussi contre elles avec beaucoup de violence, et quand on voulut annuler les traités passés avec eux, dans les années précédentes, pour le bail des différents impôts, ils réussirent à défendre ces traités et la légitimité des gains qu'ils avaient faits en conséquence; ils prétendirent que s'il y avait eu erreur, l'État devait se l'imputer à lui-même, et en subir les effets, sous peine d'un manque de foi évident. L'établissement d'une chambre d'inspection permanente fut proposé à Louis XIII, pour parer à l'insuffisance et aux difficultés des enquêtes; mais ce projet n'eut pas d'exécution.

La création des intendants de province (V. l'*Introduction*) est le plus grand fait de l'histoire financière du ministère de Richelieu. Depuis l'an 1635, chaque généralité, au lieu de recevoir la visite périodique de commissaires-départis, choisis parmi les maîtres des requêtes, eut un intendant astreint à la résidence, et chargé de veiller à l'exécution des ordonnances royales; sorte d'inspecteur permanent et révocable de l'ordre financier, mais avec un pouvoir supérieur à celui des officiers ordinaires et même à celui des membres des bureaux de finance. Quand ces intendants, supprimés en 1648[1], eurent été rétablis, en 1653, sous le nom d'intendants de justice, police et finance, ils furent chargés exclusivement de la répartition de l'impôt, et accaparèrent peu à peu toute l'administration, ne laissant plus aux bureaux de finance que le contentieux. Au reste, les attributions respectives des intendants et des bureaux de finance ne paraissent avoir été jamais bien déterminées; car on les voit perpétuellement en conflit, soit entre eux, soit avec les élus et les autres agents du même service. Ces conflits devinrent plus nombreux encore lorsqu'eurent lieu, vers la fin du règne de Louis XIV, les créations bursales de nouveaux offices royaux, tels que ceux de subdélégués et de lieutenants des élus.

[1] Ce fut une concession faite aux plaintes des Parlements et des autres corps revêtus de pouvoirs administratifs dans les provinces.

Les pouvoirs financiers des intendants furent plus étendus dans les généralités des pays d'États, où ils eurent la juridiction administrative, en l'absence des bureaux de finance [1]. Partout les intendants, sous Louis XIV, finirent par accaparer, comme représentants de l'autorité centrale, les attributions isolées qu'avaient conservées les Parlements ou les chambres des comptes des provinces. Il y en eut même d'établis dans les *pays d'imposition* ou *pays conquis*, qui avaient gardé chacun leur organisation et leur loi de finance particulières [2].

Nous n'avons du règne d'Henri IV que les comptes de l'épargne; il nous reste de celui de Louis XIII divers registres des chambres des comptes, et ces registres présentent le tableau de la recette et de la dépense des généralités. Mais ce n'est qu'en 1640 qu'on voit le premier tableau complet. La recette totale de cette année s'élève à plus de soixante-dix-huit millions de livres, chiffre qui s'accorde avec celui que donne Richelieu dans son testament politique. En faisant sur ce chiffre les mêmes observations que sur celui des budgets de Sully, on arrive aux mêmes résultats; on voit que les charges publiques n'avaient pas diminué, et que, si l'on tient compte de la dépréciation de l'argent et de l'ac-

---

[1] Les cinq premières généralités des pays d'États, furent celles de Dijon, de Montpellier, d'Aix, de Grenoble et de Rennes; elles n'avaient pas de bureaux de finance, mais elles avaient des intendants. La généralité de Lille y fut ajoutée en 1691, et celle de la Corse en 1768. Comme dans ces provinces la répartition de l'impôt appartenait originairement aux États, les intendants soutinrent contre les États la même lutte qu'ils soutenaient ailleurs contre les bureaux de finance.

[2] Intendances de Metz pour les Trois évêchés, de Besançon pour la Franche-Comté, de Strasbourg pour l'Alsace, de Nancy pour la Lorraine et le duché de Bar, de Valenciennes pour le Hainaut et le Cambrésis.

Les intendants eurent aussi de nombreuses attributions extra-financières. (Voir l'*Introduction historique*).

croissement de la fortune générale, elles étaient plus lourdes qu'aujourd'hui.

Ces tableaux peuvent servir encore à faire apprécier certains faits de l'administration financière : ainsi plus de la moitié des dépenses publiques étaient acquittées par les caisses provinciales[1]. La recette de l'épargne n'équivalait donc pas à la moitié de la recette totale de l'État. Telle dépense portée dans une province sur le budget de la généralité, l'était dans une autre sur le budget central de l'épargne. Le chiffre de la recette brute des différentes généralités variait tellement, surtout entre les pays d'élection et les pays d'États, que cela seul suffirait à prouver la grande inégalité de la répartition de l'impôt.

Malgré l'accroissement du revenu ordinaire de l'épargne[2], il n'y eut aucun équilibre dans les budgets de ce règne. Les prodigalités d'abord, la guerre ensuite et les grandes entreprises furent les causes de cet excès périodique de dépenses, excès qui se trouve à peu près uniformément réparti sur tous les chapitres, mais qui est plus considérable pour ceux de la guerre et de la marine, par une suite naturelle de l'extension que prirent alors ces deux services, et des changements d'organisation qu'ils éprouvèrent.

Il y eut d'ailleurs une chose plus fâcheuse encore que le manque d'équilibre, et qui dérangea toute l'économie des budgets. Ce fut la distinction des dépenses ordinaires et des dépenses extraordinaires : les dernières se payaient par acquits de comptant. Elles montèrent souvent à un chiffre très-élevé, surtout après la mort de d'Effiat, sous les surinten-

---

[1] La proportion est de 37 à 68, d'après les registres de 1620, du moins pour les six généralités que l'on trouve seules comprises dans le tableau de cette année.

[2] D'après les comptes du trésor, publiés par Mallet, cet accroissement est très-sensible. En 1611, la recette ordinaire de l'épargne n'atteint pas 17 millions ; en 1612, elle monte à 41 millions.

dants de Bouthillier et de Bullion, et pendant les années de guerres. Dans les onze dernières années de Louis XIII, le minimum annuel des dépenses extraordinaires fut de 29 millions, et dans la seule année 1634, elles atteignirent 84 millions. Or il fallait y subvenir par des recettes extraordinaires, et imaginer en conséquence de nouveaux impôts. En second lieu, elles servaient à couvrir de fausses finances qu'on pouvait multiplier par leur moyen sans contrôle. Ainsi en 1634 on convertit tous les droits aliénés à des particuliers en rentes sur l'État, et la constitution du capital de ces rentes augmenta le chiffre de la dépense extraordinaire. Cela explique la facilité du désordre et des concussions auxquels l'administration financière fut livrée sous Mazarin. Les ordonnances de comptant, soustraites à la règle que d'Effiat avait établie, n'étaient soumises qu'à l'homologation des chambres des comptes; et encore cessèrent-elles de l'être en 1652.

Les surintendants qui administrèrent sous Mazarin, le président Bailleul, Emeri qui disait que les financiers n'étaient faits que pour être maudits, le maréchal de la Meilleraye, le comte d'Avaux, le duc de La Vieuville, le président de Maisons, Servien et Fouquet[1], ne songèrent qu'à trouver de l'argent, et ne se firent faute d'engager l'avenir. Ils ne vécurent que de deniers extraordinaires et d'avances faites par les receveurs généraux à un intérêt élevé qui monta jusqu'à 25 pour cent.

La crise financière fut une des causes de la Fronde; les plaintes qui s'élevèrent de toute part contre le désordre de l'administration furent portées au Parlement, qui se trouva par là investi en quelque sorte du droit de contrôler les

[1] Servien et Fouquet administrèrent ensemble, depuis 1653 jusqu'en 1659, année de la mort de Servien. Fouquet était chargé de la recette et Servien de la dépense.

budgets et l'administration supérieure. Le mécontentement et la souffrance publique étaient alors au comble. « Mazarin, disait-on, a pillé toutes les finances du roi, réduit Sa Majesté à une indigence extrême, et tous ses sujets à une misère pire que la mort. Il a fait pour cinquante et soixante millions de comptant, et consommé par avance trois années du revenu. Les cruautés des agents de finances ont été telles que les Français eussent été bien aises de leur abandonner tous leurs biens, et de paître l'herbe, comme de pauvres bêtes, s'étant vus tout à la fois vingt-trois mille prisonniers dans les provinces du royaume, pour les taxes des tailles et autres impositions, dont cinq mille morts en cette langueur en 1646, comme l'attestent les registres des geôles [1]. »

Le Parlement fut l'interprète de ces plaintes auprès du pouvoir, et voyant son intervention sans succès, il déclara (arrêt du 19 janvier 1649) que tous les deniers publics seraient dorénavant versés dans les coffres de l'Hôtel-de-Ville, au lieu de l'être dans ceux du trésor. Mais on sait l'issue de cette tentative et de la guerre civile qu'elle fit naître ; après quatre années de luttes, la cour et les ministres reprirent les rênes de l'administration et se délivrèrent encore pour un siècle de toute menace de contrôle.

Les mémoires des Frondeurs n'en furent pas moins une vive protestation de l'opinion publique, protestation aussi sérieuse que l'était autrefois celle des États généraux, et dont le gouvernement devait être obligé tôt ou tard de reconnaître l'importance. Les principales récriminations furent dirigées contre les intendants qui avaient au reste dans leurs provinces beaucoup d'ennemis, et contre les chambres des comptes dont la surveillance redevenait illusoire chaque fois que le surintendant était faible. « Du temps du

[1] Bib. roy. Fonds Dupuy, n° 754.

duc de Sully, lit-on dans une pièce d'alors, il y avait moins d'abus, parce que la chambre des comptes marchait avec plus de bride et de retenue qu'elle ne fait à présent, les officiers d'icelle n'ayant plus d'autres règles que leurs volontés et leurs maximes, toutes contraires aux ordonnances, ce qui est justifié par les arrêts qu'ils donnent en faveur des comptables[1]. »

Nous avons encore les comptes des quatorze premières années de Mazarin, mais depuis 1656 jusqu'à l'arrivée de Colbert au pouvoir on cessa d'en rendre. Les comptes des quatorze premières années sont eux-mêmes tout à fait illusoires; ainsi, sur les quatorze exercices, il y en a dix où la recette ordinaire est supérieure à la dépense ordinaire; or, ce n'était là qu'un excédant fictif, une grande partie des dépenses étant reportée au chapitre de l'extraordinaire qui s'acquittait par comptants, et dont le détail n'était pas connu. On a évalué à vingt-trois millions chaque année les sommes que Mazarin reçut au moyen de comptants, et dont il ne justifia pas l'emploi.

Pour juger ce que devint alors la comptabilité des budgets, il suffira de mettre en regard le chiffre total des recettes et des dépenses extraordinaires sous Louis XIII et le chiffre correspondant pendant les quatorze premières années de Louis XIV. Sous Louis XIII, en trente-trois ans, les recettes extraordinaires n'atteignirent pas 700 millions et les dépenses restèrent au-dessous de 800. Pendant le ministère de Mazarin, en quatorze ans, les recettes extraordinaires furent de 959 millions et les dépenses de 1150.

La gloire des traités de Westphalie et des Pyrénées jeta un voile sur ces désordres, et l'acquisition de nouveaux territoires valut même à la France une augmentation de revenu. Mais, à la mort de Mazarin, cet avantage était com-

---

[1] Idem. — Fonds Harlai, n° 352. Pièces diverses.

pensé et au delà par une augmentation plus forte de la dette publique. Il laissait aussi dans la caisse de l'État un déficit de 451 millions, dont 384 avaient été inscrits sur les budgets de dépenses des années précédentes, pour les comptants ou pour prêts faux et simulés, et 26 dépensés d'avance sur l'exercice de 1662[1]. Le legs que Mazarin mourant fit de son immense fortune à Louis XIV, et la confiscation des biens du surintendant Fouquet, furent pour l'État une indemnité des pertes que lui avait fait éprouver une administration prodigue et corrompue.

La situation financière était donc fort mauvaise, lorsque Louis XIV résolut de gouverner lui-même; elle l'était surtout dans un temps où le crédit n'existait pas; mais le scandale et l'immoralité de l'administration étaient choses plus fâcheuses encore et plus difficiles à réparer. Il fallait recommencer l'œuvre de Sully, et Colbert ne recula pas devant une pareille tâche; il entreprit même davantage, car il commença par donner une organisation et des bases nouvelles à l'administration financière supérieure.

Depuis 1573, le surintendant était à la tête de cette administration; il remplissait les fonctions actuelles du ministre, et il travaillait avec le roi, assisté de la partie du conseil qu'on appelait conseil d'État ou de finance. Comme les surintendants avaient pris trop de pouvoir, Louis XIV supprima leurs charges par l'avis de Colbert; du moins il déclara qu'il se réservait leurs attributions, et il créa un nouveau conseil, le *conseil royal,* pour régler le budget annuel des recettes et celui des dépenses, pour faire le brevet de la taille, donner les revenus à bail et à ferme, traiter enfin toutes les questions financières générales. Ses décisions durent être rédigées en forme d'ordonnances, et signées par le roi. Les chiffres du budget durent rester secrets. Le con-

[1] Comptes de Mallet.

seil royal était composé d'un président et de trois conseillers, dont l'un intendant de finance ; le chancelier pouvait être admis aux délibérations. Le conseiller intendant, qui fut Colbert, fit les fonctions de trésorier de l'épargne ; et quant au contrôle général, on le supprima en 1666, ou plutôt ses fonctions furent réunies à celles du conseiller intendant ; car le titre de contrôleur général fut conservé, et servit longtemps à désigner le ministre des finances.

Colbert institua ensuite au-dessous de ce conseil des conseils inférieurs que l'on appela *grandes et petites directions*, et qui furent composés des principaux directeurs, contrôleurs et intendants de finance. Chacune de ces directions fut chargée de l'examen spécial des questions administratives qui se rattachaient à tel ou tel impôt ; les anciens bureaux de finances ne gardèrent que le soin de la répartition et le contentieux ; encore ces dernières attributions leur furent-elles contestées et enlevées en partie par les intendants.

Cette nouvelle organisation achevée, Colbert créa aussitôt une chambre de justice pour rechercher les malversations commises depuis 1635. On obligea tous les fermiers et sous-fermiers des impôts d'apporter à cette chambre leurs baux, leurs registres, leurs comptes rendus ou à rendre ; tous les engagistes, leurs traités ; les receveurs, leurs états de recette et de dépense. L'enquête, entreprise de la même manière que les précédentes, paraît avoir été plus sévère, malgré l'obligation où l'on fut, en 1665, de convertir les condamnations en amendes pécuniaires. La chambre révisa tous les traités, vérifia les titres des créanciers de l'État, en annula un certain nombre, et réussit à effacer la plupart des traces des désordres précédents.

Colbert fit faire deux registres pour le conseil royal des finances ; 1° un journal en partie double, où l'on écrivit la recette et la dépense journalière, et que le roi signa chaque mois ; 2° un grand livre qui renferma tous les documents nécessaires sur les divers revenus, leur nature, leur mode de ferme, etc.

Il renouvela et remit en vigueur toutes les anciennes règles de comptabilité, et toutes les obligations imposées aux receveurs. Il en ajouta aussi de fort importantes. Ainsi nulle dépense ne dut être faite que sur une ordonnance signée du roi et expédiée par les secrétaires d'État, ou par le contrôleur général ; il fallut de plus un ordre exprès du contrôleur général pour le paiement. — A chaque fin de mois le garde du trésor reçut l'état des sommes que devaient verser les receveurs généraux ; celui de ces receveurs qui manquait au versement, même pour partie de son obligation, était assigné à huitaine, et, à la seconde ou à la troisième faute, forcé de se démettre de sa charge. On appliqua la même règle aux receveurs particuliers. — Les comptables furent tous également tenus de représenter aux fins de mois les assignations portées sur leurs états, et la preuve qu'ils les avaient acquittées, de compter aux chambres des comptes dans l'année qui suivrait chaque exercice : leurs débets furent déclarés imprescriptibles. — On frappa leurs biens d'une hypothèque légale au profit du roi. On leur défendit même, sous peine de mort, de faire en aucun cas d'avances à l'État; mais cette défense, expliquée par les désordres de l'administration au temps de Mazarin, ne fut jamais exécutée. Enfin on supprima tous les offices triennaux ou quatriennaux, et la plupart des charges des caisses provinciales furent supprimées à leur tour ou centralisées en 1665.

Les budgets du ministère de Colbert présentent une élévation à peu près constante de la recette totale. De quatre-vingt-quatre millions en 1661, cette recette monte chaque année jusqu'en 1666, où elle est de quatre-vingt-douze millions : elle s'élève alors par oscillations jusqu'en 1675, où elle est de cent dix-neuf millions. Elle redescend quelque peu dans les années suivantes pendant les guerres que termina la paix de Nimègue; enfin elle se relève en 1680, et atteint cent vingt millions en 1683, l'année où Colbert mourut.

Cette élévation est due tout entière à une perception meilleure et à l'accroissement de la richesse générale, car les anciens droits ne furent pas élevés; à peine y eut-il quelques augmentations légères et momentanées, compensées bien au delà par une diminution considérable des tailles. L'élévation porte à peu près d'une manière égale sur toutes les branches du revenu, les tailles exceptées; elle est particulièrement sensible pour le produit des recettes des pays d'États et les dons gratuits; on voit s'effacer ainsi peu à peu la différence qu'établissaient entre les provinces, pour la quotité des contributions, les formes distinctes de leur organisation financière.

Voilà pour la recette brute. La recette nette, c'est-à-dire la quotité des sommes qui entrèrent au trésor central, à l'épargne, s'éleva dans une proportion encore plus forte, par la diminution successive des charges annuelles auxquelles les diverses branches du revenu furent affectées. Le chiffre total de ces charges, qui était de cinquante-deux millions en 1661, demeura en moyenne de vingt-neuf à trente millions pendant les dix dernières années de Colbert.

Le budget des dépenses demeura fixé presque continuellement à un chiffre inférieur à celui des recettes; la différence est surtout sensible pour les premières années. Plusieurs services jouirent cependant d'une plus large rétribution : celui des bâtiments, dont la dépense, qui ne dépassait guère deux millions en 1661, s'éleva par degrés et se maintint, depuis 1681, au minimum de sept millions : celui des ponts et chaussés, dont les allocations, bien que faibles encore, surpassèrent celles des budgets précédents. Enfin l'ordinaire et l'extraordinaire des guerres montèrent, dans la seule année 1677, au chiffre de cinquante millions.

Colbert ne s'effrayait donc pas des dépenses ; mais il dépensait pour l'utile, tandis que ses prédécesseurs avaient beaucoup dépensé pour le luxe. Son panégyriste ne manque pas de faire ressortir à cet égard sa supériorité sur Richelieu et Mazarin qu'il attaque vivement. « De leur temps, s'écrie-t-il, il se voyait plus d'or dans les lambris de leurs folles dépenses que dans les escadrons de nos troupes. »

Les budgets de Colbert sont l'expression fidèle de sa gestion. Il tenait à l'exactitude de ses comptes et ne faisait pas de fausses finances. La recette extraordinaire ne comprit, sous son ministère, que les amendes, les restitutions, le produit de la recherche des financiers ou des usurpateurs de noblesse. Elle est pour vingt-deux ans d'environ trois cents millions, tandis qu'elle avait été, sous Mazarin, de neuf cent cinquante-neuf millions pour quatorze ans. La dépense extraordinaire est, pour ces vingt-deux ans, de trois cent soixante-dix millions environ ; elle présente ainsi sur la recette un excédant, mais cet excédant à son tour se trouve compensé et au delà par celui de la recette ordinaire sur la dépense ordinaire.

Pelletier, Pontchartrain et Chamillart, qui remplacèrent successivement Colbert au contrôle général, recoururent à l'ancien système des expédients pour soutenir une guerre dont les dépenses croissaient toujours. Ils semblèrent prendre à tâche de défaire son œuvre. D'une part, ils embarrassèrent l'administration en abusant des créations d'offices, qui, de leur propre aveu, étaient presque toujours de simples mesures fiscales[1] ; d'autre part, ils recoururent aux gens d'affaires, aux traitants, à ceux que Boisguillebert appelle les entrepreneurs de la ruine du roi et de ses peuples. Les fausses finances reparurent dans les budgets, et le cha-

---

[1] Pontchartrain disait à Louis XIV : « Sire, chaque fois que V. M. crée un office, Dieu crée un sot pour l'acheter. »

pitre de l'extraordinaire y occupa une place de plus en plus large. La comptabilité s'obscurcit de cette manière tous les jours.

On peut remarquer dans les budgets du ministère de Pontchartrain (de 1689 à 1699) la diminution successive et non interrompue du revenu net de l'épargne, l'augmentation des charges, l'excédant constant de la dépense annuelle sur la recette depuis l'an 1690, le chiffre considérable de l'ordinaire et de l'extraordinaire des guerres qui s'élève à soixante-deux millions par an au minimum, et l'élévation proportionnelle des frais du service de la marine. Il y eut en dix ans cinq cent soixante-dix-huit millions d'affaires extraordinaires, tandis qu'il n'y en avait eu sous Colbert que trois cent soixante-neuf millions en vingt-six ans. Enfin on vit croître à cette époque et le bénéfice des traitants et la dette de l'État.

Chamillart fit pour plus de quatre cents millions d'affaires extraordinaires dans les sept dernières années de son ministère (de 1701 à 1708), et le bénéfice des traitants s'éleva jusqu'à vingt-cinq pour cent. Les taxes arbitraires par lesquelles il les rançonna ne firent d'ailleurs que nuire au crédit [1]. Dès 1703, le trésor cessa de payer régulièrement; la guerre, la fiscalité, l'effroi général déterminèrent alors une crise; la recette éprouva une sensible diminution, et les rentrées devinrent assez incertaines pour que l'État ne pût renouveler, de 1705 à 1707, le bail des fermes générales, qu'on se contenta de proroger pour cinq ans, et dont on laissa le prix flotter au gré des circonstances. L'État ne payant plus ni la valeur des billets émis, ni les arrérages de rente, les comptables différèrent à leur tour de s'acquitter envers le trésor. On peut du reste juger, par

---

[1] En 1701, les traitants furent obligés de payer une taxe extraordinaire de 24 millions.

la sévérité des peines portées contre eux, combien il était difficile de les atteindre. On avait rétabli, dès 1690, la peine de mort contre les comptables qui avaient un débet de trois cents livres. La fiscalité fit aussi disparaître dans ses mauvais jours quelques-unes des garanties établies par les anciennes lois; ainsi les receveurs généraux furent déchargés, moyennant finance, de l'obligation d'avoir un cautionnement (1707).

Quand Chamillart quitta le ministère, en 1708, la recette du trésor n'était plus que de soixante quinze millions, dont cinquante-quatre dépensés à l'avance. De plus, l'ancienne dette s'était accrue de tous les billets émis par les trésoriers, les fermiers et les receveurs généraux [1].

Desmarets arrivait ainsi au pouvoir dans les plus difficiles circonstances; il éprouvait en outre l'embarras d'être gêné sans cesse dans ses projets par des volontés étrangères, car il ne réglait ni les dépenses de la guerre, ni celles de la marine, ni le chiffre des pensions, qu'il laissait fixer par le roi et les secrétaires d'État, chacun dans son département. Comme il ne voyait d'issue à la crise que dans le rétablissement du crédit, il crut que la première condition de ce rétablissement était le retour de l'ordre dans la comptabilité et la remise en vigueur des règles de Colbert. Il fit acquitter le plus fidèlement possible les obligations contractées par l'État [2], et s'il n'y réussit que par le moyen de nouveaux impôts et d'affaires extraordinaires, il fut du moins assez habile pour n'augmenter la dette publique que d'un tiers environ (deux cents millions de livres), augmentation qui paraîtra faible si l'on songe aux désastres de tout genre dont fut marquée la fin du grand règne. On ne pouvait sauver la France d'une banqueroute totale qu'à ce prix.

[1] Voir le chapitre XII, Des ressources extraordinaires; Section 2, Du crédit public.
[2] Voir le chapitre XII. Section 2.

Mallet, qui était le premier commis de Desmarets, et qui nous a laissé des documents d'une haute importance, raconte qu'en 1710 on fut obligé de faire un tableau de tout ce qui pouvait être aliéné dans le revenu et ajourné dans la dépense. La principale ressource que Desmarets employa dans ce moment critique fut la création d'une caisse centrale du trésor, où l'on porta tous les fonds, ceux mêmes des affaires extraordinaires. On chargea de la régie de cette caisse les receveurs généraux, qui ne demandèrent d'autre bénéfice que l'intérêt des avances qu'ils auraient à faire. La recette extraordinaire fut dès lors perçue sans les frais accoutumés, et sans passer par les mains des traitants, ce qui fut une heureuse amélioration. Le mouvement des fonds se fit aussi avec plus de facilité, et l'on ordonna même, pour mieux inspirer la confiance, qu'une partie des assignations fût payable chaque mois. Ce qu'il y eut de plus remarquable dans l'établissement de cette *caisse de régie*, c'est que l'État fut obligé de faire régir pour son compte, par les receveurs généraux, tous les impôts dont il n'avait pu renouveler le fermage, faute de soumissionnaires. La nécessité fit alors prévaloir, pour la première fois, le système qui était destiné à détrôner celui des fermes.

Une autre innovation remarquable appartient au ministère de Desmarets : il rendit compte de sa gestion, au roi, il est vrai, et non au public; mais c'est le premier exemple que l'on trouve d'un compte rendu, et comme un premier symptôme de responsabilité ministérielle. Les ordonnateurs et les comptables avaient seuls jusqu'alors présenté leurs comptes, or Desmarets observe lui-même que depuis 1661 le contrôleur général n'avait aucune de ces deux qualités, qu'il était simplement l'exécuteur des ordres du roi.

Quand il compare sa gestion à celle de Colbert, il force à reconnaître qu'il ne pouvait employer les mêmes moyens pour réprimer le désordre, qu'une enquête dirigée contre les traitants eût été à peine praticable, tandis qu'elle paraissait très-simple au temps de Colbert[1]. Tel était le progrès des mœurs publiques, et l'inefficacité de la chambre de justice créée en 1716 ne fit que confirmer ce jugement.

La publicité commençait, vers cette époque, pour toutes les affaires de gouvernement. Desmarets savait ce qui se passait en Allemagne, en Angleterre, en Hollande. Il avait sous ses yeux le tableau des impositions et le tarif des douanes de tous les pays. L'opinion publique elle-même commençait à s'emparer de ces questions; une polémique sérieuse, à laquelle des hommes considérables prirent part, s'engagea contre les actes de l'administration financière, dans les vingt dernières années du règne de Louis XIV.

Au reste, cette administration était celle dans laquelle le dix-huitième siècle devait entreprendre le plus de réformes.

APPENDICE.

TABLEAU DES CHAMBRES DES COMPTES ET DES COURS DES AIDES DANS LES PROVINCES.

J'ai rejeté à la fin de ce chapitre l'énumération des chambres des comptes et des cours des aides qui existaient en France à la mort de Louis XIV.

C'étaient pour les chambres des comptes, celle de Grenoble, réunie au Parlement du Dauphiné, dont elle fut séparée en 1628; celle de Montpellier instituée en 1422 pour le Languedoc et déclarée souveraine en 1495, contrairement aux prétentions du Parlement de Toulouse; celle de Rouen, créée en 1453, quoiqu'elle ne datât que de 1543 son insti-

---

[1] Il y eut cependant des enquêtes ordonnées contre les prévaricateurs. D'après Forbonnais, les affaires extraordinaires faites en 1709 comprennent un traité pour le recouvrement des sommes provenant des faux, doubles emplois et autres malversations commises dans les comptes des trésoriers généraux de la marine.

tution définitive ; elle fut unie jusqu'à cette année avec l'Échiquier, qui devint lui-même Parlement sous Louis XII, et elle partagea son sort, c'est-à-dire que composée d'abord de membres de la chambre des comptes de Paris, qui venaient tenir des assises à Rouen, elle finit comme lui par obtenir au xvi⁰ siècle une existence indépendante ; celle de Dijon, à laquelle Louis XI confirma en 1477 toutes les attributions que les ducs de Bourgogne lui avaient données ; celles de Nantes et d'Aix, confirmées après la réunion de la Bretagne et de la Provence; celle de Blois, créée en 1509 pour le comté de ce nom, l'Orléanais et la Sologne; celle de Pau, en 1624 (formée de la réunion des chambres de Pau et de Nérac, instituées en 1527); celle de Dôle que Louis XIV laissa subsister après sa conquête de la Franche-Comté, et qu'il réorganisa en 1696. Le comté de Bar en eut aussi une depuis 1661. Les chambres des comptes créées à Angers en 1480, à Moulins sous François Iᵉʳ, à Cahors en 1646, et dans quelques autres villes, furent supprimées presqu'aussitôt.

Les attributions respectives des chambres des comptes et des Parlements variaient de province à province. Cependant les rois s'efforcèrent constamment d'appliquer à toute la France les principes établis à Paris pour la division des juridictions[1]. La plupart de ces chambres eurent de plus une juridiction spéciale pour les matières du domaine.

Les cours des aides créées successivement furent celle de Montpellier, en 1437[2]; celle de Rouen, qui reçut son prin-

---

[1] Voir les lettres de Charles VIII à la chambre des comptes de Dijon (1490).

[2] Il y avait dans le Languedoc, dès le règne de Charles VI, une cour ou chambre des aides, composée de commissaires royaux. Supprimée lors de l'établissement du Parlement de Toulouse par Charles VII alors Dauphin, elle fut rétablie en 1437 et composée de membres de ce Parlement. Louis XI, en 1467, la déclara souveraine,

cipal réglement en 1483; celle de Périgueux, de 1553, transférée en 1557 à Clermont-Ferrand; celle de Pau, créée en 1632; celle de Bordeaux, en 1637 (elle fut transférée quelque temps à Saintes et à Libourne); celle du Dauphiné, en 1638, et celle de Cahors, en 1642, transférée en 1681 à Montauban. Quelques autres créées sous Louis XIII, celles d'Agen, de Lyon et Caen, n'existèrent qu'un petit nombre d'années. Les Parlements provinciaux refusèrent d'abord de reconnaître la souveraineté de ces cours, et il fallut les y contraindre.

En Provence, toute la juridiction financière appartenait à la chambre des comptes d'Aix, que l'on appelait *cour des comptes, aides et finances de Provence*. Il en fut de même en Bourgogne, au moins depuis l'an 1630 [1]. Les cours des aides de Montpellier et de Rouen furent réunies en 1629 et en 1705 aux chambres des comptes de ces deux villes. La cour des aides de Grenoble, créée en 1638, fut unie au Parlement de Dauphiné en 1658. Celle de Pau, créée en 1632, fut réunie, en 1633, au Parlement de Navarre, auquel on réunit encore la chambre des comptes en 1691. Ces réunions mirent un obstacle réel à l'établissement de l'uniformité dans les institutions administratives des provinces; mais elles étaient justifiées par les inconvénients que présentait la multiplication des cours souveraines dans chaque centre de gouvernement provincial.

indépendante du Parlement de Toulouse, et, en 1474, sédentaire à Montpellier.

[1] La cour des aides de Bourgogne fut réunie en 1630 au Parlement de la province. Le désir de voir s'opérer partout de semblables réunions avait été exprimé par les Etats généraux de 1614, qui, voulant diminuer le nombre des offices royaux et des cours souveraines, croyaient pouvoir confondre sans danger les cours d'appel de la justice administrative et celles de la justice ordinaire.

FIN DU TOME PREMIER.

TABLE.

	Pag.
Préface.	I
Extrait du rapport lu à l'Académie des sciences morales et politiques.	VI
Introduction historique.	1
Chapitre I. — Conseil d'État. — Grands officiers de la couronne. — Ministres.	62
§ I. — A qui appartenait l'administration centrale supérieure au XIIe siècle.	ib.
§ II. — Du conseil d'État depuis cette époque. (Pouvoir délibérant.)	65
§ III. — Des grands officiers de la couronne, et des secrétaires d'État. (Pouvoir chargé de l'exécution.)	70
§ IV. — De la maison du roi.	74
Chapitre II. — États généraux et provinciaux.	76
§ I. — États généraux.	77
§ II. — États provinciaux.	79
Chapitre III. — De la noblesse.	88
Section I. — De la pairie.	89
Section II. — De la noblesse ordinaire.	92
§ I. — Attaques portées à sa souveraineté et à ses droits originaires, pendant les XIIIe et XIVe siècles.	ib.
§ II. — Anoblissements ; changements qu'ils amenèrent dans l'état de la noblesse.	95
§ III. — Privilèges de la noblesse. Ce qu'elle fut au XVIIe siècle.	100
Chapitre IV. — De l'Église.	107
Section I. — De l'Église catholique.	ib
§ I. — Constitution temporelle du clergé au moyen âge.	ib.
§ II. — Essai de centralisation administrative entrepris par les papes.	114
Première période. — Depuis Philippe-Auguste jusqu'au concordat de 1516.	116
§ I. — Premières protestations contre les empiétements ecclésiastiques. Le clergé est placé sous la sauvegarde royale.	ib.
§ II. — Les rois contestent aux papes le gouvernement de l'Église de France. Pragmatique sanction. Concordat.	119
§ III. — Ils interviennent dans son administration intérieure, dans les questions de discipline.	123
§ IV. — Ils interviennent dans son administration financière. Ils l'obligent à payer des subsides.	127
§ V. — Ils apportent des restrictions à ses attributions judiciaires.	131

Seconde période. — Depuis le concordat de 1516 jusqu'à la mort de
Louis XIV. 134
§ I. — Comment le pape exerça ses droits sur le clergé de France.
— Libertés gallicanes. . . . . ib.
§ II. — De l'administration des affaires ecclésiastiques sous le ré-
gime des ordonnances royales. 136
§ III. — Contributions du clergé. 143
§ IV. — Restrictions nouvelles apportées à la juridiction de l'Église,
et améliorations introduites dans ses tribunaux. 147
§ V. — Conclusion. 149
Section II. — Des religions dissidentes. 150
Chapitre V. — Des Universités et de l'enseignement. 154
Section I. — Des Universités. 155
§ I. — Constitution originaire de l'Université de Paris. . . . ib.
§ II. — Intervention du pouvoir royal dans l'administration des
Universités. 157
Section II. — Établissements scientifiques séculiers. 167
§ I. — Collége de France. . . . . ib.
§ II. — Académies. 168
§ III. — Enseignement supérieur. 169
§ IV. — Bibliothèques. 171
§ V. — Appendice sur les lois de presse et la censure. . . . 172
Chapitre VI. — De l'administration municipale. 174
Section I. — De l'administration municipale sous le régime des char-
tes de priviléges. 175
§ I. — Distinction des trois classes originaires de villes : Munici-
palités d'origine romaine; villes prévôtales; villes de commune. ib.
§ II. — Analyse des actes royaux d'administration municipale sous
Philippe-Auguste et ses premiers successeurs. 180
§ III. — Résultats obtenus aux XIVe et XVe siècles. Uniformité et
subordination de l'administration municipale. 185
§ IV. — Examen des priviléges des villes. Leurs caractères géné-
raux. 190
§ V. — Constitution des corps auxquels appartenait l'administra-
tion municipale. Influence que les rois réussirent à y exercer. 195
§ VI. Comment et dans quelles limites les corps municipaux exerçaient leurs pouvoirs. Intervention progressive de l'autorité
royale dans leurs actes. 202
Section II. — De l'administration municipale sous le régime des ordonnances générales. 208
§ I. — Suppression des priviléges des villes. Caractères des dernières chartes municipales. . . . . ib.
§ II. — Louis XIV s'empare de la nomination des maires et des
officiers municipaux. 211

§ III. — Révolutions qu'éprouva le gouvernement intérieur des villes dans l'ordre judiciaire, dans la police, dans l'ordre financier. 213
CHAPITRE VII. — De la police. 219
  Section I. — De l'autorité en matière de police. . . . . ib.
    § I. — A qui appartenait l'autorité en matière de police aux xiie et xiiie siècles. . . . . ib.
    § II. — Établissement d'un pouvoir central supérieur. Diverses organisations du service de la police jusqu'au règne de Louis XIV. 222
  Section II. — Des lois de police. 231
    § I. — Lois de sûreté publique. 232
    § II. — Lois contre le vagabondage et la mendicité. — Établissements de bienfaisance. 235
    § III. — Lois de la surveillance morale. Lois somptuaires, et lois sur les théâtres. 243
    § IV. — Lois de police rendues dans un intérêt religieux. . . . 247
    § V. — Police municipale. 248
CHAPITRE VIII. — De l'Administration judiciaire. 252
    § I. — Tableau des institutions judiciaires au xiie siècle. Tribunaux patrimoniaux. — Prévôtés. Bailliages. 253
    § II. — Commencement de la centralisation judiciaire. Formation du Parlement de Paris. 258
    § III. — Autres cours souveraines du domaine royal. 265
    § IV. — Effets de la création du Parlement de Paris. 267
    § V. — Actes royaux du xive siècle, relatifs aux justices patrimoniales. 270
    § VI. — De la constitution du Parlement, et de ses vicissitudes durant le xive et le xve siècles. Priviléges. Hérédité des charges. 272
    § VII. — Compétence du Parlement à cette même époque. Quelle part il prit à la direction générale de l'administration monarchique. Commissaires réformateurs. 279
    § VIII. — Tribunaux royaux inférieurs des bailliages et des prévôtés. 282
    § IX. — Établissement des tribunaux présidiaux au xvie siècle. Tenue des grands-jours. 286
    § X. — Suppression ou limitation des juridictions patrimoniales à partir du xvie siècle. 290
    § XI. — Comment l'uniformité fut introduite dans la législation. Rédaction des coutumes. Recueil des ordonnances. 292
    § XII. — De la magistrature en général pendant les xvie et xviie siècles. Traitement des juges. Vénalité des charges. 296
    § XIII. — De la compétence des tribunaux royaux au xvie et au xviie siècle en matière ecclésiastique 305
    § XIV. — De leur compétence en matière de commerce. . . . 308
    § XV. — De leur compétence en matière administrative. Juridic-

	Pag.
tion des maîtres des requêtes de l'hôtel et du grand conseil.	309
§ XVI. — Parlements provinciaux.	313
§ XVII. — Ministère public.	318
§ XVIII. — Procureurs, avocats, notaires, greffiers.	320
§ XIX. — Rôle politique des Parlements. Droits d'enregistrement et de remontrances.	326
CHAPITRE IX. — Finances. Administration générale. Mouvement des fonds et comptabilité.	332
Section I. — Résumé général des institutions financières avant le règne d'Henri IV.	333
§ I. — Ce qu'était l'administration financière dans les temps féodaux.	ib.
§ II. — Organisation de la chambre des comptes. Premières règles de comptabilité (XIV° siècle).	335
§ III. — Souveraineté, attributions, privilèges de la chambre des comptes.	342
§ IV. — Ordonnances financières de Charles VII.	347
§ V. — Formation de la cour des aides et de la chambre du trésor.	349
§ VI. — Vicissitudes qu'éprouvèrent les offices de finance.	351
§ VII. — Ordonnances financières des Valois. Établissement des recettes générales et des bureaux de finance.	352
Section II. — De l'administration centrale des finances, de la comptabilité et des budgets pendant les règnes d'Henri IV, de Louis XIII et de Louis XIV.	357
APPENDICE. — Tableau des chambres des comptes et des cours des aides dans les provinces.	383

FIN DU TOME PREMIER.

ERRATUM.

Page 15, ligne 16. Louis le Hutin, *lisez* : Philippe le Long.
— 11 — 1. Une chambre élective de commerce. *Supprimez le mot* élective.
— 19 — 22 et 23. *La phrase doit être ainsi ponctuée :* au Roussillon réuni en 1642; et plus tard sous Mazarin, après les traités de Westphalie et des Pyrénées, etc...
— 58 — 23. Plus de cent millions, *lisez* : plus de cinq cents millions.
— 114 — 2. Voir la 3ᵉ section de ce chapitre, *lisez* : Voir le chapitre suivant.
— 175 — 14. Section IV, *lisez* : Section Iʳᵉ.
— 201 — 12. Charles VII, *lisez* : Charles V.
— 226 — 32. L'on rut..., *lisez* : l'on crut.
— 229, ligne dernière. Composé de chancelier, de Villeroy, *lisez* : composé du chancelier, du maréchal de Villeroy.
— 270 — 11. xivᵉ siècles, *lisez* : xivᵉ siècle.
— 280 — 23. En 1413..., *lisez* : en 1416.
— 295 — 11 et 12. Celles d'Orléans, complétées..., *lisez* : celle d'Orléans complétée.
— 300, ligne dernière. Ce qui n'empêche, *lisez* : ce qui n'empêcha.